## DAS BUCH

Über keine historische Figur des 20. Jahrhunderts ist so viel nachgedacht und geschrieben worden wie über Adolf Hitler. Mehr als fünfzig Jahre nach seinem Tod und dem Zusammenbruch des Nationalsozialismus ist das allgemeine Interesse an Hitler ungebrochen, die Ursprünge seines Antisemitismus, sein Weg zur Macht und seine Rolle bei der Judenvernichtung werden so intensiv diskutiert wie nie zuvor.

Nach dem Zweiten Weltkrieg gab es zum einen Versuche, den Nationalsozialismus als zwangsläufiges Ergebnis der deutschen Geschichte zu deuten, zum anderen wurde Hitler auch als Dämon und Verführer dargestellt, der plötzlich über das deutsche Volk gekommen sei. Seit den 70er Jahren kam es durch die systematische Erforschung des Nationalsozialismus zu immer differenzierteren, aber auch kontroversen Beurteilungen von Hitler als Diktator und Stratege, als Staatsmann und Demagoge. John Lukacs' Darstellung der historiographischen Beschäftigung mit Hitler beschreibt den Wandel des Hitlerbildes, das die zeitgeschichtliche Forschung und zahlreiche Biographien in den vergangenen Jahrzehnten gezeichnet haben. Ein glänzend geschriebenes Buch, das eine Orientierung durch die immense Literatur zum Thema Hitler bietet.

## DER AUTOR

John Lukacs, geboren 1923 in Ungarn, lebt seit 1946 in den USA. Er ist ein international renommierter Kenner der deutschen und europäischen Geschichte. Auf deutsch sind u. a. erschienen: Churchill und Hitler. Der Zweikampf (1993), Die Geschichte geht weiter. Das Ende des 20. Jahrhunderts und die Wiederkehr des Nationalismus (1994). Lukacs hat sich nicht zuletzt durch die erzählerische Virtuosität seiner historischen Darstellungen einen Namen gemacht.

JOHN LUKACS

# HITLER

## GESCHICHTE UND GESCHICHTSSCHREIBUNG

Aus dem Amerikanischen von
Helmut Dierlamm
und Norbert Juraschitz

ULLSTEIN

Ullstein Buchverlage GmbH & Co. KG, Berlin
Taschenbuchnummer: 26560
Titel der amerikanischen Originalausgabe:
The Hitler of History,
erschien 1997 bei Alfred A. Knopf, New York

Unveränderte Ausgabe
August 1999

Umschlaggestaltung: Morian & Bayer-Eynck
Foto: Bilderdienst Süddeutscher Verlag GmbH



Printed in Germany 1999

Satz: Pinkuin Satz und Datentechnik, Berlin
Druck und Bindung: Ebner Ulm

ISBN 3 548 26560 X

Gedruckt auf alterungsbeständigem Papier mit
chlorfrei gebleichtem Zellstoff

Die Deutsche Bibliothek
CIP-Einheitsaufnahme

**Lukacs, John:**
Hitler : Geschichte und Geschichtsschreibung /
John Lukacs Aus
dem Amerikan. von Helmut Dierlamm und
Norbert Juraschitz. –
Unveränd. Ausg. – Berlin : Ullstein, 1999
(Ullstein-Buch ; 26560)
Einheitssacht.: The Hitler of history ‹dt.›
ISBN 3-548-26560-X

# INHALT

Dieses Buch ist Jim McBride gewidmet.

# VORWORT UND DANKSAGUNG

Adolf Hitler war, aus mehr als einem Grund, die außergewöhnlichste Gestalt in der Geschichte des 20. Jahrhunderts. Der Zweite Weltkrieg etwa hätte ohne ihn nicht stattgefunden und kann ohne ihn nicht verstanden werden. Das in diesem Buch gezeichnete Porträt Adolf Hitlers zeigt Aspekte – genauer Fragen – zu seinem Charakter und Werdegang auf, die komplexer sind als gemeinhin angenommen. Dies ist nicht einfach die Folge einer Perspektive, die sich bis heute, über ein halbes Jahrhundert nach seinem Tod, entwickelt hat, sondern im wesentlichen Ergebnis eines halben Jahrhunderts wertvoller Forschungsarbeit, darunter viele Beiträge von deutschen Historikern. Vorliegendes Buch ist die Geschichte einer Geschichte, die Geschichte der Entwicklung unseres Wissens über Hitler, wie sie sich in den Büchern seiner vielen verschiedenen Biographen niederschlägt. Bedeutsame Unterschiede der Interpretationen werden offensichtlich; die wichtigsten sich daraus ergebenden, zum Teil noch offenen Fragen sind Thema vorliegender Arbeit.

Eine vergleichsweise neue Interpretation des »Problems Hitler« ist implizit in Joachim Fests Einführung zur Neuauflage seiner großen Hitler-Biographie von 1973 enthalten. Im ersten Kapitel meines Buches führe ich aus, daß Fests Biographie meiner Meinung nach die vermutlich beste große Biographie Hitlers ist. Über einige seiner Äußerungen in dieser neuen Einführung allerdings, abgedruckt in der *Frankfurter Allgemeinen Zeitung* vom 7. Oktober 1995, läßt sich streiten. (Auch ist sein Stil nicht vergleichbar mit der Klarheit seines Buches von 1973.) Sicher, die neue Einführung enthält keineswegs eine Rehabilitation Hitlers, und es ist vollkommen natürlich und zulässig, wenn ein Autor etwas überdenkt und überarbeitet, was er vor beinahe 25 Jahren geschrieben hat. Doch Fest schreibt in dieser Einführung von 1995, das Bild Hitlers werde durch viele aktuelle Untersuchungen »in chimärische Unschärfe entrückt«; Hitler sei immer noch gegenwärtig, und zwar in einer Form der »Zeitgenossenschaft, deren Schatten beständig tiefer wird«. Ferner heißt es, daß Hitlers Aufstieg als eine Reaktion auf die Gefahren des Kommunismus aufgefaßt werden müsse – eine fragwürdige These, der Fest bereits 1986 im Verlauf des »Historikerstreites« zustimmte. Er spricht von einer »Tabuisierung von Themen und Fragen« und schreibt, Hitler sei »keineswegs historisch geworden«. Hitler sei unangemessen »dämonisiert« worden, seine »Historisierung« stehe noch aus. Es trifft zu, daß eine »Dämonisierung« Hitlers von vielen falschen Voraussetzungen ausgeht und das ganze Problem Hitler unter den Teppich kehrt. Doch die »Historisierung« Hitlers hat bereits deutliche Fortschritte gemacht, sie ist gewissermaßen in Gang; und das war der Grund für dieses Buch, wie schon der Titel *Hitler. Geschichte und Geschichtsschreibung* sagt.

Vorliegendes Buch ist keine Biographie Hitlers, sondern eine Geschichte der Geschichtsschreibung und der Biographien über ihn. Dies ist ein endloses Thema, da unsere Perspektive der Vergangenheit ständigen Veränderungen unterliegt. Zweifellos werden in den nächsten fünfzig Jahren weitere Hitler-Biographien erscheinen und sich neue und vielleicht auch aufschlußreiche Perspektiven eröffnen, und das nicht nur deshalb, weil neue Quellenbestände entdeckt wurden. Es ist der unvermeidliche Gang der Dinge, was aber nicht heißt, daß frühere Arbeiten notwendigerweise weniger »historisch« wären als neuere. Es bedeutet lediglich, daß Geschichtsforschung und -schreibung keine »Naturwissenschaft« sind, da sie keine endgültigen Ergebnisse liefern. Ziel der Geschichtsschreibung ist oft weniger, endgültige Rechenschaft über das Geschehen einer bestimmten Zeit abzulegen, als vielmehr historische Probleme zu beschreiben und zu verstehen. Es geht um Beschreibung, nicht Definition, um Verstehen mehr als Vollständigkeit – schon aus dem einfachen Grund, daß unser Wissen über die Vergangenheit nie vollständig sein kann, daß wir sie aber auf vernünftige Weise verstehen können.

Diese allgemeinen Bedingungen der Geschichtsschreibung gelten in besonderem Maß für das Problem Hitler. Die Fülle der Biographien über ihn, von anderen historischen Studien zu Hitler ganz zu schweigen, ist so gewaltig, daß der Anspruch auf Vollständigkeit ebenso fehlgeleitet wäre wie unangebracht. Vorliegendes Buch versucht, auf die wichtigsten Biographien und biographischen Studien über Hitler einzugehen; es berührt aber auch zahlreiche weitere Bücher, Studien und Artikel, die bedeutsame Einzelheiten oder andere Beiträge zum Verständnis bestimmter Probleme enthalten. Es stützt sich auf einiges neues Archivmaterial, doch sei mir erlaubt zu sagen, daß es das Ergebnis jahrzehntelangen Lesens und Nachdenkens über diese Probleme ist. Daß das Buch sich mit Problemkreisen auseinandersetzt, dürfte schon anhand des Inhaltsverzeichnisses deutlich werden. Es enthält daher neben meiner Wiedergabe der biographischen Darstellung Hitlers in ihrer Entwicklung und Vielfalt notwendigerweise und unweigerlich auch meine eigenen Grundgedanken zu diesen Problemen. Manche Seiten geben wieder, was ich für eine korrekte Anwendung meiner Grundsätze historischen Verstehens halte, die ich in früheren Büchern formuliert habe: in *Historical Consciousness* (1968, 1984, 1994), *The Last European War 1939–1941* (1976; dt.: *Die Entmachtung Europas. Der letzte europäische Krieg, 1939–1941,* Stuttgart 1978) und *The Duel* (1991; dt.: *Churchill und Hitler. Der Zweikampf,* Stuttgart 1992). In diesen Büchern habe ich Fragen berührt wie den Unterschied zwischen Motiven und Absichten von Personen, zwischen Rassismus und Nationalismus, zwischen Nationalismus und Patriotismus, zwischen öffentlicher Meinung und Volksstimmung und zwischen Nationalsozialismus und Faschismus (und ebenso die Parallelisierung von Nationalsozialismus und Kommunismus und damit auch Stalins und Hitlers innerhalb der Kategorie des »Totalitarismus«, in entschiedenem Widerspruch zu so verschiedenen Autoren wie Ernst Nolte, Hannah Arendt und vor kurzem auch Joachim Fest).

Allen, die mir geholfen haben, sei herzlich gedankt: der Earhart Foundation, die meine Arbeit in Deutschland förderte; in Deutschland gilt mein Dank in erster Linie dem Institut für Zeitgeschichte in München und seinem ausgezeichneten und stets hilfsbereiten Archivar Hermann Weiss sowie meiner zeitweiligen Assistentin Katja Klee. Ferner danke ich meinem alten und guten Freund, dem englischen Historiker Philip Bell, dem Altmeister der amerikanischen Diplomatiegeschichte Robert Ferrell, der mich ermutigt hat, *dieses* Buch zu schreiben, und dem amerikanischen Historiker für neuere deutsche Geschichte Donald Detwiler, der zusammen mit seiner Frau Ilse Detwiler das ganze Manuskript gelesen und präzise und detaillierte Anregungen gegeben hat, mit denen ich in den allermeisten Fällen einverstanden war. Wertvoll war auch die Lektüre meiner Frau Stephanie; als ich das erste Mal meine Absicht erwähnte, dieses Buch zu schreiben, sagte sie zu mir: »Da begibst du dich in ein Minenfeld.« (Ich weiß: eine Menge versteckte Minen, die jeden Moment hochgehen können.) Ich stelle mir lieber vor, wie ich einen Urwald rode und ein Wäldchen pflanze, wohl wissend, daß mir dabei eine schöne, engagierte Gärtnerin zusieht, deren köstliche Mahlzeiten mir meine Mühen und Anstrengungen erleichtern. Dennoch – ein Spaziergang war es nicht.

1994–1996
Pickering Close
bei Phoenixville, Pennsylvania

# I

# HISTORIOGRAPHISCHE PROBLEME

*Der Zweck historischer Erkenntnis – Das außergewöhnlich breite Interesse an Hitler – Entwicklung und Fortdauer dieses Interesses – Darstellung Hitlers in der Geschichtsschreibung – Ihre Entwicklung – Verhältnis von Geschichte und Biographie – Grundfragen – Das Quellenproblem – Grenzen unserer Erkenntnis.*

»[Wir sind] mit Hitler noch lange nicht fertig«, schrieben in den achtziger Jahren unabhängig voneinander zwei Historiker der jüngeren Generation[1], und das gilt im weiteren wie im engeren Sinn von »fertig«. Ersteres dürfte klar sein. Geschichte bedeutet das endlose Überdenken, Überprüfen und Wiederaufsuchen der Vergangenheit. Geschichte ist, im weiten Sinn des Wortes, Revision der Vergangenheit. Anders als im Recht stehen in der Geschichte die Leute immer wieder vor Gericht, werden Menschen und Ereignisse immer wieder neu beurteilt – eine im Grunde naheliegende Beobachtung, denn unser ganzes Denken dreht sich um nichts anderes. Wissen ist nur in bezug auf die Vergangenheit möglich. Alles menschliche Wissen entspringt vergangenem Wissen, alles menschliche Denken beinhaltet ein »Nachdenken« der Vergangenheit.

Aber auch im engeren Sinn, auf die Geschichtswissenschaft bezogen, trifft der Satz zu. Die Vorstellung des 19. Jahrhunderts, daß die Arbeit des Historikers beendet ist, sobald die wissenschaftlichen Methoden korrekt angewandt und alle vorhandenen Quellen ausgewertet worden sind, daß es also endgültige Ergebnisse gibt (»die letzte und definitive Geschichte des Dritten Reiches, gleichermaßen anerkannt von deutschen, amerikanischen, britischen, russischen, liberalen wie konservativen und nationalistischen wie jüdischen Historikern«), hat sich als Illusion erwiesen. Es gibt inzwischen vermutlich über hundert Biographien über Hitler, und es ist keineswegs auszuschließen, daß die hundertundeinste eine neue wertvolle Erkenntnis beinhaltet. Und noch schwerer als die inzwischen angesammelte *Quantität* der Forschung wiegt vielleicht ihre inhaltliche *Qualität*. Welches Ziel verfolgt die historische Forschung? Im weiteren Sinn ist ihr Ziel mehr als nur Genauigkeit: Es ist Verstehen. Im engeren Sinn ist das Ziel des Historikers vielleicht eine Enthüllung, ein Skandal, eine Sensation – oder der mehr oder weniger redliche Wunsch, Unwahrheiten zu entlarven. Vielleicht steht auch das Streben nach akademischem oder finanziellem Erfolg dahinter, der Wunsch, sich vor Kollegen oder in der Öffentlichkeit zu profilieren, manchmal hängt die Behandlung eines Themas von dem Bestreben ab, einer politischen oder nationalen Ideologie zu dienen. In diesem Buch wird gezeigt werden, daß dies – zumindest in einigen Fällen – auch für den Umgang der Historiker mit Hitler gilt.

Ehe wir uns den professionellen Historikern und Biographen Hitlers zuwenden, wollen wir zunächst kurz auf das außergewöhnliche und anhaltende allgemeine Interesse an Hitler in den vergangenen fünfzig Jahren eingehen. Mit Hitler befassen sich mehr Bücher, Artikel, Filme und Fernsehsendungen als mit anderen zentralen Gestalten des zu Ende gehenden 20. Jahrhunderts, wie Stalin, Roosevelt, Churchill, de Gaulle, Mussolini oder Mao. Noch fünfzig Jahre nach Hitlers Tod hält das allgemeine Interesse an ihm an. Die Entwicklung dieses Interesses sei hier zumindest in groben Zügen skizziert.

Zu Lebzeiten Hitlers war *Mein Kampf* (im folgenden: MK) natürlich ein Verkaufserfolg – in England und in den Vereinigten Staaten vor allem vor dem Krieg –, obwohl sich nur wenige Menschen (auch wenige Deutsche) die Mühe machten, ihn zu lesen. Im Gegensatz zu Mussolini und anderen Diktatoren wollte Hitler sich zu seinen Lebzeiten nicht durch Biographien verherrlichen lassen; so erschienen auch tatsächlich keine, von einigen frühen Fotobänden und Sammlungen seiner Reden abgesehen. (Hitler selbst bagatellisierte nach 1936 *Mein Kampf* oder distanzierte sich sogar völlig davon, zumindest in privaten Gesprächen, obwohl das Buch in der ersten Person geschrieben ist und der erste Teil eine Art geistiger Autobiographie darstellt.) Aus verschiedenen Äußerungen Hitlers entsteht überdies der Eindruck, daß er in einem späteren Ruhestand, anders als Churchill oder de Gaulle oder selbst Napoleon auf St. Helena, wohl keine Memoiren geschrieben oder diktiert hätte.[2]

Die Nachricht von seinem Tod nahm die Welt wie gelähmt zur Kenntnis.

Doch war es nicht die Lähmung durch einen betäubenden Schock, sondern die Lähmung durch eine Nachricht, die man in gewisser Weise erwartet oder gar schon einkalkuliert hatte. Natürlich reagierten die Deutschen und die anderen Völker der Welt unterschiedlich, was verständlich ist, aber vielleicht war ihnen doch eine Grundverfassung gemeinsam: Man wollte nicht über Hitler nachdenken, solange man sich um so viele unmittelbarere und dringendere Dinge kümmern mußte. Das hielt einige Jahre an. Bei einigen deutschen Zeitgenossen Hitlers gab und gibt es die Neigung, Hitler alle Schuld an dem Bösen zu geben, das er über die Welt gebracht hatte und von dem auch sie selbst nicht verschont geblieben waren[3]: eine verständliche Neigung, mit der sie zu Hitler auf Distanz gehen und sein Leben und Tun von ihrem Leben und Tun während des Krieges trennen konnten. Beispiele sind die überwiegend Anfang der fünfziger Jahre erschienenen Memoiren zahlreicher deutscher Generäle, in denen diese Hitler und nicht sich selbst die Schuld für schwere Fehler im Krieg und verlorene große Schlachten gaben, was oft einseitig, manchmal aber auch falsch war. Um 1960 setzte hier eine Veränderung ein, zunächst außerhalb Deutschlands, dann auch in Deutschland. Das Interesse an Hitler, am Dritten Reich und am Zweiten Weltkrieg einschließlich des »Holocaust« (der Begriff war damals noch nicht eingeführt) wuchs erneut, vor allem in den Vereinigten Staaten. Bücher wie das oberflächliche *The Rise and Fall of the Third Reich* (1960; dt.: *Aufstieg und Fall des Dritten Reiches,* Köln, Berlin 1961) von William Shirer wurden zu Bestsellern oder fast zu Bestsellern. Die Ergreifung und der Prozeß von Adolf Eichmann und andere Ereignisse weckten ebenfalls zunächst das amerikanische, dann das deutsche und weltweite Interesse an der Geschichte des Massenmordes an den Juden im Zweiten Weltkrieg, dem die amerikanischen Juden und ihre Organisationen bis dahin keine übermäßige Aufmerksamkeit geschenkt hatten.

Meiner Ansicht nach hat dieses neue Interesse am Zweiten Weltkrieg und an Hitler vor allem drei Gründe. Zum einen war eine neue Generation herangewachsen, die zu jung war, um den Krieg miterlebt zu haben, und sich folglich für seine Akteure und seinen Verlauf interessierte. Der zweite, offenkundigere Grund war die Veröffentlichung und Verfügbarkeit von immer mehr Quellen und Dokumenten. Der dritte Grund war die allmähliche Entschärfung des sogenannten Kalten Krieges mit Rußland: Es hatte sich gezeigt, daß der Zweite Weltkrieg dramatischer war als der Kalte Krieg und Hitler interessanter als Stalin (und Nazis interessanter als Kommunisten).

Alle diese Bedingungen gelten auch heute noch, fast vierzig Jahre später, zur Zeit der Niederschrift dieses Buches. In den sechziger und siebziger Jahren erschien eine Flut von Hitler-Biographien und anderen Büchern, Artikeln, Theaterstücken, Spielfilmen, Fernsehsendungen, sogenannten »Dokumentarfilmen« und so weiter. Anfang der siebziger Jahre sprachen deutsche Journalisten von einer »Hitler-Welle« – einem Phänomen, das in gewissem Ausmaß auch die Vereinigten Staaten und vielleicht Großbritannien erfaßte. Allerdings hat eine Welle einen Kamm und ein Tal, und das Tal ist bis heute ausgeblieben. In den vergangenen fünfundzwanzig Jahren sind die Preise für Hitler-Memorabilien ständig gestiegen, schneller nicht nur als die Inflation, sondern auch als die Preise beinahe aller anderen Kunstgegenstände, Manuskripte oder handschriftlichen Briefe, die auf Auktionen erzielt werden. Im Jahr 1981 fertigte ein deutscher Fälscher unter großem Aufwand Seiten eines angeblich von Hitler handgeschriebenen Tagebuchs an. Die Folge war eine weltweite Sensation (bedauerlicherweise erklärten mindestens zwei renommierte nichtdeutsche Historiker die »Dokumente« für vermutlich echt), bis der Betrug dann aufgedeckt wurde. Vierzehn Jahre später läßt sich durchaus sagen, daß das allgemeine Interesse an Hitler (das man natürlich nie genau messen kann) in vielen Ländern und auf verschiedenen Ebenen unvermindert anhält.

Ein solches Interesse artikuliert sich natürlich auf verschiedenen Ebenen: von der ehrenhaften Neugier des Amateurhistorikers bis zur manchmal geradezu lustvollen Neugier dessen, der sich von Erscheinungen und Inkarnationen des Bösen angezogen fühlt. Dazu kommt heute, besonders nach dem Zusammenbruch und praktisch dem Verschwinden des Kommunismus, leider eine weitere Form der Neugier: das Interesse derer, die sich allmählich fragen, ob Hitler und der Nationalsozialismus nicht *mutatis mutandis* eine bessere Alternative nicht nur als der Kommunismus, sondern auch als die verfallenden liberalen Demokratien des Westens gewesen wären.

Jedenfalls gibt es durchaus Parallelen zwischen der Entwicklung und Langlebigkeit des allgemeinen Interesses an Hitler und der Entwicklung der Hitler-Forschung durch renommierte Historiker. Im Jahr 1985 bemerkte der deutsche Historiker Martin Broszat, daß die Historiker von der »Dämonisierung« zur »Historisierung« des Nationalsozialismus und folglich auch Hitlers übergehen müßten, ein Desiderat ebenso wie die Feststellung einer bereits seit einiger Zeit offenkundigen Tatsache.[4] Die Auffassung, daß Hitler kein »Dämon« war, also kein unmenschliches und ahistorisches Phänomen, sondern eine historische Person mit bestimmten Charakterzügen und erkennbaren Begabungen – diese Auffassung wird heute nicht nur von einigen Historikern geteilt, sondern auch von immer mehr anderen Menschen. All dies führt früher oder später zu der Frage, der sehr problematischen Frage nach seinem Platz in der Geschichte des 20. Jahrhunderts oder gar in der Weltgeschichte. Dazu wird im letzten Kapitel dieses Buches einiges zu sagen sein, auch wenn hier nicht Hitlers Leben, sondern der Umgang der Historiker mit Hitler im Mittelpunkt steht. Ich weiß wohl, daß sich diese beiden Themen nicht völlig voneinander trennen lassen, denn die Geschichte der Geschichte ist ebenfalls Geschichte. Umgekehrt sind die beiden Themen aber auch nicht identisch: Vorliegendes Buch ist keine Biographie Hitlers. Es behandelt ein historisches Problem oder, genauer, eine Reihe von Problemen.

Das erste Problem – der Reihenfolge, nicht unbedingt der Bedeutung nach – ist der gewaltige Umfang des zu und im Zusammenhang mit Hitler gesammelten Materials. Nach den Regeln der Geschichtswissenschaft, die im 19. Jahrhundert vor allem in Deutschland festgelegt wurde, ist der professionelle Historiker aufgerufen, alle Quellen, vor allem die »Primärquellen«, zu seinem Thema auszuschöpfen. Doch seit mehr als einem Jahrhundert hat das Ausmaß allein der gedruckten Materialien so sehr zugenommen, daß bei den meisten Themen – insbesondere, aber nicht ausschließlich Themen des 20. Jahrhunderts – die vollständige Erfüllung dieser Forderung nicht mehr möglich ist. Dies gilt auch für Hitler. Eine gut kommentierte, mit einem Anhang versehene bibliographische Arbeit von Gerhard Schreiber erschien 1984, eine erweiterte Auflage davon 1988; doch aufgrund der Natur des Gegenstandes konnte auch diese hervorragende Einführung in die Forschung nicht vollständig sein.[5]

Das bedeutet nicht, daß der ernsthafte Historiker verzweifeln müßte. Jeder Historiker geht notwendigerweise von einer unvollständigen Quellenbasis aus. Gleichzeitig steht ihm potentiell eine unbegrenzte Zahl von Quellen zur Verfügung – ein weiterer Unterschied zwischen Geschichte und Jura. Wie der große Jacob Burckhardt einmal sagte, gibt es genaugenommen keine endgültige historische Methode; was der Historiker aber beherrschen muß, ist *bisogna saper leggere,* wie Burckhardt auf italienisch sagt: Er muß wissen, wie er lesen soll. (Eine weitere Anspielung auf die Qualität wie auf die Quantität.) Das führt uns zum zweiten Problem. Sind diejenigen, die

»wissen, wie sie lesen müssen«, also die »seriösen« Historiker, die sich mit Hitler befassen, gleichzeitig die »professionellen« Historiker? Ja und nein. Oder genauer: eher nein als ja. Die Auffassung, daß seriöse, also nicht nur lesenswerte, sondern auch verläßliche Geschichte nur von berufsmäßigen Historikern geschrieben werden könne, von Trägern eines Doktorhuts, stammt ebenfalls aus dem 19. Jahrhundert; sie hat ihre nicht unbeträchtlichen Verdienste und ihre Berechtigung und hat viele Ergebnisse von bleibendem Wert hevorgebracht, ist aber dennoch eine Illusion. Auch dies wird vor allem am 20. Jahrhundert deutlich. Zu den besten und zuverlässigsten Historikern Hitlers zählen akademische Historiker ebenso wie nichtakademische Autoren. Im Fall Hitlers werden wir vielleicht besonders deutlich sehen, daß ein akademischer Titel oder renommierter Lehrstuhl nicht vor schwerwiegenden Irrtümern schützt. Umgekehrt schmälert bei anderen Autoren das Fehlen akademischer Qualifikationen nicht den Wert ihres Beitrags.

Dies sind die beiden grundlegenden Probleme eines Überblickes über die Historiker Hitlers; und mehr als ein Überblick kann hier, es sei nochmals gesagt, wegen der immensen Menge an Büchern auch nicht geleistet werden. Der Überblick beschränkt sich auf einige Hauptwerke und auf die allgemeine Entwicklung der Hitler-Forschung. Eine solche Entwicklung hat nämlich stattgefunden, mit einigen erkennbaren Wendepunkten, und ein Ende ist auch im Jahr 1996 noch nicht in Sicht.

Vor über sechzig Jahren verfaßte Konrad Heiden (1901–1966) die erste fundierte Studie über Hitler, erschienen 1936 in Zürich.[6] Heiden war ein deutscher Emigrant und Journalist – ein Umstand, der sich in seinem Fall wegen des leserlichen und klaren Stils seines über große Strecken im historischen Präsens geschriebenen Werkes als Vorteil und nicht als Nachteil auswirkte. Gleichzeitig ist das Werk seriös zu nennen. Heiden hatte Hitlers Werdegang offenbar seit Jahren mit großem Interesse verfolgt. Seine Darstellung von Hitlers Leben und Aufstieg bis Juni/Juli 1934 ist gespickt mit Details und oft bemerkenswert genau. Beinahe vierzig Jahre später sprach Joachim Fest Heidens Buch seine Anerkennung aus, dessen Gültigkeit die seither vergangene Zeit offenbar nicht viel anhaben konnte.[7] Und das, obwohl Heiden die seither erschienenen Materialien nicht gelesen haben kann. Einige seiner Irrtümer wurden Jahrzehnte später von anderen Historikern übernommen, wie sich vor allem bei Maser gezeigt hat.[8] Doch der Wert von Heidens Biographie wird noch gesteigert durch seine aufschlußreichen und persönlichen Kommentare zu politischen Persönlichkeiten und zur politischen Atmosphäre der Zeit; zugleich war er so objektiv, Legenden und Anekdoten über Hitler einer genauen Prüfung zu unterziehen und sie dann zu verwerfen. Heidens Grundthese gilt heute noch genauso wie vor über sechzig Jahren: Hitler wurde unterschätzt, gefährlich unterschätzt, und zwar von seinen Gegnern ebenso wie von seinen zeitweiligen Verbündeten. Alles in allem ist es ein verdienstvolles Buch, besser als Heidens Folgeband über Hitlers Außenpolitik (1937) und besser als die Hitler-Biographie eines anderen deutschen Journalisten im Exil, Rudolf Olden.[9]

Fünfzehn Jahre nach Heidens Arbeit und über fünf Jahre nach Hitlers Selbstmord erschienen trotz einer unfaßbaren Flut von Büchern über Deutschland und den Nationalsozialismus im Zweiten Weltkrieg[10] keine nennenswerten Studien oder Biographien über Hitler. Eine einzige Ausnahme ist erwähnenswert: eine Ausnahme, weil Hugh Trevor-Ropers *The Last Days of Hitler* (1947; dt.: *Hitlers letzte Tage*, Zürich 1948) weder eine Biographie noch eine Studie von Hitler ist. Das Buch befaßt sich lediglich mit den letzten zehn Tagen von Hitlers Leben im Bunker unter der Neuen Reichskanzlei (ein dramatisches Thema, das seither wenigstens ein Dutzend andere Autoren, Memoirenschreiber, Amateurhistoriker und Romanciers angezogen hat). Angeregt wurde es durch Trevor-Ropers Mitarbeit in einer Gruppe des britischen Nachrichtendienstes, die versuchte, die Ereignisse um Hitlers Tod exakt zu rekonstruieren. Seine Darstellung ist ausführlich und genau, auch gut geschrieben, doch hat sie vielleicht einen Mangel: Die Schilderung des körperlich gebrochenen, hinkenden, fanatischen, in die Enge getriebenen und irrationale Erwartungen und Anweisungen äußernden Diktators übergeht oder verschweigt Hitlers Fähigkeit zu rationalem Denken in seiner Eigenschaft als Staatsmann (auf die in Kapitel V näher einzugehen ist) – »rational« aus Hitlers Perspektive. Der vergleichsweise schmale Band war ein wichtiges Buch im Schaffen von Trevor-Roper (des späteren Lord Dacre). Der Historiker der späten Tudor- und Stuartzeit wurde zum scharfsichtigen Kommentator der Historiographie Hitlers und des Dritten Reiches.

Im Jahr 1952 veröffentlichte Alan Bullock (geb. 1914), später Lord Bullock), als erster englischer Historiker eine fundierte Biographie Hitlers.[11] Entsprechend der britischen Tradition ohne akademischen Jargon geschrieben, ist dies die in kommerzieller Hinsicht vielleicht erfolgreichste Hitler-Biographie. Bullocks *Hitler* war eine bedeutende Leistung, nicht zuletzt, weil der Autor von der ungewöhnlich raschen Verfügbarkeit der beschlagnahmten deutschen Dokumente profitiert hat, die in Nürnberg vorgelegt und kurz nach dem Krieg veröffentlicht wurden. Die geradlinige und direkte Erzählweise trugen und tragen immer noch entscheidend zu Ansehen und Erfolg von Bullocks Biographie bei. Doch interpretiert oder vielmehr beschreibt er Hitlers Charakter eindimensional als den eines »völlig prinzipienlosen Opportunisten«[12]. Nicht, daß man Hitler hehre Grundsätze oder moralische Tugenden zusprechen sollte, aber Bullock vereinfacht doch zu stark. (Seine kurzen Beschreibungen von Heß und Göring sind dagegen sehr gut.) Natürlich gehört das Buch zu den frühen Biographien, und Bullock konnte noch nicht von der Flut von Dokumenten, Akten, Memoiren und zumindest teilweisen Enthüllungen profitieren, die in den folgenden vierzig Jahren erschienen. Doch auch in späteren Ausgaben blieben viele ursprüngliche Fehler von Bullock stehen – fehlerhafte Urteile ebenso wie falsche Fakten.[13]

Um das Erscheinungsjahr von Bullocks Biographie fand in Deutschland selbst (genauer in der damaligen Bundesrepublik) eine bedeutende Veränderung statt. Historische Studien zur jüngeren deutschen Geschichte, also auch der Geschichte des Dritten Reiches und somit zumindest indirekt Hitlers, wurden fest institutionalisiert. Das deutsche Wort »Zeitgeschichte« hat eine etwas andere Bedeutung als das englische »Contemporary History«, wo allgemeinem Sprachgebrauch zufolge die Bedeutung von »contemporary« ständig fortschreitet und nicht näher festgelegt ist; vom Französischen weicht die Bedeutung noch stärker ab, denn »histoire contemporaine« bezeichnet die Geschichte nach 1815, eine zunehmend unsinnige Definition. In Deutschland bedeutete »Zeitgeschichte« nun die Geschichte nach 1914 (vor 1951 war dies nicht eindeutig festgelegt), eine vernünftige Einteilung, die jedoch mit dem Näherrücken des 21. Jahrhunderts allmählich ihre Bedeutung verlieren wird. »Zeitgeschichte« und natürlich vor allem deutsche Zeitgeschichte wurde in den fünfziger Jahren eine anerkannte akademische Disziplin, in der an deutschen Universitäten und Hochschulen geforscht, studiert und gelehrt wurde. Dieser Institutionalisierung lag ein moralisches Anliegen zugrunde: das Bestreben, den Deutschen ein achtbares und solides Fundament für eine richtige Beurteilung ihrer jüngsten Vergangenheit zu schaffen. Die Folge davon war die Gründung des »Instituts für Zeitgeschichte« mitsamt seiner wissenschaftlichen historischen Vierteljahresschrift, den *Vierteljahresheften für Zeitgeschichte* (im folgenden: VfZ), der bis heute weltweit besten Zeitschrift für zeitgenössische Geschichte. Ihre wichtigsten

Gründerväter waren Hans Rothfels, ein konservativer Historiker, der aus dem Exil in den Vereinigten Staaten zurückgekehrt war, und Theodor Eschenburg, ein Politikwissenschaftler mit makellosen Referenzen. Folglich läßt sich sagen, daß die »Historisierung« des Dritten Reiches schon über dreißig Jahre vor dem Zeitpunkt begonnen hatte, als Martin Broszat sie als Desiderat formulierte. Dennoch bestand und besteht bis heute ein spürbarer Unterschied zwischen der »Historisierung« im Sinne von Entdämonisierung des Dritten Reiches und der Hitlers.

Um die gleiche Zeit erschien die erste fundierte deutsche Nachkriegsbiographie über Hitler, verfaßt von Walter Görlitz (1913–1991) und Herbert A. Quint (geb. 1922).[14] Beide waren Amateurhistoriker konservativen Zuschnitts aus Pommern (Görlitz machte später als Journalist Karriere), die sich besonders für Militärgeschichte interessierten. Sie konzentrierten sich auf den Politiker Hitler. Das Buch ist aus deutschkonservativer Sicht in einem leserlichen und knappen Stil geschrieben, wenn auch vielleicht mit zu vielen Ausrufezeichen, und enthält einige Ungenauigkeiten, aber auch einige aufschlußreiche Beobachtungen, die unabhängig davon auch spätere Historiker gemacht haben.[15] Der beste Teil ihrer Arbeit befaßt sich mit dem politischen Aufstieg Hitlers und mit den moralisch wie politisch fatalen Fehlern seiner politischen Gegner und Verbündeten in der Zeit von 1930 bis 1934. Der Schwachpunkt der Arbeit liegt in der sehr knappen Behandlung der letzten sechs Jahre von Hitlers Leben und des Krieges (lediglich 92 von 633 Seiten). Görlitz und Quint porträtieren Hitler durchgehend als fanatischen Radikalen, der viele deutsche Werte und die staatliche Einheit Deutschlands zerstört habe. Mit dieser Charakterisierung liegen sie nicht weit entfernt von Bullocks »prinzipienlosem Opportunisten«, doch gelangen sie natürlich von einem anderen Ausgangspunkt zu dieser Ansicht.

In den fünfziger Jahren war das Verhältnis zur Hitler-Zeit ein doppeltes. Aufgrund der Existenz – und noch wichtiger: Empfindung – einer russischen und kommunistischen Aggressivität herrschte die weitverbreitete und in vielen Fällen öffentliche Tendenz, den Kommunismus und Rußland als gefährlicher und womöglich schlimmer als Hitler und das Dritte Reich zu betrachten – eine Tendenz, die damals auch in den Vereinigten Staaten deutlich war (allerdings nicht in Großbritannien). In der damaligen Bundesrepublik entsprach dem die verbreitete Neigung, den Zweiten Weltkrieg in zwei verschiedene Kriege zu unterteilen: den Krieg des Dritten Reiches gegen die westlichen Demokratien, der zu bedauern war und hätte vermieden werden müssen, und den Krieg gegen Sowjetrußland, in dem Deutschland die westliche Zivilisation verteidigt hatte, was die westlichen Demokratien eigentlich hätten begreifen müssen. Diese Neigung lief im wesentlichen auf eine zumindest teilweise Entlastung des deutschen Volkes und seiner Armeen während des Zweiten Weltkrieges hinaus, aber nicht auf eine Entlastung Hitlers. Abgesehen von einigen Pamphleten und Fragmenten nationalsozialistischer Memoirenschreiber wurde damals kein ernsthafter Versuch unternommen, Hitler zu verteidigen. Auf der anderen Seite setzte unter jüngeren Historikern die wissenschaftliche Erforschung verschiedener Aspekte des Dritten Reiches ein: Dies zeigte sich in zahlreichen Studien und Beiträgen nicht nur in den VfZ, sondern auch vielen anderen politischen und kulturellen Zeitschriften. In den fünfziger Jahren erschienen die ersten bedeutenden Arbeiten späterer Experten wie Andreas Hillgruber, auch wenn das Studienfach »Zeitgeschichte« erst Anfang der sechziger Jahre im Lehrangebot der deutschen Hochschulen auftauchte.

Wie bereits erwähnt, stieg das Interesse an Hitler um 1960 erneut an; dies wirkte sich auch auf die Geschichtsschreibung aus. Zu erwähnen ist in diesem Zusammenhang die Veröffentlichung von *The Origins of the Second World War* im Jahr 1960 (dt.: *Die Ursprünge des Zweiten Weltkrieges*, Gütersloh 1962) von dem selbstbewußten Außenseiter unter den englischen Historikern, A. J. P. Taylor (1906–1990), obwohl Taylor kein Biograph Hitlers ist (und sein Buch kein Versuch, ihn zu rehabilitieren, wie schon falsch behauptet wurde). Taylor versuchte nachzuweisen, daß Hitler sich nicht sehr oder überhaupt nicht von anderen ehrgeizigen deutschen Staatsmännern der Vergangenheit unterschied, daß er in den dreißiger Jahren die Schwächen seiner Gegner und dadurch sich ergebende Gelegenheiten zu nutzen wußte und daß er, in einem Wort, mehr als bisher angenommen ein kurzfristig denkender Opportunist war als ein langfristiger planender Ideologe. Taylor kann einige plötzliche Entschlüsse Hitlers damit überzeugend erklären, bei anderen gleichen seine Versuche eher der Taschenspielerei.[16] Sein Buch hatte einige Auswirkungen auf die Geschichte der Diplomatie dieser Periode, aber praktisch keine auf das im Entstehen begriffene historische Porträt Hitlers.

Anfang der sechziger Jahre erschienen drei biographische Studien zu Hitler von Heiber, Gisevius und Schramm – der Bedeutung nach in aufsteigender Reihenfolge.[17] Von diesen ist Helmut Heibers (geb. 1924) Porträt das herkömmlichste, allerdings enthält es einige aufschlußreiche Passagen. Hans

Bernd Gisevius (1904 –1974) stand mit den Verschwörern des 20. Juli in Kontakt und hat eine Zeitlang für Allen Dulles und das OSS (Office of Strategic Service) in der Schweiz gearbeitet. Wertvoll sind in seiner Biographie die Analysen des Verhältnisses von Hitler und Papen und von Hitler und Hindenburg sowie überhaupt seine Darstellung von Hitler zu Anfang der dreißiger Jahre, ferner die scharfsichtige Beobachtung von Hitlers gespaltenem Wesen und sein Hinweis, daß Hitler häufig und sogar auf Fotografien verschiedene Persönlichkeiten verkörperte.[18] Die Darstellung von Hitlers Gedankenwelt ist dagegen etwas oberflächlich: Gisevius neigt wie viele andere dazu, sich stark auf *Mein Kampf* zu stützen; außerdem schreibt er, Hitlers Ideen seien keineswegs originell gewesen.

Percy Ernst Schramm (1894–1970) war ein deutscher Historiker ersten Ranges. Seine vergleichsweise kurze Studie zu Hitler zeigt deutlich die persönlichen Fähigkeiten des Verfassers. Als Sohn einer alten Hamburger Senatorenfamilie (sein Vater war Bürgermeister in Hamburg) war Schramm ein Historiker mit ungewöhnlich vielfältigen Interessen – ein Mediävist von Weltrang, ein Experte der Ikonographie und für Urkunden und ein Historiker der Hamburger Patrizierschaft, des deutschen Überseehandels und seiner eigenen Familie. Er war Herausgeber des Kriegstagebuchs des Oberkommandos der Wehrmacht, dessen offizielle Tagebuchführung ihm 1943 anvertraut worden war; dies verschaffte ihm ein- oder zweimal die Gelegenheit, Hitler persönlich zu beobachten. Die beiden Studien Schramms über Hitler, verfaßt als Einführung zum vierten Band des Kriegstagebuchs und zur Ausgabe von Hitlers Tischgesprächen von Picker (dazu siehe unten), hat der amerikanische Historiker Donald Detwiler in einem Buch zusammengefaßt. Sie sind in doppelter Hinsicht von großem Wert. Der erste und offenkundigste Vorzug ist, daß Schramm Hitler vor allem als militärischen Führer und Staatsmann darstellt (ein Wort, das Schramm allerdings *nicht* gebraucht); hier sei daran erinnert, daß die meisten Hitler-Forscher und -Biographen mit wenigen Ausnahmen (Hillgruber, Irving) viel ausführlicher über Hitlers Aufstieg geschrieben haben als über die letzten sechs Jahre seines Lebens und den Krieg. Der noch bedeutendere Beitrag Schramms liegt aber in der hohen ästhetischen und moralischen Qualität seiner Urteile, zu denen er aus der Perspektive eines der Tradition verpflichteten Patriziers gelangte und die er in der Prosa eines Meisterhistorikers niederschrieb.[19] Seine Einblicke in Hitlers Persönlichkeit und Charakter sind nicht nur bemerkenswert; sie haben bleibenden Wert. Es sind Wahrnehmungen und Erkenntnisse eines reifen, abgeklärten Geistes. (Immerhin verfaßte Schramm sie im Alter von beinahe siebzig Jahren.)

Werner Maser (geb. 1922) war ein Historiker eines ganz anderen Schlages, unterschiedlich in Herkunft, Leben und Werdegang von Schramm: Beinahe dreißig Jahre jünger als dieser, wurde Maser in Ostpreußen in einfachen Verhältnissen geboren. Er diente als gemeiner Soldat, war Kriegsgefangener der Amerikaner und dann der Russen, studierte in Ostberlin und ging erst im Alter von dreißig in den Westen. Nach seiner Promotion arbeitete er als Journalist; obwohl er später angesehene Lehraufträge erhielt, wurde er nicht in den höheren Kreis der deutschen akademischen Historiker aufgenommen. Masers wissenschaftliche und publizistische Tätigkeit umfaßt eine lange Liste von Büchern und anderen Publikationen und ist, wiederum im Gegensatz zu Schramm, fast ausschließlich Hitler und dem Nationalsozialismus gewidmet. Sein Beitrag ist beachtlich. Vier dicke Bände erschienen innerhalb von acht Jahren zwischen 1965 und 1973: eine Darstellung der Anfänge der NSDAP und Hitlers, gefolgt von einer Untersuchung von *Mein Kampf*, einer Hitler-Biographie und einer Untersuchung von Hitlers Briefen und Notizen.[20] Masers größte Leistung sind die zahlreichen Daten, die er durch seine unermüdlichen Nachforschungen aufgestöbert hat, vor allem zu den folgenden wichtigen Themen: Hitlers Herkunft, insbesondere seinen Vorfahren väterlicherseits, seiner Familie, seiner Kindheit und Jugend, seinen finanziellen und materiellen Verhältnissen und später – vielleicht überbetont – ganze Kapitel zu den »Frauen«, zu Hitlers Medikamenten und zu graphologischen Untersuchungen und tabellarischen Aufstellungen, darunter ein Vergleich mit Napoleon. Die Bemühungen von Maser als Forscher sind beeindruckender als seine Talente als Biograph. In seiner wichtigen Hitler-Biographie (M/A) werden häufig Kriegsereignisse mit Absätzen zu Hitlers Gesundheit und Gefühlszustand verflochten und damit thematisch unterbrochen. Ferner neigt Maser dazu, die Bedeutung seiner »Erkenntnisse« sehr hoch einzuschätzen, wenn nicht überzubewerten.[21] Streitsüchtig und unermüdlich hat Maser seine Kollegen kritisiert und ist selbst von wichtigen Historikern und Hitler-Biographen kritisiert worden, was in manchen Fällen vielleicht zu Unrecht geschah, in anderen jedoch durchaus verständlich ist. Masers kategorische Behauptung im Vorwort (S. 8) von M/A, das Leben Adolf Hitlers sei »nunmehr [vermutlich dank Masers Leistung] lückenlos nachzeichenbar«, ist allerdings eine Übertreibung.

Im Jahr 1965 erschien ein großes Buch über Hitler als Stratege von dem bereits erwähnten Andreas Hillgruber (1925–1989).[22] Wie Maser wurde auch Hillgruber in Ostpreußen geboren. Das schreckliche Schicksal seiner Heimat am Ende des Krieges hinterließ einen dauerhaften Eindruck in dem jungen Mann und inspirierte ihn dazu, ein bekannter – vielleicht der bekannteste – deutscher Experte für die Geschichte des Zweiten Weltkrieges *und* für Hitler zu werden, ein Experte aufgrund seiner überraschend zahlreichen Publikationen, von denen erstaunlich wenige (nur fünf von 57 Büchern und Beiträgen) nicht der Zeit des Zweiten Weltkrieges gewidmet sind. Hillgruber und Schramm waren wohl die ersten professionellen Historiker, deren Werk sich auf Hitler als Staatsmann und militärischer Führer konzentrierte; aber während Schramms Arbeit als ausgezeichneter historischer Essay bezeichnet werden könnte, der aber sämtliche Anforderungen einer wissenschaftlichen Methode erfüllt, ist Hillgrubers umfassender Band vollgepackt mit dem gesamten Rüstzeug der herkömmlichen akademischen Forschung. Dies war auch der Anlaß zu seiner Berufung auf einen Lehrstuhl an der Universität Köln. Hier stellt sich freilich die Frage, ob man mit den Gepflogenheiten und Methoden der Geschichtswissenschaft des 19. Jahrhunderts und dem – oft leider nur vorgetäuschten – Ideal wissenschaftlicher »Objektivität« Themen wie Hitler ganz gerecht wird. Dies ist natürlich ein großes philosophisches (genauer erkenntnistheoretisches) Problem, das hier nicht erörtert werden kann.[23] Ich möchte aber festhalten, daß die immer noch anerkannte Verwendung der kategorischen Adjektive »objektiv« und »subjektiv« aus der kartesianischen Einteilung des Universums in Objekt und Subjekt sich mittlerweile selbst in den Naturwissenschaften als keineswegs absolut oder undurchlässig erwiesen hat, auch wenn manche Historiker sie weiterhin für ihre Zwecke verwenden.[24]

Hillgruber war ein schwacher Stilist (ich entdeckte über 200 Wörter lange Sätze), vor allem verglichen mit einem Autor wie Schramm; schwerer ins Gewicht fallen jedoch seine nationalkonservativen politischen und ideologischen Neigungen (im Gegensatz zu Schramms patrizisch-konservativen Neigungen), die unweigerlich das Problem der »Objektivität« aufwerfen. Diese Neigungen werden in seinem Beitrag zum Historikerstreit in den achtziger Jahren deutlich (mehr dazu unten), doch sind sie bereits in seiner sonst wertvollen Studie über Hitler offenkundig; von den meisten anderen Historikern wurden sie übergangen.[25] Die Theorie von den zwei Kriegen, die er in den achtziger Jahren beharrlich vertrat, ist bereits in seinem Hitlerbuch angelegt, wo Hillgruber den Zweiten Weltkrieg vor dem Juni 1941 wiederholt als »europäischen Normalkrieg« bezeichnet, einen herkömmlichen, mit herkömmlichen Methoden geführten Krieg also – eine zweifelhafte These.

Eine ganz andere Arbeit ist Eberhard Jäckels (geb. 1929) kurze und prägnante Studie zu Hitlers Ideologie.[26] Jäckel faßt hier die Hinweise in den Quellen zusammen, nach denen Hitlers Entscheidungen, besonders zur Erledigung der »Judenfrage« und zur versuchten Eroberung des europäischen Rußlands, unmittelbare Folgen seiner Weltanschauung waren, die sich schon vorher herauskristallisiert hatte und an der er sein ganzes Leben lang und auch noch während des Krieges festhielt. Andere Kommentatoren haben zuvor ähnlich argumentiert, doch Jäckels Werk leistet weit mehr, als nur das Offensichtliche erneut festzuhalten, und rechtfertigt damit seinen Lehrstuhl an der Universität Stuttgart und seinen Ruf als einer der besten Kenner Hitlers. Implizit lehnt Jäckel folglich die These vom Opportunisten Hitler und von den zwei Kriegen ab, obwohl er die Gespaltenheit in Hitlers Denken vielleicht nicht genügend herausgearbeitet hat (dazu ausführlicher in Kapitel V). An dieser Stelle sei auch erwähnt, daß Jäckel als vermutlich erster deutscher Nachkriegshistoriker, der sich mit Hitler beschäftigte, keiner konservativen politischen Geisteshaltung anhing (er trat 1967 in die SPD ein). In den achtziger Jahren waren er und Hillgruber im Historikerstreit über den Zweiten Weltkrieg Gegner; doch schon lange vorher hatten seine zahlreichen Publikationen und Kommentare zu Hitler[27] ebenso wie seine treffende Formulierung noch ausstehender Probleme[28] seinen verdienten Ruf gefestigt.

Im Jahr 1969 veröffentlichte Ernst Deuerlein (1918–1971) eine ausgezeichnete Biographie Hitlers – meiner Einschätzung nach die beste kurze Darstellung des Themas.[29] (Die beste *lange* Biographie ist vermutlich die von Fest, zu der ich bald kommen werde.) Wenn ich für Studenten oder interessierte Leser ein einziges Buch über Hitler auswählen müßte, hätte ich dieses gewählt. Es ist hervorragend geschrieben, mit kurzen, prägnanten Sätzen, die eine meisterhafte Ökonomie des Stils zeigen – trotz der langen Zitate, die gelegentlich Deuerleins Argumentation stützen. Die Biographie enthält nicht nur zahlreiche aufschlußreiche Details, sie ist auch ein Lesevergnügen. Der ausgezeichnete Stil ist dabei nur eine der Tugenden des Autors. Deuerleins Text verrät eine erstaunlich breite und umfassende Belesenheit und einen sorgfältigen Umgang mit dem vorhandenen Material. In vielen Fällen zeigt Deuerlein noch ungelöste Fragen zu Hitler auf und verweist dabei auf verschiedene Historiker und ihre verschiedenen Deutungen. Der katholische Historiker hatte bereits ausgezeichnete Studien veröffentlicht, darunter eine Arbeit aus dem Jahr 1962 zum Hitlerputsch von 1923. In seiner Biographie liegt die Betonung auf der Frage, wie Hitler überhaupt möglich wurde, also auf der Frage nach Hitlers Verhältnis zum deutschen Volk, der vor allem Deuerleins letztes, langes Kapitel gewidmet ist (»Hitlers Ermöglichung«). Alles in allem ist das Buch eine nahezu perfekte Kurzbiographie voller beachtlicher psychologischer Erkenntnisse. Der einzige Mangel des Buches ist, wie bei den meisten Hitler-Biographien, eine sehr knappe Behandlung Hitlers zur Zeit des Krieges.

Zu Beginn der siebziger Jahre setzte die »Hitler-Welle« ein: Die Zahl der Veröffentlichungen und der Spiel- und Dokumentarfilme zu Hitler stieg deutlich an. Das Erscheinen voluminöser Hitler-Biographien stand unmittelbar bevor. Zuvor müssen allerdings noch zwei außerordentliche und inhaltlich zusammengehörige Werke des österreichischen katholischen Historikers Friedrich Heer (1916–1983) erwähnt werden.[30] Dieser belesene Kulturhistoriker mit einem außerordentlich weiten Horizont schreibt eine nervige, direkte Prosa – anders als die mehr oder weniger standardisierte akademische Prosa, was vielleicht ein Grund dafür ist, weshalb Hitler-Forscher sein Werk oft nur am Rande beachteten und er trotz seines hohen Ansehens keinen Lehrstuhl bekleidete. Heer war fest davon überzeugt, daß man Hitlers Ideologie, ja seine ganze Weltanschauung einschließlich seines Antijudaismus nicht losgelöst von der judenfeindlichen, zeitweise konservativen und dann wieder völkischen Stimmung und geistigen Atmosphäre des Österreich begreifen könne, in dem Hitler aufgewachsen sei (einiges davon gelte auch heute noch). Die treibende Kraft in Heers Werk ist somit die tiefempfundene Sorge dieses tiefreligiösen Gelehrten über die, wie er meint, sittlichen Mängel des österreichischen (und nicht nur des österreichischen) Katholizismus. In Kapitel II werden wir sehen, daß Heer den genannten Einflüssen womöglich einen zu starken unmittelbaren Einfluß auf Hitler zuschreibt[31]; doch kommt Heer aufgrund seiner ganz außergewöhnlich umfassenden und informativen Dokumentation ein hohes Verdienst zu, und noch mehr wegen seiner überraschenden und teils beunruhigenden Einblicke in Charakter und Persönlichkeit Hitlers, die sich – womöglich ohne Heers Wissen – mit scharfsinnigen Einsichten von Denkern und Autoren wie dem Franzosen Georges Bernanos und George Orwell deckten (»ein zutiefst gedemütigtes Kind«).

Im Jahr 1973 erschien Joachim Fests große Hitlerbiographie (vorausgegangen war ein Buch, das bereits seine Talente als Biograph gezeigt hatte).[32] Wie Maser, Hillgruber, Jäckel und Heer war auch Fest (geb. 1926) Mitte der zwanziger Jahre geboren und somit zu jung, um den Krieg bis auf eine sehr kurze Zeit am Ende miterlebt zu haben. Nach seinem Studium – er interessierte sich besonders für Kunstgeschichte – machte Fest Karriere als Journalist und arbeitete auch für das Fernsehen. Er war Mitglied der CDU und eine Zeitlang Abgeordneter der CDU in Berlin-Neukölln. Der Erfolg und die Wertschätzung seiner Hitler-Biographie hatten zur Folge, daß ihm eine bedeutende und einflußreiche Redakteursstelle bei der *Frankfurter Allgemeinen Zeitung* angeboten wurde, eine löbliche Sitte des Kulturlebens in Deutschland (ähnliche Stellen wurden auch Görlitz und Zitelmann angeboten). In dieser einflußreichen Stellung hat Fest bis zu seiner vor kurzem erfolgten Pensionierung eine bedeutende Rolle gespielt mit Beiträgen und Kommentaren zu neuen Untersuchungen über das Dritte Reich und Hitler, aber auch in den Auseinandersetzungen in den achtziger Jahren. Der herausragende Rang des 1184 Seiten langen Buches verdankt sich vor allem Fests biographischer Begabung. Fests Werdegang als Journalist beeinträchtigt nicht im geringsten die Qualität des Werkes, sondern fördert sie im Gegenteil – eine Qualität, zu der auch seine Belesenheit beiträgt; so zitiert er häufig Denker wie Burckhardt, Proudhon, Nietzsche oder Constant. Fest hat wenig eigene Archivforschung betrieben, wofür er zu Unrecht von Maser kritisiert wurde; einige der besten deutschen Historiker lobten ihn hingegen ohne jede Einschränkung.[33] Fests Buch ist besonders gut zu Hitlers Wiener Jahren und für die Jahre von 1919 bis 1933, während die Darstellung der Kriegsjahre ebenfalls etwas kurz geraten ist. Sein Porträt der Psyche Hitlers wird noch bereichert durch fünf »Zwischenbetrachtungen« zu bestimmten Fragestellungen; zwei davon, zu Beginn und am Ende des Buches, sind Hitlers Platz in der Geschichte gewidmet.[34] Für die damalige Zeit ungewohnt ist auch Fests Behauptung: »Wenn Hitler Ende 1938 einem Attentat zum Opfer gefallen wäre, würden nur wenige [Deutsche] zögern, ihn einen der größten Staatsmänner der Deutschen, vielleicht den Vollender ihrer Geschichte, zu nennen.«[35] Diese These ist keineswegs rechtfertigend gemeint; auch andere

Historiker sind zu dieser Ansicht gelangt (beispielsweise der Autor vorliegenden Buches, Haffner und Zitelmann). Fest zeigt keinerlei Neigung, Hitler zu rehabilitieren. Gelegentlich hat man ihm vorgeworfen, er habe sich zu sehr auf die Erinnerungen von Albert Speer[36] gestützt, die während seiner Arbeit an der Biographie erschienen und von Fests zahlreichen Gesprächen mit Speer profitierten – eine meiner Ansicht nach weitgehend unberechtigte Kritik, weil ich Speer, der Hitler vor allem während des Krieges sehr nahe stand, trotz einiger Irrtümer als sehr wichtige Quelle über Hitler betrachte.[37]

Im Zuge der »Hitler-Welle« in den siebziger Jahren sind nicht nur eine Unmenge Druckerzeugnisse[38] erschienen, sondern auch Dokumentar- und Spielfilme (darunter ein Film, zu dem Fest 1977 das Drehbuch geschrieben hat; er wurde dafür vor allem wegen der Häufung von Filmszenen, die Hitlers Popularität in den dreißiger Jahren veranschaulichen, von einigen Historikern angegriffen). Und 1977 kam die erste große Hitler-Biographie eines Amerikaners heraus, die Biographie von John Toland (geb. 1912).[39] Toland ist ein Journalist, der sich sehr für den Zweiten Weltkrieg interessiert und dazu eine Reihe erfolgreicher populärer Geschichtsbücher geschrieben hat. Der Romancharakter seines Buches wird in der Sammlung und Verwendung von Material deutlich, das die meisten Historiker bis dahin gemieden hatten. Toland unternahm dafür ausgedehnte Reisen, suchte persönliche Kontakte, machte Interviews und erwarb gelegentlich Aufzeichnungen von Hitlers Sekretären, Köchen, Chauffeuren, Dienern und Leibwächtern.[40] In einem Interview erklärte er, mit 150 Personen gesprochen zu haben. Solche Anstrengungen gehören natürlich zum Handwerk des Biographen, denn alles Material kommt – zumindest potentiell – als Stoff in Frage. Manchmal ist sogar Klatsch geeignet, sofern er etwas veranschaulicht und richtig verwendet wird. Doch gleichzeitig gibt sich Toland keine Mühe und erhebt auch gar nicht den Anspruch, sich den Methoden der Geschichtswissenschaft zu unterwerfen. Seine Archivforschung war gering, den Büchern anderer Hitler-Biographen schenkte er wenig Aufmerksamkeit, und er benutzte »Primär-« wie »Sekundärquellen« sehr selektiv. In vielen Fällen hat Toland einfach Informationen aus den Arbeiten anderer Historiker übernommen, ohne auf diese zu verweisen, noch hat er einige seiner oft verblüffenden Aussagen mit Quellen belegt.[41] Alles in allem ist das Porträt Hitlers, das sich aus Tolands Werk ergibt, merkwürdig und beunruhigend widersprüchlich. In seinem unbeschwerten, staccato-ähnlichen Stil verurteilt Toland einerseits Hitler pauschal und huldigt verbal den üblichen Klischees; andererseits sind an vielen Stellen im ganzen Buch Hinweise auf seine Bewunderung Hitlers zu finden – von den meisten Rezensenten unbemerkt, aber im wesentlichen in Einklang mit Tolands allgemeiner Sicht des Zweiten Weltkriegs.[42] (Ich werde in Kapitel VIII auf einige Punkte zurückkommen.)

In den siebziger Jahren veröffentlichten drei amerikanische Gelehrte (zwei davon Historiker) psychoanalytische Biographien Hitlers. Die Bücher sind sehr verschieden und unabhängig voneinander entstanden, doch eines ist ihnen gemeinsam: Sie huldigen einer damals vorherrschenden geistigen und akademischen Mode, ja sie verkörpern sie geradezu: die Mode (ich finde keinen anderen Namen dafür) der Psychohistorie. Damit ist nicht nur die Anwendung der Psychologie auf historische Personen gemeint, was jeder ernsthafte Historiker oder Biograph seit Polybios oder Plutarch tut, sondern die Anwendung überwiegend Freudscher psychoanalytischer »Methoden«. Hier ist nicht der Ort, um gegen die hauptsächlichen und, ja, kurzsichtigen Fehler der Freudschen Lehre zu argumentieren oder sie auch nur zusammenzufassen. Wenn aber die Anwendung der Lehre für die Diagnose und Therapie schon bei lebenden Menschen oft fragwürdig ist, dann gilt das um so mehr bei Toten. Hier sei zumindest eine kurze Bemerkung zum geistigen Klima der sechziger Jahre gestattet, als man plötzlich überall in der akademischen Welt neomarxistischen und neofreudianischen Interpretationen begegnete. Unter den amerikanischen Historikern konnte man das ab dem Dezember 1958 beobachten. Damals hielt der angesehene und betagte Historiker der Diplomatiegeschichte William L. Langer aus Harvard als Vorsitzender der American Historical Association eine Rede mit dem Titel »Der nächste Auftrag«, in der er seine Kollegen aufforderte, dem »spekulativen Wagemut der Naturwissenschaftler« folgend »zu einer dringend nötigen Vertiefung unseres historischen Verständnisses durch Anwendung von Konzepten« der modernen Freudschen Psychoanalyse voranzuschreiten. Und wenn es auch für einen Historiker (mich eingeschlossen) nicht legitim ist, Kollegen bestimmte Motive zu unterstellen, darf man ihre Ziele doch angemessen deutlich machen. Ob nun von William Langer und vom geistigen Klima der sechziger Jahre beeinflußt oder nicht, die Ziele von Walter Langer[43] (Williams Bruder), Robert Waite und Rudolph Binion waren offenkundig, sie haben sich sogar selbst dazu bekannt: die Anwendung der Psychoanalyse auf Hitler. Von diesen drei Büchern verdient Langers Werk am wenigsten und das von Binion am meisten Aufmerksamkeit. Das erste Buch ist ein Aufguß eines Hitler-Psychogramms, das Langer 1943 im Auftrag des OSS angefertigt hatte (ein großer Teil seines Materials stammte aus einem Interview mit der damals in Texas internierten Stephanie von Hohenlohe). Das Werk von Waite läuft auf eine Festlegung Hitlers als Psychopath hinaus (»eine Grenzpersönlichkeit«). Im dritten legt Binion, belesen in der Geistesgeschichte des modernen Europa, eine fundierte Studie von Hitler vor; aber seine These, nach der Hitlers Haß gegen die Juden unter anderem die Folge der verdrängten, aber weiterschwelenden Erinnerung an Dr. Eduard Bloch sei, ist nicht überzeugend und Binions darauf aufbauende Hypothese noch viel weniger.[44] (Dr. Bloch war der jüdische Arzt in Linz, der Hitlers Mutter in den letzten Monaten ihres Lebens einer schmerzhaften Behandlung unterzog.)

1977 erschien die erste kommerziell erfolgreiche und umfangreiche teilweise Rehabilitierung von Hitler durch den englischen Journalisten David Irving (geb. 1938). Daß das Leben des Historikers in die Geschichte eingeht, die er schreibt, hat sich im Fall Irvings besonders deutlich gezeigt. Schon früh in seiner Kindheit zeigte er ein außerordentliches Interesse an Deutschland. Er arbeitete dort ein Jahr in einer Fabrik, um seine Deutschkenntnisse zu vervollkommnen. Seither galten sein Interesse und sein Ehrgeiz beinahe ausschließlich der Darstellung des Zweiten Weltkriegs und besonders dem Dritten Reich und Hitler. Im Alter von einundzwanzig Jahren veröffentlichte er erste Beiträge in deutschen Zeitschriften; 1961 erschien in Deutschland sein erstes, insgesamt tadelloses Werk *Der Untergang Dresdens,* (in England: *The Destruction of Dresden,* 1963). Es folgten zahlreiche Bücher, von denen an erster Stelle *Hitler's War* von 1977 zu nennen ist[45], das bei genauem Lesen erstmals seine Bewunderung für Hitler enthüllt; hier vollzieht sich ein allmählicher Übergang von einer teilweisen Entlastung Hitlers über eine Rehabilitierung bis hin zu einer regelrechten Erhöhung in den Rang historischer und moralischer Größe. Diese Entwicklung in Irvings Geschichtsbüchern spiegelt seine persönliche Entwicklung: In zahlreichen öffentlichen Auseinandersetzungen und Prozessen wegen Verleumdung und bei seinen wiederholten Auftritten als Redner auf Kundgebungen von Neonazis in Deutschland hat sich der einstige Amateurrevisionist als uneinsichtiger Bewunderer Hitlers entlarvt.

Natürlich gab es schon andere Hitler rechtfertigende und zumindest implizit bewundernde Bücher, doch waren ihr Rang, ihre Verbreitung und ihre Wirkung so gering, daß sie in diesem zugegebenermaßen unvollständigen Überblick über die Geschichtsschreibung zu Hitler übergangen werden können, auch wenn auf einige von ihnen in späteren Kapiteln, insbesondere in Kapitel VIII, gelegentlich verwiesen wird. Irvings Beiträge zur Hitler-Forschung können bedauerlicherweise nicht übergangen werden, und nicht nur wegen der ebenfalls bedauerlichen breiten Leserschaft seiner Bücher.[46] Viel stärker als Toland gelang es Irving, eine beängstigende Menge von Dokumenten zusammenzutragen und viele Überlebende aus der Hierarchie des Dritten Reiches, insbesondere Männer und Frauen aus Hitlers engerem Kreis, persönlich zu sprechen – im wesentlichen Menschen, die Irvings Ansichten teilten.[47] Der vermutlich bedeutendste Teil seiner Quellensammlung sind die Tagebücher von Walter Hewel, Ribbentrops Verbindungsmann in Hitlers Hauptquartier während des Krieges (Hewel, ein früher Parteigänger Hitlers, folgte diesem auch in den Tod); dazu kommen einzelne Seiten eines geheimen, von Göring gegründeten deutschen Nachrichtendienstes, des sogenannten »Forschungsamtes«, das Informationen aus internationalen Quellen beschaffte. »Sie werden hier erstmals verwendet«, schreibt Irving, aber wie kam er an sie heran? »Tragischerweise wurden 1945 die gesamten Archivbestände des Forschungsamtes vernichtet.[48] In den siebziger Jahren übergab Irving die Dokumente dem Archiv des Instituts für Zeitgeschichte, dessen Archivare sich aber bald von Irving distanzierten. Wie schon Toland, schenkt auch Irving den Arbeiten akademischer Historiker wenig Aufmerksamkeit und begegnet ihnen häufig mit Spott und Herablassung, nicht nur aus Selbstzufriedenheit, was seine Forschungen betrifft, sondern auch aus Stolz über die eigene Leistung als Amateur.[49] Er wirft Historikern nicht nur Beschränktheit der Methode vor, sondern auch politische Voreingenommenheit, weil sie nicht bereit seien, Hitlers Verdienste dort anzuerkennen, wo ihnen Anerkennung gebühre. Doch hätte man, abgesehen von moralischen Fragen, was sein Urteil betrifft, auch die Frage nach den Methoden dieses unermüdlich ehrgeizigen Amateurhistorikers stellen müssen, was leider viel zu selten geschah.[50] Wie so viele Amateure und gelegentlich leider auch professionelle Historiker, geht Irving von der, wie der große spanische Historiker Altamira es nennt, Idolatrie des Dokuments aus – das heißt, ein einziges Dokument oder Fragment eines Dokuments genügt Irving, um über dessen vorhandenen oder nicht vorhandenen Inhalt eine sehr fragwürdige These aufzustellen. Schlimmer noch sind allerdings viele der Verweise auf Archivbestände in Irvings Anmerkungen (im Gegensatz zu Toland hat sich der unermüdliche Irving durch die Mikrofilme einer Vielzahl von Archiven gearbeitet), die nicht nur ungenau sind, sondern nicht die entsprechende Aussage im Text belegen oder sich auf sie beziehen.[51] Irving, der oft anderen, darunter auch Churchill, »Dokumentenfälschung« vorwirft, manipuliert also selbst Quellen; er unterlegt einigen Dokumenten zumindest falsche Bedeutung und verweist in anderen Fällen auf irrelevante Quellen. Schließlich muß selbst in dieser notgedrungen knappen Zusammenfassung seines Werkes erwähnt werden, daß Irving mit seiner ideologischen Einstellung zu beträchtlicher Scheinheiligkeit neigt, denn er verbirgt seine Bewunderung für Hitler häufig hinter dem hartnäckigen Bemühen, die Gegner Hitlers in Deutschland und im Ausland schlechtzumachen.[52]

Doch Geschichte, auch die Geschichte der Geschichte, verläuft nicht geradlinig. Einige Monate nach Irvings Sensation erschien eine der besten Studien über Hitler von Sebastian Haffner (1907–1999).[53] Der im besten Sinn liberal-konservative Journalist, Publizist und Amateurhistoriker Haffner ist von größter Integrität. Er emigrierte 1938 aus Deutschland, arbeitete als Journalist in London, wo er meist über Deutschland und Europa schrieb, kehrte um 1960 mit seiner Frau nach Berlin zurück und genoß im reifen Alter aufgrund seiner Rechtschaffenheit und seines Urteilsvermögens die beinahe ungeteilte Anerkennung seiner deutschen Leserschaft. Die Zurückhaltung und Bescheidenheit seiner Hitler-Studie paßt zum Charakter des Autors. Haffner wollte keine umfassende Biographie Hitlers schreiben – nicht weil er zu wenig geforscht oder es ihm an Energie gemangelt hätte. Vielmehr wollte er in dem glänzend geschriebenen Buch, im Grunde einem langen historischen Essay, auf bestimmte, oft vernachlässigte oder gar unbeachtete Aspekte von Hitlers »Platz in der Geschichte« aufmerksam machen. Die großen Stärken der Arbeit liegen in der ausgezeichneten Darstellung und kurzen, aber überzeugenden Analyse von Hitlers unstreitbarer politischer Begabung[54] und in der vielleicht unübertroffenen zusammenfassenden Beschreibung und impliziten Analyse des politischen und kulturellen Lebens im Deutschland der dreißiger Jahre – einer Beschreibung des nationalen Klimas von großer Einsicht, dabei ohne überflüssiges Philosophieren. Im großen und ganzen stimmt Haffners Sicht mit Deuerlein und Fest überein; auch er stellt die unbestreitbare Einheit zwischen Hitler und dem deutschen Volk in den dreißiger Jahren fest (wenn das von mir verwendete »Einheit« zu stark ist, so ist »Popularität« im Grunde zu schwach). Meine einzigen Fragen zu dem Buch beziehen sich auf Haffners Erstaunen über Hitlers Kriegserklärung an die Vereinigten Staaten im Dezember 1941, die Haffner meiner Ansicht nach falsch als völlig irrational und vermeidbar interpretiert, und - vielleicht - auf seine Behauptung, Hitler habe am Ende des Krieges mit dem deutschen Volk gebrochen.[55]

In den folgenden fünf Jahren (1978-1983) ließ das wissenschaftliche und allgemeine Interesse an Hitler nicht nach. In diesen Jahren erschienen einige besonders wertvolle Monographien über das Dritte Reich, ferner Artikel zum Dritten Reich und Hitler sowie Vorträge aus Konferenzen zur Hitler-Forschung; allerdings können in diesem kurzen Überblick nicht alle Titel aufgelistet, geschweige denn näher charakterisiert werden. Doch ist festzuhalten, daß um 1980 nach und nach eine neue Generation von Forschern die akademische Bühne betrat - nach 1945 geboren und ohne persönliche Erinnerungen an die Hitler-Zeit - und sich in den einschlägigen Zeitschriften zu Wort meldete. Zur gleichen Zeit setzte die Debatte - mehr eine Debatte als eine Auseinandersetzung - zwischen den sogenannten Funktionalisten und den Intentionalisten ein. Die »Funktionalisten«, an erster Stelle Hans Mommsen, Nachkomme des großen Historikers der klassischen Geschichte, versuchten nachzuweisen, daß Hitler vor allem während des Krieges mit seinen Entscheidungen oft gezögert habe und insbesondere wegen der zunehmend verworrenen, ja intriganten NS-Hierarchie oft ein »schwacher« Diktator gewesen sei.[56] Dagegen vertraten die »Intentionalisten« die Meinung, Hitlers Absichten und Entscheidungen seien die offenkundige Umsetzung seiner ideologischen Überzeugungen gewesen.[57] Interessant ist auch Jäckels Auffassung, das Dritte Reich sei sowohl eine Monokratie wie eine Polykratie gewesen. Die Bedeutung der ganzen Debatte sollte meiner Ansicht nach nicht überbewertet werden, auch wenn sie hie und da noch nachklingt. In mancher (wenn auch nicht jeder) Hinsicht war die Debatte zwischen Funktionalisten und Intentionalisten[58] lediglich die Fortsetzung der bereits erwähnten widersprüchlichen Deutungen Hitlers als Opportunist bzw. Ideologe. Das heißt nicht, daß sie wertlos war - genauso wenig wie die früher erwähnte Aufforderung Broszats von 1985, endlich von der Dämonisierung zur Historisierung Hitlers und des Dritten Reiches überzugehen.

In diesen Jahren erschienen zwei bedeutende Beiträge junger englischer Historiker. William Carrs (1921-1991) Buch *Hitler. A Study of Personality and Politics*[59] war in mancher Hinsicht beispielhaft. Carr gelingt eine bemerkenswerte Synthese bei der Behandlung von Hitlers Persönlichkeit und seiner Karriere, indem er wichtige Beobachtungen zum Verhältnis des privaten zum öffentlichen Hitler und zu seinem politischen Handeln und seinen persönlichen Neigungen zusammenstellt und vergleicht. Ian Kershaw (geb. 1943), der seine wissenschaftliche Laufbahn als Historiker des Mittelalters begann, untersucht vor allem Hitlers Einfluß auf die Deutschen, ein vielschichtiges und unerschöpfliches Thema. Kershaws erstes Buch kam in Deutschland heraus, lange bevor es in England erschien (*Der Hitler-Mythos. Volksmeinung und Propaganda im Dritten Reich.* Stuttgart 1980; im folgenden: KER/HM). Er stützt sich auf das in immer größeren Mengen erschlossene Material zur öffentlichen Meinung und allgemeinen Stimmungslage der Deutschen im Dritten Reich. Dann veröffentlichte er eine Biographie Hitlers[60], ein kurzes, prägnantes Buch, dem eine große Biographie nachfolgen sollte, deren Publikation für 1996 vorgesehen war.

Im Jahr 1986 brach unter deutschen Historikern und Intellektuellen eine heftige Kontroverse aus, der sogenannte Historikerstreit, der tiefgreifende Unterschiede in der Bewertung des Dritten Reiches (und zumindest indirekt Hitlers) spürbar machte und bis heute nachwirkt.[61] Dabei war der Historikerstreit keineswegs, wie die Bezeichnung nahelegt, eine Auseinandersetzung nur unter Spezialisten, ein Sturm im Wasserglas. Er wurde so erbittert geführt, daß er zur Verbesserung des historischen Verständnisses gar nichts beitrug; in mancher Hinsicht war er ein Dialog oder gar eine wüste gegenseitige Beschimpfung von Taubstummen. Auch hier sei der zeitliche Rahmen zumindest knapp umrissen. Wie in vielen anderen Ländern der westlichen Welt (Amerika unter Reagan, Großbritannien unter Thatcher) gab es in der Bundesrepublik unter Kanzler Kohl eine starke neokonservative Tendenz – in mancherlei Hinsicht eine voraussehbare Reaktion auf die linken und radikalen Tendenzen Ende der sechziger Jahre. Ich schreibe »neokonservativ«, weil es in Deutschland und auch anderswo zwischen alten und neuen Versionen des Konservatismus deutliche Unterschiede gibt. Es ist hier nicht der Ort, darauf näher einzugehen, doch sei darauf hingewiesen, daß viele neokonservative Historiker, die am Historikerstreit beteiligt waren, einer jüngeren, nach dem Krieg geborenen Generation von Deutschen angehörten. Sie waren unzufrieden und verärgert über den, wie es schien, »linken« Konsens, der das geistige und ideelle Leben in Deutschland weitgehend beherrschte[62]; der heftige Verlauf des Historikerstreits spiegelt diese Unzufriedenheit wider.

Der Streit entzündete sich an zwei Publikationen zum Dritten Reich von Ernst Nolte und Andreas Hillgruber. Der ältere der beiden, Nolte (geb. 1922), hatte seinen akademischen Rang mit der umfassenden Studie *Der Faschismus in seiner Epoche. Die Action française. Der italienische Faschismus. Der Nationalsozialismus* von 1963 begründet, einem Buch, das reichhaltige Quellen verarbeitet, dessen Hauptthese aber aus zwei Gründen strittig ist[63]: zum einen aufgrund seiner Anwendung des Begriffs »Faschismus« auf den deutschen Nationalsozialismus (zu dieser Problematik siehe unten, Kapitel IV), zum anderen aufgrund des Umstands, daß Nolte die »Action Française«, Mussolinis italienischen Faschismus und den deutschen Nationalsozialismus konsequent unter derselben Bezeichnung zusammenfaßt – obwohl die »Action Française« ein präfaschistisches und das Dritte Reich (vor allem der SS-Staat) ein postfaschistisches Phänomen ist. Damals zeigte Nolte noch keine seiner späteren ideologischen Neigungen. Obwohl in der Politik tätig, publizierte er in den siebziger Jahren relativ wenig. Anfang der achtziger Jahre arbeitete er jedoch wieder an einem dicken Buch, *Der europäische Bürgerkrieg 1917–1945*, dessen Grundthese Nolte Anfang 1986 in einer öffentlichen Lesung zusammenfaßte; diese Zusammenfassung veröffentlichte Fest im Juni in der FAZ. Nolte stellt die These auf – die er seither hartnäckig verfolgt und weiterentwickelt –, daß der deutsche Nationalsozialismus als Reaktion auf den russischen Bolschewismus aufzufassen sei, daß die Schrekken des sowjetischen Lagersystems, des »Gulag«, den Schrecken von Auschwitz vorausgegangen seien und zu ihnen geführt hätten und daß – ein kleinerer, aber besonders heikler Punkt – Hitlers Kriegserklärung an die Juden wenn nicht in direktem Zusammenhang, dann zumindest zeitgleich mit einer Erklärung von Chaim Weizmann vom September 1939 erfolgte. Weizmann hatte in einem offenen Brief der britischen Regierung die Unterstützung des Jüdischen Weltkongresses im Krieg gegen Deutschland angeboten. Noltes Artikel und sein darauffolgendes Buch beinhalteten zumindest eine teilweise Entlastung Hitlers, wenngleich sicher keine Rehabilitierung. Zur Zeit des Erscheinens von Noltes Artikel kam ein Buch von Andreas Hillgruber heraus – ein schmaler Band eines sonst nicht für seine Kürze bekannten Historikers –, das auf eine Rehabilitierung bestimmter Operationen der deutschen Streitkräfte und auch einiger nationalsozialistischer hoher Amtsträger, wenn auch nicht Hitlers, hinausläuft. In dem Buch *Zweierlei Untergang. Die Zerschlagung*[64] *des Dritten Reiches und das Ende des europäischen Judentums* erklärte erstmals ein angesehener deutscher Historiker, der mehr oder weniger anerkannte Anführer der deutschen Spezialisten für die Geschichte des Zweiten Weltkrieges, daß es an der Zeit sei, den verzweifelten Kampf vieler Deutscher, darunter SS-Leute und NSDAPler, gegen den furchtbaren Ansturm der sowjetrussischen Armeen in den Jahren 1944/45 zu würdigen. Im viel kürzeren zweiten Teil des Bandes gibt Hillgruber eine ausgewogene Zusammenfassung des »Holocaust«.[65]

Unmittelbar nach diesen beiden Publikationen griff der Philosoph und Soziologe Jürgen Habermas Nolte und Hillgruber in der *Zeit* an. Habermas hat seine Argumente stilistisch gut vorgetragen, doch die Schärfe seines Tons führte zum Ausbruch einer polemischen Debatte, bei der sich nunmehr viele deutsche Historiker zu Wort meldeten. Bedeutsam war der unvermutete öffentliche Auftritt von Verteidigern Noltes und Hillgrubers, darunter Fest, und von jüngeren, renommierten Historikern wie Michael Stürmer, einem Berater von Kanzler Kohl, und dem etwas weniger wirkungsvoll auftretenden Klaus Hildebrand. Gegen sie zogen einige ältere deutsche Historiker wie Christian Meier zu Feld sowie Eberhard Jäckel und Hans-Ulrich Wehler, dessen Argumentation ich als zwar parteiisch, aber zwingend empfand.[66]

Zu ihrer teilweisen Rechtfertigung sei erwähnt, daß Nolte wie Hillgruber Anfang der siebziger Jahre die Opfer unsinniger Angriffe der »Linken« gewesen waren. Wenigstens eine Vorlesung Hillgrubers wurde von Studenten gewaltsam abgebrochen, während Noltes Veranstaltungen eine Zeitlang grob boykottiert wurden. (Der Dokumentarfilm, den Fest 1977 mit produzierte, hatte ebenfalls heftige und unberechtigte Angriffe hervorgerufen.) Jedenfalls machte der »Historikerstreit« eine tiefe ideologische und politische Spaltung der Historiker in ihrer Sicht des Dritten Reiches oder zumindest einiger seiner Aspekte sichtbar, eine Spaltung, welche den allgemeinen Konsens in Frage stellte, auf den viele renommierte deutsche Historiker und Intellektuelle seit wenigstens vierzig Jahren hingearbeitet hatten.[67] Die Spaltung hat die überraschende Wiedervereinigung von Deutschland 1989 überdauert (nebenbei bemerkt ein Ereignis, das kein Historiker des Historikerstreites vorhergesehen hatte und das von ihnen sogar für in absehbarer Zukunft unmöglich erklärt worden war).

Bestehen blieb aber die Tendenz, die Geschichte des Dritten Reiches und indirekt die der Deutschen von Hitler loszulösen. Dann erschien im Jahr 1987 die bedeutende Hitler-Studie von Rainer Zitelmann (geb. 1957), nach vielen Jahren wieder ein wichtiger Beitrag zum Porträt Hitlers mit zumindest teilweise neuen Aspekten. Zitelmann, ein glänzender junger Historiker, hatte bereits 1982, mit vierundzwanzig Jahren, einen überaus kompetenten bibliographischen Essay zur Hitler-Forschung publiziert. Schon dessen Titel »Hitlers Erfolg. Erklärungsversuche in der Hitler-Forschung«[68] verweist auf die Stoßrichtung von Zitelmanns künftigem Werk: Warum und wie hatte Hitler Erfolg? Zitelmanns Hitler-Studie enthält zumindest zwei, wenn nicht drei Beiträge von unbestreitbarer Gültigkeit.[69] Erstens, daß Hitler tatsächlich ein Revolutionär war und daß folglich seine Ziele und Visionen *modern* waren, egal welche traditionellen deutschen Wurzeln sie gehabt haben mögen. Somit waren auch seine Vorstellungen und Pläne für die Umgestaltung der deutschen Gesellschaft modern – eine Schlußfolgerung, die vor Zitelmann selten überzeugend dargelegt wurde, mit Ausnahme des amerikanischen Historikers David Schoenbaum. Dies bedeutete auch, daß Hitler im Gegensatz zur landläufigen Meinung in wirtschaftlichen Angelegenheiten weder ignorant noch gleichgültig war. All das wird veranschaulicht und gestützt durch Zitelmanns umfassende Durchsicht von Aufzeichnungen und anderen Dokumenten, von denen viele aus der Periode von 1928 bis 1933 stammen, in der Hitler, wiederum im Widerspruch zu allgemein anerkannten Ansichten, nicht nur Reden hielt, sondern auch viel schrieb und diktierte. Der vielleicht einzige Mangel der Studie ist der geringe Raum, den Zitelmann Hitlers Arbeit als Staatsmann widmet: Auch hier hebt er Hitlers revolutionären Charakter hervor, allerdings womöglich ohne Hitlers Dualität des Bewußtseins hinreichend zu würdigen (seine so verschiedenen und manchmal vollkommen widersprüchlichen Ansichten und Äußerungen zu ausländischen Politikern und politischen Kräften).

Zwei Jahre nach Erscheinen seines ersten Buches veröffentlichte der junge Historiker ein nicht weniger bemerkenswertes kürzeres Buch über Hitler.[70] Das Buch ist auch in unserem Zusammenhang bemerkenswert, weil es eine Biographie ist, während das vorige in erster Linie eine Analyse von Hitlers Gedankenwelt war. Im Vorwort stellt Zitelmann die Frage: Weshalb noch eine Biographie, wo es bereits Bullock, Fest, Toland gibt? »Einige dieser Biographien«, schreibt er, »waren für ihre Zeit hervorragend, aber sie müssen heute in weiten Teilen als überholt gelten.«[71] Bei seinen Forschungen stützt sich Zitelmann stark auf die inzwischen endlich abgeschlossene Ausgabe der Goebbels-Tagebücher und einige bis dahin ungenutzte Quellen, darunter neu entdeckte Aufzeichnungen von Tischgesprächen Hitlers während des Krieges. Doch die Bedeutung von Zitelmanns Hitler-Biographie liegt weniger in der Forschungsarbeit des Autors als in seinen entschiedenen Überzeugungen. Zitelmann faßt seine Leistung selbst zusammen: »Das hier gezeichnete Hitler-Bild unterscheidet sich von [anderen] ganz erheblich. Hitler erscheint uns als ein Politiker, dessen Denken und Handeln wesentlich rationaler war, als bislang angenommen.« Weiter: »Am Ende erscheint so das Hitler-Bild wesentlich komplexer, differenzierter und unsicherer. In manchen Bereichen steht die Forschung über den Nationalsozialismus sogar noch in ihren Anfängen.« Eine kühne Behauptung eines jungen Historikers, vielleicht übertrieben, aber nicht ganz unbegründet. »Die Nüchternheit sollte sich auch in der Sprache ausdrücken. Hiervon sind alle mir bekannten Hitler-Biographien weit entfernt ...« (auch die von Fest).[72]

Ein in diesem Sinne nüchternes, gut geschriebenes und prägnantes Buch legte Wolfgang Wippermann mit *Der konsequente Wahn. Ideologie und Politik Adolf Hitlers* vor (Düsseldorf 1989). Auf S. 9 schreibt Wippermann bescheiden: »Das vorliegende Buch behandelt zwar sowohl Leben und Ideologie Adolf Hitlers als auch die Geschichte des Nationalsozialismus, ist aber weder eine Hitler-Biographie noch eine Gesamtdarstellung der Geschichte des Nationalsozialismus. Es soll zu einer Auseinandersetzung mit diesem Mann und dieser Zeit anregen, die nur scheinbar Vergangenheit ist.«[73]

Wir nähern uns nun dem Ende dieses Überblicks. Im Jahr 1991 erschien eine empfehlenswerte und im wesentlichen fehlerlose Hitler-Biographie (die erste fundierte auf französisch geschriebene Biographie) der deutschstämmigen Marlis Steinert, Professorin am Institut für höhere internationale Studien in Genf (inzwischen emeritiert).[74] Neben ihrer Sachkenntnis liegt Steinerts wesentlicher Beitrag in ihrem impliziten Einwand gegen die Theorie von den zwei Kriegen von Hillgruber und anderen Historikern, die sie allerdings nicht offen angriff: Hitlers Krieg vor 1941 ist für sie kein »europäischer Normalkrieg«, wenn man sich die Befehle zur Behandlung der Polen und natürlich der Juden ansieht, die bereits im September 1939 ausgegeben wurden.[75] Der einzige Mangel des Buches, über den sich auch streiten läßt, liegt vielleicht in dem zu freizügigen Gebrauch des Begriffs »Größenwahn«[76]; er ist auf Hitler angewandt nicht ganz falsch, aber vielleicht auch nicht richtig genug.

Bevor ich zum Schluß komme, muß ich noch auf den bedauerlichen, aber sich hartnäckig haltenden aggressiven Ton unter deutschen Historikern aufmerksam machen. Dies gilt auch für Zitelmann, der es offenbar für nötig hält, sich immer mehr zur »rechten« (neokonservativen oder vielleicht genauer neonationalistischen) Seite zu zählen[77] und deren Gegnern alle möglichen Unredlichkeiten zu unterstellen. Gegner sind für ihn nicht nur die Generation von 1968 (dem Jahr »linker« Studentenkrawalle etc.), sondern auch alle, die an einem deutschen Grundkonsens festhalten wollen, an der Übernahme der Verantwortung der Deutschen für den Krieg und seine Greuel. Zitelmann hat den hoch angesehenen ehemaligen Bundespräsidenten Richard von Weizsäcker angegriffen, ferner Golo Mann und sogar Max Domarus, den verdienstvollen Sammler und Herausgeber von Hitlers öffentlichen Äußerungen. In Zitelmanns oft wiederholten Argumenten für eine Historisierung Hitlers – weiterhin ein durchaus berechtigtes Anliegen – schwingen wenigstens latente Elemente einer zumindest teilweisen Rehabilitierung mit.[78]

Der Leser sei hier nochmals daran erinnert, daß diese Aufzählung und Charakterisierung von Hitler-Biographien nicht vollständig ist oder sein kann. So fehlen wertvolle Arbeiten, die sich mit bestimmten Abschnitten oder Episoden in Hitlers Leben befassen, etwa mit dem überaus wichtigen Hitler-Putsch 1923 in München.[79] Dazu kommen weitere Einschränkungen, etwa, daß ich in diesem Kapitel nur wenig Zeitschriftenaufsätze nenne (in den folgenden Kapiteln werde ich das tun, wo nötig), obwohl viele Aufsätze wichtige Ergänzungen, Interpretationen und Korrekturen zu Hitlers Leben und Laufbahn enthalten. Doch noch einige allgemeine Bemerkungen. Eine betrifft die nationale Ebene. Während viele Deutsche in den letzten fünfzig Jahren nicht weiter über Hitler nachdenken wollten, taten viele deutsche Historiker genau das. Gerade in Deutschland haben Historiker und andere Publizisten sich ernsthaft und aufrichtig bemüht, dieses Kapitel der nationalen Geschichte aufzuarbeiten – und dafür gebührt ihnen Anerkennung. Bei den ehemaligen deutschen Verbündeten im Zweiten Weltkrieg gab es wenig vergleichbare Bemühungen: in Italien nicht viele, in Japan noch weniger.

Fast alle grundlegenden und seriösen Biographien Hitlers stammen von deutschen, britischen und amerikanischen Historikern. In anderen Sprachen ist nichts Vergleichbares unternommen worden, merkwürdigerweise nicht einmal in Frankreich, obwohl es dort seit Jahren ein lebhaftes Interesse an Deutschland und dem Zweiten Weltkrieg gibt. Eine Ausnahme ist das Werk des finnischen Historikers Vappu Tallgren. Beiträge russischer oder osteuropäischer Schreiber gibt es praktisch keine, oder sie sind wertlos. Dies gilt auch und vielleicht ganz besonders für die Slowakei, Kroatien und Rumänien, die Verbündeten Hitlers. Die Beiträge ostdeutscher Historiker aus den Zeiten der DDR sind beinahe ohne Ausnahme wertlos. Dasselbe gilt auch weitgehend für marxistische Interpretationen von Hitler, die von westlichen Intellektuellen und Akademikern verfaßt wurden. Dafür gibt es einige Gründe, an erster Stelle die beschränkten und starren Kategorien der marxistischen Sicht von Welt und menschlicher Natur. Leben und Aufstieg Hitlers und ein großer Teil der Geschichte des Dritten Reiches dagegen sind Gegenbeispiele gegen eine rein ökonomische Interpretation der Geschichte und die Theorie des »homo oeconomicus«.

Das bringt mich zu einer kurzen Erörterung des Verhältnisses von Geschichte und Biographie. Geschichte ist natürlich umfassender als eine biographische Darstellung, weil sie nicht nur eine Person zum Gegenstand hat, sondern viele. Ganz so einfach ist die Sache freilich nicht. Geschichte, hat Thomas Carlyle einmal gesagt, sei »nichts als die Biographie großer Männer«; doch dieser bemerkenswerte Satz ist, wie so oft bei Carlyle, ungenau: sie ist nicht die Biographie großer Männer, sondern zahlloser Menschen. Ebenfalls im 19. Jahrhundert schrieb der englische Historiker John Seeley: »Geschichte ist vergangene Politik, und Politik gegenwärtige Geschichte« – eine Wendung, die Hitler, der Seeley sicher nicht kannte, wiederholte, als er einmal sagte (ich glaube, es war 1936), Politik sei »werdende Geschichte«. Doch im 20. Jahrhundert haben viele Historiker erkannt, daß die Geschichtswissenschaft im Grunde über die Politik hinausgehen muß, daß sie sich nicht auf die politische Geschichte beschränken darf, sondern sich mit einer Vielzahl von Menschen befassen muß. Damit wurde die Sozialgeschichte ein anerkanntes und später sogar vorherrschendes Thema historischer Arbeiten. Im Extremfall, der leider häufig vorkam, hat dies zu einer Reduzierung der Geschichtsforschung und -schreibung auf eine Art rückblickende Sozio*logie* geführt, andererseits sind aber auch einige ausgezeichnete Arbeiten historischer Sozio*graphie* entstanden.[80] Aufgrund der großen Akzeptanz sozialwissenschaftlicher Vorstellungen haben einige (wie zum Beispiel der hervorragende Biograph Harold Nicolson) befürchtet, die Tradition der Biographie werde aussterben. So weit ist es jedoch nicht gekommen. In Wirklichkeit sind Biographie und Geschichte über die unvermeidliche Überlappung hinaus wieder näher aneinandergerückt, vielleicht als Folge einer instinktiven Reaktion der Leser, die Darstellungen der Realität suchten, erzählende Schilderungen realer Menschen und ihrer Leben. Die verbreitete, nicht nur von marxistischen Historikern vertretene Vorstellung, Geschichte werde nicht von Einzelpersonen gemacht, sondern von den herrschenden sozialen Verhältnissen und wirtschaftlichen Kräften, ist ganz offenkundig widerlegt. Sie paßt keinesfalls auf Hitler und auch nicht auf die Geschichte des Zweiten Weltkrieges. Daß es ohne Hitler 1939 nicht zum Krieg gekommen wäre und daß der Krieg ohne Churchill, Stalin und Roosevelt anders verlaufen wäre, bedarf keiner näheren Ausführung.

Es liegt auf der Hand, daß nicht jeder Historiker ein Biograph ist und nicht jeder Biograph ein Historiker; doch aufgrund des Verhältnisses zwischen den beiden Disziplinen muß jeder seriöse Historiker biographische Interessen und Talente entwickeln, während der Biograph sich gut in der Geschichte auskennen muß, nicht nur in der Geschichte der dargestellten Person und ihrer Zeit.[81] Zu diesen offenkundigen Anforderungen kommt noch ein Vorteil, den einige (sicher nicht alle) nicht-professionelle Historiker als Biographen vielleicht gegenüber professionellen Historikern haben, deren Arbeit und Leben auf die akademische Welt beschränkt ist: Der erste kennt die Welt vielleicht besser als der Akademiker, er kennt vielleicht auch mehr verschiedene Menschen. Dieser Vorteil *kann* ihm bestimmte Einblicke in die dargestellte Person ermöglichen, die wiederum *einigen* (sicher nicht allen) Berufshistorikern fehlen.[82] In diesem Sinn zeichneten Schramm, Deuerlein, Fest oder Haffner ein genaueres psychologisches Porträt Hitlers als etwa Bullock, Maser oder Hillgruber (von Toland oder Irving ganz zu schweigen). Doch genug solcher feinsinniger Unterscheidungen. Hier sei lediglich festgehalten, daß das Problem einer Biographie Hitlers ein Problem der Geschichtsschreibung ist – und auch umgekehrt.

Oder wir sollten besser von Problemen sprechen. Im Gegensatz zur landläufigen Vorstellung gehört die beschreibende Analyse von Problemstellungen ebenso zur Arbeit des Historikers wie die Analyse von Epochen. Das gilt natürlich auch für Hitler. Wir haben gesehen, daß verschiedene Historiker zu deutlich verschiedenen Interpretationen Hitlers gekommen sind. Und wenn ein Problem unangemessen formuliert wird, wirkt sich das auf die Analyse aus, genau wie eine unangemessene Diagnose das Ergebnis der folgenden Therapie beeinträchtigt. Doch bevor ich zu den Historikern und ihren und unseren Problemen zurückkehre, muß ich kurz auf ein fatales Mißverständnis eingehen, das unter Historikern weniger verbreitet ist als unter anderen:

auf die verbreitete Ansicht, Hitler sei verrückt gewesen. Wer das behauptet und denkt, macht es sich gleich auf doppelte Weise leicht. Einmal wird dadurch das ganze Problem Hitler unter den Teppich gekehrt, denn wenn er verrückt war, war die ganze Hitler-Zeit nichts als eine Phase der Verrücktheit; sie hat für uns keine Bedeutung mehr, und wir brauchen nicht länger über sie nachzudenken. Gleichzeitig befreit die Einordnung als »Verrückter« Hitler von jeglicher Verantwortung – zumal in unserem Jahrhundert, in dem der Nachweis psychischer Krankheit eine Verurteilung vor dem Gesetz verhindert. Aber Hitler war nicht verrückt: Er war verantwortlich für alles, was er tat, sagte und dachte. Und abgesehen von dem soeben angesprochenen moralischen Aspekt liegen genügend Beweise dafür vor, zusammengetragen von Forschern, Historikern und Biographen, darunter auch medizinische Unterlagen: Bei aller Berücksichtigung der ungenauen und fließenden Grenzen zwischen Geisteskrankheit und Gesundheit war er ein normaler Mensch.

Das führt mich zum Adjektiv »böse«, mit dem Hitler oft belegt wird. (Nochmals: Einige Leute interessieren sich für Hitler, weil das Böse sie fasziniert, eine Art Jack-the-Ripper-Syndrom oder etwas noch Schlimmeres.) Ja, die von Hitler geäußerten Wünsche, Gedanken, Aussagen und Entscheidungen enthalten eine Menge dieses »Bösen«. Ich sage bewußt *geäußerten,* weil wir anhand der Quellen nur das richtig erörtern können. Nun ist das Böse aber ebenso Teil der menschlichen Natur wie das Gute. Unsere Neigung zum Bösen, ob wir sie nun in Taten umsetzen oder nicht, ist verwerflich, aber auch normal. Wer das bestreitet, ist schnell mit der Behauptung bei der Hand, Hitler sei abnormal gewesen – Hitler aber vereinfachend als »abnormal« zu bezeichnen, entläßt ihn wieder und endgültig aus der Verantwortung.[83]

Nicht nur, daß Hitler über beachtliche Geistesgaben verfügte. Er war auch mutig, selbstsicher, oft standhaft, loyal gegenüber Freunden und denen, die für ihn arbeiteten, diszipliniert und bescheiden in seinen physischen Bedürfnissen. Man darf das nun allerdings nicht falsch verstehen und deuten. Es bedeutet nicht: Siehe da, Hitler war nur zu 50 Prozent schlecht. Die menschliche Natur läßt sich nicht so einteilen. Eine Halbwahrheit ist schlimmer als eine Lüge, weil sie nicht eine 50prozentige Wahrheit ist, sondern die Vermischung einer 100prozentigen Wahrheit mit einer 100prozentigen Unwahrheit. In der Mathematik mit ihren festgelegten und unveränderlichen Zahlen ist 100 plus 100 gleich 200; im menschlichen Leben wird aus 100 plus

100 *eine andere Art* von 100. Das Leben ist nichts Homogenes, es steckt voller schwarzer und weißer Hunderter, voller warmer und kalter, wachsender und schrumpfender Hunderter. Das gilt nicht nur für die Zellen unseres Körpers, sondern für alle menschlichen Eigenschaften, auch die geistigen.[84] Mit einem Wort, Gott hat Hitler mit vielen Talenten und Stärken ausgestattet – und eben weil er sie hatte, ist er für ihren Mißbrauch verantwortlich.

Das ist das moralische Hauptproblem unserer Beschäftigung mit Hitler. Ich weiß, daß diese These vielleicht die angreifbarste des ganzen Buches ist, diese moralische These. (Aber ist nicht jede These bis zu einem gewissen Grad moralisch?) Nun zu einer etwas weltlicheren Ebene: von der Frage, *wie* wir Hitler sehen oder sehen sollten, zu der Frage, was wir über ihn wissen und was nicht. Eine letzte Bemerkung noch, die vielleicht mit der Frage der Geisteskrankheit zu tun hat. Eine Schwäche Hitlers war eine Art Hypochondrie (wenn auch nicht genau dasselbe). Spätestens ab 1938 war er überzeugt, daß er nicht mehr lange zu leben habe.[85] Die Folge war nicht nur die Änderung einiger persönlicher Gewohnheiten, sondern auch der Entschluß, die Vorbereitungen für einen möglichen Krieg zu beschleunigen (zu den fatalen Folgen siehe unten, Kapitel V). Unterlagen zu ärztlichen Untersuchungen Hitlers und zu den Unmengen von Medikamenten, die er einnahm, sind reichlich vorhanden.[86] Zumindest in den letzten neun Monaten seines Lebens war Hitler zweifellos krank; unter anderem litt er an der Parkinsonschen Krankheit, die seine körperliche und geistige Verfassung beeinträchtigte.[87] Beides läßt sich nicht voneinander trennen, doch liegt kein einziger überzeugender Hinweis darauf vor, daß Hitlers physische Gebrechen sein Denken und sein Urteilsvermögen beeinträchtigt oder bis zur Irrationalität entstellt hätten. Auch diese Frage können wir getrost als erledigt betrachten (und Hitler damit bis zum Lebensende in der Verantwortung lassen).

Dem stimmen die meisten Historiker zu. Unter ihnen, vor allem unter den deutschen, läßt sich allenfalls eine verschiedene Gewichtung der beiden folgenden Fragen an die Quellen (und sich selbst) ausmachen: Wie konnte Hitler zu solcher Macht gelangen? Und was für ein Mensch war Hitler? Verständlicherweise ist vor allem die erste dieser beiden Fragen für die Deutschen interessant und wichtig. Sie betrifft immerhin ihre Geschichte und sie selbst. Von allen deutschen Studien und Schriften zur Hitler-Zeit sind die umfassenden Arbeiten, die sich mit dem Ende der Weimarer Republik befassen, die außergewöhnlichsten und detailliertesten und in vielerlei Hinsicht am wenigsten strittigen. Sie erörtern die Frage, wie Hitler an die Macht gelangte, obwohl auch in ihnen vielleicht mehr von den Schwächen der Gegner Hitlers und den Fehlern der konservativen Bündnispartner die Rede ist als von Hitler selbst.[88] Die zweite Frage ist sicher die schwierigere, weil Sein sich nicht von Werden trennen läßt.[89] Hitlers Sicht von sich selbst, von seiner Bestimmung in der Welt wie von seiner physischen Verfassung, änderte sich mehrere Male, zum Beispiel in den Jahren 1919, 1924 und 1937/38. Das ist zwar nicht ungewöhnlich, es ereignet sich im Leben vieler Menschen; aber im Fall Hitlers hatte es natürlich Einfluß auf die Weltgeschichte. Dazu kommt eine Dualität seines Charakters, ebenfalls eine häufige menschliche Eigenschaft, die sich unter anderem in seiner bewußten Neigung äußerte, bestimmte Elemente seines vergangenen wie, ebenso wichtig, gegenwärtigen Denkens zu verschleiern (mehr zu verschleiern als zu unterdrücken).[90]

Es gibt also noch ungeklärte Fragen in Hitlers Leben, Probleme, deren Erörterung der größte Teil dieses Buches gewidmet ist. Dazu gehört die Frage, ob Hitlers Weltanschauung sich tatsächlich bereits in Wien herauskristallisiert hat (wie er selbst sagt) oder erst mit dreißig in München, die keineswegs nur begriffliche Frage, ob er ein Revolutionär war oder nicht, die Frage, ob sein Nationalismus Teil seines Rassismus war oder umgekehrt; die Frage nach seinem Wirken als Staatsmann – war sie seiner Weltanschauung vollkommen untergeordnet? –, die Frage, ob seine Besessenheit von den Juden irgendwelche Grenzen hatte, die Frage nach den Absichten seiner teilweisen Verteidiger und die Frage nach seinem Platz in der Geschichte Deutschlands, des 20. Jahrhunderts und der Welt.

Das sind die aufeinanderfolgenden Kapitel des vorliegenden Buches. Trotz einer Flut von Materialien und eines nicht enden wollenden Stromes immer neuer Interpretationen sind viele dieser Fragen noch offen – was bedeutet, daß sie es wert sind, aufgegriffen und erörtert zu werden, auch wenn dies, wie bei allem im Leben, nicht zu ihrer endgültigen Lösung führen wird. Darüber hinaus war Hitler in bezug auf seine Ziele ein sehr verschlossener Mensch – viel mehr als Napoleon oder Churchill und vielleicht genauso stark wie Stalin (der aber auf eine ganz andere Weise verschlossen war). Hitlers Verschlossenheit[91] wurde natürlich von seinen öffentlichen Ergüssen verdeckt, vom Wortreichtum seiner Reden und Monologe, die von verschiedenen Gesprächspartnern, Tischgenossen und Stenographen aufgezeichnet wurden.[92] Die Zahl seiner Äußerungen ist gewaltig; sie sind sorgfältig analysiert worden[93] und liefern uns wichtige Schlüssel zu seiner Denkweise. Gleichzeitig ist dokumentarisch belegt, wie wenig mitteilsam er tatsächlich war. Er sagte häufig zu seinen Sekretärinnen: »Schreiben Sie das nicht auf.«[94] Ich habe in *The Duel* (S. 46 f.) auf diese Angewohnheit hingewiesen und ihn mit Churchill verglichen, der viel mehr von sich preisgab (S. 112) – ein weiterer Gegensatz zwischen ihm, einem Mann des geschriebenen Wortes, und Hitler, einem Mann des gesprochenen Wortes, der einmal gesagt hatte, *Mein Kampf* müsse gesprochen werden, nicht gelesen.[95] Hitler wußte ganz genau, welche Wirkung er mit seinen Äußerungen beabsichtigte[96] – ob Motivieren oder Erziehen –, anders ausgedrückt, er kannte seine Fähigkeit – und sein dringendes Bedürfnis –, andere Menschen zu beeindrucken und zu beeinflussen. Aus diesem Grund zeigen beispielsweise seine Tischgespräche eher den »öffentlichen« als den »privaten« Hitler. In ihren Privatgesprächen erschienen Churchill, Napoleon oder auch Stalin oft menschlicher und vielschichtiger als in ihren öffentlichen, für das Protokoll gedachten Äußerungen; bei Hitler ist das nicht so. Vergleichsweise spät, mit dreißig, entdeckte er plötzlich seine Begabung, Menschen durch sein Reden zu beeindrucken und zu beeinflussen. Das Jahr 1919 war ein entscheidender Markstein, ja Wendepunkt in seinem Leben. Doch kein Mensch ändert sich völlig; bei allen rhetorischen Fähigkeiten[97] blieb Hitler in vieler Hinsicht ein Mensch, der viele seiner wichtigsten Gedanken für sich behielt.[98]

Ein Problem der Geschichtsschreibung zu Hitler ist, daß er so wenige schriftliche Aufzeichnungen hinterließ – so fehlen jegliche schriftliche Instruktionen, die ihn mit der schrecklichen Entscheidung zum Massenmord an den Juden in Verbindung bringen, obwohl diese Entscheidung getroffen wurde (siehe Kapitel VI). Zugleich spricht immer mehr dafür, daß er viel las (und sein Lese- und Aufnahmepensum war phänomenal): Bücher und alle Arten von Aufsätzen (darunter Reden von Goebbels), auch noch während des Krieges; an den Rand schrieb er Kommentare und Korrekturen.[99] Außerdem schrieb oder diktierte Hitler vor allem zwischen 1928 und 1931 viele wöchentliche Beiträge für die Parteizeitung, den *Illustrierten Beobachter*, deren Bedeutung erstmals von Deuerlein bemerkt und bewertet wurde und danach von Zitelmann.

Doch Hitlers Verschlossenheit ist nur Teil eines größeren Problems. Wir werden nie alles und vielleicht nie genug über ihn wissen. Das ist kein Grund zur Verzweiflung. Es ist den Menschen nicht vergönnt, alles zu wissen – wie Kierkegaard sagt, ist die reine Wahrheit für Gott allein, uns ist das Streben nach Wahrheit gegeben.[100] Die Grenzen unserer Erkenntnis zu verstehen kann auch eine Bereicherung sein statt eine Verarmung. Oder, wie

Pascal sagt: Wir verstehen mehr, als wir wissen – das ist kein Paradoxon, sondern ein Hinweis darauf, daß die Anhäufung von Wissen nicht unbedingt zum Verstehen beiträgt und daß das Verstehen auch der Anhäufung von Wissen vorausgehen kann. Ich habe auf der ersten Seite dieses Buches geschrieben, das Ziel der historischen Erkenntnis sei Verstehen mehr noch als Genauigkeit, wenn auch natürlich nicht bewußt auf Kosten der letzteren; und das gilt vermutlich noch mehr für die Analyse und Darstellung historischer »Probleme« als für die Darstellung von »Epochen«.

Und Hitler war, ist und bleibt ein Problem. Alles hat seine Geschichte, auch die Erinnerung: die fließende und so fehlbare menschliche Erinnerung, die durch die Distanz getrübt oder geschärft, durch eine bestimmte Perspektive gestärkt oder geschwächt werden kann. Nicht nur die immense Fülle von Quellen, Forschungsarbeiten und Schriften zu Hitler, sondern auch eine bestimmte Perspektive führt mich zu einer verblüffenden Aussage: Hitler war womöglich der populärste revolutionäre Führer in der Geschichte der modernen Welt. Die Betonung liegt auf dem Wort *populär,* weil Hitler in das demokratische Zeitalter der Geschichte gehört, nicht in das aristokratische. Er darf nicht mit Cäsar, Cromwell oder Napoleon verglichen werden. Anders als sie war er imstande, die Mehrheit eines großen Volkes zu mobilisieren, eines zu seinen Lebzeiten überaus gebildeten Volkes. Er führte es zu erstaunlichen Leistungen, verlangte ihm außergewöhnliche Anstrengungen ab und machte die Deutschen glauben, das, wofür sie (und er) kämpften, sei die Antithese des Bösen. Er brachte ihnen Wohlstand und Stolz und ein Selbstvertrauen, mit dem sie beinahe ganz Europa eroberten und eine deutsche Hegemonie errichteten, die rasch wieder verlorenging, weil er sich übernommen hatte. Sein Reich, das tausend Jahre währen sollte, endete nach zwölf. Doch die Wirkung war enorm. Deshalb werden – was freilich nicht das Hauptthema dieses Buches ist – die Menschen noch lange Zeit über seinen Platz in der Weltgeschichte nachdenken. Wir sind mit Hitler noch lange nicht fertig ...

II

# DIE KRISTALLISATION: WIEN UND/ODER MÜNCHEN?

*Hitlers eigene Darstellung – Deren Bewertung durch die Geschichtsforschung – Widersprüchliche Quellenlage – Die Bedeutung von München – Besondere körperliche und geistige Merkmale – Die Wendepunkte in Hitlers Leben.*

Biographien, insbesondere Autobiographien, sind ein Produkt der Neuzeit. Seit der Entstehung der Schrift haben Menschen über andere Menschen geschrieben, doch waren ihre Werke zumindest im modernen Sinne des Wortes zunächst keine Biographien. Plutarch, Sueton oder Eusebius waren keine Biographen, weil die Porträts der von ihnen behandelten Personen *statisch* sind. Sie befaßten sich nicht mit der Entwicklung, also der Geschichte des Lebens und Denkens ihrer Gestalten. Das griechische Wort *Biographie* (βιογραφια) wurde offenbar erst im 6. Jahrhundert n. Chr. von einem unbekannten Byzantiner erstmals benutzt. Doch ist das nebensächlich. Wichtig ist die Tatsache, daß Biographien im heutigen Sinne, als Geschichte des Lebens einer Person, in England und Westeuropa erst in oder nach der Renaissance auftauchen. Die erste erwähnenswerte *Autobiographie* ist der pikareske Lebensbericht Benvenuto Cellinis aus dem 16. Jahrhundert, die nicht nur aufgrund ihres unterhaltsamen Inhalts sehr erfolgreich war. Hier ist nicht der Ort, um sich über die Ursachen und den relativ späten Zeitpunkt dieser Entwicklung Gedanken zu machen; nur soviel sei gesagt: Sie hängt untrennbar mit der damaligen Entstehung eines historischen Bewußtseins zusammen, und dieses wiederum ist ohne das zur selben Zeit entstehende Bewußtsein vom menschlichen Selbst undenkbar. Heute, am Ende der Neuzeit, findet, wie oben ausgeführt, eine zunehmende Historisierung der Biographie statt, für mich eine der wenigen positiven Entwicklungen in der Literatur; damit einhergeht der anhaltende Appetit der Leserschaft auf solchen Lesestoff. Dies bedeutet unter anderem, daß Biographien und Autobiographien aufgehört haben, »rein« literarische Formen zu sein; sie sind untrennbarer Bestandteil der Geschichtsschreibung geworden.

Hitler glaubte, *Mein Kampf*, das umfangreiche Buch über sein politisches Credo, mit einem autobiographischen Teil beginnen zu müssen, mit einer Autobiographie eigener Art, aber eben doch einer Autobiographie. *Mein Kampf* wurde, wie Hitler selber schreibt, weniger für ein breites Publikum als für seine Anhänger verfaßt. Das Buch sollte seinen Lesern erklären, wie, wo und warum seine politischen Ideen und seine Weltanschauung entstanden waren und sie dadurch plausibel machen und die Leser durch Authentizität beeindrucken. *Mein Kampf* (schon der Titel ist aufschlußreich) ist ein langes, formloses Buch, das 1. Autobiographisches, 2. Aussagen über ein politisches und ideologisches Glaubensbekenntnis und 3. Bausteine eines politischen Programms enthält. Geschrieben in der ersten Person Singular, läßt sich nicht genau festlegen, wo der autobiographische Teil endet und politisches Programm und Propaganda beginnen. Beides überlappt sich, zumal aufgrund der durchgehenden Verwendung der ersten Person. Doch kann man sagen, daß der autobiographische Teil mit Hitlers Ankunft in München Anfang 1919 endet; Hitler selbst markiert diesen Abschnitt mit dem Satz: »Ich aber beschloß, Politiker zu werden.« Lassen wir das zunächst so stehen; wir werden auf den Satz zurückkommen, da er die zentrale Frage dieses Kapitels berührt.

Hitlers Bericht über die ersten dreißig Jahre seines Lebens ist so bekannt, daß eine kurze Zusammenfassung genügt. Er wird in einer Stadt unmittelbar an der Grenze zwischen Donaumonarchie und Deutschem Reich geboren, ein Umstand, dem er größte Bedeutung zumißt; schon sehr früh in seinem Leben fühlt er sich den Deutschen zugehörig und gegenüber dem multinationalen Habsburgerreich zu keiner Loyalität verpflichtet. Im weiteren beschreibt er seine Eltern, die er beide verlor, bevor er neunzehn war, und danach sein Leben in Wien. Es ist von Armut und dem Kampf ums tägliche Brot geprägt, vor allem jedoch öffnet es ihm die Augen; in der Wiener Zeit kristallisierte sich sein gesamtes Weltbild heraus. Nach sechs Jahren in Wien zieht er nach München, wo er sich sofort zu Hause fühlt. Ein Jahr später beginnt der Krieg, in dem er fast vom ersten bis zum letzten Tag tapfer dient. Kurz vor Kriegsende wird er an der Front zum zweiten Mal verwundet; den Schock über die deutsche Niederlage erlebt er im Lazarett. Anschließend kehrt er nach München zurück, wo er beschließt, »Politiker zu werden«.

Es gehört zum Wesen der Autobiographie, daß sie, selbst wenn sie von einem ehrlichen Autor mit den besten Absichten geschrieben wird, oft bestimmte Dinge verbirgt und einige enthüllt. Im Fall von *Mein Kampf* gibt es mindestens vier Sachverhalte, über die Hitler seine Leser bewußt irreführt. (Ich schreibe »bewußt« und »seine Leser«, denn es gibt Hinweise darauf, daß Hitler sich mit diesen Korrekturen seiner Vergangenheit nicht selbst täuschte, wie es vielen Autoren in ihren Autobiographien mit ihren Erinnerungen unterläuft.) Sie betreffen seinen Vater, die materiellen Umstände seines Lebens in Wien, seine geistige Entwicklung in jener Zeit und in jener Stadt und den Zeitpunkt seines Umzugs von Wien nach München. Drei dieser Sachverhalte werden in diesem Kapitel behandelt, auf die ungelöste und höchstwahrscheinlich unlösbare Frage der tieferen Beziehung Hitlers zu seinem Vater komme ich in Kapitel IV noch einmal kurz zu sprechen. Schon hier seien jedoch ein paar Worte über das verzerrte Bild der Vaterbeziehung in *Mein Kampf* gesagt.

Hitler schildert seine Jugend als angenehm, fast idyllisch. Auf der ersten Seite betont er die Bedeutung seines Geburtsorts über Gebühr – sie besteht natürlich darin, daß Braunau am Inn an der Grenze zwischen Österreich und Deutschland liegt (auch wenn Hitlers Familie schon kurz nach seiner Geburt aus Braunau wegzog).[1] Bedeutsamer ist der Umfang des Berichts über seinen Vater. Über seine Mutter schreibt er viel weniger, obwohl bekannt ist, daß er ihr unverhältnismäßig viel näher stand als dem Vater. Dr. Bloch, der jüdische Arzt der Mutter, schrieb vor und noch einmal nach seiner Emigration aus Österreich, er habe in seiner vierzigjährigen Laufbahn als Arzt nie einen jungen Mann erlebt, den die Trauer um den Tod seiner Mutter so gebrochen habe wie Hitler. Während der letzten Krankheit der Mutter war Hitler ein musterhafter Sohn, und das nicht nur aus Pflichterfüllung als männliches Oberhaupt der Familie drei Jahre nach dem Tod seines Vaters. Er liebte seine Mutter, und er fürchtete seinen Vater, ja haßte ihn vielleicht sogar. Das ist keine psychoanalytische Spekulation, es gibt genug Beweise dafür. Hitler selbst äußerte sich über die schwierige Beziehung oft spätabends im Kreis seiner Vertrauten, darunter Albert Speer und der zufällig ebenfalls in Braunau geborene General Edmund von Glaise-Horstenau, der die Mitteilung immerhin für so bedeutsam hielt, daß er in seinen posthum veröffentlichten Memoiren davon berichtete.[2] Hitlers Vater war herrschsüchtig und gewalttätig; er trank, mißhandelte seine Frau und schlug seinen Sohn. Dennoch schreibt Hitler in *Mein Kampf* in ehrerbietigem und respektvollem Ton von seinem Vater und spricht nur von einer vollkommen natürlichen Meinungsverschiedenheit zwischen Vater und Sohn: Der Vater wollte, daß Hitler österreichischer Beamter wurde, wie er selbst es unter großen Schwierigkeiten geworden war, doch der Sohn wollte Künstler werden. Selbst über diesen Konflikt berichtet Hitler in nachdenklichen und freundlichen Worten. Dagegen machte er sein Leben lang auf einige hellsichtige Beobachter den Eindruck eines zutiefst gedemütigten Kindes.[3]

Hitler lebte nach dem Tod seiner Mutter sechs Jahre lang, von seinem 18. bis zu seinem 24. Lebensjahr, in Wien. Dies sind prägende Jahre im Leben eines Mannes und waren es zweifellos auch für Hitler – nur werden sie in *Mein Kampf* nicht nur teilweise oder größtenteils, sondern kategorisch und endgültig als *die* prägenden Jahre geschildert. Aus zahlreichen Quellen wissen wir viel über diese Zeit, aber die wichtigste Quelle ist die ausführliche Schilderung in *Mein Kampf*. Inzwischen ist allerdings erwiesen, daß Hitlers Bericht über die Wiener Zeit in mindestens einem wichtigen Aspekt unrichtig und in einem anderen fragwürdig ist. Laut *Mein Kampf* verbrachte er jene Jahre in tiefster Armut. Sorgfältige Nachforschungen von Historikern haben jedoch ergeben, daß Hitler zumindest zu Beginn der Wiener Zeit über etwas Geld verfügte, so daß man nicht von Hunger sprechen kann[4]; nicht zuletzt war auch sein Lebensstil als Künstler und Bohemien für den Geldmangel verantwortlich. Man kann nur spekulieren, warum er immer wieder die mittellose Existenz in Wien unterstreicht. (Vielleicht um sein Verständnis und Mitgefühl für die Arbeiterklasse zu demonstrieren?) Jedenfalls sind seine materiellen Umstände in Wien weitgehend erforscht. Offen bleibt, in welchem Ausmaß und welcher Tiefe seine Überzeugungen in Wien geprägt wurden.[5] In *Mein Kampf* verkündet Hitler kategorisch: »Wien war und blieb für mich die schwerste, wenn auch gründlichste Schule meines Lebens.« Er nennt Wien den Ort, »wo sich mir ein Weltbild und eine Weltanschauung« bildete, die, wie Hitler oft wiederholt, »zum granitenen Fundament meines ... Handelns wurden«. Hitler verließ Wien 1913[6] und zog nach München, wo er sich sehr zu Hause fühlte.

Die meisten, wenn auch nicht alle Historiker akzeptieren Hitlers Behauptung, Wien habe sein Denken entscheidend (und endgültig) geprägt. Schließlich besteht tatsächlich ein beängstigend direkter Zusammenhang zwischen dem autobiographischen und dem programmatischen Teil von *Mein Kampf*. Hitlers scharfer und polemischer Bericht über die Kristallisation seiner Weltanschauung in Wien überzeugt, weil wir deren tatsächliche und offensichtliche Folgen kennen. Außerdem gibt es zahlreiche Belege für den Einfluß der antisemitischen und nationalsozialistischen Rhetorik und Literatur dieser Zeit auf sein Denken; einflußreich waren ferner seine Erinnerungen an die Unruhen im Parlament und auf der Straße und an eines seiner Idole, den charismatischen Bürgermeister Karl Lueger. Über Wien und den jungen Hitler (und über die verschroben extremistischen Publikationen und die »Atmosphäre« des »dekadenten« Wien vor 1914) wurde viel geschrieben. Es besteht kein Zweifel, daß das Wiener Kapitel in Hitlers Leben für die Formung seines Denkens wichtig, vielleicht sogar entscheidend war. Aber formte es ihn endgültig? Mit anderen Worten, hat sich seine Gedankenwelt schon in Wien endgültig herauskristallisiert? Wir wissen, daß der wichtigste Wendepunkt in Hitlers Leben 1919 in München stattfand. Natürlich sind »Kristallisation« und »Wendepunkt« nicht identisch, aber sie lassen sich auch nicht voneinander trennen. Also stellt sich bei aller Begrenztheit einer solchen Metapher doch die Frage, ob die Kristallisation – wenn nicht seines persönlichen Schicksals, dann zumindest seiner Weltanschauung – in Wien oder München stattfand. Für beide Annahmen gibt es einander widersprechende Indizien, auf die ich nun zu sprechen komme.[7]

Es ist zumindest möglich – und ich neige zu dieser Ansicht –, daß die Kristallisation nicht in Wien, sondern in München stattfand, und zwar überraschend spät, in Hitlers 31. Lebensjahr – vielleicht in den Tagen um seinen 30. Geburtstag am 20. April 1919.

Zehn Tage nach Hitlers 30. Geburtstag brach die Münchner Räterepublik zusammen. Regimenter der Armee und Freiwilligenverbände marschierten in München ein; dann begann, was später als der Weiße Terror bezeichnet wurde. Der Präsident der Räterepublik wurde von den Soldaten zu Tode geprügelt; in den folgenden Tagen und Wochen wurden mehr Menschen hingerichtet als in den Monaten der Münchner Räteherrschaft. Ganz im Gegensatz zum Terror der Roten war der Weiße Terror jedoch populär. Ich spreche von der »Münchner Räterepublik«, weil sich die Autorität dieser »Regierung« kaum über die Stadt München hinaus erstreckte. Von mehreren episodischen kommunistischen Regierungen in Europa nach dem Ersten Weltkrieg war sie die inkompetenteste. In München hatte im November 1918, bevor in Berlin die Republik ausgerufen wurde, eine Revolution stattgefunden; in den folgenden Monaten bewegte sich die Revolutionsregierung immer mehr nach links. Ende Februar wurde ihr Chef Kurt Eisner von einem

Konterrevolutionär ermordet; danach entstand das Münchner Räteregime. Seine Mitglieder waren Kommunisten, Intellektuelle, Bohemiens, darunter viele Juden und sogar einige erwiesene Geisteskranke. (Der Zusammensetzung und den Ideen nach war sie einigen Gruppen amerikanischer Exzentriker der sechziger Jahre nicht unähnlich, wobei letztere natürlich nie die geringste Chance hatten, der Machtausübung auch nur nahe zu kommen.) Nach seinem Zusammenbruch wurde das katholische München mit seinem im Vergleich zu vielen norddeutschen Städten etwas leichteren Lebensstil zum wichtigsten Zentrum der radikalen Rechten in Deutschland, darunter auch der NSDAP.

Es ist nicht bekannt, wo Hitler seinen 30. Geburtstag feierte, wenn er das überhaupt tat. Über die Frühjahrsmonate 1919 in München weiß man weniger als über den ganzen Rest seines Lebens. Im Oktober 1918 wurde Hitler als Frontsoldat durch einen Gasangriff verwundet. Zum Zeitpunkt des deutschen Zusammenbruchs lag er in einem Lazarett in Pasewalk in Pommern. Im Dezember schlug er sich nach Bayern durch und schloß sich dort einer Armeeeinheit an. Über seine Aktivitäten vom Februar bis zum 1. Mai 1919, als der Rote Terror zwar nicht allgegenwärtig, aber doch mörderisch war und die Straßen Münchens beherrschte, ist fast nichts bekannt. Laut *Mein Kampf* traf Hitler im März wieder in München ein. Joachimsthaler beweist jedoch, daß er sich schon Ende Januar wieder in der Stadt aufhielt.[8] Es gibt einige Hinweise darauf, daß Hitler das rote Armband trug, das Soldaten damals tragen mußten; auf jeden Fall verhielt er sich unauffällig. Kein Zweifel besteht jedoch, daß er sofort nach dem Zusammenbruch des Räteregimes politisch aktiv wurde: Er meldete sich freiwillig als Propagandaredner für die Armee, besuchte die Vorlesungen eines bekannten nationalistischen Professors und begann, vielleicht schon im Juni, in der Öffentlichkeit Reden zu halten; die erste dokumentierte öffentliche Rede fand im August dieses Jahres statt. Danach verbessert sich die Quellenlage schnell, und das Folgende ist wohlbekannt. Schon bevor Hitler in die Partei eintrat, aus der seine eigene Nationalsozialistische Deutsche Arbeiterpartei entstehen sollte, waren seine Reden unüberhörbar von extremem Nationalismus, Judenhaß und Fanatismus geprägt, all den Elementen, die ihn später bekannt machten und die er seit damals unablässig wiederholte.

Die Frage, *wann* die Kristallisation von Hitlers Weltanschauung stattfand, ist nicht nur von chronologischem Interesse. Laut seinem eigenen Bericht erkannte er nicht nur die jüdische »Bedrohung« in Wien zum ersten Mal, sondern hatte auch bereits dort das jüdische »Problem« durchdacht und Wien als überzeugter Antisemit und tödlicher Feind der gesamten marxistischen Weltanschauung verlassen. Dabei hatte er in dem Männerheim, in dem er wohnte, jüdische Bekannte, vielleicht sogar Freunde. Sie halfen ihm, seine Aquarelle zu verkaufen; andere rahmten Bilder, und bei mindestens einer Gelegenheit genoß er die Gastfreundschaft einer gebildeten jüdischen Familie aus Anlaß einer ihrer Kammermusikabende. Hitler bewunderte auch die Musik Gustav Mahlers. Für die Zeit vor seinem 31. Lebensjahr ist keine einzige öffentliche oder private antisemitische Äußerung Hitlers überliefert.

Daß er sich mit dem »Judenproblem« beschäftigte, ist wahrscheinlich. Er hatte jedoch offenbar nicht das Bedürfnis, seine Ansichten zu äußern, solange sie noch nicht gefestigt waren; sie hatten sich noch nicht zu einem kategorischen Imperativ oder zu einer fanatischen Besessenheit verdichtet. Es ist zumindest möglich und meiner Ansicht nach wahrscheinlich, daß Hitlers Ansichten sich erst durch seine Erlebnisse im Winter 1918 und im Frühjahr 1919 festigten. Sie entstanden nicht aus dem Nichts, kristallisierten sich jedoch erst im Verlauf des deutschen Zusammenbruchs und mehr noch während der lächerlichen und schäbigen Episode der Münchner Räterepublik heraus, deren Führer zum Teil aus dem Judentum und dem intellektuellen Lumpenproletariat stammten.

Ein Beleg für diese These ist ein dicker, 1980 von Eberhard Jäckel und Axel Kuhn publizierter Quellenband mit dem Titel *Hitler: Sämtliche Aufzeichnungen: 1905–1924*. Er enthält alle überlieferten Aufzeichnungen Hitlers aus dieser Zeit, also sämtliche Briefe, Postkarten, Notizen und Gedichte von Hitlers 16. Lebensjahr an und alle auffindbaren Redeentwürfe von seiner Hand, eine mit über 1300 Seiten gewaltige Sammlung von »Primärquellen«. Über siebzig Zeugnisse (Zeugnisse, nicht Seiten) stammen aus der Zeit vor 1919 (Hitlers Gemälde und Aquarelle sind in dem Buch nicht enthalten). Im Jahr 1919, nicht jedoch vorher, findet ein drastischer Wandel in Ton und Inhalt dieser persönlichen Dokumente statt. Der junge Hitler vermittelt den Eindruck eines Einzelgängers und Träumers, eines deutschen Idealisten – ein Eindruck, der mit seinen Kriegserlebnissen und mit den Erinnerungen derer übereinstimmt, die ihn während des Krieges kannten. (Das Eiserne Kreuz erhielt er übrigens aus der Hand eines jüdischen Reserveoffiziers.) Die zahlreichen Notizen, Briefe und Postkarten an seine Freunde, geschrieben an der Front oder im Urlaub, sind im Ausdruck oft kindlich und von einer geradezu hündischen Treue und Verehrung für seine Offiziere und sein

Land gekennzeichnet. Außerdem sind sie mit einer Ausnahme – einem Brief an einen älteren Münchner Bekannten vom Februar 1915, auf den ich noch zurückkomme – alle unpolitisch. Typisch ist die Postkarte, die Hitler im Oktober 1917, während eines Kurzurlaubs in Berlin, an einen Freund schrieb: »Bin erst am Dienstag hier angekommen. Familie Arendt ist sehr lieb. Hätte es mir nicht besser wünschen können. Die Stadt ist großartig. So richtig eine Weltstadt. Der Verkehr ist auch jetzt noch gewaltig. Bin fast den ganzen Tag fort. Habe jetzt endlich Gelegenheit, Museen etwas besser zu studieren. Kurz: es fehlt mir nichts.« Auch Gedichte finden sich; eines stammt aus einem Gästebuch von 1906, ansonsten stammen sie alle aus der Zeit von 1915 bis 1919. Dies ist also der junge Hitler: Er zeichnet, malt Aquarelle und schreibt in den Schützengräben Gedichte. Es sind gefühlsschwangere Gedichte, ihr zentrales Thema ist die Treue zum Vaterland. Natürlich war Hitler kein Rupert Brooke, aber die Gedichte sind auch nicht lächerlich. Sie drücken die leidenschaftlichen Gefühle eines deutschen Idealisten aus und sprechen von nationalistischer Gesinnung, Jugend, Einsamkeit und Trauer. Trotz ihres etwas pathetischen Tons sind sie keine holprigen Knittelverse, sondern Ausdruck der Vaterlandsliebe. Der Begriff Vaterland hat bei Hitler trotz des Wortes Vater etwas Weibliches; die Gedichte sind Ausdruck der Hingabe an eine große, geliebte und nun gefährdete Mutter.

Nach der Veröffentlichung der oben erwähnten Quellensammlung wurden die Herausgeber durch zwei Briefe auf die zweifelhafte Authentizität einiger Dokumente aufmerksam gemacht. Nach sorgfältiger Prüfung fanden sie die Zweifel berechtigt und veröffentlichten eine entsprechende kurze Erklärung in den VfZ (April 1981), S. 304. Doch Jäckel und Kuhn brauchten sich keine Vorwürfe zu machen: Ein beträchtlicher Teil der Dokumente stammte von einem Privatmann, der nicht namentlich genannt werden wollte, und die fraglichen Zeugnisse machten nur einen sehr kleinen Teil der Dokumentation aus: 16 oder 17 von insgesamt beinahe 700 Dokumenten. Gemeinsam ist fast allen zweifelhaften Dokumenten, daß ihnen eine Notiz der Reichsleitung der NSDAP auf dem entsprechenden Briefpapier beiliegt. Interessanterweise gehören zu diesen Dokumenten einige der Kriegsgedichte Hitlers sowie Gedichte und Aufzeichnungen aus den ersten Münchner Nachkriegsmonaten des Jahres 1919. Schon in der Einleitung zu ihrer Quellensammlung hatten die Herausgeber angedeutet, daß einige der Gedichte vielleicht nicht von Hitler stammen, sondern nur von ihm abgeschrieben wurden. Bis 1980 war überhaupt unbekannt, daß Hitler Gedichte geschrieben oder abgeschrieben hat. (Die Sammlung enthält noch mindestens eine weitere Fälschung: ein Gedicht, das erst einige Zeit nach dem Krieg geschrieben und veröffentlicht wurde; Hitler kann es daher nicht abgeschrieben haben.) Sechs der fragwürdigen Zeugnisse stammen aus dem Januar oder Februar 1919.

Es ist unwahrscheinlich, daß sie ohne Hitlers Zustimmung in das Parteiarchiv aufgenommen wurden. Wie in *Mein Kampf* wollte er damit vielleicht zeigen, daß sich seine Weltanschauung schon vor dem Zusammenbruch der Münchner Räterepublik herausgebildet hatte. Hitler schließt den autobiographischen Teil von *Mein Kampf* mit der Feststellung, daß er im November 1918 in einem Lazarett in Pommern von der Niederlage und dem Zusammenbruch des Deutschen Reichs erfahren habe und daß sich dort seine gasverätzten Augen geöffnet hätten: »Ich aber beschloß, Politiker zu werden.«[9] Es ist zumindest möglich, daß er seine Zweifel damals noch nicht überwunden hatte und daß er den Entschluß, Politiker zu werden, erst sechs Monate später faßte, nach dem blutigen Zusammenbruch der Münchner Räterepublik.

Meine wichtigste Frage lautet jedoch nicht Pasewalk oder München, sondern Wien oder München. Und es geht nicht um ein entweder/oder, sondern mehr um ein und/oder. Für beides gibt es Hinweise, die ernsthaft geprüft werden müssen, solange man nicht eine Alternative von vornherein ausschließt und wenn man akzeptiert, was mit »Kristallisation« auch gemeint sein könnte.

Jedenfalls ist die Frage Wien oder München bisher noch nicht so entschieden gestellt worden, daß sie zum Diskussionsgegenstand von Historikern geworden wäre. Die meisten Historiker, wenn auch nicht alle, haben mit Recht all jene Darstellungen verworfen, die Hitler in der Wiener Zeit mit einigen der bizarren, extrem rassistischen und antisemitischen Gruppen und Verfassern von Flugschriften in Verbindung brachten. Eine solche Darstellung ist etwa die 1958 von Wilfried Daim in seinem Buch *Der Mann, der Hitler die Ideen gab* vertretene These, dieser Mann sei Jörg Lanz von Liebenfels gewesen. Mehr Beachtung verdient dagegen Friedrich Heer, der in *Der Glaube des Adolf Hitler* eine Fülle von Material über den »Österreicher« Hitler vorlegt. Heer geht so weit zu behaupten, Hitlers Charakter habe sich schon zwischen 1905 und 1908 in Linz voll ausgebildet, also vor seinem Umzug nach Wien. Das ist strittig; unstrittig ist jedoch die von Heer zusammengetragene kaleidoskopische und enzyklopädische Fülle von Beweisen für die österreichischen Elemente in Hitlers Denken. Ebenso wie Hitlers »österreichische« Manierismen, Gesten und Gewohnheiten, die vielen Leuten, insbesondere jedoch seinen Sekretärinnen, auffielen, verstärkten sich diese Elemente im Zweiten Weltkrieg wieder; Hitler sprach in diesem letzten Kapitel seines Lebens mehr und mehr über seine Wiener Erinnerungen und pries, häufig in einer nostalgischen Stimmung, die sich von der in *Mein Kampf* fundamental unterschied, die Stadt Wien, ihre Atmosphäre, ihr kulturelles Leben, ihre Theater, ihre Schauspieler und anderes. Man darf allerdings nicht vergessen, daß bei Heer nicht der Wiener, sondern der Österreicher Hitler im Zentrum des Interesses steht. Für Heer war das Österreichische der prägende Faktor, nicht die Wiener Zeit. Seine wichtigsten Aussagen und Zitate enthalten verblüffende und manchmal schockierende Beweise dafür, daß bestimmte konservative österreichische Katholiken und ihre Institutionen Hitler nicht nur im März 1938 willkommen hießen, sondern auch vor und nach 1938 authentisch Hitlersche Begriffe verwendeten.[10] Heers gewaltiges Wissen über österreichische Geschichte, Kultur und Literatur vermittelt uns im Zusammenspiel mit seinen eigenen religiösen und psychologischen Überzeugungen tiefe Einsichten in Hitlers Werdegang und Charakter.[11] Und es gibt tatsächlich zumindest ein überliefertes Dokument, das vermuten läßt, daß die Kristallisation von Hitlers Ideen bereits vor der Münchner Zeit stattfand: den oben erwähnten Brief an einen Münchner Bekannten, den Hitler im Februar 1915 an der Front schrieb. Dort spricht Hitler von dem »unvermeidlichen« Kampf gegen den inneren Feind in Deutschland.[12] Auch gibt es einige Hinweise darauf, daß er in den Unterständen mit Kameraden über Politik sprach.

Wie die Quellenlage sind auch die Aussagen der wichtigsten Biographen Hitlers widersprüchlich. »Die Frage nach der Wirkung der Wiener Jahre auf die Entwicklung Hitlers ist eine der entscheidendsten, die dieses Leben aufwirft«, schrieben Hitlers erste deutsche Biographen nach dem Krieg, vor über vierundvierzig Jahren. Doch dieselben Autoren schreiben im selben Buch: »Die beiden für seine spätere Lehre so bedeutsamen Begriffe vom ›Weltbild‹ und von der ›Weltanschauung‹ haben sich in ihm zweifellos sehr früh in Wien geformt.«[13] Fest schreibt über Wien und *Mein Kampf:* »So ermüdend und schwierig die Lektüre im Ganzen auch ist, vermittelt sie doch ein bemerkenswert genaues Porträt des Verfassers ... Alle Vorstellungen von Geschichte, Politik, Natur oder Menschenleben bewahren die Ängste und Begierden des einstigen Männerheiminsassen ...« In derselben Biographie heißt es über die Wiener Zeit: »Wie betäubt von der Größe und dem Zauber der Metropole ... war er nicht revolutionär gesinnt, sondern nur einsam.«[14] Wie Jäckel überzeugend argumentiert, hat »die historische Erforschung von Hitlers Jugend ... in vielen Einzelheiten erwiesen, daß die autobiographischen Passagen von *Mein Kampf* ein sehr freies und weithin schlicht falsches Bild des äußeren Hergangs der Jugendjahre vermitteln«. »Was die historische Forschung [über die Wiener Jahre] ermittelt hat, beruhte ... so gut wie ausschließlich auf Hitlers eigenen Aussagen und insofern auf unsicherer Quellenbasis.« »Der endgültige Abschluß [Kristallisation?] der Weltanschauung fand sogar, obwohl mehrfach in die Wiener Zeit vordatiert, erst nach der Niederschrift der Autobiographie statt.«[15] Für Jäckel vollzog sich die Ausformung von Hitlers Weltanschauung schrittweise: »Eine wichtige Tatsache ist dabei, daß die Ausbildung der Weltanschauung 1919 entgegen Hitlers Behauptung nicht abgeschlossen war, sondern im Gegenteil erst begann« (S. 155). Vielleicht von Bedeutung, aber in ihrer Stichhaltigkeit schwer einzuschätzen ist Kershaws Aussage: »Hitler hatte offensichtlich schon früher mit einem seiner Kameraden an der Front darüber geredet, ob er nach dem Krieg Architekt oder Politiker werden sollte.«[16] Wie Zitelmann in ZIT/A, S. 17, einräumt, enthält Hitlers eigener Bericht über die Wiener Jahre »sicherlich manches, was einer Prüfung nicht standhält oder standhielte«, doch gibt es »manche Angaben, die ein Verständnis der späteren Entwicklung Hitlers ermöglichen«. Zitelmann behandelt jedoch weder die Frage Wien oder München noch das Problem von Ursprung und Entwicklung von Hitlers Judenhaß. Görlitz und Quint betrachten Hitlers markigen Satz über seinen Entschluß, Politiker zu werden, eher als rhetorisches Mittel denn als echte Erinnerung an eine plötzliche Erleuchtung, die den jungen Künstler zum Politiker konvertieren ließ. Zu sehr sei Hitler in jenem kalten, trüben und schrecklichen Winter noch von äußeren Umständen abhängig gewesen, die »weit bedeutungsvoller als sein eigenes, höchst alltägliches und historisch noch nicht interessantes Geschick in diesen Monaten« gewesen seien[17] – eine einleuchtende Darstellung für diese Lebensphase eines Mannes, der später die äußeren Umstände durch Artikulation der eigenen Ideen zu beeinflussen vermochte. Laut Speer wiederum sagte Hitler im Gespräch häufig, »daß seine politische, künstlerische und militärische Vorstellungswelt eine Einheit sei, die er sich bis in die Einzelheiten hinein bereits zwischen zwanzig und dreißig gebildet habe«[18], was sowohl die Münchner als auch die Wiener Jahre mit einschließt.

Es ist bezeichnend, daß Hitler in *Mein Kampf* selbst ein falsches Datum für seinen Umzug von Wien nach München nennt. Er datiert ihn auf 1912, doch zog er erst 1913 um. Daß es sich dabei um ein Versehen handelt, ist unwahrscheinlich bei einem Mann, der neben anderen Talenten auch ein hervorragendes Gedächtnis besaß. In dem betreffenden Satz nennt er den Umzug nach München außerdem »endgültig«, obwohl es sich in Wirklichkeit nur um seinen ersten Besuch der Stadt handelte. In München fühlte er sich zu Hause, doch gibt es keine schlüssigen Beweise, daß er sich an den häufigen Debatten und politischen Gesprächen in Münchner Cafés, Restaurants und Bierhallen beteiligt hätte.[19] Hitlers Bedürfnis, sich mit Deutschland und nicht mit Österreich zu identifizieren, war von Beginn seines Lebens an offensichtlich und wird von niemandem bestritten. Daß dieses Bedürfnis dann dazu führte, daß ein nicht im Land Geborener zum Führer dieses Landes aufstieg, ist genauso offensichtlich – nicht anders war es bei dem Korsen Napoleon oder dem Georgier Stalin. Unbeantwortbar bleibt dagegen die interessante Frage, ob Hitler auch ein erfolgreicher *österreichischer* Politiker hätte werden können.

Jedenfalls waren die Münchner Szene und Hitlers Umzug nach München 1913 aus einer Vielzahl von Gründen und in verschiedener Hinsicht ein Glücksfall für den zutiefst unglücklichen jungen Mann. Wie bereits geschildert, waren öffentliche Meinung und Stimmung in Bayern seit dem Mai 1919 radikal nationalistisch, völkisch, antikosmopolitisch, antikapitalistisch, antimarxistisch und judenfeindlich geprägt, was zur Folge hatte, daß München und Bayern mehr noch als andere Teile Deutschlands zu Zentren entsprechender politischer Aktivitäten und Gruppierungen wurden. Niederbayern und Österreich liegen nicht nur geographisch, sondern auch ethnisch und linguistisch nahe beieinander. Anderswo in Deutschland wäre Hitler als Österreicher unter anderem auch wegen seines Dialekts vielleicht politisch benachteiligt gewesen, in München war seine Herkunft kein Nachteil. So wichtig und hilfreich das gewesen sein mag, wirklich entscheidend war, daß Hitler damals – vielleicht schon Ende April 1919 – seine Begabung als Redner entdeckte und danach schnell entwickelte.[20] Auch sein Erfolg als Redner war von den Umständen nicht völlig unabhängig; Hitlers extremer und hyperbolischer Redestil kam in der rauhen Atmosphäre Münchens, inmitten der biergetränkten, zu derben Scherzen neigenden süddeutschen Geselligkeit, wie sie in dem unübersetzbaren bayerischen Wort »Gaudi«[21] zusammengefaßt ist, vermutlich besser an als bei den kühleren Norddeutschen.

Auf die Entdeckung, daß er Menschen durch seine Reden beeindrucken konnte, folgte bei Hitler die Erkenntnis (und ihre Umsetzung), daß er sie auch beeinflussen konnte, eine längerfristige Aufgabe und Herausforderung seiner eigentlichen politischen Begabung. Sein Vertrauen in diese Fähigkeit wuchs allmählich. Wo Demosthenes gescheitert war, hatte dieser moderne Demagoge Erfolg. Er wurde der Führer einer Partei, dann der Führer *seiner* Partei und schließlich der Führer einer nationalen Bewegung. Doch dazu später; in diesem Kapitel geht es um die Veränderung oder Entwicklung seiner privaten und öffentlichen *persona.* In München also verwandelte sich der merkwürdige (und merkwürdig aussehende) junge Mann nicht nur in eine politische Person, sondern in eine attraktive Persönlichkeit – zumindest für manche Leute, in seinem Fall vor allem Frauen, ältere, ehrbare Frauen. In München wurde er durch Freunde endlich in Familien der Oberschicht und sogar adlige Familien eingeführt. Er eignete sich gewisse unverzichtbare Manieren an und wurde »salonfähig«, was ihm beim notwendigen Aufbau seiner Respektabilität half. Wie seine Freunde Dietrich Eckhart und Otto Strasser damals sagten, machte schon die Tatsache, daß er Junggeselle war, den jungen Hitler attraktiv – womit ich nichts direkt Sexuelles meine. Die Damen Bechstein, Reventlow, Wagner, Dirksen, Bruckmann und Hanfstaengl[22] sahen ihn mehr mit mütterlichen Augen, als ehemals armen, jungen Mann, der Zuneigung und Hilfe brauchte (auch hier wieder das mißhandelte Kind?).[23] Das alles bedeutet natürlich nicht, daß sich sein Charakter in München *vollkommen* verändert hätte. Viele seiner persönlichen Gewohnheiten änderten sich nicht. Seine Verachtung aller finanziellen und überhaupt wirtschaftlichen Angelegenheiten bestand weiter, und sie kam ihm gut zustatten. Doch waren während seiner ganzen Laufbahn viele seiner engsten und hartnäckigsten Anhänger Bayern und Österreicher, Ex-Katholiken wie er selbst. Die glücklichsten (oder zumindest befriedigendsten) Jahre seines Lebens waren die mittleren dreißiger Jahre. Da saß der Führer des Landes umgeben von Freuden in diesem oder jenem Café in München, in einfacher und angenehm geselliger Runde. Es war kein Zufall, daß er seine bevorzugte Residenz, die mehr war als nur ein Ort des Rückzuges, in den Bayerischen Alpen erbaute. Hitler war München sein ganzes Leben lang dankbar. Zu dem Architekten Giesler sagte er einmal, er wolle in München begraben werden. Später entschied er sich allerdings für Linz.

Hitler erklärte gelegentlich, daß ein Mann sich vor seinem 30. Lebensjahr weder in der Politik noch überhaupt in einer anderen wichtigen Tätigkeit engagieren solle.[24] Wie wir gesehen haben, wurde er erst relativ spät erwachsen – ein Umstand, der Heer vermuten ließ, Hitlers Persönlichkeit sei immer irgendwie unvollständig geblieben. Man kann sagen, daß der ernste und schweigsame Hitler erst mit dreißig in München zum Mann reifte; man könnte sogar sagen, daß dieser erstaunliche Mensch mit all seinen Begabungen und seiner Selbstdisziplin nie ganz erwachsen wurde. Unter Erwachsensein verstehe ich die Existenz eines tief verwurzelten persönlichen Urteilsvermögens, durch das jemand sich in Beziehung zur Welt setzt und sich mit ihr arrangiert – was nicht unbedingt identisch ist mit der Sicht des eigenen Schicksals oder einer altersbedingten Resignation.

Aufgrund der unvermeidlichen Wechselbeziehung von Körper und Geist hinterläßt die geistige Entwicklung eines Menschen Spuren (oder besser gesagt Zeichen) in seiner Physiognomie. Solche Zeichen lassen sich schon auf den Bildern Hitlers vor und nach 1919 erkennen. Um nur zwei prosaische Beispiele zu nennen: Er kürzte seinen Schnurrbart und ließ sich die Haare weiter in die Stirn wachsen.[25] Die außerordentlich machtvolle Wirkung seiner Augen wurde nun offenbar. Sie hatte weniger mit deren attraktiver und suggestiver Bläue zu tun als mit der Art, wie er seine Gesprächspartner unverwandt ansah, als wolle er sie mit seinem Blick durchbohren. Heiden widmet Hitlers Aussehen und Erscheinung zwei überaus aufschlußreiche Seiten (HD, S. 336 f); er schreibt, daß kein Foto der Zwiespältigkeit von Hitlers Charakter gerecht werde. Außerdem kommt er zu dem Ergebnis, daß Hitler nach seinem Umzug nach München seiner Erscheinung mehr Aufmerksamkeit schenkte, weil er »normal« und solide wirken wollte. Die Mehrdeutigkeit von Hitlers Physiognomie fiel auch anderen Beobachtern auf. »Ich konnte in Ruhe sein Gesicht betrachten, an dem mich immer die vielfältige Gespaltenheit des Ausdrucks fasziniert hatte«, schreibt Peter Kleist, ein früherer Gefolgsmann Ribbentrops, in seinen Memoiren. »Auch das Photo griff mit seiner Momentauswahl der Bewegung immer nur ein Element heraus und täuschte über die Zwiespältigkeit oder Vielfältigkeit des dahinterstehenden Wesens.« Und er fügt hinzu: »Ich suchte nach den Gründen der hypnotischen Wirkung dieser Augen, ohne eine Erklärung zu finden.«[26]

Hitler war sich seiner Erscheinung auf Bildern außerordentlich bewußt. Wie bereits erwähnt, hatte er an fotografischen Porträts starkes Interesse.

Als er mit achtundvierzig (einem dafür normalen Alter) feststellte, daß er eine Brille brauchte, verbot er, ihn mit Brille zu fotografieren. Zu Speer sagte er einmal, seine disziplinierten Eßgewohnheiten hätten viel damit zu tun, daß er nicht zunehmen wolle: »Stellen Sie sich vor, ich laufe mit einem Bauch herum. Das wäre politisch vernichtend!«[27] Eine, wenn nicht die beste Beschreibung von Hitlers körperlicher Erscheinung stammt von Percy Ernst Schramm: »Der Kopf des Mannes schien den ganzen Körper zu beherrschen; Rumpf, Arme und Beine, alles schien von ihm herunterzuhängen.« Er bemerkte auch, daß Hitler manisch auf Sauberkeit bedacht war. »Doch es gelang ihm nie, elegant zu sein. Die Jacke hing an ihm wie ein Sack, die Hosen saßen nicht gut …«[28] Wichtiger als diese zweifellos zutreffenden Bemerkungen eines Hamburger Patriziers sind Schramms Beobachtungen der Ambivalenz von Hitlers Ausdruck. »Der Frauen-, Kinder- und Tierfreund – das war das eine Gesicht Hitlers, weder gespielt noch vorgetäuscht, sondern völlig echt. Er hatte freilich noch ein zweites, genauso echtes Gesicht, das er seinen Tischgenossen allerdings nie zeigte.«[29]

Hitlers Charakter enthielt ein künstlerisches Element. Er war ein begabter Zeichner und Maler und ein – potentieller – Architekt. Diese Begabungen wurden häufig zu Unrecht abgewertet oder ungenau beschrieben (Fest und andere betonen einseitig die Einflüsse des späten 19. Jahrhunderts), von anderen jedoch anerkannt (etwa von dem schottischen Bühnenbildner Edward Gordon Craig, der fast hundert Zeichnungen und Aquarelle von Hitler sammelte). Maser zitiert Cézanne, für den das Malen im Atelier nicht entfernt an das Malen im Freien heranreicht, und fährt fort: »… das weiß Hitler auch, dessen wenige nach der Natur gemalten Bilder ein ungewöhnliches Talent verraten; aber es ist ihm gleichgültig.«[30] Schließlich habe er damals nicht Maler, sondern Architekt werden wollen.

Als Architekt war Hitler zwar Dilettant, doch ebenfalls begabt. Speer bewahrte alle Skizzen auf, die Hitler in seiner Gegenwart zeichnete, insgesamt über hundert. Wenn Hitler mit Speer über dessen Baupläne sprach – seine Lieblingsbeschäftigung –, zeichnete er »unaufhörlich« Skizzen. »Sie waren flott hingeworfen, zutreffend in der Perspektive … Ein Architekt konnte es nicht besser machen. Vormittags zeigte er manchmal eine gut ausgeführte Skizze, die er über Nacht angefertigt hatte; die meisten seiner Zeichnungen entstanden jedoch in wenigen eiligen Strichen während unserer Diskussionen.«[31] Hitlers Zeichensucht war auch seinen Sekretärinnen bekannt: Er verlangte, daß auf seinen Schreibtischen Skizzenblöcke lagen; auch beim

Telefonieren zeichnete er häufig Skizzen, oder er warf sie im Restaurant auf ein Blatt Papier. Speer schreibt, Hitlers Verhältnis zur Architektur sei weder dogmatisch noch »doktrinär« gewesen; er habe die Notwendigkeit verstanden, daß unterschiedliche Bauten unterschiedliche Stile haben müßten, und sei nicht unempfänglich für Kritik gewesen. (Neben anderen interessierten sich Nevile Henderson, Mussolini und Stalin für seine Bauvorhaben in Berlin.) Es geht mir hier nicht darum, Hitlers Begabungen alle aufzuzählen, um ein vollständiges Porträt zu liefern; vielmehr will ich das künstlerische Element seines Charakters deutlich machen. Wie Speer oft bemerkte, war Hitler auch seinen Arbeitsgewohnheiten nach ein Bohemien – bis etwa 1942 stand er spät auf, aß spät und vertrödelte viele Stunden – »Wann, so fragte ich mich oft, arbeitete er eigentlich?«[32] – und das zu einer Zeit, als er der Welt mächtigster Diktator war.

Jedenfalls wurde 1919 in München Hitlers staatsmännischer Ehrgeiz stärker als das Bedürfnis, sich als Künstler zu verwirklichen – umgekehrt wie bei Nero ... Das eine schloß das andere jedoch nicht aus, der Zwiespalt blieb. Und wie bei Nero wäre es völlig falsch anzunehmen, das künstlerische Element hätte bei Hitler die sanfte und träumerische Seite seines Wesens ausgemacht. »Er wollte Deutschland mächtiger, einflußreicher, stärker und gesünder machen, als es je zuvor gewesen war; nach dem Krieg wollte er sich friedlichen Beschäftigungen zuwenden (wie er im engeren Kreis oft beteuerte). Er wollte aufbauen, nicht abreißen; wenn aber der Aufbau erst einmal einen Abriß erforderte, sollte abgerissen werden, umfassend und rücksichtslos.«[33] Womit wir bei einem zentralen und mächtigen Element im Charakter des erwachsenen Hitler angelangt wären: bei seinem Haß und seinem Bewußtsein dieses Hasses. Maser hat vermutlich recht, wenn er schreibt: »Hitler glaubte in Wien erkannt zu haben, daß das Leben nur ein ständiger und unerbittlicher Kampf zwischen Schwachen und Starken sei, daß in diesem Kampf immer der Stärkere und Fähigere siege und daß das Leben nicht durch die Prinzipien der Humanität, sondern durch Sieg und Niederlage geordnet werde.« In Hitlers Fall wurde diese brutale und keineswegs seltene Weltsicht jedoch noch dadurch verstärkt, daß er sich seines Hasses bewußt war. Schon 1921 heißt es in einer seiner Reden: »Es gibt nur Trotz und Haß, Haß und wieder Haß!« Er habe gelernt, daß es nur auf zwei Dinge ankomme: »... zu hassen und hart zu urteilen. Es war eine Schule, der die Liebe gefehlt hatte.«[34]

Dies beeindruckte Goebbels, als er Hitler 1926 erlebte: Hitler habe ihm immer wieder gesagt, »er habe zu hassen gelernt«. »Sein schönstes Wort gestern: ›Gott gab uns in unserem Kampf seine Gnade in überreichem Maße. Als schönstes Geschenk bescherte er uns den Haß unserer Feinde, die wir ebenso und aus vollem Herzen hassen.‹«

Hitler war ein verzweifelter Mensch – und zugleich der Visionär einer neuen, heroischen, heidnischen und wissenschaftlichen Welt. Er war ein unglückliches Kind und ein unglücklicher Jugendlicher, getrieben von Schamgefühlen und Groll (sicher nach 1918). Daß sein Haß in den traurigen und schmerzlichen Erinnerungen eines mißhandelten Kindes wurzelte, ist plausibel, daß er, wie viele andere, damit bestimmte Minderwertigkeitsgefühle kompensierte, ebenfalls[35], doch sollte man diesen Zusammenhang nicht überbewerten. Es gab und gibt Millionen mißhandelter Kinder, die als Erwachsene weder verzweifeln noch brutal werden. Wie Schramm es formulierte: »Hitler kann weder durch seine soziale Herkunft noch durch den Einfluß seiner frühen Umgebung erklärt werden und auch nicht durch das Volk, dem er entstammte.«[36]

Hitler war stark, und eine grundlegende Quelle seiner Stärke war der Haß. Doch konkretisierte sich dieser Haß erst, nachdem er dreißig geworden war. Davor war er ein Kind; mit dreißig wurde er ein von Rachsucht Getriebener. Und was ist Rachsucht anderes als das Bedürfnis, Leiden zu verursachen, um das eigene Leiden zu heilen? Es gibt kaum ein bedrohlicheres Wort in der deutschen Sprache als das kehlige »Rache«.

Von den vier – möglicherweise fünf – großen Wendepunkten in Hitlers Leben ist der Münchner Wendepunkt von 1919 meiner Ansicht nach der wichtigste. Bevor ich jedoch zu den anderen Wendepunkten komme, sei noch zweierlei bemerkt. Erstens: Ein Wendepunkt ist nicht identisch mit einem Meilenstein, jedenfalls nicht im Leben eines Menschen (ein Meilenstein ist ein nach außen sichtbares Ereignis, ein Wendepunkt vollzieht sich oft auf geistiger Ebene), auch wenn München 1919 in Hitlers Leben beides war. Der zweite, komplexere, aber vielleicht ebenso wichtige Punkt betrifft ebenfalls die geistige Ebene: Es geht um die Wichtigkeit – im Sinn von Folgenreichtum – seiner Ideen. Der englische Historiker H. C. Allen hat in seinem Buch *Sixteenth-Century Political Thought* einen klugen Satz formuliert, über den ich viel nachgedacht und den ich oft benutzt habe: »Menschen versuchen unablässig und insgesamt sehr erfolgreich, ihre Ideen den Umständen anzupassen, und auch, aber viel weniger erfolgreich, die Umstände ihren

Ideen anzupassen.«[37] Der vielleicht erstaunlichste Erfolg Hitlers war, daß ihm letzteres gelang. Und im Gegensatz zu etwa Dostojewskis Helden und Bösewichtern leitete er nicht so sehr seine Gedanken von Ideen ab als vielmehr seine Ideen von Gedanken, was für die Frage München oder Wien relevant ist: Es war höchstwahrscheinlich München, wo sich seine Gedanken zu seinen wichtigsten Ideen kristallisierten, bis beides im großen und ganzen dasselbe war.

Im großen und ganzen: denn schließlich sind Gedanken und Ideen nicht genau dasselbe – oder besser gesagt, sie bleiben nicht immer dasselbe. (Hinter Hitlers Entdeckung seiner Rednergabe liegt eine weitere, zumindest teilweise unbeantwortbare Frage: Was veranlaßte ihn, Reden zu halten?) Doch will ich das hier nicht weiter verfolgen. Der erste wichtige Wendepunkt in Hitlers Leben war seine Ankunft in Wien 1908. Der zweite war München 1919. Der dritte war, ebenfalls in München, seine Entlassung aus dem Gefängnis im Jahr 1924. Sein Putsch, der Versuch, eine Revolution anzuzetteln, war gescheitert. Doch dann entdeckte Hitler etwas Neues, nämlich daß er nicht nur große rhetorische, sondern auch politische, nicht nur demagogische, sondern auch demokratische Fähigkeiten besaß. Jetzt wollte er die Macht in Deutschland nicht mehr durch eine gewaltsame, an die Phantasie der Bevölkerung appellierende Revolution gewinnen, sondern dadurch, daß er den politischen, also legalen und respektablen Weg ging und die Bevölkerung dadurch beeindruckte.[38] Der letzte Wendepunkt kam 1938 – im erfolgreichsten Jahr seiner Laufbahn – und er führte schließlich in die Katastrophe, in Hitlers Katastrophe.

Was damals passierte, war eine weitere tiefgreifende Veränderung in seinem Denken. Seine Sorge um seine Gesundheit hatte ein kritisches Stadium erreicht. Im Gegensatz zu Bismarck hatte Hitler es oft eilig: Er fürchtete, das Schicksal oder die Vorsehung könnte ihm nicht erlauben, sein großes Werk für das Deutschtum zu vollbringen. Sein Leben lang hatte er unter kleineren Beschwerden gelitten. Er war zwar kein Hypochonder, aber trotzdem häufig um seine Gesundheit besorgt. Kurz nach seinem triumphalen Einzug in Wien diktierte er am 2. Mai 1938 ein detailliertes privates Testament. Im weiteren Verlauf des Jahres vollzog sich ein ausgeprägter Wandel seiner Gewohnheiten. Hitler scheute nun die geringste körperliche Anstrengung, er änderte seine Eß- und Trinkgewohnheiten radikal, und er begann das gesellige Beisammensein mit seinen Mitstreitern zu meiden. Daß er sich hinfort auf die Außenpolitik und Kriegsvorbereitungen konzentrierte, war eine Folge dieses Umdenkens. Er glaubte, daß er keine Zeit mehr zu verlieren hatte.[39]

Im Jahr 1938 kam der Wandel in Hitlers Denken zum Abschluß. Von da an hielt er sich für kränker, als er tatsächlich war.[40] »Tatsächlich« ist in diesem Kontext freilich ein ungenaues Wort. Hitlers zunehmend häufige Magen-Darm-Beschwerden waren, um einen modernen und nicht sonderlich befriedigenden Begriff zu verwenden, zumindest in gewissem Ausmaß »psychosomatisch«. Ihre Ursache war, wie bei vielen solchen Krankheiten, nicht nur funktionell, sondern auch existentiell; und die psychosomatische Komponente war bei einem Mann, dessen Charakterstärke im Glauben an die Macht des Willens und des Geistes wurzelte, sicher besonders ausgeprägt. Man ist versucht zu sagen, Gott habe bei diesem Paradoxon die Hand im Spiel gehabt: daß es mit diesem Mann, der so oft von der Herrschaft des Geistes über die Materie und des Willens über das Fleisch sprach, nun bergab ging bis zur Katastrophe, eben weil er in einen Geisteszustand geriet, der seinen Körper beeinflußte, dessen Symptome ihm wiederum die feste Überzeugung vermittelten, daß er nicht mehr lange zu leben habe. Hitlers Glaube an die Herrschaft des Geistes über die Materie hatte ihn zum mächtigsten Mann der Welt gemacht; und dieser Glaube sollte ihn am Ende zerstören.

All dem könnte man noch einen letzten, fraglichen Wendepunkt im November 1941 hinzufügen[41], an dem Hitler, viel früher als allgemein angenommen, erkannte, daß er *seinen* Krieg nicht mehr auf *seine* Weise gewinnen konnte. Die Diskussion dieses Punkts soll jedoch Kapitel V dieses Buches vorbehalten bleiben.

# III

# REAKTIONÄR UND/ODER REVOLUTIONÄR?

*Probleme der Definition – Hitlers revolutionäre Rhetorik – Seine Anziehungskraft für die Konservativen – Seine Leistungen als Revolutionär – Ein grundsätzlicher Zwiespalt – Ein Revolutionär neuer Art.*

Die Geschichte der Politik ist eine Geschichte der Worte. Das Wort »revolutionär« ist knapp über 200 Jahre alt, das Wort »reaktionär« ist jünger. (Laut dem *Oxford English Dictionary* tauchte es im Englischen erstmals 1858 auf.) Das Wort »reaktionär« hatte von Anfang an einen negativen Klang, während »revolutionär« viele, oft positive Bedeutungsschattierungen besaß. Die dahinterstehende Vorstellung liegt auf der Hand. Der Revolutionär setzt sich für den Fortschritt ein; er tut dies vielleicht mit gefährlichen Mitteln und auf Kosten von Recht und Ordnung, aber dennoch fördert er den Fortschritt. Der Reaktionär dagegen nicht. Letzterer bestreitet nicht nur die Vorteile des »Fortschritts«, sondern versucht ihn sogar zu verhindern: Er will die Uhr zurückdrehen, ja den Verlauf der Geschichte umkehren.

Deshalb haben viele Hitler in Anbetracht seiner Äußerungen über die Rassenfrage, die Juden, die Frauen, die politische Freiheit, den Vernunftsglauben oder die Philosophie der Aufklärung für einen Reaktionär gehalten; einige tun das bis heute. Doch ist das problematisch, nicht nur wegen Hitlers Einzigartigkeit, sondern auch aufgrund der langsamen Erosion unseres politischen Vokabulars. »Eine neue Welt braucht eine neue Wissenschaft«, hatte der junge Tocqueville schon 1835 nach seiner Rückkehr aus Amerika geschrieben. Diese neue Wissenschaft ist nicht entstanden. Die kurz vor Tocquevilles Geburt entstandenen Begriffe »links« und »rechts« und die etwas später aufgetauchten Bezeichnungen von Parteien und politischen Grundsatzprogrammen als »konservativ« oder »liberal« sind noch immer vorherrschend, obwohl wir in einer Welt leben, die sich von der der dreißiger Jahre des 19. Jahrhunderts grundlegend unterscheidet, und obwohl die Bedeutung nicht nur von »konservativ« und »liberal«, sondern auch von »links« und »rechts« so ausgeweitet wurde, daß sie fast – wenn auch nicht ganz – nutzlos geworden sind. Schon zu Lebzeiten Hitlers schienen die Begriffe »rechts« und »links« nicht auf ihn zu passen. Stand er links oder rechts des Papstes oder Francos oder etwa auch Churchills? Daß er radikal war, ist offensichtlich, daß er nicht konservativ war, ebenfalls. Heute sollte jedoch nicht nur die Bedeutung einiger dieser oft veralteten Begriffe neu überdacht werden, sondern auch die Vorstellungen hinter vergleichsweise alten und umfassenden Begriffen wie »fortschrittlich« und »modern«.

Womit ich beim zentralen Thema dieses Kapitels wäre: War Hitler ein Reaktionär oder nicht? Oder war er eine Mischung aus Reaktionär und Revolutionär? Dies sind keine begrifflichen Fragen, und sie wenden sich nicht an jene Art von Intellektuellen, die Denken gern durch Begriffe ersetzen. Wie verwirrend diese Fragen sind, zeigen zwei dramatische Erklärungen, die im aufregendsten Moment des Zweiten Weltkriegs abgegeben wurden, nämlich im Juni 1940, als Hitler mit dem Zusammenbruch Frankreichs auf dem Höhepunkt seiner Karriere stand und den Krieg gewonnen zu haben schien. Einige Tage vor der Kapitulation der Franzosen sagte deren – keineswegs dummer – Ministerpräsident Paul Reynaud in seiner letzten Rundfunkrede: »Falls Hitler diesen Krieg gewinnt, würde wieder das Mittelalter herrschen, aber ohne durch die Barmherzigkeit Christi erleuchtet zu sein.« Hier haben wir Hitler als Reaktionär – eine neue Art von Reaktionär vielleicht, aber doch jemand, der die Uhr zurückdrehen und den Lauf der Geschichte umkehren will. Einige Tage später, am 18. Juni 1940, vertrat Churchill eine andere Ansicht. Er warnte nicht vor einem *Rückfall* ins Mittelalter, sondern vor einem gewaltigen Sprung *nach vorn,* in ein neues finsteres Zeitalter. Sollte Hitler siegreich bleiben, sagte er, »dann wird die ganze Welt mitsamt den Vereinigten Staaten, mitsamt allem, was wir gekannt und geliebt haben, in den Abgrund eines neuen finsteren Mittelalters versinken, das durch das Licht einer pervertierten Wissenschaft noch schlimmer und vielleicht noch länger gemacht werden wird«. Man beachte die Worte »Wissenschaft« und »länger«. Für Churchill war Hitler kein Reaktionär, im Gegenteil. Churchill wußte, daß Hitler eine revolutionäre Kraft repräsentierte, die auf viele Menschen eine neue, revolutionäre Anziehungskraft ausübte – vor allem solange er siegte. Hitler drehte das Rad der Geschichte weiter[1], in eine neue und unheilvolle Richtung, und deshalb mußte er aufgehalten werden, mußte man gegen ihn *reagieren.*

Die oben gestellte Frage ist für Deutsche mit besonderen Problemen verbunden. Unter anderem sind die Wörter »Reaktionär« und »Reaktion« in Deutschland noch etwas negativer besetzt als in England. Gründe sind das Scheitern der liberaldemokratischen Revolution von 1848 und die kompromittierte Revolution vom November 1918. Viele Deutsche neigen dazu, die Hitler-Zeit als schreckliches und widernatürliches Kapitel der neueren deutschen Geschichte zu betrachten, als Rückschlag, der den ohnehin schon verspäteten Demokratisierungs- und Liberalisierungsprozeß unterbrach, durch den sich Deutschland den westlichen und transatlantischen Demokratien anzugleichen begonnen hatte. Diese Einstellung (oder besser gesagt, das Beharren auf ihrer Richtigkeit) lag einigen Argumenten der Funktionalisten in der in Kapitel I erwähnten Debatte zwischen Funktionalisten und Intentionalisten zugrunde. Hans Mommsen, ein führender Historiker der ersteren Gruppe, stellt die Frage, »ob es ›sinnvoll‹ sei, ›dem Nationalsozialismus das Epitheton »revolutionär« zu verleihen …‹ und … auf ihn Kriterien anzuwenden, die ihren historischen Sinn innerhalb der europäischen Sozialgeschichte seit der Französischen Revolution bekommen hätten«. Wie Schreiber in seiner historiographischen Untersuchung schreibt, widerstrebt es vielen Deutschen und natürlich »Funktionalisten« wie Mommsen immer noch, Hitler als einen Revolutionär zu bezeichnen; außerdem sei man in der Geschichtsforschung noch immer nicht gewillt, den Begriff »revolutionär« neu zu definieren. Mommsen lehne es ab, »Hitler in die ›Gruppe der weltgeschichtlichen Revolutionäre‹ einzuordnen« (Bracher sei ambivalenter und vorsichtiger; für Hildebrand war das Dritte Reich durch eine »bis dahin in dieser Form nicht gekannten Verbindung von Tradition und Revolution« gekennzeichnet). Schreiber kommt auf diesem Hintergrund zu dem Schluß, »daß die Antwort auf die Frage, ob Hitler als Revolutionär bezeichnet werden soll oder darf, in erster Linie von der Entscheidung über die Definition des Revolutionsbegriffs abhängt. In dieser Hinsicht ist die wissenschaftliche Debatte vorerst unentschieden.«[2]

Doch haftet diesem Abwägen etwas Übervorsichtiges und Pedantisches an. Hitlerbiographen und -kommentatoren jeder Couleur anerkannten, ja betonten von Anfang an den revolutionären Charakter von Hitlers Rhetorik und seiner Pläne und ihrer Durchführung. Zu ihnen gehören so verschiedene Interpreten wie Rauschning (allerdings mit Vorsicht zu genießen, weil er sich bei seiner »Rekonstruktion« einige Freiheiten herausnimmt) und Irving. Sowohl Deuerlein als auch Fest bezeichnen Hitler nicht nur einmal als »wirklichen Revolutionär«.[3] Ein bedeutender und wertvoller Beitrag zur Geschichtsschreibung über Hitler ist das Werk des englischen Germanisten und Literaturhistorikers J. P. Stern, *Hitler, the Führer and the People* (London 1975). Stern vertritt die Ansicht, Hitlers Weltanschauung sei keineswegs reaktionär, ja nicht einmal den Ideen des 19. Jahrhunderts verpflichtet, sondern spezifisch deutsch und neu.[4] Ein grundsolides Buch des amerikanischen Historikers David Schoenbaum *(Hitler's Social Revolution,* New York 1966) gibt eine schlüssige und überzeugende Zusammenfassung der von Hitler und dem Dritten Reich bewirkten Umwandlung der deutschen Sozialstruktur.[5]

Ein bemerkenswerter Beitrag kam in jüngerer Zeit von Rainer Zitelmann. Er hatte schon mit fünfundzwanzig eine (damals nur als Typoskript erhältliche) inhaltsreiche Abhandlung geschrieben. Darin meint er, die soziale Revolution im Dritten Reich sei von Hitler geplant worden und nicht, wie von vielen Historikern widerstrebend erklärt, die größtenteils ungeplante Folge von Hitlers ansonsten verwirrten und verwirrenden sozialpolitischen Ideen gewesen.[6] Schon damals deutete Zitelmann seine Absicht an, ein größeres Werk zum Thema zu verfassen, und er hielt Wort. Im Jahr 1987 erschien *Adolf Hitler, Selbstverständnis eines Revolutionärs.* Schreiber lobt in den letzten zwei Sätzen (S. 404) der zweiten Auflage seines historiographischen Überblicks Zitelmann, weil dieser Hitler »konsequent« als »Revolutionär« definiere. »Ein provozierendes Buch und eine der raren Untersuchungen, welche die historische Forschung [über Hitler] seit 1984 wesentlich voranbrachten.« In den letzten sechs Jahren erschienen weitere Bücher des höchst produktiven Wissenschaftlers, darunter seine Hitlerbiographie (ZIT/B) und mehrere Sammelwerke, bei denen er als Herausgeber fungierte, etwa 1992 der zusammen mit Michael Prinz veröffentlichte Band *Nationalsozialismus und Modernisierung* (erweiterte Neuausgabe Darmstadt 1994).[7] Schon der Titel ist bezeichnend: Am Nationalsozialismus und an Hitlers Ideen war tatsächlich vieles *modern.*

Es ist nicht verwunderlich, daß diese, vielleicht etwas gewagte, Definition des Dritten Reiches und Hitlers als »modern« jene zumeist deutschen Historiker schockierte, die Hitler wenn nicht als Reaktionär, so doch als Gegner der Moderne betrachteten, also als Gegner der progressiven, liberaldemokratischen Welt, deren Praxis und Ideale Deutschland erst übernommen hatte, als es zu spät war. Dennoch gilt es heute, am Ende des 20. Jahrhunderts, neu zu überdenken, wer Hitler war und was die Begriffe »fortschrittlich« und »modern« bedeuten. Weiter unten in diesem Kapitel und in anderen Kapiteln werde ich darauf zurückkommen, was an Hitlers Ansichten und Plänen für sein Volk »modern«, »sozial« und vielleicht sogar »fortschrittlich« war - nicht um sie zu verharmlosen, sondern im Gegenteil, um die gefährliche Anziehungskraft verständlich zu machen, die sie in der Vergangenheit (und manchmal zumindest potentiell auch in der Gegenwart) hatten.[8] Einige Funktionalisten, darunter insbesondere Hans Mommsen, haben die Verantwortung der »alten Eliten« Deutschlands betont, die durch ihr persönliches, politisches, rhetorisches und ideologisches Auftreten Hitlers Machtergreifung zuließen oder sogar aktiv unterstützten. So sehr das in vielen Fällen stimmt, waren doch in jenem historischen Moment der Zauberer jung und die Lehrlinge alt - nicht nur dem Lebensalter nach, sondern auch in ihren Ideen.

Hitler selbst bezeichnete sich immer wieder als Revolutionär. Er nannte sich den Führer einer nationalen Revolution. Das war nicht bloß Rhetorik oder Gewohnheit. Hitler verstand sich während seiner ganzen politischen Laufbahn, also in den letzten 26 Jahren seines Lebens, als Revolutionär.[9] Auch in dieser Beziehung spielt der Münchner Wendepunkt in seinem Leben eine wichtige Rolle. Nichts spricht dafür, daß er seine sich allmählich verfestigenden Ideen oder sich selbst vor 1919 als revolutionär definiert hätte. Nur in der Zeit kurz vor und nach seiner Ernennung zum Reichskanzler, auf die ich weiter unten noch einmal eingehen werde, hat er die Worte »Revolution« und »revolutionär« weniger häufig verwendet. Das entsprang jedoch dem politischen Kalkül, sein Ansehen bei den konservativen Nationalisten und der Reichswehr, ja bei der breiten Bevölkerung zu heben und zu festigen. Trotzdem leugnete er nie seine unerschütterliche Überzeugung, der vom Schicksal auserwählte Führer einer nationalen Revolution in der Geschichte des deutschen Volkes zu sein. Jedenfalls war er kein Reaktionär. Wie er selbst bei vielen Gelegenheiten sagte, waren die Reaktionäre in Deutschland wie im Ausland ebenso wie die Kommunisten, Marxisten und Juden seine schlimmsten Feinde. In Deutschland selbst betrachtete er, wie er ebenfalls häufig sagte, die Reaktionäre sogar als seine gefährlichsten Feinde. Eine bekannte Zeile des Horst-Wessel-Liedes, des Kampf- und Marschliedes der Nationalsozialisten, bringt das klar zum Ausdruck: Dort wird Rache gefordert für die »Kameraden, die Rotfront und Reaktion erschossen«.

Man muß Hitler beim Wort nehmen, um ihn zu verstehen. Man sollte darauf achten, was er meinte. Ein Revolutionär will nicht nur das Staatsschiff auf einen anderen Kurs bringen; er will die Gesellschaft neu gestalten. Es gibt keine Hinweise darauf, daß Hitler vor 1919 sonderlich unzufrieden mit der Ordnung der deutschen Gesellschaft gewesen wäre, außer vielleicht insofern, als er bestimmte Gruppen (Sozialisten, Juden, Internationalisten) von einflußreichen Posten ausgeschlossen sehen wollte. Als jedoch seine Ressentiments und sein Rachebedürfnis 1919 explodierten, waren sie nicht primär gegen die ausländischen Feinde Deutschlands gerichtet, sondern gegen die Feinde, die er im Inneren sah. Hitler wandte sich nicht nur, ja nicht einmal hauptsächlich gegen den Versailler Vertrag, sondern gegen eine politische und soziale Ordnung in Deutschland, die er für zerstörerisch, korrupt, hoffnungslos und schwach hielt. Wie er bald feststellte, hatte er viele potentielle Verbündete, von denen viele dem nationalistischen und konservativen Bürgertum entstammten.

Den Begriffen »nationalistisch« und »konservativ« muß der Begriff »konterrevolutionär« hinzugefügt werden, ein damals und noch einige Zeit später völlig akzeptabler und einleuchtender Begriff. Was immer die tiefere Wurzel des »Nationalismus«, »Konservatismus«, »Antimarxismus« und »Antisemitismus« von Hitlers Zeitgenossen war, ihre Überzeugungen waren das Ergebnis realer Erfahrungen und ihrer Reaktion auf die linken Revolutionäre, die 1918/19 in München und anderswo aktiv waren. Zwischen 1919 und 1923 war der Begriff »konterrevolutionär« in Bayern und ganz Deutschland sowie an vielen anderen Orten Europas fast identisch mit der radikalen Rechten. Fast, aber nicht ganz.[10] Hitler wußte, wie in Kapitel II gezeigt, daß er von einem Bündnis mit den Konterrevolutionären und von einer Anerkennung durch bestimmte gesellschaftliche Kreise in München profitieren konnte. Bald aber – spätestens nach 1920 – kamen ihm Bedenken; er begann manche seiner potentiellen und sogar einige seiner tatsächlichen Verbündeten zu verachten, und zwar bereits vor dem gescheiterten Putsch im November 1923. Der Putsch scheiterte, weil die konterrevolutionären und traditionalistischen Elemente der staatlichen und gesellschaftlichen Ordnung Deutschlands Hitler zunächst zögernd und dann, im letzten Augenblick, entschlossen ablehnten. Oder genauer, weil sie ihn als den Führer einer nationalen Revolution ablehnten. Auf diese Erfahrung folgte der nächste Wendepunkt seines Lebens und seiner Karriere: Hitler beschloß, die Macht in Deutschland nicht mehr durch eine bewaffnete Revolution, sondern durch annehmbare und im weitesten Sinn des Wortes demokratische Methoden zu erringen – nicht durch einen dramatischen Aufstand gegen Staat und Gesellschaft, sondern indem er die Deutschen überzeugte und sie daran erinnerte, daß sie ihm im Grunde ihres Herzens recht gaben.

Es gelang ihm. Wie zahlreiche Wahlanalysen und soziographische Studien über die Zeit von 1928 bis 1933 zeigen, war das Neue an der NSDAP nicht nur ihre Organisation und Propaganda. Im Gegensatz zu allen anderen Parteien der Weimarer Republik war die NSDAP eine echte Volkspartei, da sie in durchweg allen Schichten der deutschen Gesellschaft Anhänger gewann. Sie war weder eine typische Partei des Kleinbürgertums noch eine primär protestantische oder vom Kapital unterstützte Partei (letzteres eine haltlose und heute weitgehend widerlegte Erklärung marxistischer Historiker und Politikwissenschaftler). Die Forschung der letzten fünfzehn Jahre läßt der Gesamttendenz und den Ergebnissen nach sogar vermuten, daß Hitlers Lager spätestens ab 1928 beträchtlichen Zustrom aus der deutschen Arbeiterklasse erhielt. Von manchen Historikern wird Hitler als typisches Mitglied des Kleinbürgertums beschrieben, als Kleinbürger, der zum Fanatiker wurde. Dieses Bild ist weitgehend falsch. Es gab einige kleinbürgerliche Elemente in seinen Vorlieben und seinem Verhalten (das ist auch gar nicht anders denkbar; niemand kann sich völlig von den Einflüssen seiner sozialen Herkunft und seiner Kindheit befreien). Viel wichtiger war jedoch seine Verachtung des traditionellen deutschen Bürgertums und seiner »reaktionären« Werte.

Hitler wurde sich dieser Verachtung schon früh bewußt, lange bevor ihn die »Konterrevolutionäre« an jenem blutigen Novembermorgen im Jahr 1923 im Stich ließen. Er hatte gegen die traditionalistischen Werte des deutschen Bürgertums einen heftigen Widerwillen entwickelt, er verachtete die Vorsicht und Sparsamkeit der Bürger, ihre Verehrung für die Monarchie, ihren gesellschaftlichen Ehrgeiz, ihr Sicherheitsbedürfnis, ihr Standesbewußtsein und eine ganze Palette weiterer Merkmale, von der bürgerlichen »Gemütlichkeit« bis zu den überholten Maßstäben des Großbürgertums.[11] All dies betrachtete er als antiquierte Überbleibsel einer inzwischen fernen Vergangenheit. Diese Haltung spricht aus vielen Äußerungen von Hitler selbst, und sie sind zu zahlreich, um hier ausführlich darauf einzugehen. Schon 1920 war er von dem revolutionären, antibürgerlichen Helden in dem Theaterstück *Der König* von Hanns Johst beeindruckt. (Johst war einer der wenigen prominenten deutschen Schriftsteller, die zu Bewunderern Hitlers wurden.) Der Held des Stückes revoltiert gegen die traditionalistischen Schichten der Gesellschaft und nimmt ein tragisches Ende; er wird von Reaktionären und Bürgerlichen verraten und in den Freitod getrieben. Als Hitler dem Schriftsteller 1923 in der feudalen Münchner Wohnung der mit ihm befreundeten Bruckmanns erstmals begegnete, erzählte er ihm, er habe sein Stück in den vergangenen drei Jahren siebzehnmal (!) gesehen; es sei sein Lieblingsstück, und vielleicht werde sein eigenes Leben auch einmal so enden.[12] Was immer diese im Rückblick verblüffende Äußerung zu bedeuten hat, sicher ist, daß Hitlers Abneigung gegen das Bürgertum sein ganzes Leben lang fortbestand. Ein Beleg dafür ist folgende am 5. September 1941 bei Tisch geäußerte Bemerkung: »Von der Feigheit und Borniertheit des Bürgertums habe er in damaliger Zeit einen solchen Ekel bekommen, daß er noch jetzt, wo das Bürgertum ihm aus Opportunitätsgründen nachlaufe, genug davon habe. Ohne seine Anhänger aus dem Volke hätte er damals am deutschen Volk verzweifelt.«[13] Dies war mehr als bloße Rhetorik, es war ein Ausdruck seiner tiefsten Überzeugung. Laut Zitelmann waren Hitlers Ausbrüche und Schimpftiraden gegen das alte Bürgertum selten rein emotional; sie hatten einen rationalen Kern.[14] Mag sein. Richtig ist jedenfalls, daß Hitler aus seinem Scheitern im Jahr 1923 eine Lehre zog. Er wußte nun, daß er das deutsche Bürgertum und die Konservativen auf seine Seite bringen mußte. Er war, wenigstens einige Zeitlang, auf ein Bündnis mit ihnen angewiesen, »nicht *trotz* seiner Einsicht in ihre Untätigkeit und Schwäche, sondern gerade deshalb«.[15]

Zumindest in den zehn Jahren von 1924 bis 1934 war Hitler willens und in der Lage, Konservative mit einer antirevolutionären Rhetorik anzuziehen – obwohl er nach wie vor häufig die Arbeiterschaft überhöhte und der Oberschicht Egoismus vorwarf. Der Zauberer hatte es im politischen Geschäft zu solcher Meisterschaft gebracht, daß er im Bedarfsfall auch die »konservative« Seite seiner Ideologie artikulieren konnte. Das wichtigste und wirksamste Element in dieser Hinsicht war sein Antikommunismus; er stellte sich und den Nationalsozialismus auch nicht selten als antirevolutionär dar, er äußerte sich sogar häufig positiv über das Christentum.

Die Psychologie des Antikommunismus (oder genauer die Geschichte seiner Anziehungskraft) harrt noch der Untersuchung durch einen großen Historiker. Der Antikommunismus war nicht nur für jene Teile der deutschen Bevölkerung attraktiv, die wie die Münchner im Frühjahr 1919 die Grausamkeiten und Untaten einer Räteherrschaft erlebt hatten (egal wie kurz). Auch war er nicht auf die Oberschicht beschränkt, die bei einer marxistischen Revolution Enteignungen fürchten mußte. Die Anziehungskraft des Antikommunismus hatte selten primär wirtschaftliche Gründe. Zwar gab es die Angst vor der Revolution; doch sogar in Zeiten und an Orten, wo nur minimale Aussichten auf eine kommunistische Revolution bestanden, waren der Nationalismus und die damit verbundene Ablehnung internationalistischer Doktrinen und ihrer mutmaßlichen Vertreter stärker.[16]

Natürlich war Hitler ein Nationalsozialist; von den beiden Adjektiven war das erste für ihn wichtiger und entscheidender als das zweite. Doch er war nicht nur ein Gegner des internationalen Sozialismus, sondern auch des internationalen Kapitalismus. Tatsächlich hatte er mehr für Kommunisten und sogar für bestimmte Sozialisten übrig als für Kapitalisten und Reaktionäre. Er äußerte sich häufig in dieser Richtung, allerdings selten in der Öffentlichkeit. Er wußte, daß er, um an die Macht zu kommen, an den Antikommunismus der deutschen Konservativen appellieren mußte. So sagte er im November 1932 zu Hindenburg, die Bolschewisierung der Massen schreite rapide fort. Er wußte, daß dies nicht der Wahrheit entsprach; doch wußte er auch, daß er Hindenburg und die Konservativen mit solchen Argumenten beeindrucken konnte. Anders als bei dem Versuch einer Revolution, der neun Jahre zuvor in den Straßen von München im Gewehrfeuer geendet hatte, wollte er nun legal, verfassungsmäßig und demokratisch die Herrschaft in Deutschland erringen, nicht gegen den Widerstand, sondern mit Unterstützung der deutschen Eliten – und wenigstens teilweise, indem er ihren Antikommunismus ausnützte. Es ist bezeichnend, daß er sich dieses Themas auch noch nach seiner Ernennung zum Reichskanzler bediente und sogar noch nach dem Wahlkampf, der zur endgültigen Festigung seiner Macht führte. So heißt es am 14. Oktober 1933 in einer Rede, mit der er den deutschen Austritt aus dem Völkerbund rechtfertigte: »Wäre erst der rote Aufruhr als Feuerbrand über Deutschland hinweggerast, so würde man wohl auch in den westlichen Kulturländern Europas einsehen gelernt haben, daß es nicht gleichgültig ist, ob am Rhein ... die Vorposten eines geistig-revolutionär-expansiven asiatischen Weltreiches Wache stehen oder friedliche deutsche Bauern und Arbeiter ... Seit acht Monaten führen wir einen heroischen Kampf gegen die kommunistische Bedrohung unseres

Volkes ...« (gesagt zu einer Zeit, als die Kommunisten in Deutschland völlig ausgeschaltet waren und ihre Führer sich im Gefängnis oder im Exil befanden). Am 27. Juni 1934, drei Tage vor dem Schlag gegen Ernst Röhm in der Nacht der langen Messer, sagte Hitler in einer Unterredung mit drei katholischen Bischöfen, die Verteidigung Europas gegen den Bolschewismus werde für die nächsten zwei- bis dreihundert Jahre eine gemeinsame Aufgabe bleiben.[17]

Hitler wußte, wie er die Konservativen gewinnen konnte. Schon in *Mein Kampf* pries er Karl Lueger, weil dieser geneigt war, »sich all der nun einmal schon vorhandenen Machtmittel zu bedienen, bestehende mächtige Einrichtungen sich geneigt zu machen, um aus solchen alten Kraftquellen für die eigene Bewegung möglichst großen Nutzen ziehen zu können«. Wir haben gesehen, daß Hitler schon 1920/21 Zugang zu konservativen Kreisen in München suchte und fand. Im Jahr 1926 bekämpfte und besiegte er Gregor Strasser vom radikalen Flügel der NSDAP, indem er sie für die Rückgabe der Besitztümer der 1918 enteigneten deutschen Fürstenhäuser stimmen ließ, ein Schachzug, der ihn bei den älteren deutschen Konservativen beliebt machte. »Uns gegenüber steht das alte Deutschland«, sagte er 1930. »Es ist nicht mehr unsere Welt, aber wir möchten von diesem alten Deutschland nicht mehr weggerissen werden, denn zu ihm gehören Millionen der anständigsten Menschen ...«[18] Noch 1934 verkündete er: »Das nervöse Zeitalter des 19. Jahrhunderts hat bei uns endgültig seinen Abschluß gefunden. In den nächsten 1000 Jahren findet in Deutschland keine Revolution mehr statt.«[19] Es war aufgrund solcher Aussagen und nicht nur aufgrund opportunistischer politischer Berechnung, daß dieser Zauberer die Unterstützung seiner älteren und altmodischeren Lehrlinge gewann, von Männern wie Papen und anderen Mitläufern. Sie betrachteten Hitler als einen Mann der Rechten – wie *er* es wollte.

Genauso verstand es der antireligiöse und antikatholische Hitler, sich wenigstens teilweise und befristet der Unterstützung der katholischen Kirchenführung und eines Teils der katholischen Gläubigen zu versichern. Friedrich Heer betont die Wichtigkeit der katholischen Rest-Elemente in Hitlers Denken zwar zu stark; richtig ist jedoch, daß Hitler den religiösen Faktor bewußt für Ideologie und Politik zu nutzen verstand. In *Mein Kampf* äußert Hitler detailliert seine Bewunderung für Georg von Schönerer, den antiklerikalen Führer der österreichischen Alldeutschen. Er kritisiert jedoch, Schönerer habe im Gegensatz zu dem Katholiken Lueger den Fehler gemacht, offen antireligiös zu sein. Auch in dieser Beziehung markierte Hitlers einschneidende Erfahrung im November 1923 einen Wendepunkt. Er wandte sich von dem antikatholischen Ludendorff ab (und damit indirekt gegen eine Erinnerung aus der Bismarck-Ära): Einen Kulturkampf durfte es im künftigen Deutschland nicht geben. In *Mein Kampf* gibt es viele Passagen, die vor einer Kampagne gegen Gläubige in Deutschland warnen. Ein politischer Führer sollte den religiösen Glauben seines Volkes nicht antasten.[20] In den Reihen der Bewegung, sagte Hitler später, müsse der gläubige Protestant neben dem gläubigen Katholiken sitzen können, ohne daß sie wegen ihrer religiösen Überzeugungen auch nur den geringsten Gewissenskonflikt haben müßten. Wie Speer sich erinnert, seien zwar viele Anhänger Hitlers auf Drängen der Partei und der SS-Führung aus der Kirche ausgetreten, seinen engsten Mitarbeitern einschließlich Göring und Goebbels habe Hitler jedoch verboten, dies zu tun. Auch habe er die Erhaltung der Kirchen 1942 als absolute Notwendigkeit bezeichnet. »Dabei verurteilte er den Kampf gegen die Kirche in scharfer Weise als ein Verbrechen an der Zukunft des Volkes, denn es sei unmöglich, durch eine ›Partei-Ideologie‹ die Kirche zu ersetzen.«[21]

Diese Politik Hitlers erklärt – wenigstens zum Teil – die zunächst widerstrebende und später bereitwillige Unterstützung, die ihm 1933 nicht nur der katholische Papen, sondern auch die katholische Zentrumspartei gewährte. Sie sei die einzige Partei gewesen, deren scharfe Opposition er wirklich gefürchtet habe, sagte Hitler später; die einzige Partei, die in den vorhergegangenen Wahlen nicht massenhaft Wähler an die NSDAP verloren habe.[22] Vor der Reichstagswahl im März 1933, ja bereits nach seiner Ernennung zum Reichskanzler wußte Hitler genau, was er sagen mußte: »Die nationale Regierung wird die Fundamente wahren und verteidigen, auf denen die Kraft unserer Nation beruht. Sie wird das Christentum als Basis unserer gesamten Moral, die Familie als Keimzelle unseres Volks- und Staatskörpers in ihren festen Schutz nehmen.«[23] Und am 15. Februar 1933 verkündete er in Stuttgart: »Heute sagen sie, das Christentum sei in Gefahr, der katholische Glaube bedroht. Darauf habe ich zu erwidern: Zunächst stehen heute an der Spitze Deutschlands Christen und keine internationalen Atheisten.« Auch nach seinem Wahlsieg griff Hitler das Thema weiter auf. Er sprach vom »Christentum als Basis unserer gesamten Moral«. Am 1. Mai 1933 sagte er: »Wir bitten nicht den Allmächtigen: ›Herr, mach uns frei!‹ Wir wollen tätig sein, arbeiten, uns brüderlich vertragen, gemeinsam ringen, auf daß einmal die Stunde kommt, da wir vor den Herrn hintreten können und ihn bitten dürfen: ›Herr, du siehst, wir haben uns geändert‹.«[24] Aufgrund solcher Aussagen konnte Papen – vielleicht aus ehrlicher Überzeugung, aber zu Unrecht – sagen, das Dritte Reich sei die christliche Gegenbewegung zu 1789, anders ausgedrückt, die Konterrevolution gegen die französische Aufklärung.

Hier ist nicht der Ort, die komplizierte Geschichte der Beziehungen zwischen den deutschen Kirchenführern und Hitler ausführlich darzustellen. Sie ist oft untersucht und mehrmals gut und mit Sorgfalt geschrieben worden. Was hierher gehört, sind Belege, daß diese Beziehung für Hitler auch später noch wichtig war. Bei der oben erwähnten Begegnung mit den drei Erzbischöfen (Gröber aus Freiburg, Berning aus Osnabrück und Bares aus Berlin) sagte Hitler, er werde nie einen Kulturkampf führen. Er schaffte es sogar, Nazigegner unter den Kirchenfürsten zu beeindrucken. So sagte der Münchner Kardinal Faulhaber 1936 nach einem Treffen mit Hitler: »Der Führer beherrscht die diplomatischen und gesellschaftlichen Formen mehr, wie ein geborener Souverän sie beherrscht.«[25] Im August 1941 ließ Hitler nichts gegen Erzbischof Galen aus Münster unternehmen, obwohl dieser in einer Sonntagspredigt offen das Euthanasieprogramm der Regierung angegriffen hatte. Im selben Monat drohte Hitler dem Gauleiter von Bayern mit Absetzung und Gefängnis, weil dieser den dummen Versuch gemacht hatte, die Kruzifixe aus bayrischen Klassenzimmern zu entfernen. Als Bormann im selben Jahr in einen Parteierlaß den Satz schrieb: »Das Christentum ist mit dem Nationalsozialismus nicht vereinbar«, befahl Hitler, den Satz zu streichen und den Erlaß sofort rückgängig zu machen.[26] Zugleich sagte er vor allem während des Krieges häufig im Kreis seiner Vertrauten, die Kirchen könnten erst nach dem Krieg zur Rechenschaft gezogen werden, dann werde man angemessen mit ihnen verfahren und die deutsche Jugend ihrem Einfluß entziehen.

Hitler wußte, was er tat und wovon er sprach. Worin immer seine eigene Dualität bestanden haben mag, der Gespaltenheit des deutschen Volkes war er sich jedenfalls bewußt: Schließlich hatte eben jener selbst heute noch manchmal als führende Gestalt des deutschen Widerstands gelobte Erzbischof und spätere Kardinal Galen in derselben, ebenfalls bis heute gerühmten Predigt, in der er das Euthanasieprogramm kritisierte, den deutschen Kreuzzug gegen Rußland und den Bolschewismus gefeiert. Doch Thema dieses Buches sind nicht die weltlichen und religiösen Ideen der deutschen

Bevölkerung, sondern die Ideen Adolf Hitlers, seine Rhetorik und seine Politik.

Im Jahr 1934 prophezeite der nach seinem Parteiausschluß ins Exil gegangene Otto Strasser »Hitlers Flucht in den Krieg« als »Ausweg vor der Alternative ›Reaktion oder Revolution‹«.[27] Die Prophezeiung, daß Hitler einen Krieg beginnen würde, war richtig, die Analyse seiner Beweggründe falsch. So seltsam es klingt, die Außenpolitik spielte bei Hitlers Überlegungen nur eine sekundäre Rolle, oder sie war zumindest untrennbar mit seiner primären und grundsätzlichen Absicht verbunden, eine neue Art von Einheit des deutschen Volkes zu schmieden. In dieser Beziehung unterschied sich seine Vision von der des großen deutschen Historikers Leopold von Ranke, der vom »Primat der Außenpolitik« in der Geschichte der Völker geschrieben hatte.[28] Sie unterschied sich auch von der Bismarcks, der sich erst nach der erfolgreichen Gründung eines mächtigen deutschen Staates mit innerpolitischen Streitigkeiten hatte auseinandersetzen müssen. Hitler hatte schon 1923 dem Kampf gegen die französische Besetzung des Ruhrgebiets nur sekundäre Bedeutung beigemessen und die Partei entsprechend instruiert; für ihn war die wichtigste Aufgabe die nationale Revolution zu Hause, bevor man die fremden Besatzer vertreiben konnte – und das nicht nur, weil Deutschland 1923 zu schwach war, um einen Krieg mit Frankreich zu riskieren. Auch nach 1923[29] zeigte sich Hitlers politischer Realismus darin, daß er nach wie vor der Innenpolitik die Priorität einräumte. In Erinnerung an die Jahre 1930–1932 sagte er, Reichskanzler Brüning sei »ein Mann von etwas Talent gewesen; aber sein größter Fehler war, Erfolge in der Außenpolitik zu suchen und dadurch seine Popularität zu vergrößern, während der Führer genau den umgekehrten Weg gegangen sei in der Erkenntnis, daß die Außenpolitik nie erfolgreich sein kann, wenn innenpolitisch die Voraussetzungen dazu fehlen«.[30]

Ungeachtet aller notwendiger Vorbehalte bezüglich Rauschnings Zuverlässigkeit scheint dieser doch Hitlers Denken richtig und klar wiederzugeben, wenn er ihm auf die Frage, ob er die deutsche Industrie zu verstaatlichen gedenke, folgende Äußerung zuschreibt: »Warum soll ich die Industrie nationalisieren? Ich werde das Volk nationalisieren« – eine prägnante Zusammenfassung der politischen Grundsätze Hitlers. In einer Rede vor Industriellen in Düsseldorf sagte Hitler am 27. Januar 1932: »Denn nicht die deutsche Wirtschaft eroberte die Welt und dann kam die deutsche Machtentwicklung, sondern auch bei uns hat erst der Machtstaat der Wirtschaft die allgemeinen Voraussetzungen für die spätere Blüte gebracht.« Und in einer Rede von 1937 heißt es: »Wenn mir die deutsche Wirtschaft antworten würde: ›Das können wir nicht‹, dann würde ich ihr sagen: ›Gut, dann übernehme ich das selber, aber das muß geschafft werden.‹ Wenn mir aber die Wirtschaft sagt: ›Das machen wir‹, dann bin ich sehr froh, daß ich das nicht zu übernehmen brauche.«[31] Summa summarum: Es machte keinen Unterschied, ob die Krupp-Werke verstaatlicht wurden oder nicht. Irving hat vermutlich recht, wenn er schreibt, Hitler »verstand mehr von Ökonomie, als manche Leute glaubten«, obwohl er mit der für ihn typischen Übertreibung hinzufügt: »In den ersten wenigen Monaten begannen Schacht und das Reichskabinett, Hitler als Genie zu betrachten.«[32] Zitelmann argumentiert überzeugend, daß Hitler über gute wirtschaftliche Kenntnisse verfügte, und daß er den verblüffend schnellen Abbau der Arbeitslosigkeit nur durch »eine gigantische Aufrüstungspolitik beseitigte, ist nur zum Teil zutreffend«.[33] All das erkannte auch Simone Weil in einer 1942 verfaßten, nicht publizierten Arbeit. »Wenn Hitler die Ökonomie verachtet«, schreibt sie, »dann wahrscheinlich nicht einfach deshalb, weil er nichts davon versteht. Er verachtet sie, weil er weiß, daß die Wirtschaft keine unabhängige Realität ist und deshalb keine echten Gesetze aufweist, denn die Wirtschaft wird wie alle anderen menschlichen Angelegenheiten von Gewalt regiert (dieses Wissen entspringt jenem pragmatischen Verstand, den Hitler so offensichtlich besitzt, und man kann es mit Recht inspiriert nennen, weil solche Ideen so wenig verstanden werden) ... Es scheint mir kaum bestreitbar, daß Hitler eine klare Vorstellung von einer Art Physik menschlicher Angelegenheiten hat ... Er hat eine genaue Vorstellung von der Macht der Gewalt ...«[34]

Vom Trommler der Revolution zum politischen Führer und dann zum Staatsoberhaupt und militärischen Oberbefehlshaber, das waren die Stufen von Hitlers Karriere. Viele Leute glaubten und hofften, daß er sich nach der Machtergreifung, eingespannt in die politische Verantwortung, mäßigen würde. Wir haben gesehen, daß er bereit war, solchen Überzeugungen und Hoffnungen zumindest nach außen entgegenzukommen, doch bedeutet dies keineswegs, daß er seine radikalen und revolutionären Ansichten geändert hätte. Er war mehr als ein Demagoge, er war ein Populist. Er betonte häufig, er sei kein Diktator. Diktatoren waren für ihn kleine Tyrannen, häufig abhängig von kleinen Cliquen, die sie mit Gewalt an der Macht hielten. Hitler verstand sich dagegen als Führer einer Mehrheit.[35] Die Nationalsozialisten seien die besseren Demokraten, sagte er zwischen 1933 und 1935 wiederholt.[36] Er stimmte mit Goebbels überein, als dieser 1934 die Existenz einer »neuen germanischen Demokratie« verkündete. Während Hitler für die parlamentarische Demokratie und im Krieg für die demokratischen »Ansprüche« Großbritanniens und der USA nur Verachtung und Ablehnung übrig hatte, sagte er in seiner Rede am 30. Januar 1941: »Die sogenannte nationalsozialistische Revolution hat in der Demokratie mit der Demokratie die Demokratie besiegt!«

Hitler war erschüttert und gelähmt gewesen, als er 1918 den Zusammenbruch des Deutschen Reiches erlebt hatte; doch er war kein Monarchist – auch wenn es für die Zeit vor 1918 anders als für seine anhaltende Feindschaft gegen die Habsburger keine Hinweise auf eine Feindschaft gegen die Hohenzollern gibt. Weil Hitler die Unterstützung der Konservativen brauchte, sind von ihm bis einige Zeit nach seiner Ernennung zum Reichskanzler nur wenige oder fast keine antimonarchistischen Äußerungen überliefert. Es gab Deutsche, die noch 1934 hofften, Hitler werde eine Restauration der Monarchie in Deutschland zulassen. Als Hitler seine Kanzlerschaft dann nach Hindenburgs Tod gefestigt hatte und auch Staatspräsident geworden war, begannen sich ablehnende Äußerungen über die seiner Ansicht nach schon lange veralteten Ideen der Erbfolge und des monarchischen Prinzips in Deutschland und anderswo zu häufen. Eine Offenbarung war für ihn sein Staatsbesuch in Italien im Mai 1938. Er fühlte sich abgestoßen von dem in seinen Augen starren Zeremoniell des italienischen Königshauses, von der Rangordnung bei Hofe, der Korruption des römischen Adels und den persönlichen Schwächen des Königs. Sein Freund Mussolini habe einen schweren Fehler gemacht, als er die Monarchie habe fortbestehen lassen; jetzt müsse er die Macht mit ihr teilen. Inzwischen erlaubte Hitler sich, diese Einschätzung gegenüber zahlreichen Vertrauten zu äußern. Nach dem Italienbesuch erhöhte er sogar die Pensionen der noch lebenden sozialdemokratischen Minister aus der Weimarer Zeit; schließlich sei es ihr großes Verdienst, Deutschland 1918 von den Hohenzollern befreit zu haben.[37]

Kaiser Wilhelm II. lebte im holländischen Doorn im Exil, als die Wehrmacht im Mai 1940 in den Niederlanden einmarschierte. Er lehnte ab, als Churchill ihm eine Zuflucht in England anbot, und zeigte auch keinerlei Mitleid mit seinem besetzten Gastland. Nach der französischen Kapitulation schickte er ein Glückwunschtelegramm an Hitler, in dem er die frommen und sentimentalen Worte seines Großvaters von 1870 wiederholte: »Welche

Wendung durch Gottes Fügung!« Hitler reagierte verächtlich: »Etwas Neues ist ihm nicht eingefallen.«[38] Seinetwegen hätte der Kaiser ruhig nach Deutschland zurückkehren können, wenn er das wollte. Als Wilhelm im Juni 1941 starb, erlaubte Hitler, daß seine Verwandten mit einem Sonderzug zum Begräbnis nach Doorn fuhren.

»Wenn Hitler 1938 einem Attentat zum Opfer gefallen wäre«, schrieb Joachim Fest 1973 im Vorwort zu seiner großen Hitlerbiographie, »würden nur wenige zögern, ihn einen der größten Staatsmänner der Deutschen, vielleicht den Vollender ihrer Geschichte, zu nennen.«[39] Eine solche Äußerung mag manche Leser schockiert haben, doch erkannten andere, daß sie berechtigt war.[40] Die innen- und außenpolitischen Leistungen, die Hitler in diesen sechs Jahren seiner Herrschaft erbrachte, waren wirklich außergewöhnlich. Nicht nur machte er Deutschland zur stärksten und am meisten respektierten und gefürchteten Macht Europas; er holte auch die Deutschen in Österreich, Böhmen und Mähren, zumeist mit deren begeisterter Zustimmung, in sein großdeutsches Reich, womit er sogar Bismarck übertraf, und all dies ohne einen Krieg, ja ohne daß ein einziger Schuß abgefeuert wurde. Hitler brachte den Deutschen Wohlstand und Vertrauen in die Zukunft – jenen Wohlstand, der aus dem Vertrauen in die Zukunft entspringt. Die dreißiger Jahre nach 1933 waren sonnige Jahre für die Deutschen, und die Erinnerung an sie blieb einer ganzen Generation im Gedächtnis haften. Auch die Konzentrationslager, die Unterdrückung der deutschen Juden, die grobe und vulgäre NS-Propaganda waren real und in den Gedanken einer verbitterten Minderheit schmerzhaft präsent. Doch diese Minderheit hatte dem von Hitler geschaffenen Wohlstand, der Größe und Einheit seines Reiches nichts entgegenzusetzen. Nach dem Krieg schrieb Hans Frank vor seiner Hinrichtung in seinen Memoiren über die dreißiger Jahre: »Über allem lagen Sonne, Glück, Jubel, Lachen und Freude.«[41] Eine sentimentale Übertreibung, aber nicht ohne eine gewisse Wahrheit. Vorliegendes Buch ist weder eine Geschichte des Dritten Reichs noch eine Biographie Hitlers, und dieses Kapitel ist der Frage gewidmet, ob Hitler wirklich ein Revolutionär war oder nicht. Es befaßt sich also mit dem Charakter seiner Ideen und ihrer Beurteilung durch Historiker. Ideen existieren jedoch nicht im luftleeren Raum, sie werden von Menschen gelebt. (Im Gegensatz zur Ansicht nicht nur vieler Intellektueller, sondern auch eines Hegel oder Dostojewski ist es wichtiger, was Menschen mit Ideen tun, als was Ideen mit Menschen tun.) Hegels berühmter Zeitgeist mag dazu beigetragen haben, daß Hitler an die Macht kam, aber letztlich schuf Hitler ganz pragmatisch seinen eigenen Zeitgeist. Das gilt auch schon für die Art, wie er an die Macht gelangte.[42] Danach konnte er sagen, daß sein »Sozialismus der Tat« den »Sozialismus der Phrase« seiner einstigen Gegner ersetzt habe. Wie Zitelmann schreibt (in bezug auf Hitlers Entscheidung, den 1. Mai zum Feiertag der nationalen Arbeit zu machen): »Es sollte nicht das letzte Mal sein, daß die Nationalsozialisten Forderungen realisieren, für die die Arbeiterbewegung lange und vergeblich gekämpft hat.« Auch: »Unbestreitbar brachte der Nationalsozialismus auf verschiedenen sozialpolitischen Gebieten beachtliche Fortschritte, so z.B. in der Verbesserung des Jugendschutzes, beim Mutterschutz und in der Sozialversicherung.«[43]

Optimismus und Vertrauen in die Zukunft: Gegenüber 1932 war die Zahl der neugeborenen Kinder in Deutschland vier Jahre später um die Hälfte gestiegen. 1938 und 1939 verzeichnete Deutschland die höchste Zahl von Eheschließungen in ganz Europa und übertraf damit sogar die fruchtbaren osteuropäischen Völker; der phänomenale Anstieg der deutschen Geburtenrate in den dreißiger Jahren war allerdings noch steiler als der bei den Eheschließungen. Man kann diese Zahlen nicht einfach mit einem Hinweis auf Hitlers Bevölkerungspolitik abtun. Natürlich förderte er mit sozialen und finanziellen Anreizen die Gründung großer Familien, doch kann kein Staatsführer einen Vater zwingen, ein Kind zu zeugen, oder eine Mutter, es auszutragen. Außerdem hat das Vertrauen in die Zukunft sehr viel mehr mit nationalen Perspektiven als mit der Wirtschaftslage zu tun. Soziale Bedingungen sind nicht gleich materielle Bedingungen, genauso wenig wie Sozialgeschichte gleich Wirtschaftsgeschichte ist.[44] In den ersten sechs Jahren des Hitlerregimes fiel die Selbstmordrate bei jungen Deutschen unter zwanzig um *80 Prozent* (von 1212 Selbstmorden im Jahr 1932 auf 290 im Jahr 1939). Gleichfalls beachtenswert sind nicht nur Hitlers Autobahnbau, sondern auch seine landwirtschaftlichen Reformen, die von der breiten Bevölkerung getragene Winterhilfe (Motto: »Keiner soll hungern und frieren«) mit ihrem gewaltigen Spendenaufkommen und seine besondere Sorge dafür, daß deutsche Arbeiter billig Urlaub machen konnten.[45] Hitlers nationalsozialistisches Deutschland bewies, daß es möglich war, unter einer harten Diktatur einen hohen Lebensstandard zu erreichen.

Es bleibt strittig, ob diese Leistungen »revolutionär« waren, aber sie waren unzweifelhaft »modern«. Hitler brachte der Technik großes Interesse und

Vertrauen entgegen. Laut Schramm sagte er einmal, so wie ein Vogel auf einer höheren Entwicklungsstufe stehe als ein fliegender Fisch, sei auch das Schiff nur ein Vorstadium des Flugzeugs. Die Zukunft gehöre dem Flugzeug. Am 3. Oktober 1941 sagte er, er halte das Auto für die schönste Erfindung der Menschen, solange dieser es auch wirklich zu seinem Vergnügen verwende; das Auto habe den Menschen die Landschaft eröffnet. Toland schreibt über Hitlers städtebauliche Pläne, er habe »automatisierte Parkhäuser unter der Erde, verkehrsfreie Stadtzentren, zahlreiche Parks und Grünanlagen sowie strenge Maßnahmen gegen die Umweltverschmutzung« vorgesehen.[46] Dies ist teilweise ungenau; besser und detaillierter ist die Darstellung Zitelmanns, belegt durch schriftliche und mündliche Äußerungen Hitlers aus der Zeit von 1926 bis 1930. In dem von Zitelmann und Prinz vorgelegten Sammelband stellt Hans-Dietrich Schäfer zwei interessante Thesen vor. Die erste postuliert eine Art historischer Kontinuität: »In der Harmonisierung [sozialer Unterschiede] erreichte das Regime mehr als die Sozialpolitik der Weimarer Republik. Die Rüstungskonjunktur und der Krieg nivellierten die Klassen und schufen eine Mittelstandsgesellschaft, wie sie die ältere Forschung erst mit dem ›Wirtschaftswunder‹ der fünfziger Jahre verwirklicht sah.« Die zweite ist der von Zitelmann und Schäfer aufgezeigte »Amerikanismus« Hitlers. Zitelmann: »Hitler ließ sich keineswegs von rückwärtsgewandten Visionen einer mittelalterlichen Gesellschaftsordnung leiten. Sein Vorbild waren in vieler Hinsicht die Vereinigten Staaten. Obwohl er das kapitalistische Wirtschaftssystem und die demokratische Ordnung der USA ablehnte, bewunderte er den dortigen Stand der technisch-industriellen Entwicklung, die er häufig als vorbildlich auch für Deutschland darstellte.« Dies betraf sogar amerikanische Werbemethoden. Schäfer: »... der Nationalsozialismus kalkulierte die Wünsche und Ängste der Mehrheit rational und brach den Willen der Menschen seelisch, ohne daß sie es merkten. Man wußte genau, wie die aus der Klassensolidarität gelösten Deutschen gelockt und geführt werden sollten.«[47] Einiges hat Fest schon früher bemerkt. Er schildert die überlegene Wirkung der NS-Aufmärsche und Paraden im Vergleich zu denen der deutschen Kommunisten vor 1933. Außerdem schreibt er, Hitler habe die öffentliche Wirkung des »Starkults« begriffen und sei, indem er die Rolle des Stars selbst verkörperte, »gewiß die modernste Erscheinung der deutschen Politik jener Zeit« gewesen.[48] Früher schon fiel dem Philologen Klemperer die für jüngere Deutsche attraktive nationalsozialistische Vorliebe für Wörter wie »Organisation« und

»organisieren« auf.[49] Diese Vereinfachung war typisch für die Sprache des Regimes, sie beeinflußte den Alltag und kam bei vielen jungen Leuten sehr gut an.

Modernisierung ist nicht notwendigerweise mit einem Jugendkult verknüpft. Doch für Hitler stand letzterer sogar im Vordergrund. Revolutionäre geben sich häufig als Vertreter der Jugend; dies galt sowohl für die Nationalsozialisten als auch für Faschisten wie Mussolini oder den Spanier José Antonio Primo da Rivera, der die Jugend sogar noch stärker betonte als Hitler. Doch Hitler setzte von seinem Jugendkult viel mehr in die Praxis um als Mussolini. Dabei vermittelte er selbst merkwürdigerweise selten (und nach 1923 nicht mehr) einen besonders jugendlichen Eindruck. Doch seine Partei und seine Bewegung *waren* jung: 1931 waren 70 Prozent der Berliner SA-Männer unter dreißig, 1930 waren 60 Prozent der nationalsozialistischen Reichstagsabgeordneten unter vierzig, bei den Sozialdemokraten dagegen nur 10 Prozent. Warum Hitler bei der deutschen Jugend so beliebt war, wurde von dem deutschen Emigranten Karl Otten zutreffend analysiert: »Die Jugend liebt Hitler wirklich, in grenzenlos ekstatischer Verehrung, nicht weil er sie zu etwas überredet oder gezwungen hat, sondern im Gegenteil weil er ihre kindlichen Impulse aufnimmt und sie darin sogar noch ermuntert. Das Indianerspielen[50] der Jugendlichen wird in der Kriegsvorbereitung beibehalten. Hitler gleicht darin dem Schöpfer eines freien Jugendstaats. Hitler nimmt ihnen gegenüber nicht die strafende Vater-, sondern vielmehr die Mutterrolle ein, Quell allen Vergnügens und aller Liebe. Er gestattet ihnen pseudorevolutionäre Freiheiten des Trieb- und Sexuallebens, was seine Attraktivität erhöht.«[51]

Ganz unabhängig von ihrem Jugendkult beruhte die neue Ordnung zu einem Gutteil auf einer Ausdehnung des staatlichen Bereichs. 1939 forderte Hitler, jeder Deutsche solle jährlich mindestens einen Monat körperlich arbeiten, vorzugsweise auf dem Land – ein klarer Bruch mit der schreibtischorientierten bürgerlichen Ära. Trotzdem fiel der Anteil der auf dem Land lebenden und Landwirtschaft betreibenden Deutschen zwischen 1925 und 1939 von 30,5 auf nur noch 26,1 Prozent, und der Anteil der in der Industrie Beschäftigten blieb gegenüber 1925 mit 42,1 Prozent stabil; was zunahm, war der in der Verwaltung und im Dienstleistungsbereich beschäftigte Bevölkerungsanteil; er stieg von 1925 bis 1939 von 6,6 auf 10,4 Prozent. Eine neue, amorphe Mittelklasse entstand, deren Zuständigkeit nicht immer klar einzuordnen war, die aber einen zunehmend modernen Lebensstil pflegte.

Die Geschichte des Dritten Reichs ist von Dualitäten gekennzeichnet, und dasselbe gilt für Hitlers Charakter. Das ist nichts Außergewöhnliches, und es wird von intelligenten Biographen oft besser verstanden und beschrieben als von Psychoanalytikern. Eine grundlegende Dualität in Hitlers Persönlichkeit beruht auf seinem doppelten Ehrgeiz, der Führer und der Künstler zu sein oder, genauer gesagt, der nationale Führer und der nationale Künstler.[52] Er war kein Nero, der die Kunst als Spiel betrachtete und zur Befriedigung seiner Eitelkeit mißbrauchte. Hitler nahm die Kunst ernster. Und in seinen künstlerischen Vorlieben finden sich moderne wie konservative, revolutionäre wie reaktionäre Züge.

Das Interesse für die Kunst begleitete ihn sein ganzes Leben lang. Zuerst wollte er Maler werden, dann Architekt. Die interessante Frage, wann genau sich sein Interesse von der Malerei auf die Architektur verlagerte, ist von seinen Biographen kaum berührt worden. Auch dies geschah offenbar zu einem bestimmten Zeitpunkt in München, der sich jedoch nicht sicher feststellen läßt. Im Gegensatz zu Hitler entdeckte sein großer Gegenspieler Churchill die Malerei erst mit vierzig, während eines von Depressionen begleiteten Karriereknicks und auf Anregung einer Freundin. Das Malen machte ihm Spaß und wirkte auf ihn ungemein entspannend. Churchill interessierte sich auch für Literatur und Poesie, während ihn die Musik kalt ließ. Hitler dagegen verstand sich als Staatsmann *und* Künstler. (Selbst das deutsche Wort »Künstler« hat einen ernsthafteren Klang als das englische *»artist«.)* Er äußerte bis zum Ende seines Lebens immer wieder Bedauern darüber, daß ihn die Last seiner Aufgaben als nationaler Führer daran hinderte, als Baumeister tätig zu sein.

Er vernichtete Menschen und Städte, wenn es sein mußte. Und doch war es ausschließlich die Architektur und nicht die Literatur, Malerei oder Musik, in der er und das Dritte Reich einige bemerkenswerte Dinge erreichten.[53] Vielleicht wird diese Behauptung auf Kritik und Ablehnung stoßen, doch ist hier natürlich nicht der Ort, sie weiter zu untermauern. Man erlaube mir nur, mit Hildegard Brenner eine führende Historikerin der Kunst- und Kulturpolitik des Dritten Reichs zu zitieren: »Während der Jahre 1934 bis 1940 wurde in Deutschland in einem Umfang gebaut, dem man den erstrebten Rang ›historischer Einmaligkeit‹ nicht absprechen kann. Es gelang dem Nationalsozialismus in diesen Bauten ein Selbstausdruck, der unbestritten bleibt.«[54] Um dieses summarische Urteil zu stützen, zitiert Brenner außerdem Bruno Zevi *(Poetica dell'architettura neo-plastica,* Milano 1953) und Nikolaus Pevsner (*Europäische Architektur*, München 1957), zwei der renommiertesten Architekturhistoriker Europas – beide übrigens Gelehrte jüdischer Abstammung. Es sind Hitlers künstlerische Vorlieben und Sehnsüchte mehr noch als seine ideologischen oder auch literarischen Präferenzen, in denen sich sowohl bürgerlich-konservative wie moderne, revolutionäre Elemente entdecken lassen. Besonders ergiebig sind in dieser Hinsicht neben der Bildhauerei und Architektur die Musik und Malerei. Auch Hitlers Äußerungen sind von diesem Zwiespalt geprägt. So sagte er in einer Rede in Nürnberg am 1. September 1933: »Das ›noch nie Dagewesene‹ ist kein Beweis für die Güte einer Leistung, sondern kann genausogut der Beweis für ihre noch nicht dagewesene Minderwertigkeit sein.« (Man muß allerdings berücksichtigen, daß Hitler es damals für notwendig hielt, den deutschen Konservatismus für sich einzunehmen.) Gleichzeitig zeigte er Respekt und Bewunderung für ultramoderne Technik. Zu Speer sagte er einmal, die Autobahnen würden sein Parthenon sein.[55] Ein andermal sagte er, ebenfalls zu Speer, die Päpste der Renaissance und die Herrscher des Barockzeitalters hätten zum Zeitvertreib Bauwerke errichtet; für ihn dagegen gehörten sie zum politischen Willen der nationalsozialistischen Bewegung.[56] Hitler wollte mit seinen Architekten eine neue Architektur schaffen, die das jeweils Beste aus Vergangenheit und Moderne in sich vereinte. Daher rührte seine Vorliebe für den Neoklassizismus eines Tessenow, Troost und Speer, der anders war und besser als die neoklassizistische Architektur Mussolinis oder Stalins. »Es war der erklärte Wille Hitlers und Speers, nicht historische Stile zu kopieren, sondern einen neuen Stil zu kreieren, der selbst historisch werden würde.«[57] Als der Architekt Giesler, Speers Rivale und Konkurrent, Hitler sein Modell des neuen Stadtkerns von München präsentierte (Speers große Aufgabe war der Neubau des Stadtzentrums von Berlin), sagte Hitler: »Ich habe den neuen Hauptbahnhof als ein Monument der Technik unserer Zeit bezeichnet – und ich füge hinzu, die ›große Straße‹, die zu diesem Monument führt, wird die modernste Straße unserer Zeit sein.«[58] Er sah die Notwendigkeit voraus, die Automassen aus den Innenstädten zu verbannen, und wollte gewaltige unterirdische Parkhäuser bauen. Auf seine Veranlassung wurde mit dem Bau der ersten U-Bahn in München begonnen – das erste Element eines modernen Transportsystems, das heute zu den besten Europas gehört. Hitler gebrauchte das Wort »modern« häufig zustimmend. Laut Maser stand er anders als Stalin und Mussolini der abstrakten Malerei nicht rundweg ablehnend gegenüber. Maser begründet das nicht näher, doch hat er recht, wenn er schreibt: »Nicht in allen Bereichen der Kunst war er konservativ und der Tradition verhaftet.«[59]

Hitlers Dualität wurde auch in vielen anderen Elementen seines Denkens deutlich. Was Frauen betraf, bestand er beispielsweise auf der Wiederbelebung traditioneller Gepflogenheiten deutscher Mutterschaft und auf unüberbrückbaren Unterschieden zwischen Frau und Mann (sowie auf der unvermeidlichen Überlegenheit des letzteren in bestimmten Lebensbereichen); zur selben Zeit wollte er für Mädchen dieselbe Leibeserziehung wie für Jungen und einen modernen Sportunterricht. Als aber Goebbels in einer späteren Phase des Krieges wiederholt die totale Mobilisierung auch der deutschen Frauen vorschlug, verweigerte Hitler seine Zustimmung. Elemente der preußischen Tradition wurden von ihm zugleich abgelehnt und bewundert. Zwar waren Bayern und München die Zentren seiner politischen Karriere, doch lehnte er den bayrischen Preußenhaß ab. Seine Ideologie wiederum war nicht preußisch; Preußen und das Preußentum waren für seine Vision eines neuen Deutschland kein Vorbild.[60] Auch daß er sich häufig abfällig über »Verstandesmenschen« äußerte, entsprach keineswegs der älteren, die Aufklärung ablehnenden Tradition deutschen Denkens; es war post-, wenn nicht sogar antikonservativ, populistisch und modern. Zumindest in seinem Denken standen alte und neue Elemente nicht in Konflikt, im Gegenteil: Hitler glaubte, eine neue Art deutscher Einheit zu repräsentieren und zu verkörpern. Trotz eines gewissen Respekts vor manchen alten Dingen[61] war er kein Konservativer und schon gar kein Reaktionär.

Adolf Hitler war nicht der Erfinder des Nationalsozialismus. Doch er erkannte die Kompatibilität, ja die Möglichkeit der Verbindung zweier großer Bewegungen. Diese Verbindung war (und ist an vielen Orten und in vieler Hinsicht bis heute) ein weltweites Phänomen. Nationalismus und Sozialismus schienen lange Zeit unvereinbar, ja durch tiefe Gräben voneinander getrennt. Schließlich war der Sozialismus internationalistisch; er basierte auf dem Glauben, daß es auf Klassen, nicht auf Nationen ankomme und die Geschichte durch Klassenkämpfe vorangetrieben werde. Der große Gegensatz des 19. Jahrhunderts, der Streit zwischen Liberalen und Konservativen, begann nach 1870 aus einem doppelten Grund an Bedeutung zu verlieren: Mit fortschreitender Demokratisierung der Gesellschaft wurden manche Konservativen liberaler und manche Liberale konservativer. Die Entwicklung lief jedoch nicht auf eine Art transzendente hegelianische Lösung hinaus; die Widersprüche wurden nicht durch eine Synthese aufgehoben. Sie wurden nur zunehmend überschattet durch zwei neue, auf anderen Ebenen wirksame Kräfte: Nationalismus und Sozialismus. Die jeweilige Beziehung (oder Verbindung, oder Mischung) von Nationalismus und Sozialismus sollte sich im ganzen 20. Jahrhundert als die weltweit vorherrschende politische Konfiguration erweisen.[62]

Natürlich war der deutsche – Hitlersche – Nationalsozialismus unverwechselbar. Nicht nur war für Hitler der Nationalismus der dominante Partner dieser Verbindung. Er war auch der Überzeugung, daß ein moderner populistischer Nationalismus sozialistisch sein kann und muß. Außerdem fiel die Propagierung einer solchen Verbindung in Deutschland auf fruchtbareren Boden als anderswo. Viele Anhänger und zumindest einige spätere Gegner Hitlers hielten sie für wünschenswert. Ein sowohl nationalistisches als auch sozialistisches Deutschland, sozialistisch auf eine besonders deutsche Weise, war ein von konservativen politischen Denkern in den zwanziger Jahren häufig geäußerter Wunsch, artikuliert in Schriften, die von Oswald Spenglers *Preußentum und Sozialismus* (1923) bis zu dem vielleicht noch schärferen und bedeutsameren, 1932 von Ernst Jünger verfaßten *Der Arbeiter* reichten.[63] Doch zugleich waren all diese stets antiliberalen, oft konservativen und manchmal, aber nur manchmal traditionalistischen Denker etwas anderes als der Revolutionär Hitler.

In Deutschland wurde das Scheitern des internationalen Sozialismus schon 1914 sehr deutlich. Als der Kaiser die Nation am 2. August im Reichstag zur Geschlossenheit aufrief, stand die große Mehrheit der sozialdemokratischen Abgeordneten mit den anderen auf und stimmte für die Kriegskredite. Im Tiegel der nationalistischen Emotionen schmolz der Kern des internationalen Sozialismus dahin wie ein Batzen warme Margarine. (Dasselbe geschah auch anderswo in Europa, zumindest teilweise aufgrund der Demokratisierung der Gesellschaft; Demokratie wirkt zwar auch internationalisierend, aber ihr nationalisierender Effekt ist noch stärker; um 1914 hatte ein deutscher Fabrikbesitzer bereits mehr mit seinen Arbeitern gemein als mit einem französischen Fabrikbesitzer.) Im Jahr 1917 fand in Rußland die erste kommunistische Revolution statt. Im Gegensatz zur französischen oder amerikanischen und vielen anderen großen Revolutionen war sie jedoch in keinem anderen Land außer dem geschlagenen und verkleinerten Rußland erfolgreich. (Wäre die erste kommunistische Revolution in Europa eine deutsche und nicht eine russische gewesen, hätte sie unermeßlich größere Auswirkungen gehabt. Doch das ist eine andere Geschichte.) Hier ist nicht der Ort, die Mißerfolge des Marxismus aufzuzählen, von denen des internationalen Kommunismus ganz zu schweigen, nur so viel sei gesagt: Der marxistische – wie der liberal-kapitalistische – Glaube an einen deterministischen Materialismus, an den ökonomisch bestimmten Menschen, beruhte auf einem von Anfang an unzutreffenden Menschenbild; dazu kommt, daß Marx für die Bedeutung der Nation blind war. Er ignorierte sie fast völlig und brachte sie mit dem Staat durcheinander.[64]

Hitler hat das klar erkannt. Er kannte die Schwächen des marxistischen Bildes von Mensch und Gesellschaft genauso, wie er wußte, wie (und warum) er vor dessen Gefahren warnen mußte. Die deutschen Sozialdemokraten verdienen unseren Respekt, weil sie Hitler 1933 widerstanden. Sie waren die einzigen, die in jener denkwürdigen Reichstagssitzung am 21. März 1933 gegen das Ermächtigungsgesetz stimmten. Doch Hitler wußte 1933, daß die sozialistischen und kommunistischen Arbeiter ihre Parteien in Scharen verließen, daß viele schon früh und ohne Skrupel zu ihm übergelaufen waren und daß die einzig ernsthafte Bedrohung für sein Regime von »rechts« kam, nicht von »links«.[65]

Es war eine nationale Mentalität, nicht Klassenbewußtsein, die die Leute zu Hitler hinzog. Wieder war daran etwas spezifisch Deutsches, aber auch etwas Universaleres. Das deutsche Element ist explizit und implizit in der über ein Jahrhundert vor Hitler geprägten Bedeutung des Wortes »Volk« enthalten, in seiner Definition, der damit verbundenen Ideologie und dem damit verbundenen Kult. Hier sind einige Unterschiede zu betonen: Die Wörter »Volk« und »völkisch« bedeuten nicht dasselbe wie *»folk«* und *»folkish«* im Englischen[66]; ihre Verwendung unterscheidet sich auch geringfügig vom skandinavischen *»folk«* und stärker vom französischen *»peuple«*[67] (seltsamerweise jedoch kaum vom Gebrauch des russischen *»narod«)*. Allerdings waren die Begriffe »Volk« und »völkisch« im 19. Jahrhundert und bis weit ins 20. Jahrhundert hinein in Deutschland und Österreich konservativ besetzt: antiinternationalistisch, antimarxistisch, antijüdisch, antifranzösisch und »christlich«. Man könnte sogar sagen, daß »völkisch« im 19. Jahrhundert an vielen Orten genausogut die Bedeutung »patriotisch« wie »nationalistisch« haben konnte (zu diesem zentralen und schwerwiegenden Unterschied siehe das folgende Kapitel IV). Spätestens nach 1890 fand jedoch in Deutschland und Österreich ein Bedeutungswandel statt. Die konservative (und gelegentlich patriotische) Bedeutung und Anziehungskraft von »völkisch« verschwand langsam und machte einer radikalen und nationalistischen Bedeutung Platz.

In der Geschichte des 20. Jahrhunderts war dies nicht nur ein deutsches Phänomen. Der Kult des »Volkes« hatte im späten 18. Jahrhundert eingesetzt. Während des ganzen 19. Jahrhunderts waren Begriffe wie »Volk« und »populär« von der Linken besetzt und tauchten in den Titeln ihrer Schriften und in ihren politischen Parolen auf. Anfang des 20. Jahrhunderts änderte sich dies jedoch. Es war nicht nur ein rhetorischer Kunstgriff, daß Mussolini seine Tageszeitung nach dem Bruch mit den Sozialisten 1914 *Il Popolo d'Italia* nannte.[68] Hitlers wichtigstes Blatt war der *Völkische Beobachter*. Das Phänomen betraf nicht nur die Namen von Zeitungen; im ganzen 20. Jahrhundert rückten die Volksparteien immer weiter nach rechts; sie wurden antiinternational, antikapitalistisch und gelegentlich auch antisemitisch. Mit wenigen Ausnahmen[69] verlagerte sich der Populismus von links nach rechts, auch in den USA.

Und Hitler *war* ein Populist. Er glaubte an die Souveränität des Volkes, stand für einen modernen Populismus und war kein altmodischer Demagoge. Zwar hat es schon vor ihm Populisten gegeben, doch hatte sich die Vorstellung, wer das »Volk« sei, im Lauf der vergangenen Jahrhunderte gewandelt.[70] Bei den früheren Populisten war der Nationalismus als solcher nur latent vorhanden gewesen; Hitler erkannte dagegen unter anderem, daß der moderne Populismus von Natur aus nationalistisch und, wichtiger noch, der Nationalismus populistisch sein mußte.[71] Die Begriffe »Volksgemeinschaft« und »Volksgenossen« waren für Hitlers Weltanschauung zentral. Die Beziehung zwischen Führer und Volk war eine ganz andere als zwischen Kaiser und Untertanen, »nicht ständisch-respektvolle Unterordnung, sondern freiwillige vorbehaltlose Unterwerfung des Volkes«. »In der Hitler-Bewegung erlebte Deutschland seine einzige genuine Revolution, auch wenn diese dann nicht ganz dem theoretischen Modell entsprach.«[72] Oder Fest: »Die Revolution verabscheuend, ist er [Hitler] in Wirklichkeit die deutsche Erscheinung der Revolution geworden ... Hitlers Platz in der Geschichte ist weit näher bei den großen Revolutionären als bei den aufhaltenden, konservativen Gewalthabern ... Wie anachronistisch Hitler auch immer wirkte: Er war moderner oder doch zur Modernität entschlossener als alle seine innenpolitischen Gegenspieler.«[73] Die Tatsache, daß Hitler in seinen Wahlkämpfen kein Programm für seine künftige Regierung entwarf, beruhte weder auf sorgfältiger Berechnung noch darauf, daß er über gar kein genaues wirtschaftliches Programm verfügt hätte. Es paßte vielmehr zu seinem Ziel der »Solidarisierung aller Berufsgruppen im Namen der Volksgemeinschaft«.[74] Selbst in einer Zeit hoher Arbeitslosigkeit und großen sozialen Elends war sein populistischer Nationalismus wirkungsvoller als jeder ökonomische Appell.

Auch im Krieg hielt Hitler das Thema Revolution lebendig. So heißt es in einer Rede vom 8. November 1940: »Jeder Soldat weiß es und muß es wissen, daß die Armeen, die heute unter unserem Banner marschieren, die Revolutionsarmeen des Dritten Reiches sind.« Und am 21. September 1941 äußerte er bei Tisch: Wilhelm II. hätte die Habsburger Monarchie zerstören sollen. »Da weder der Kaiser noch seine Umgebung, noch das deutsche Volk diese Aufgabe erkannten, gab es für die Hohenzollern-Monarchie keine Daseinsberechtigung mehr, und ihr Sturz war eine geschichtliche Notwendigkeit. Daß die Beseitigung der Monarchien von dem volksverräterischen Marxismus besorgt wurde und nicht vom Nationalsozialismus durchgeführt werden mußte, empfindet der Führer als eine besondere Gabe des Schicksals.«[75]

Schicksal … Hitler glaubte an Gott, an einen Gott (Stalin vielleicht auch).[76] Er war eine neue Art von Revolutionär, der germanische Mythen und germanisches Christentum transzendierte, sie in mancher Hinsicht – genau wie »rechts« und »links« – vermischte und einige ihrer Doktrinen in seiner eigenen revolutionären Ideologie vereinigte. Es ist jedoch höchst bedeutsam, wie der Faktor Macht im Verlauf des Dritten Reiches wichtiger wurde als Ideologie. Hitler selbst hat dies klar erkannt. Schon lange vor ihm hatte Proudhon tiefer geblickt als Marx. Menschen, schrieb Proudhon, reagieren weniger auf Ideen zu Gesellschaftsverträgen als auf die realen Machtverhältnisse. Nach meiner Meinung ist beispielhaft dafür, wie man in zwei Fällen auf Hitler reagierte. Als im November 1923 in München die aggressive Minderheit von Hitlers Nationalsozialisten einen Aufstand machte, unternahmen bemerkenswerterweise weder die Kommunisten noch die Sozialdemokraten etwas: »Es gibt nicht einen einzigen Bericht, daß während des Putsches irgendwo in Bayern ein bewaffneter Aufstand der Linken stattgefunden hätte.«[77] Noch bezeichnender ist für mich, wie die mehrheitlich antikommunistische und konservative deutsche Bevölkerung auf den Hitler-Stalin-Pakt von 1939 reagierte. Die NSDAP hatte keinen einzigen Parteiaustritt zu verzeichnen. Von den vielen Millionen Konservativen, die 1932/33 für Hitler Partei ergriffen hatten, weil sie Antikommunisten waren, protestierte keiner. Im Gegenteil, das Ereignis wurde vielfach mit positivem Erstaunen zur Kenntnis genommen; man beglückwünschte das Dritte Reich zu seinem unbestreitbaren diplomatischen Erfolg. (Dasselbe galt für die Sympathisanten des Nationalsozialismus auf der ganzen Welt.) Zur gleichen Zeit brachen weltweit (nicht jedoch in der Sowjetunion) Tausende von Kommunisten schockiert, verwirrt und enttäuscht mit ihrer Partei. Ja, im Vergleich zum Kommunismus war der Hitlerismus wirklich moderner. Und populärer.

Noch einmal möchte ich auf Tocqueville zurückkommen – den Hitler gewiß nie las und den er nicht gemocht hätte. Drei wichtige Elemente in Tocquevilles Philosophie und seinen Schriften sind für das hier behandelte Thema relevant. Erstens seine prophetische Wahrnehmung einer für das entstehende demokratische Zeitalter spezifischen neuen Art der Tyrannei, nämlich der Tyrannei der Mehrheit statt einer Minderheit, einer Tyrannei, die nicht nur mit Zustimmung der Mehrheit etabliert, sondern gelegentlich auch von ihr ausgeübt wird.[78] Diese neue Art von »Caesarismus«, wie Tocqueville sie bisweilen bezeichnet, trat hier und da bereits im 19. Jahrhundert in Erscheinung, nicht jedoch in Deutschland. Zwanzig Jahre, nachdem Tocqueville das Phänomen in *Über die Demokratie in Amerika* erstmals beschrieben hatte, trat es mit dem durch ein Plebiszit an die Macht gelangten Louis Napoleon in Frankreich auf. Doch das halbautoritäre Regime Napoleons III. unterscheidet sich noch deutlich vom späteren Hitler-Regime. Im Dritten Reich fand der Führer nicht nur die passive, sondern die aktive Zustimmung der Mehrheit. Hitler war populistischer und im weitesten Sinne des Wortes demokratischer als Napoleon III., auch demokratischer als andere Diktatoren in Südamerika oder etwa Mussolini oder Kemal Atatürk. Er war, wie er selbst sagte, kein wirklicher Diktator; aber nicht, weil er, wie einige funktionalistische Historiker argumentieren, entschlußlos, von seiner Bürokratie eingeengt oder »schwach« gewesen wäre. Er war mehr als ein Diktator; er war etwas anderes.

Das zweite wichtige Element bei Tocqueville ist die ebenfalls in *Über die Demokratie in Amerika* zum ersten Mal gemachte verblüffende Äußerung, daß das Zeitalter der großen Revolutionen vielleicht der Vergangenheit angehöre, da die Mehrheit der Bevölkerung in einer demokratisierten Gesellschaft nicht von revolutionären Ideen gestört werden wollte, eine Reglementierung ihres Alltags durch eine ausufernde Bürokratie dagegen akzeptiere. Auch dies paßt auf Hitler, wenn auch nur in gewissem Ausmaß. Als er 1934 sagte, es werde 1000 Jahre lang keine Revolutionen mehr in Deutschland geben, war das mehr als nur der Versuch, die latenten Ängste deutscher Konservativer und Bürger zu zerstreuen. Von Zeit zu Zeit benutzte er das Adjektiv »revolutionär« noch immer in dem positiven Sinn, daß die von ihm geschaffene neue Ordnung im Gegensatz zur alten Unordnung revolutionär sei. Auch hier ist eine pointierte Bemerkung der hellsichtigen Simone Weil aufschlußreich: »Nicht die Religion, sondern die Revolution war das Opium des Volkes« – und Hitlers Verwendung von »revolutionär« war tatsächlich eine Art Opiat für die neue Ordnung.

Das dritte Element ist Tocquevilles Sicht des vergangenen Jahrtausends. Zwar kennt er die klassische Unterteilung der europäischen Geschichte in Altertum, Mittelalter und Neuzeit, doch sieht er sie aus einer Perspektive, die über die klassische Definition der Epochen hinausgeht. Er interpretiert sie als Übergang vom aristokratischen zum demokratischen Zeitalter: von Gesellschaften, die von einer Minderheit regiert werden, zu Gesellschaften, die von einer Mehrheit oder zumindest im Namen einer Mehrheit regiert werden. Dies war für ihn die tiefgreifendste Veränderung im Verlauf des vergangenen Jahrtausends. Heute, am Ende der sogenannten Neuzeit, können wir erkennen, daß dieses letzte große Zeitalter, das vor etwa 500 Jahren begann, möglicherweise durch das zuweilen konfliktreiche, aber zivilisatorisch und kulturell ungeheuer fruchtbare Zusammentreffen von Tradition und Reform, von Aristokratie und Demokratie geprägt war, wobei erstere langsam schwächer wurde und letztere stärker, bis hin zu der überwiegend demokratischen Zeit, in der wir heute leben (und die uns vielleicht dazu zwingen wird, auch die mit der Demokratie verknüpften politischen Begriffe neu zu überdenken). Was das für die Zukunft bedeutet, kann ich nicht sagen: Neue Kategorien und Hierarchien werden entstehen. Was es jedoch für die jüngste Vergangenheit bedeutet, muß der Historiker erkennen: daß Hitler eine neue Art von Revolutionär war, ein populistischer Revolutionär in einem demokratischen Zeitalter, ungeachtet aller damals noch vorhandenen älteren Elemente der deutschen Institutionen und der deutschen Gesellschaft, von denen er viele für seine Zwecke zu instrumentalisieren verstand.[79]

# IV

# STAAT, VOLK, RASSE, NATION

*»Totalitarismus« als unzulängliche Kategorie – Hitler und der Staat – Hitlers Rassismus – Patrioten und Nationalisten – Hitler als extremer Nationalist.*

Der Begriff »Totalitarismus« hat eine merkwürdige Geschichte. Der Begriff tauchte Ende der zwanziger Jahre auf und bezeichnete den Einparteienstaat des faschistischen Italien. In den dreißiger Jahren begegnet man ihm gelegentlich als Bezeichnung für das faschistische Italien oder das nationalsozialistische Deutschland, selten dagegen für das kommunistische Rußland, obwohl dieses damals der »totalitärste« Staat der Welt war. Nach dem Zweiten Weltkrieg wurde »totalitär« ein gängiges und häufig verwendetes Adjektiv, das insbesondere auf kommunistische Staaten angewandt wurde, aber auch wahllos und, wie wir sehen werden, ungenau auf alle Formen der Diktatur des 20. Jahrhunderts.[1] Über diese späte Gleichsetzung von Hitlerismus und Stalinismus hinaus soll an dieser Stelle jedoch die falsche Anwendung von »Totalitarismus« im Sinn einer totalen Herrschaft des Staates nicht nur im Dritten Reich, sondern auch auf die Vorstellungen (und einige Praktiken) Adolf Hitlers erörtert werden.

Der erste Einwand liegt auf der Hand (oder sollte das zumindest): Eine *totale* Herrschaft des Staates ist unmöglich. Selbst auf dem Höhepunkt der Herrschaft eines modernen Tyrannen, unter ihrer größten Ausdehnung, gibt es noch Menschen und Inseln, die von der Polizeiherrschaft des Staates erstaunlich frei sind. Immerhin scheint der Begriff »Totalitarismus« berechtigt, wenn er die konkrete *Absicht* eines oder mehrerer Tyrannen bezeichnet, mit Hilfe der Staatsmacht eine totale Kontrolle über die Staatsbürger auszuüben. Doch stellt sich hier die ernste Frage, ob das wirklich Hitlers Absicht war. Sein Ziel war es, mit der aktiven Zustimmung der Mehrheit der deutschen Bevölkerung zu regieren; die potentielle Opposition kleiner Minderheiten wäre dabei unbedeutend und wirkungslos. Man könnte sogar sagen, daß Hitler (und auch Himmler, der SD und die Gestapo) zwar von der Existenz und dem Aufenthaltsort potentieller Gegner wußten, sich aber in erster Linie für Hinweise auf *tatsächliche* Opposition interessierten, während sich Stalin (darin durchaus vergleichbar mit anderen, meist orientalischen Herrschern) bei den Säuberungen von der Angst vor *potentiellen* Gegnern leiten ließ. Für Hitler waren die einzigen Menschen, deren potentielle Gegnerschaft er kategorisch und selbstverständlich voraussetzte, die Juden – sie waren Menschen, deren Beteuerungen, ja, Akte der Loyalität unerwünscht waren, weil sie für ihn nur tatsächliche Feinde sein konnten. In Kapitel VI werde ich auf diese Besessenheit Hitlers zurückkommen.

Natürlich war Deutschland nicht Rußland; und die Revolution Hitlers in Deutschland läßt sich überhaupt nicht vergleichen mit der Revolution der Bolschewiki in Rußland. Von der Lage der Juden abgesehen, gab es im nationalsozialistischen Deutschland mehr persönliche und auch politische Freiheit als im kommunistischen Rußland, hatte der einzelne mehr Handlungsspielraum; dem entsprach eine größere Vielfalt an Veröffentlichungen in den Natur- und Geisteswissenschaften. Wer eine Darstellung der verschiedenen Gruppen des Widerstands gegen Hitler in Deutschland liest, wundert sich über ihre relative Bewegungsfreiheit innerhalb des Polizeistaates: wie vergleichsweise einfach einige Personen zwischen Deutschland und dem Ausland hin- und herfahren oder sich mit ausländischen Diplomaten in Berlin zu vorsichtigen, aber doch einigermaßen freien Gesprächen treffen konnten. So etwas wäre in der Sowjetunion und in anderen Polizeistaaten unvorstellbar gewesen. Aber ungeachtet von Gestapo und SD war das nationalsozialistische Deutschland zugleich mehr und weniger als ein Polizeistaat.[2] Carl Schmitt, der wichtigste Staatsrechtler zur Zeit des Dritten Reiches, schrieb 1935, das nationalsozialistische Regime bedeute das Ende des alten preußischen »Beamtenstaates« mit seiner Hegelschen Auffassung von einem Staat, der von Beamten regiert werde. Es sei vielmehr ein »Volksgenossenstaat«: »Der Staat ist das Werkzeug des Volkes.«[3] Genau dieser Ansicht war auch Hitler. Neben anderen empfand auch die deutsche Arbeiterklasse etwas ähnliches: Viele Stahlarbeiter von Krupp waren zuverlässigere Gefolgsleute des Führers als einige der alten preußischen Beamten. Speer hörte noch Ende März 1945 zu seiner Verzweiflung ein Gespräch von Arbeitern mit an, die im Gegensatz zu ihm noch felsenfest an Hitler und an den Endsieg glaubten.

In Wirklichkeit war das Dritte Reich eine Mischung aus »Volksgenossenstaat« und »Beamtenstaat«.[4] Unser Augenmerk gilt jedoch Hitler und nicht dem Dritten Reich. Er benutzte, im Gegensatz zu Mussolini oder vor allem Goebbels, selten das Wort »total«. Bullock zitiert ganz richtig Hitlers Rede in Hamburg vom 20. März 1936: »In Deutschland tyrannisieren nicht die Bajonette ein Volk, sondern hier wird eine Regierung getragen vom Vertrauen des ganzen Volkes ... Ich bin nicht von jemand eingesetzt worden über dieses Volk. Aus dem Volk bin ich gewachsen, im Volk bin ich geblieben, zum Volk kehre ich zurück. Ich setze meinen Ehrgeiz darein, keinen Staatsmann auf der Welt zu kennen, der mit mehr Recht als ich sagen kann, Vertreter seines Volkes zu sein.«[5] Fest schreibt mit Scharfblick: »Denn Hitler wollte niemals eine Gewaltherrschaft errichten. Wesen und Antrieb seiner Erscheinung sind mit dem bloßen Machthunger nicht zu erklären, und als Objekt einer Studie moderner Formen der Tyrannei ist er schwerlich zu erfassen.«[6] Wie bereits erwähnt, sagte Hitler selbst, er sei kein Diktator und wolle auch keiner sein. Kershaw schreibt in einem klugen Satz: »Die These, Hitlers Macht habe auf einem ›totalitären Terror‹ beruht – wobei die Probleme mit dem Totalitarismusbegriff einmal außer acht bleiben sollen –, trifft nur einen Teil der Wahrheit.«[7] Haffner schlägt in seinen *Anmerkungen zu Hitler* geradezu kühn vor, zumindest bis 1938 sei das Dritte Reich kein totalitärer, sondern ein autoritärer Staat gewesen und deshalb zumindest vergleichbar mit anderen europäischen Diktaturen der dreißiger Jahre, darunter Italien.

Natürlich besteht (oder besser bestand) ein Unterschied zwischen »totalitären« und »autoritären« Regimen, zwischen Hitlers Regime auf der einen und etwa dem von Franco, Salazar, Metaxas oder Piłsudski auf der anderen Seite. Dabei geht es nicht nur um Nuancen. Die meisten »autoritären« Herrscher hatten nicht die Absicht, eine totale Kontrolle des Staates über das private und familiäre Leben zu errichten. Doch mit der Fixierung der Aufmerksamkeit auf den *Staat* gerät der wesentliche Unterschied aus dem Blick, der Hitlers Vision – und seine Absichten – von denen aller anderen zeitgenössischen Diktatoren einschließlich Mussolinis und Stalins trennt.

Man muß sich vor Augen halten, daß der Staat, wie wir ihn kennen, eine Schöpfung der sogenannten Neuzeit ist und vor rund 500 Jahren im Italien der Renaissance und dann in Westeuropa entstand – in einer unruhigen Zeit, geprägt von einer allmählich sich entwickelnden Mischung aus Monarchie, Aristokratie und Demokratie – und daß Hitlers Verständnis von Geschichte und Zukunft einen radikalen Bruch mit den Institutionen der Neuzeit beinhaltete. In einem Punkt hätte er Tocqueville zugestimmt: nämlich, daß das Zeitalter der Demokratie nunmehr unumkehrbar sei. Hundert Jahre vor Hitlers Machtübernahme zeigte Tocqueville eine neue, dem Zeitalter der Demokratie eigene Form der Tyrannei auf: die Tyrannei der Mehrheit. Das Besondere an Hitler war vielleicht seine Errichtung einer Tyrannei weniger *der* als vielmehr *durch die* Mehrheit.[8] »Staat«, »Staatsinteresse«, »Sicherheit des Staates« sind sakrosankte Begriffe der modernen Welt, selbst in Stalins Sowjetrußland spätestens ab 1939.[9] Doch bereits in *Mein Kampf* hat Hitler geschrieben, der Staat sei nur »ein Mittel zum Zweck«. Und wie bei allen Kompromissen, die er des Staates wegen eingehen mußte, hielt er an dieser Rangfolge bis zum Ende konsequent fest. Im März 1929 erklärte er: »Für uns steht der Begriff Volk noch höher als der Begriff Staat.« Am 10. Mai 1933: »Es ist kein Zufall, daß die Religionen stabiler sind als die Staatsformen.« Am 6. April 1938 formulierte er in einer Rede in Salzburg prägnant: »Im Anfang stand das Volk, war das Volk, und dann erst kam das Reich.« Oder in einer sehr bezeichnenden Rede vor Offizieren im Platterhof im Mai 1944: Der Staat sei nur eine »Zwangsform«.[10] Am 5. September 1934 in Nürnberg: Das Volk sei der Staat; es folge nicht den Befehlen einer irdischen Macht, sondern denen Gottes, der es geschaffen habe! Von ihm hänge der Staat ab.

Hierin liegt einer der Unterschiede zwischen Mussolini und Hitler oder zwischen dem italienischen Faschismus und dem deutschen Nationalsozialismus. In dem faschistischen Manifest von 1932 erklärte Mussolini, daß das Volk nicht den Staat schaffe, sondern der Staat das Volk.[11] Mussolini war Populist, aber weniger als Hitler. Er zog gegen den Individualismus der Italiener zu Felde und versuchte, die Unterwerfung des einzelnen unter den Staat zu institutionalisieren und durchzusetzen; dabei griff er zumindest in mancher Hinsicht auf das Staatsideal der italienischen Renaissance zurück. Mussolini benutzte gelegentlich das Adjektiv »totalitär«. Doch sein Regime in Italien war eher autoritär als totalitär, nicht nur, weil er Monarchie und Kirche und viele andere, kleinere Ausnahmen von der faschistischen »Totalität« anerkannte. Hitler und den Nationalsozialismus als eine Form des »Faschismus« zu charakterisieren, wie Nolte es getan hat, ist ebenso falsch wie die ungenaue und irrtümliche Anwendung des Adjektivs »faschistisch« durch Linke auf alle Bewegungen und Regime der radikalen Rechten.[12]

Gleichzeitig sah Hitler sich als politischer Realist gezwungen, in zahlreichen Fällen dem Staatsinteresse den Vorrang zu geben. Bereits im Jahr 1926 stufte er die Notwendigkeit guter Beziehungen zu Mussolini höher ein als das völkische Bestreben vieler Österreicher und Süddeutscher, das weitgehend von Deutschen bewohnte Südtirol zurückzufordern, das in den Pariser Friedensverträgen Italien zugesprochen worden war. Es kostete Hitler Mühe, einige seiner Gefolgsleute von dieser Notwendigkeit zu überzeugen. Die Entscheidung, das später womöglich noch wichtige Verhältnis zu dem damals von ihm bewunderten und geachteten Mussolini nicht zu gefährden, kann sowohl ideologischen wie realistischen Überlegungen entsprungen sein. Hitlers leidenschaftliche Reaktion im März 1938, als Mussolini der Besetzung Österreichs und damit der Ausdehnung Großdeutschlands bis an die italienische Grenze zustimmte, halte ich für noch bezeichnender: »Ich werde Ihnen das nie vergessen.« Zwar hatte Mussolini schon Monate und sogar Jahre zuvor eine Achse Rom–Berlin proklamiert und von seiner Freundschaft zu Hitler gesprochen, und umfassende, höchst zuverlässige Recherchen hatten ergeben, daß er die Unabhängigkeit Österreichs längst abgeschrieben hatte, doch Hitler war trotzdem erleichtert: Er hatte bis zuletzt befürchtet, daß am Ende oder im entscheidenden Augenblick die Staatsräson des Italieners Mussolini über die ideologische Gesinnungsgemeinschaft siegen könnte.

Mit dem brutalen Vorgehen gegen Röhm im Juni 1934 wollte Hitler seine Stellung und Autorität im deutschen Staat festigen; nach dem Putsch hielt er eine seiner wenigen Reden, in denen er den Staat über alles stellte: »Die Nation muß wissen, daß ihre Existenz – und diese wird garantiert durch ihre innere Ordnung und Sicherheit – von niemandem ungestraft bedroht wird! Und es soll jeder für alle Zukunft wissen, daß, wenn er die Hand zum Schlage gegen den Staat erhebt, der sichere Tod sein Los ist.«[13] Diese Aussage entsprang natürlich einem gewissen politischen Kalkül, doch widersprach sie nicht völlig Hitlers eigenen, realistischen Ansichten. Bullock bemerkt dazu scharfsinnig: »… Hitlers Originalität lag in der Erkenntnis, daß heutzutage wirksame Revolutionen *mit* der Staatsmacht, nicht *gegen* sie durchgeführt werden: der normale Verlauf war also der, sich zuerst Zutritt zu dieser Macht zu verschaffen und dann mit der Revolution zu beginnen.«[14] Bereits 1932 schrieb Ernst Jünger: »Es ist auch kein Unterschied, ob die ›Ergreifung der Macht‹ sich auf den Barrikaden oder in der Form einer nüchternen Übernahme der Geschäftsordnung vollzieht.«[15]

Im Februar 1945 bekam Albert Speer Besuch von einem Freund, Dr. Lüschen, dem Leiter der deutschen Elektroindustrie, der ihm zwei Auszüge aus *Mein Kampf* auf den Schreibtisch legte. Sie lauteten: »Eine Diplomatie hat dafür zu sorgen, daß ein Volk nicht heroisch zu Grunde geht, sondern praktisch erhalten wird. Jeder Weg, der hierzu führt, ist dann zweckmäßig, und sein Nichtbegehen muß als pflichtvergessenes Verbrechen bezeichnet werden.« Und: »Staatsautorität als Selbstzweck kann es nicht geben, da in diesem Falle jede Tyrannei auf dieser Erde unangreifbar und geheiligt wäre. Wenn durch die Hilfsmittel der Regierungsgewalt ein Volkstum dem Untergang entgegengeführt wird, dann ist Rebellion eines jeden Angehörigen eines solchen Volkes nicht nur Recht, sondern Pflicht.«[16] In der Nacht, nachdem er dies gelesen hatte, dachte Speer – wenn wir ihm glauben dürfen – zum ersten Mal daran, Hitler umzubringen (er hatte die Idee, Giftgas in das Belüftungssystem des Führerbunkers einzuführen). Ich glaube allerdings, daß er Hitler falsch verstanden hat. Dessen Priorität galt bis zu seinem Ende nicht der Sache des Staates, sondern der Sache des deutschen Volkes – genauer *dem, was er unter dem deutschen Volk verstand*.[17]

Deckte sich dieses Verständnis vom Volk nun mit Hitlers Auffassung von Rasse? Nein. Hitler war zwar Rassist in dem Sinne, daß er wie viele Menschen (und die verschiedensten Menschen, auch Benjamin Disraeli) den unweigerlichen Einfluß der Rasse auf die Konflikte der Menschheit anerkannt hat. Er hat in *Mein Kampf* geschrieben, die Rassenfrage sei »der Schlüssel zur Weltgeschichte«, doch daß er in seinen rassischen Vorlieben nicht konsequent war, liegt auf der Hand: Wenn sich die Gelegenheit bot, verbündete er sich mit Japanern, Chinesen, Rumänen, Arabern und anderen oder versuchte das zumindest; während er umgekehrt oft versuchte, »nordische« oder »arische« Gegner zu bekämpfen oder gar zu vernichten. Man kann das natürlich den Erfordernissen des Krieges zuschreiben, doch ist das nicht alles. Es gibt keine Belege dafür – auch nicht in seinen prägenden Jahren in Wien –, daß Hitler die französischen oder deutschen rassistischen Philosophen vom Ende des 19. Jahrhunderts wie Gobineau, Vacher de Lapogue oder Lagarde ebenso ernsthaft gelesen oder ernstgenommen hätte wie andere Philosophen und Denker oder daß hysterisch-rassistische Pamphlete vom Schlag der »Ostara«-Blätter einen starken oder entscheidenden Einfluß auf ihn gehabt hätten. Nur wenige Biographen bemerkten dies oder hoben es hervor. Eine Ausnahme ist Haffner: Er stellt in Kenntnis des oben zitierten Satzes aus *Mein Kampf* über die Rasse als Schlüssel zur Geschichte fest, daß Rasse »von Hitler nie definiert und oft mit dem Begriff ›Volk‹ gleichgesetzt wird. Eine

höchste Rasse als Herrenvolk soll laut Hitler eines Tages die Welt beherrschen – aber wer denn nun eigentlich, eine Rasse oder ein Volk? Die Deutschen oder die ›Arier‹? Das wird bei Hitler nie ganz klar. Ebensowenig wird klar, wen er als Arier gelten läßt. Nur die mehr oder weniger germanischen Völker? Oder alle Weißen außer den Juden? Darüber findet sich bei Hitler nichts.« Die tatsächlichen Rassenunterschiede zwischen Weißen, Schwarzen und Gelben hätten Hitler überhaupt nicht interessiert. Interessiert habe ihn dagegen »der Kampf innerhalb der weißen Rasse, zwischen ›Ariern‹ und Juden …«[18] Nur im Hinblick auf die Juden sei er bis ans Ende seines Lebens konsequent geblieben. Aber wie wir gleich sehen werden, änderte er sogar in der Frage, was die jüdische »Rasse« ausmache, seine Meinung.
In bezug auf die Frage, ob die »Rasse« der Schlüssel zur Geschichte sei oder nicht, fand eine Entwicklung seines Denkens statt. Unter seinen frühen Verbündeten und Anhängern gab es viele eingeschworene und starre Rassisten und rassistische Dogmatiker. Unter den führenden Mitgliedern der Nazi-Elite fanden sich viele einflußreiche dogmatische Rassisten wie Himmler, deren Rassenphilosophie die Gründung verschiedener Einrichtungen zur Folge hatte. Doch Hitler teilte Himmlers »primitiven Biologismus« (wie Marlis Steinert treffend formuliert) nicht. Schramm bemerkte, daß er »im Gegensatz zu vielen seiner Trabanten der Verherrlichung der historisch greifbaren Frühzeit der Germanen sehr nüchtern gegenüber [stand]«.[19] Speer zitiert einen abschätzigen Kommentar Hitlers zu Himmlers rassistischem Mystizismus: »Welcher Unsinn! Jetzt sind wir endlich so weit, in eine Zeit zu kommen, die alle Mystik hinter sich gelassen hat, und nun fängt der wieder von vorne an. Da könnten wir auch gleich bei der Kirche bleiben. Die hat wenigstens Tradition.« Eine Reihe Historiker hat bemerkt, daß Hitler Alfred Rosenberg überhaupt nicht ernst nahm und daß er Rosenbergs nebulöses Buch *Mythus des 20. Jahrhunderts* geringschätzte. Laut Speer sagte Hitler dazu: »Ein Rückschritt in mittelalterliche Vorstellungen!«[20] Heer zitiert ein Tischgespräch aus dem Jahr 1942, in dem Hitler seine Freude über Kardinal Faulhabers öffentlichen Protest gegen Rosenbergs Tiraden äußert.[21]

Hitlers zahlreiche – wirklich zahlreiche – Äußerungen zu den Rassen waren für ihn Äußerungen zu nationalen Merkmalen. Sein Denken hatte durchaus einen rassistischen Zug (wie das Denken beinahe jedes Nationalisten), aber die ihn lenkenden Obsessionen waren nicht biologischen Ursprungs. Er kannte die »relative Lustlosigkeit … mit der das deutsche Volk auf die von Rosenberg und Himmler so eifrig betriebene Rassenpropaganda reagierte. Wo es bei den Deutschen nationale Überlegenheitsgefühle gab, waren sie eher kulturell als rassisch bedingt. Dies ist ein äußerst wichtiges und delikates Thema, das meines Wissens bisher kaum behandelt worden ist. Es gab und gibt einen oberflächlich betrachtet wenig bedeutsamen, aber im Grunde genommen doch wesentlichen Unterschied zwischen einer *völkisch* und einer *rassisch* ausgerichteten Denkweise.«[22] Die Wirkung, die Hitler hervorrufen wollte, beruhte auf der ersten Denkweise, nicht der zweiten. Und das spiegelt wiederum die Entwicklung seiner eigenen Überzeugungen – wenn es überhaupt eine Entwicklung war und nicht vielmehr eine allmählich sich verfestigende Erkenntnis.

Im Mai 1944 erklärte er in einer sehr bemerkenswerten Rede im Platterhof: »Wir haben bei uns ein Volk, das nicht gleichzusetzen ist einer Rasse etwa, was heute schon Millionen Menschen ganz klar ist ... als ich vor jetzt bald 25 Jahren mit meiner Lehre anfing, war das nicht so, sondern da wurde mir von bürgerlichen Kreisen immer entgegengehalten: Ja, Volk und Rasse ist doch ein und dasselbe! – Nein, Volk und Rasse ist nicht dasselbe. Die Rasse ist ein Blutsbestandteil, ist der blutmäßige Kern, aber das Volk setzt sich sehr oft nicht aus einer Rasse, sondern aus zwei, drei, vier oder fünf verschiedenen Rassekernen zusammen ... Diese Rassekerne besitzen im einzelnen ihre besonderen Fähigkeiten ...«[23] Und in den Bormann-Diktaten wird Hitler am 13. Februar 1945 folgendermaßen zitiert: »Einen auf der Rassenzugehörigkeit beruhenden Stolz kannte der Deutsche im Grunde genommen nicht ... Dabei reden wir von jüdischer Rasse nur aus sprachlicher Bequemlichkeit, denn im eigentlichen Sinn des Wortes und vom genetischen Standpunkt aus gibt es keine jüdische Rasse.«[24] Vom *genetischen Standpunkt aus gibt es keine jüdische Rasse* ...

Nationalismus und Rassismus sind schwer zu definierende Begriffe. (Und es gibt weder für den Nationalismus noch den Rassismus eine wirklich gute Gesamtdarstellung. Ein Grund dafür ist, daß der Nationalismus sich von Land zu Land stärker unterscheiden kann als der Internationalismus oder Sozialismus.) Hier ist auch nicht der Ort, ausführlich auf ihre Unterschiede und Ursprünge einzugehen. Es sei nur dreierlei betont: Zum ersten war Adolf Hitler mehr Nationalist als Rassist; zweitens kann Nationalismus noch ausgrenzender sein als Rassismus, vor allem aufgrund der Verwendung kultureller, linguistischer und sogar religiöser Merkmale[25]; und drittens ist der Nationalismus stärker noch als der Rassismus eine moderne und populistische Erscheinung.

Eine *moderne* und *populistische* Erscheinung. Als Samuel Johnson seinen berühmten Ausspruch tat: »Der Patriotismus ist die letzte Zuflucht der Halunken«, da meinte er den *Nationalismus,* denn das Wort existierte im Englischen des 18. Jahrhunderts noch nicht. Wie George Orwell 1943 in einem der wenigen Essays zur Unterscheidung zwischen Patriotismus und Nationalismus bemerkt, ist der erste defensiv, der Nationalismus dagegen aggressiv; Patriotismus ist im entsprechenden Land, in einer bestimmten Heimat verwurzelt, während Nationalismus sich auf den Mythos eines Volkes (genaugenommen einer vermeintlichen Mehrheit) bezieht; Patriotismus ist traditionalistisch, Nationalismus populistisch. Populismus wiederum ist völkisch, Patriotismus nicht. Diese Erscheinung oder besser Tendenz gibt es im 20. Jahrhundert fast überall. Das 19. Jahrhundert war voller liberaler Nationalisten, einige von ihnen begeisternde und vornehme Persönlichkeiten. Im 20. Jahrhundert ist das selten der Fall. Hundert Jahre vor Orwells Essay wäre eine Trennung des Nationalismus vom Patriotismus kaum möglich gewesen, sie hätte auch wenig Sinn gehabt. Selbst heute noch überlappen sich die beiden Begriffe häufig im Denken und Fühlen derselben Person. Doch muß man die Unterschiede kennen, da sich das Phänomen des populistischen Nationalismus im Gegensatz zum altmodischen Patriotismus nicht loslösen läßt vom Mythos eines Volkes. Man kann Patriot sein und, zumindest kulturell, Kosmopolit. Ein Populist dagegen ist unweigerlich Nationalist. Patriotismus ist auch weniger rassistisch als Populismus. Ein Patriot wird keine Person einer anderen Rasse aus der Gemeinschaft ausschließen, die er seit vielen Jahren kennt und neben der er seit langem lebt; ein Nationalist aber wird gegenüber einem Menschen, der offenbar nicht zu seinem Volk gehört oder zumindest seine Denkweise nicht teilt, immer mißtrauisch sein. Alfred Duff Cooper sagte einmal treffend: »Der chauvinistische Nationalist ist stets der erste, der seine Landsleute als Verräter hinstellt.«

Für diese Unterscheidung zwischen Patriotismus und Nationalismus ist Hitler beispielhaft. Er war sich über ihre Bedeutung völlig im klaren. Bereits früh in seiner Jugend, heißt es in *Mein Kampf,* sei er ein Nationalist gewesen, aber kein Patriot. Er wollte zusammen mit den Deutschösterreichern in ein Großdeutschland eingehen, auf Kosten des multinationalen und dynastischen Habsburger Reiches, das er am liebsten aufgelöst hätte. Er äußerte sich oft zu diesem Thema, beispielsweise in einer wenig bekannten Rede in München vom 6. April 1927, die zwei Tage später ausführlich im *Völkischen Beobachter* besprochen wurde. »Nationalismus und Patriotismus«, lautete der Titel der Rede.[26] Hier einige Zitate und Kommentare aus dem Artikel: »Wir sind nicht [nur] national, sondern nationalistisch!« »... eine einzige vernichtende Abrechnung mit diesem zum Patriotismus erstarrten Nationalgefühl des deutschen Bürgertums.« »[Zu wenige wissen], daß der Nationalsozialismus nichts gemein hat mit dem unzeitgemäßen Patriotismus der ewig Gestrigen.« »Das deutsche Bürgertum hat heute noch kein nationales Ziel. Ihr Nationalismus und unserer sind zwei absolut verschiedene Dinge. Ihr Nationalismus ist im günstigsten Fall ein Mittel, die Vergangenheit noch einmal lebendig werden zu lassen.« Hitler war sich stets der immensen Anziehungskraft des Nationalismus bewußt, und er setzte ihn geschickt ein. So verstand er genau den Widerwillen und die gelegentliche Opposition der deutschen katholischen Kirche und Priesterschaft und der katholischen Bevölkerung gegen die nationalsozialistische Rassenpropaganda und gegen rassische Einrichtungen, während er gleichzeitig wußte, wie er aus ihrem uneingeschränkten Nationalgefühl Nutzen schlagen konnte.[27]

Patriotismus ist kein Ersatz für religiösen Glauben, Nationalismus dagegen ist das oft; er kann die emotionalen und zumindest oberflächlich die geistigen Bedürfnisse der Menschen befriedigen. Nationalismus läßt sich auch mit Haß kombinieren. Bei Görlitz-Quint steht dazu treffend: »Der Haß als Ausgangspunkt ... war charakteristisch für den Mann[28] [Hitler] und seine Bewegung, die aus dem Asphalt der Großstädte ... erwuchsen. Das Menschenreservoir der Bewegung waren Soldaten, Arbeiter und von der Großstadt entwurzelte Handwerker und Kleinbürger ... [Doch] das Bauerntum war ihm ganz fremd geworden. All die späteren Ideen von der Erneuerung des Bauernstandes, von der Schaffung eines ›Neuadels aus Blut und Boden‹, sind nicht ursprünglich von ihm konzipiert, sie wurden nur akzeptiert ... es entspricht nicht der Genesis der Bewegung, die nicht aus Blut und Boden, sondern aus den großstädtischen Massen hervorging.«[29] Im Gegensatz zu vielen Populisten des 19. Jahrhunderts, die aus dem Bauernstand aufgestiegen waren, predigten die Nationalisten des 20. Jahrhundert häufig eine abstrakte Liebe für Bauernschaft und Land. Die frühen Reden Hitlers und die frühe nationalsozialistische Propaganda enthalten wenig Aussagen oder gar keine zu den Bauern und der Landwirtschaft. Heiden ist dies ebenfalls aufgefallen: »Es ist ein Programm für verhungerte Stadtbewohner ...«[30] Er fügt hinzu, Hitler habe dies erkannt und begonnen, die deutschen Bauern anzusprechen, allerdings erst nach 1928 während der großen Agrarkrise mit Erfolg. In München sagte Hitler am 10. April 1923, zur Befreiung eines Volkes gehöre mehr als Wirtschaftspolitik, mehr als Industrie: »Es gibt nur eines, das uns aus dem Chaos ... retten kann: das nationale Bewußtsein gegen den Erbfeind [Frankreich]. Es gibt nur Trotz und Haß, Haß und wieder Haß.« Welchen tieferen Ursprung Hitlers Haßgefühle auch gehabt haben mögen[31], er projizierte sie im Namen seines extremen Nationalismus und Rassismus nach außen. Er hat womöglich etwas erkannt, was schon Chesterton wußte, als er schrieb, Haß könne grundverschiedene Menschen vereinen, während Liebe stets persönlich und einzigartig sei.

Hitler ist weder als »Rassist« noch als »Sozialdarwinist« hinreichend erklärt. Er glaubte an das Überleben des Stärkeren, aber war das vielleicht etwas Neues? Das Prinzip vom Sieg des Stärkeren über den Schwächeren ist älter als Machiavelli, es geht womöglich bis auf Kain und Abel zurück.[32] Hitler begriff, daß die Menschen auf reale Macht reagieren, ja sie respektieren.[33] Überdies war Hitler im Gegensatz zu vielen Sozialdarwinisten kein Materialist; dazu war er von der Macht der Ideen zu sehr überzeugt.

Er war ein extremer Nationalist, vielleicht der extremste Nationalist der Hauptakteure des 20. Jahrhunderts. Und während Nationalismus etwas atavistisch Menschliches ist, das tiefer geht und stärker ist als Klassenbewußtsein, ist das Problematische an ihm nicht nur seine latente Unmenschlichkeit, sondern seine – vielleicht überraschend – abstrakte Vorstellung von der menschlichen Natur. Er propagiert die »Liebe des Volkes« – aber wer *ist* das Volk? Nationalismus ist egozentrisch und egoistisch, denn menschliche Liebe ist nicht die Eigenliebe, sondern die Liebe des *anderen.* Der Patriotismus dagegen wurzelt in der Tradition und ist nicht nur ein biologisches Phänomen, weil die Nächstenliebe etwas Menschliches und nicht nur »Natürliches« ist. Die Natur kennt und zeigt keine Nächstenliebe.[34] Das glaubte zumindest Hitler. Er glaubte auch, daß der Nächstenliebe in der Geschichte der Menschheit keine Funktion zukomme. Ob dies bereits einen überzeugten Sozialdarwinisten aus ihm macht, ist fraglich. Unbestreitbar ist jedoch, daß sein Haß gegen seine Widersacher stärker und konkreter war als seine Liebe für sein Volk.[35] Dies charakterisiert seit je das Denken des extremen Nationalisten.

# V

# STAATSMANN UND STRATEGE

*Hitler als Staatsmann allgemein wenig beachtet – Seine Fähigkeiten als Staatsmann und Stratege – Fragen zu München und zu Hitlers Haltung zu Rußland – Hitlers Kriegsziele – Seine Entscheidung, Rußland anzugreifen – Seine Einschätzung der Vereinigten Staaten – Die »friderizianische« Wende – Seine Fähigkeit zur Regeneration – Sein Ziel, die Alliierten zu spalten – Angesichts der endgültigen Niederlage: Eigensinnigkeit, Konsequenz oder beides?*

In der gewaltigen Menge an biographischer Literatur zu Hitler wird der Völksführer Hitler weit ausführlicher behandelt als der Staatsmann und Stratege. Eine Unterteilung seines Lebens und Wirkens in zwei Phasen erscheint einleuchtend und logisch: Auf seinen erstaunlich erfolgreichen Aufstieg bis zum Krieg folgen sechs Kriegsjahre, die mit der Katastrophe und dem Selbstmord enden, einem dramatischen Ende, das gleichwohl im Rückblick geradezu vorherbestimmt erscheint. Vermutlich aus diesem Grund neigen viele Biographen dazu, auf die letzten Jahre von Hitlers Leben nur kurz einzugehen.[1] Diese Tendenz hat ihre Berechtigung: Im Mittelpunkt steht Hitlers Karriere, die zu einem Krieg führte, den er nur verlieren konnte und der Millionen Menschen Tod und Vernichtung brachte. Diese verbreitete und allgemein anerkannte Sichtweise ist weiterhin akzeptabel, allerdings mit zwei Einschränkungen: Einmal war Hitler 1940 und 1941 nahe daran, den Krieg zu gewinnen; zum anderen mag Hitlers letztliche Niederlage »vorherbestimmt« gewesen sein (auch wenn dieses Wort einen Determinismus nahelegt, den Historiker meiden sollten), doch vorherbestimmt aufgrund seiner Hybris, die ein Charakterfehler war, nicht der Fehler einer Vision; Hitler war keineswegs blind.[2] Pascal hat einmal gesagt, daß die Liebe nicht wirklich blind sei, und das gilt auch für andere Leidenschaften. Sie sind häufig eine Mischung aus einer erstaunlichen Klarsicht und einer ebenso erstaunlichen Blindheit (eine Zusammensetzung, die sich wie die »Halbwahrheit« nicht mathematisch präzisieren läßt). Da nun zu einer Vision in erster Linie Ziele gehören, nicht Motive, sollten wir uns näher mit den Zielen befassen, die Adolf Hitler vor und insbesondere während des Krieges verfolgte.

Sie sind nicht leicht zu bestimmen.[3] (Vielleicht sollte ich besser »verstehen« schreiben anstelle von »bestimmen«, denn im Gegensatz zu den Naturwissenschaften ist das Ziel der historischen Erkenntnis wohl eher das Verstehen als das exakte »Bestimmen«.) Hitler hat sich bei zahlreichen Gelegenheiten über seine Ziele geäußert – nicht nur in öffentlichen Reden und »privaten« Tischgesprächen, sondern schon lange davor auf Hunderten von Seiten in *Mein Kampf* und seinem *Zweiten Buch* sowie in den vielen Artikeln, die er in den Jahren vor der Machtübernahme schrieb oder diktierte und die den Zielen der deutschen Außenpolitik und der deutschen Expansion gewidmet sind.[4] Man läuft hier Gefahr, daß man vor lauter Wald die Bäume nicht sieht. Wer (wie beispielsweise Bullock) glaubt, Hitlers Ziele seien in *Mein Kampf* klar formuliert und später mit erschreckender Konsequenz umgesetzt worden, macht es sich zu einfach. Man vergesse nicht, daß Hitler immer ein sehr verschlossener Mensch war.[5] Und egal was für Grundideen er hatte (und bei zumindest einigen von ihnen ist, wie bereits gezeigt, eine Entwicklung erkennbar), es gab Fälle, in denen er diese Ideen wie jeder andere Mensch, von Politikern oder Staatsmännern ganz zu schweigen, Umständen anpassen mußte, die sich seiner unmittelbaren Kontrolle entzogen. Wir haben auch bereits gesehen, daß Hitler mit vielen Äußerungen einen bestimmten Zweck verfolgte, daß er damit nicht nur große Gruppen von Zuhörern, sondern auch die Menschen seiner näheren Umgebung und seine Gesprächspartner beeinflussen wollte. Natürlich ist kein Historiker und ganz gewiß kein Biograph in der Lage (und sollte sich das auch gar nicht anmaßen), klar zu unterscheiden zwischen dem, was jemand gedacht haben will, und dem, was er wirklich gedacht hat. (Wie Kierkegaard einmal geschrieben hat: Die reine Wahrheit ist Gott vorbehalten, uns bleibt nur das Streben nach Wahrheit – und dazu gehört auch die geheimnisvolle Alchemie des menschlichen Geistes, auch eines Menschen wie Adolf Hitler.)

Auf die Gefahr einer gewissen Ungenauigkeit hin läßt sich sagen, daß es Hitlers Ziel war, Deutschland zu einem der mächtigsten Länder der Welt zu machen, sicherlich zur stärksten Macht Europas. Die Grundlage dieser

Macht sollte eine neue, noch nie dagewesene Einheit des deutschen Volkes sein (was die Vertreibung der deutschen Juden beinhaltete) und die allmähliche Vereinigung nahezu aller deutschsprachigen Völker Europas in einem Reich. Vermutlich war dies sein Minimalziel[6], auch wenn er es gar nicht konsequent verfolgte (oder verfolgen konnte). Vor allem während des Krieges sollte sich seine Politik weiterentwickeln und verändern. Wie noch zu zeigen ist, wurde aus dem Ziel der Vertreibung der Juden aus Deutschland das Ziel, sie aus dem größten Teil Europas, wenn nicht aus ganz Europa zu vertreiben; als dann 1941 Auswanderung und Vertreibung nicht mehr möglich waren, folgte die massenweise Vernichtung; Ende 1944 wurde schließlich die Vernichtung der verbliebenen Juden in den Todeslagern ausgesetzt (ein komplizierter Sachverhalt, auf den ich in Kapitel VI zurückkommen werde). Natürlich gibt es eine Fülle von Belegen dafür, daß die Vertreibung der Juden zumindest aus Deutschland oder ganz Europa eine zentrale Obsession Hitlers war. Ebenso viele Belege gibt es für seinen Wunsch nach »Lebensraum«, nach Land in Osteuropa und Rußland für deutsche Siedler, das notfalls zu erobern war. Obsession und Absicht können sich überlappen, aber sie sind nicht dasselbe; und trotz seiner zahllosen und oft kategorischen Äußerungen und Anweisungen bezüglich des Lebensraums war seine diesbezügliche Politik weniger konsequent als sein Handeln gegen die Juden.[7]

Vor allem aus diesem Grund muß die allgemein anerkannte Ansicht modifiziert werden, Antijudaismus und Eroberung von Lebensraum im europäischen Rußland seien die beiden nicht nur grundlegenden, sondern auch unveränderlichen Elemente von Hitlers Strategie gewesen. Von seinen zahlreichen Historikern und Biographen haben sich vor allem die beiden vielgelesenen Autoren David Irving und Andreas Hillgruber, ein renommierter deutscher Historiker, für Hitlers Strategie und Handeln als Staatsmann während der Kriegsjahre interessiert. Da Irving unermüdlich dokumentiert (größtenteils, aber nicht ausschließlich Dokumente von Leuten aus Hitlers engerer Umgebung), hat sein Werk vor kurzem von Militärhistorikern eine gewisse widerwillige Würdigung erfahren. Zwar kann man sich über einige »Funde« Irvings nicht achtlos hinwegsetzen, doch beeinträchtigt sein Ziel, Hitler zu rehabilitieren, seine Interpretation in vielen Fällen mehr oder weniger stark (ich habe darauf bereits in Kapitel I hingewiesen und werde in Kapitel VIII darauf zurückkommen). Natürlich steht es jedem frei, eine historische Persönlichkeit zu bewundern, auch wenn sie noch so unpopulär ist. Aber keine »Tatsache« in der Geschichte läßt sich loslösen von ihrer Darstellung, und jede Darstellung wiederum ist unlösbar mit ihrer Absicht verbunden. Abgesehen von (oder besser zusätzlich zu) moralischen Bedenken gibt es zwei Hauptgründe, weshalb Irvings Untersuchung zu Hitler als Staatsmann und Stratege mit einiger Vorsicht behandelt und gelesen werden sollte: Zum ersten gibt es deutliche Hinweise darauf, daß er häufig dokumentarische Quellen, die sich teils auf etwas ganz anderes beziehen, durch seine Interpretation »zurechtbiegt«.[8] Zum zweiten ist Irvings Porträt von Hitler als Staatsmann und Stratege vereinfacht. Er begnügt sich damit, den Feldherrn Hitler als fähiger als seine Widersacher und diesen auch charakterlich überlegen darzustellen. Seine Bücher enthalten deshalb so gut wie keine differenzierte historische Rekonstruktion von Hitlers Entscheidungen und Absichten.[9]

Seriöser als Irving sind nicht nur aufgrund seiner Qualifikation als Historiker die beiden sorgfältig recherchierten Arbeiten des politischen und Militärhistorikers Andreas Hillgruber, insbesondere das Buch *Hitlers Strategie*, eine sehr wichtige Sekundärquelle zu Hitlers Strategie und Handeln als Staatsmann in den entscheidenden Jahren 1940 und 1941. Allerdings muß auch Hillgrubers Deutung von Hitler in einigen Punkten in Frage gestellt werden.[10] Ein Punkt betrifft Hillgrubers kategorische Behauptung, Hitler habe zwei Grundziele konsequent verfolgt: die Eroberung des europäischen Rußland und die Vernichtung der Juden. Das ist nicht ganz falsch; fraglich ist nur die Konsequenz Hitlers angesichts von Umständen, die ihn von Zeit zu Zeit gezwungen haben könnten, seine Ziele zu ändern. Wichtiger ist jedoch, zumindest für das Thema dieses Kapitels, die strittige, aber beharrlich vorgetragene These Hillgrubers von einem »Stufenplan«, der großen Strategie Hitlers.[11] Danach war und blieb die Eroberung Rußlands immer Hitlers Hauptziel; die Niederlage oder Kapitulation Frankreichs und Großbritanniens waren diesem Ziel untergeordnet. Nach der Beseitigung aller Gegner im Westen sollte der eigentliche Feldzug im Osten beginnen und dann ein Krieg mit den Vereinigten Staaten, dieser allerdings womöglich nicht mehr zu seinen Lebzeiten. Ein solches Schema von Hitlers großer Strategie mag intellektuell überzeugen, vor allem bei einem so schwülstig redenden und fanatischen Diktator, doch sprechen nicht nur Hitlers vielschichtiges Wesen, sondern auch konkrete Fakten dagegen. Zwar wollte Hitler das europäische Rußland erobern, aber nach 1940 war sein Hauptziel, Briten und Amerikaner zur Einsicht zu zwingen, daß ein Krieg gegen ihn nach seinem Sieg über die Sowjetunion sinnlos sei. Überdies hat er nie einen Krieg gegen die Vereinigten Staaten in Betracht gezogen, geschweige denn gewollt. Auf diesen wichtigen Zusammenhang werde ich im Verlauf dieses Kapitels noch zu sprechen kommen.[12]

Hitler verdankte viele Erfolge seiner Karriere der Unterschätzung seiner Fähigkeiten durch seine Gegner: Der Vorsitzende der kleinen Partei, in die Hitler 1919 eintrat, unterschätzte sein Talent, Menschen und Macht an sich zu ziehen[13], die deutschen Politiker (und nicht nur die Politiker) unterlagen einer völligen Fehleinschätzung von Hitlers politischen Fähigkeiten, und nach der Machtergreifung unterschätzten viele Menschen auf der ganzen Welt seine Talente als Staatsmann. In Wirklichkeit erwies er sich als geradezu alarmierend effektiver Staatsmann[14] nicht nur im Frieden, sondern auch im Krieg, und als oft beängstigend erfolgreicher Stratege. Vom Demagogen aus der Provinz stieg er zum erfolgreichen Politiker und gefürchteten und geachteten Führer eines großen Volkes auf und stand zumindest für einige Zeit an der Spitze der größten Kriegsmaschinerie der Welt. Zumindest in dieser Hinsicht unterschätzten ihn die anderen Länder und seine Hauptgegner am Ende nicht mehr, auch wenn in Hitlers Vergangenheit nur wenig auf einen Charakter schließen ließ, der einem Cäsar oder Napoleon vergleichbar gewesen wäre; der Beweis war erbracht, und die Welt hatte eine bittere und schwere Lektion gelernt.

Eine und vielleicht die wichtigste Quelle seiner politischen und militärischen, diplomatischen und strategischen Fähigkeiten läßt sich mit wenigen Worten zusammenfassen: Hitler hatte die überwiegend – doch nicht vollständig – auf Instinkten beruhende Fähigkeit, die Schwächen seiner tatsächlichen oder potentiellen Gegner zu erkennen (ebenso die seiner tatsächlichen wie potentiellen Verbündeten oder Anhänger). Er wußte nicht immer genau, was sie tun würden, aber er war sich einigermaßen sicher, was sie nicht tun würden, und behielt damit oft recht. Dieser scharfe Einblick in die Schwächen der menschlichen Natur brachte ihn weit; sie ist allerdings auch für einige seiner größten Fehler verantwortlich, da er einige Gegner unterschätzte und deshalb nicht verstand.[15] Dennoch: Ein tiefblickendes Verständnis der menschlichen Natur kann nicht nur für den Staatsmann, sondern auch für den Strategen ein wichtiges Instrument sein.[16] Napoleon Bonaparte wußte das, als er einmal sarkastisch sagte, es gebe zwei menschliche Tätigkeiten, in denen der Amateur häufig besser sei als der Profi: die

Prostitution und den Krieg. Im Falle Hitlers müssen wir unter Berufung auf Napoleons Zeitgenossen Clausewitz noch etwas weitergehen.[17] Clausewitz' berühmte Maxime, der Krieg sei die Fortsetzung der Politik mit anderen Mitteln, gilt mit Sicherheit auch für Hitler. (Der Satz ist natürlich im Grunde eine Binsenwahrheit: Auch einem Tyrannen ist es lieber, wenn der Gegner sich ergibt und nicht kämpft.) Clausewitz hatte freilich die zahlreichen dynastischen Kriege des 18. Jahrhunderts und die Napoleonischen Kriege vor Augen, die ganz anderes waren als Hitlers Kriege. (Auf Hitler läßt sich Clausewitz' Diktum übrigens auch im umgekehrten Sinn anwenden: Er machte Politik, als führe er Krieg.) Da Hitler Napoleons wie auch Clausewitz' realistische Einschätzung von der obersten Bedeutung der Moral im Krieg abschaffte, war er überdies ein idealistischer Determinist, was vielleicht eine besonders deutsche Neigung ist. Er glaubte, wie Nietzsche und Schopenhauer, an die überragende Macht des Willens und der Ideen. Er war überzeugt, daß seine SA-Männer auf der Straße ebenso wie in der Arena der Politik gewinnen müßten und würden, daß ein nationalsozialistischer Straßenkämpfer so viel wert sei wie zwei oder drei kommunistische oder sozialdemokratische Gegner, nicht nur weil sie disziplinierter und besser ausgebildet waren, sondern aufgrund der überlegenen Macht seiner Überzeugungen und Ideen. Der Krieg in Europa war seiner Meinung nach nur die Wiederholung des Geschehens in Deutschland von 1928 bis 1933 in einem größeren Maßstab; ein deutscher Soldat war für ihn so viel wert wie zwei englische, drei französische oder vier russische Soldaten aufgrund der überlegenen Art und Macht der Idee, die er verkörperte. Und deshalb mußte Deutschland den Krieg gegen seine zahlreichen Feinde gewinnen, so wie die Nationalsozialisten ihren Krieg gegen die Feinde in Deutschland gewinnen mußten und tatsächlich gewannen.[18] Diese Überzeugung trug Hitler sehr weit, aber nicht weit genug, auch wenn in diesem Punkt vermutlich kein Unterschied bestand zwischen seinen öffentlich geäußerten und seinen inneren Überzeugungen; an diese Art von deterministischem Idealismus scheint er bis an sein Ende geglaubt zu haben.[19]

Gleichzeitig beruhten seine Überzeugungen auf einer beträchtlichen Kenntnis historischer und technischer Einzelheiten. Sein Wissen über die Geschichte war zwar selektiv und unvollständig, aber dennoch beachtlich. Außerdem kamen ihm die Erinnerungen an den eigenen Militärdienst im Ersten Weltkrieg zustatten. Hitler war ein schneller Leser von Büchern und allen möglichen Berichten.[20] Vor allem aber hatte er ein ganz erstaunliches

Gedächtnis, das ihn in die Lage versetzte, eine bemerkenswerte Menge technischer Details aufzunehmen und zu behalten, mit denen er manchmal seine Generäle in Lagebesprechungen verblüffte.[21] Bei manchen Entscheidungen hatten seine Generäle recht und Hitler nicht; doch oft genug war es umgekehrt, sogar wenn Hitler sich mit seiner Meinung gegen das Urteil der bestausgebildeten Generäle Europas durchsetzen mußte.[22]

Hitler machte eine – auch historisch bedeutende – Erkenntnis, die ihm gute Dienste leistete: Die Landstreitmacht hatte wieder die oberste Bedeutung gewonnen. Um 1890 hatte der in Deutschland wie in Großbritannien angesehene amerikanische Admiral Mahan noch geschrieben, die Seemacht sei der wichtigste Schlüssel zur Geschichte. Das mag vierhundert Jahre gegolten haben, aber nicht länger. Mit der Motorisierung der Truppe änderte es sich. Zur Zeit Napoleons waren die Engländer zwar nicht immer siegreich gewesen, aber unschlagbar, denn sie konnten um Napoleons europäisches Grand Empire herumsegeln und nach Belieben an verschiedenen Stellen landen. Doch spätestens seit den dreißiger Jahren des 20. Jahrhunderts waren die Armeen auf Land schneller als Flottenverbände. Hitler wußte genau und sagte auch mehrmals, daß der schreckliche und sinnlose Stellungskrieg des Ersten Weltkrieges, in dem Millionen Soldaten an der Westfront im Schlamm um einige Kilometer Land gekämpft hatten, der Vergangenheit angehörte. Er war in vielerlei Hinsicht vom Automobil fasziniert. Die Mobilität gepanzerter Fahrzeuge war ebenso wichtig wie ihre Feuerkraft.[23] Von seinen Gegnern erkannten die Franzosen mit Ausnahme des Obersts und späteren Generals de Gaulle diesen Wandel überhaupt nicht; Franklin Roosevelt beharrte noch 1941 darauf, daß die Beherrschung des Meeres der Schlüssel zum Sieg sei, was für den Pazifik und den Atlantik auch noch zutraf, doch nicht mehr für Europa, wie Winston Churchill schon erkannt hatte. Die Überlegenheit der Alliierten auf See und auch in der Luft reichte nicht aus; Hitler mußte auf dem Land geschlagen, Deutschland dort erobert werden. Stalin wußte das vielleicht, doch die Russen waren immer schon Landmenschen gewesen.

Am 30. Januar 1933 wurde Hitler Kanzler eines bedrückten Landes; diese Niedergeschlagenheit war jedoch insofern ungewöhnlich, als sie nicht mit Lethargie einherging. Im Gegenteil, Millionen Deutsche waren von einer merkwürdigen Erregung erfaßt, ohne daß sie wußten, was auf sie zukam. Abgesehen von einer Minderheit, die aus guten Gründen das Schlimmste befürchtete, gewöhnten sich die meisten Deutschen rasch an die neue Ordnung, die sowohl radikaler als auch weniger radikal war, als sie erwartet hatten. Es kam zu einem radikalen Bruch mit Deutschlands unmittelbarer politischer Vergangenheit und trotz Hitlers stolzer Behauptung, eine nationale Revolution sei ohne Chaos und Blutvergießen erreicht worden. In Deutschlands Beziehungen zu anderen Ländern zeigte sich jedoch eine gewisse Kontinuität.

Daß fast kein ausländischer Beobachter die immense Bedeutung von Hitlers Machtübernahme erkannte (wie aus den Artikeln und Kommentaren ausländischer Zeitungen in der Woche nach dem 30. Januar 1933 hervorgeht), war nicht das einzige. Trotz Wirtschaftskrise, hoher Arbeitslosigkeit in Deutschland und wiederholter Wahlen und politischer Krisen, die Deutschland 1932 durchgemacht hatte, war die deutsche Außenpolitik in diesem Jahr so selbstsicher wie seit 1918 nicht mehr. Das Abkommen von Lausanne vom Juli 1932, das die deutschen Reparationszahlungen praktisch beendete, wurde sowohl in der Wilhelmstraße wie von der deutschen Öffentlichkeit als Selbstverständlichkeit empfunden; auf den immer planloseren Abrüstungskonferenzen in Genf trat die deutsche Delegation zunehmend halsstarrig und fordernd auf. Es spricht vieles dafür, daß Macht und Ansehen Deutschlands in den Dreißigern auch ohne Hitler gestiegen wären, doch kann dies hier nicht weiter ausgeführt werden. Vielmehr soll kurz erörtert werden, wie Hitler die der Tradition verhafteten, konservativen Beamten des Auswärtigen Amtes in den ersten fünf Jahren seiner Herrschaft geschickt für seine Zwecke einsetzte[24] und wie er auch sorgsam darauf bedacht war, das andere traditionalistische und konservative Element der ehemaligen Republik nicht vor den Kopf zu stoßen: die Reichswehr. Nur ein oder zwei deutsche Diplomaten verließen nach 1933 und vor 1938 den auswärtigen Dienst. An Hitlers grundlegendem Glauben an seine Ideologie änderte sich in dieser Zeit nichts. Wer meint, er habe seine revolutionäre Ideologie den Interessen des Staates untergeordnet, macht es sich zu einfach (dagegen hat Stalin das in einer krassen und brutalen Weise getan, auch wenn antikommunistische Ideologen das bis heute mißverstehen). Genauer wäre es zu sagen, daß Hitlers »Realpolitik«[25] eine Mischung aus ideologischer Überzeugung und Kalkül des Staatsinteresses war, und zwar bis zum Ende – eine Mischung, die zumindest Hitler nicht als Widerspruch betrachtete.[26]

Seriöse Hitler-Biographen, die den verblüffenden Erfolg der ersten sechs Jahre seiner Kanzlerschaft eingeräumt und geschildert haben, haben sich hauptsächlich auf seine innenpolitischen Leistungen konzentriert, natürlich ohne die außenpolitischen völlig zu übergehen; schließlich läßt sich beides nicht voneinander trennen.[27] Auf der einen Seite war die Schaffung einer nationalen Einheit der Deutschen die notwendige Basis seiner Außenpolitik, auf der anderen Seite wuchs die Unterstützung in der Bevölkerung beständig durch die Bewunderung der Menschen für Hitlers Außenpolitik, die einen so enormen Anstieg der Macht und des Ansehens Deutschlands im Ausland zur Folge gehabt hatte. Dennoch wäre es auch hier falsch zu behaupten, vor 1939 sei Hitlers Staatsführung im großen und ganzen erfolgreich gewesen, weil er nicht gegen die Prinzipien der »Realpolitik« verstoßen habe, und danach seien Krieg und Katastrophen die Folgen einer Ideologie gewesen, die alle jemals vorhandenen real politischen Fähigkeiten Hitlers überdeckt hätte.[28] Die Ideologie läßt sich bei Hitler auch in den dreißiger Jahren nicht vom nüchternen Kalkül trennen, sondern war vielmehr Teil davon. So schien es in Hitlers schwierigstem Jahr 1934 zumindest eine Zeitlang so, als würden das nationalsozialistische Deutschland und das faschistische Italien zu Gegnern, doch Hitler wußte, daß die Spannungen nicht von Dauer sein würden. Sein erstes Treffen mit Mussolini im Juni 1934 mag inkonsequent gewesen sein, es war aber im Gegensatz zu den Ansichten einiger Biographen kein völliger Mißerfolg. Schlimmstenfalls hat es die Verkündung der Achse Rom–Berlin durch Mussolini im Jahr 1936 verzögert, doch es hat diese Entwicklung weder beeinträchtigt noch behindert.[29]

Eine Mischung von Ideologie und staatsmännischem Handeln läßt sich auch an seiner Entscheidung ablesen, Franco im Spanischen Bürgerkrieg aktiv zu unterstützen, und an Deutschlands Beziehungen zu China und Japan.[30] Es trifft zu, daß Hitler sowohl in *Mein Kampf* als auch in seinem *Zweiten Buch* nachdrücklich seine realistische Einschätzung zum Ausdruck brachte, ein deutsches Reich werde gute Beziehungen zu England und Italien brauchen. Doch hinter dem für Hitler so erfreulichen Flottenabkommen mit England vom Jahr 1935 steckte mehr als realistisches Kalkül. Hitler glaubte – auch aufgrund verschiedener Hinweise in dieser Richtung –, daß die führenden Kreise in England aufgrund ihres Antikommunismus und vielleicht auch aufgrund gewisser rassischer Sympathien den Aufstieg eines neuen Deutschland hinnehmen würden.[31] In all dem schwang seine grundlegende Überzeugung mit, daß er die Schwächen seiner Gegner erkennen und ausnutzen konnte. So gelang Hitler etwas noch Größeres als Bismarck, und das im Gegensatz zu Bismarck ohne Krieg: Er erreichte den Anschluß des Saargebietes, die Remilitarisierung des Rheinlandes und die Einverleibung Österreichs und des Sudetenlandes und schuf damit ein großdeutsches Reich, wie es die Welt noch nicht gesehen hatte. Schon bevor er die Karte Europas veränderte und bevor er im März 1938 zum ersten Mal Truppen über die deutsche Grenze schickte, hatte er bereits auf diplomatischer Ebene eine Revolution bewirkt. Dabei hatte er bis dahin noch keine festen Bündnisse abgeschlossen, lediglich einige Nichtangriffs- oder Freundschaftsverträge oder antikommunistische Verträge. Zur selben Zeit war Frankreich zwar politisch und militärisch mit Polen, der Tschechoslowakei, Rumänien, Jugoslawien und sogar Sowjetrußland verbündet, aber diese Verträge bedeuteten nicht mehr viel; die meisten waren wertloses Papier. Es war eine in der neueren Geschichte Europas beispiellose diplomatische Revolution.

Im Winter 1937/38 trat nun eine Veränderung ein. Sie betraf nicht Hitlers Ziele und war auch keine Folge seiner veränderten Sicht der Lage in Europa, sondern sie fand in ihm selbst statt. Hitler hatte sich eingeredet, daß er womöglich nicht mehr lange leben werde, daß die Zeit gegen ihn und folglich gegen Deutschland arbeite. Dafür gibt es zahlreiche übereinstimmende Belege, von den Veränderungen in seinen persönlichen Gewohnheiten über das Aufsetzen eines Letzten Willens und Testaments Anfang Mai 1938 bis hin zu seinen Entscheidungen, Ribbentrop zum Außenminister zu ernennen, General Fritsch als Oberbefehlshaber des Heeres zu entlassen und selbst die Funktion des Kriegsministers und des Oberbefehlshabers der Wehrmacht zu übernehmen. Viel ist über die sogenannte Hoßbach-Konferenz vom 5. November 1937 geschrieben worden, auf der Hitler die Oberbefehlshaber der Teilstreitkräfte zum ersten Mal anwies, sich auf einen eventuellen Krieg vorzubereiten. Dabei ging es weniger um einen konkreten Kriegsplan als um eine Vorwarnung an die Generäle, daß der Einsatz militärischer Gewalt in naher Zukunft nötig werden könnte. Hitler trug vor, wann und wie Deutschland gegen die Tschechoslowakei vorgehen und Österreich anschließen würde. Zu den beschriebenen Eventualitäten gehörten auch ein Konflikt zwischen Frankreich und Italien oder ein Bürgerkrieg in Frankreich. Weil es dazu nicht kam, schrieb Taylor: »Hitlers Ausführungen waren großenteils Tagträume, die mit dem, was im wirklichen Leben folgte, nichts gemein hatten.«[32] Das ist nicht sehr überzeugend. Ein zentraler Punkt der Konferenz war Hitlers Einschätzung, daß Frankreich, wenn es zum Konflikt mit der Tschechoslowakei kam, durch Schwäche gelähmt sein würde. Hitler glaubte, »daß mit hoher Wahrscheinlichkeit England, voraussichtlich aber auch Frankreich, die Tschechei bereits im stillen abgeschrieben und sich damit abgefunden hätten, daß diese Frage eines Tages durch Deutschland bereinigt würde«. Dies war eine bemerkenswert genaue Einschätzung der Lage im November 1937, die weniger als ein Jahr später durch die Ereignisse bestätigt wurde.

Ein anderes Merkmal der Konferenz wurde bisher nicht mit der gebührenden Aufmerksamkeit erörtert: der Umstand, daß Hitler mit fast keinem Wort auf Rußland einging. Er sagte nur sinngemäß, daß Rußland im Fall eines Krieges gegen die Tschechoslowakei mit Japan beschäftigt sein würde (was stimmte). Dann folgt ein kryptischer Satz: »Gegen ein siegreiches Deutschland wird Polen – mit Rußland im Rücken – wenig Neigung haben, in den Krieg zu treten.« Mit anderen Worten: Sollte Polen Deutschland angreifen, könnte Rußland Polen angreifen. Hier deutet sich die Konstellation Deutschland und Rußland gegen Polen an, wie sie erst zwei Jahre später zustande kam. Dachte Hitler, der erklärte Anführer des deutschen und weltweiten Antikommunismus, bereits 1937 daran? Heute, sechzig Jahre später, wissen wir es immer noch nicht. Daß Hitler sich damals so wenig mit Rußland beschäftigte, ist rätselhaft und bis heute vielleicht das größte Rätsel der internationalen Geschichte der Ursprünge des Zweiten Weltkrieges.

Ebenso verblüffend und unzureichend untersucht ist die Vernachlässigung Rußlands durch Hitler während der Krise von München im September 1938. Über München ist viel geschrieben worden; man hat es bereits wenig später als Katastrophe erkannt. »Wir haben eine totale, eine umfassende Niederlage erlitten«, erklärte Churchill im Unterhaus. Doch inzwischen ist die Distanz groß genug und sind in den vergangenen sechzig Jahren auch genügend Materialien zusammengetragen worden, um einige immer noch geltende Ansichten zu dieser Kapitulation der Westmächte vor Hitlers Forderungen als falsch zu entlarven und zu revidieren. Manches deutet darauf hin, daß Hitler entgegen der Überzeugung vieler Menschen, darunter auch Churchill noch 1948, im September 1938 nicht bluffte. Wäre das Münchner »Abkommen« nicht zustande gekommen, hätte er die Tschechoslowakei am 1. Oktober angegriffen, wie er angekündigt hatte. Die Franzosen, die ein Bündnis mit den Tschechen hatten, auch wenn ihnen das nicht behagte, hätten ihm *vielleicht* den Krieg erklärt. Die Briten hätten vielleicht auch irgend etwas unternommen, allerdings mit noch viel größerem Unbehagen. Über eine Kriegserklärung hinaus hätten sie jedoch nichts getan, genau wie im

September 1939, als sie fast tatenlos zusahen, wie die Deutschen Polen eroberten. Das sind keineswegs Spekulationen, die einem Historiker nicht anstehen; dafür gibt es Beweise. Das deutsche Heer brauchte 1939 lediglich einige Wochen, um Polen zu erobern. Im Oktober 1938 hätte es nur einige Tage benötigt, um die Tschechoslowakei zu erobern, ein durch verfeindete Völker gespaltenes Land: Die Hälfte der Bevölkerung war nicht tschechisch und wünschte überwiegend die Teilung oder überhaupt Auflösung der Tschechoslowakei. Aber nicht nur die Bevölkerung des Landes war gespalten, dasselbe galt für die Briten und Franzosen. Sie waren, ihre Regierungen eingeschlossen, nicht bereit, der Tschechoslowakei zuliebe einen Zweiten Weltkrieg zu riskieren – während sie sich im September 1939 gezwungen sahen, sich Hitler zu widersetzen und ihm den Krieg zu erklären. Auch in militärischer Hinsicht waren sie 1939 besser auf einen Krieg vorbereitet als 1938. Nach der Niederschlagung des tschechischen Widerstands innerhalb von wenigen Tagen im Oktober 1938 hätte sich Hitler an die Westmächte gewandt (wie er es im Oktober 1939 vergeblich tat) und ihnen einen Frieden auf der Grundlage der geschaffenen Tatsachen angeboten. Es gibt gute Gründe für die Annahme, daß er damit Erfolg gehabt hätte. Hitler wußte das, und er bereute später bei mehreren Gelegenheiten bitter, daß er dem Münchner »Abkommen« zugestimmt hatte.[33]

Doch die vermutlich interessanteste Frage im Zusammenhang mit München ist die Rolle Rußlands und Hitlers Ansicht in der Frage. Stalin hatte 1935 einen Beistandspakt mit den Tschechen unterzeichnet. Trotzdem spielte Rußland in Hitlers Überlegungen während der Krise von München kaum eine Rolle. Er ließ den tschechisch-russischen Pakt beinahe völlig außer acht, auch wenn er als Grund seiner Feindschaft gegen die Tschechen den Antikommunismus anführte. Heute ist allerdings bekannt, was selbst Churchill noch 1948 im ersten Band seines Werkes *The Second World War* (dt.: *Der Zweite Weltkrieg*) entweder nicht wußte oder nicht zugeben wollte: daß nämlich Stalin 1938 so wenig wie Chamberlain und Daladier oder noch weniger bereit war, wegen der Tschechoslowakei Krieg zu führen. Vielleicht hätte er Polen angegriffen, dessen Gebiet er durchqueren mußte, um den Tschechen zu Hilfe zu kommen. Hitler sollte das aus gegebenem Anlaß in seine Überlegungen einbeziehen; wie gezeigt, hat er es bereits 1937 getan. Aber das wäre auch alles gewesen. Hat Hitler 1938 instinktiv geahnt, daß Rußland für ihn zu diesem Zeitpunkt keine Gefahr bedeutete? Oder hatte er andere Informationen über Stalins Absichten, abgesehen von den fragmentarischen Berichten der deutschen Botschaft in Moskau oder den Vermutungen der üblichen Nachrichtenquellen? Wir wissen es nicht.

Es ist unklar, ob es Hitler oder Stalin war, der die ersten vorsichtigen Schritte für eine Verbesserung der deutsch-russischen Beziehungen im Jahr 1939 machte oder veranlaßte, was im August dann zum Hitler-Stalin-Pakt führte.[34] Hitler hatte zwar auf dem Nürnberger Parteitag vom September 1936 bemerkenswerterweise gesagt, wenn Deutschland der unermeßliche Reichtum und die Rohmateriallager des Urals und die endlosen fruchtbaren Ebenen der Ukraine zur Verfügung stünden und sie unter nationalsozialistischer Führung ausgebeutet werden könnten, würde das deutsche Volk im Überfluß schwimmen. Aber Anfang 1939 zeigte er Desinteresse nicht nur an der Ukraine, sondern auch am karpatho-ukrainischen Teil der Tschechoslowakei.

Es ist aufschlußreich, daß die ersten Anzeichen einer Verbesserung der deutsch-russischen Beziehungen sich bereits vor dem März 1939 zeigten, also vor Hitlers plötzlichem Entschluß, nach Prag einzumarschieren und den Rest der Tschechoslowakei zu besetzen. Der Einmarsch führte zu einem entscheidenden Wandel der britischen Politik, zu dem auch eine britische Garantieerklärung für Polen zählte sowie der Versuch, ein Bündnis mit Rußland zu schließen. Vieles deutet darauf hin, daß Hitler eine britisch-französisch-russische Allianz für unwahrscheinlich hielt. Jedenfalls zeigte er sich im Sommer 1939 in mancher Hinsicht als gewiefter Taktiker. Seine Antworten auf die verschiedenen Signale aus Moskau fielen eher zurückhaltend aus, nicht ungestüm oder ungeduldig (abgesehen von der dritten Augustwoche, als er auf einer plötzlichen Beschleunigung des Verhandlungstempos bestand, mit dem Ergebnis eines Pakts, der ihm dann gute Dienste leistete). Die Aufzeichnungen der damaligen geheimen deutsch-russischen Kontakte und Verhandlungen gehören zu den faszinierendsten Kapiteln der Geschichte der neuzeitlichen Diplomatie, obwohl sie mehr über Stalin aussagen als über Hitler – etwa über den Vorrang, den Stalin den russischen Staatsinteressen einräumte, und über seinen Respekt vor Hitler.[35]

Interessant und aufschlußreich ist auch die Dreiecksbeziehung der wichtigsten Mächte im Sommer 1939. Die Briten und Franzosen machten natürlich keinen Hehl daraus, daß sie Stalin gern in ein Bündnis gegen Hitler einbezogen hätten, obwohl Chamberlain Berlin wissen ließ, daß ein britisch-deutsches Abkommen immer noch möglich wäre, wenn Deutschland bezüglich Polens etwas mehr Vernunft walten ließe. Stalin verschwieg seine Kontakte zu Berlin sorgfältig und verhandelte wie ein schlauer Stammesfürst aus dem Kaukasus. Bezeichnenderweise ließ Hitler zu, daß den Briten und Franzosen schon im Mai Andeutungen über ein mögliches deutsches Abkommen mit Rußland zu Ohren kamen.[36] Aufschlußreich ist sein häufig zitiertes Gespräch mit dem Schweizer Carl Jacob Burckhardt am 11. August 1939, einige Tage bevor er sich direkt an Stalin wandte. Hitler sagte zu Burckhardt, einem, wie er wußte, Verfechter einer deutsch-britischen Einigung: »Alles, was ich unternehme, ist gegen Rußland gerichtet; wenn der Westen zu dumm und zu blind ist, um dies zu begreifen, werde ich gezwungen sein, mich mit den Russen zu verständigen, den Westen zu schlagen und dann nach seiner Niederlage mich mit meinen versammelten Kräften gegen die Sowjetunion zu wenden.« Er brauche die Ukraine, damit man Deutschland nicht aushungern könne wie im letzten Krieg. Für viele Historiker hat Hitler mit dieser Äußerung seine gesamte Kriegsstrategie offengelegt; Hillgruber nannte sie prophetisch und »visionär«.[37] In Wahrheit war sie ein Versuch Hitlers, die Westmächte so einzuschüchtern, daß sie Polen aufgaben; er wußte, daß man in London auf Burckhardt hörte.

Der Versuch blieb erfolglos, genauso wie die Nachricht vom Hitler-Stalin-Pakt elf Tage später oder Hitlers letzter Versuch, durch seine letzten, arglistigen »Angebote« an Polen einen Keil zwischen Briten und Polen zu treiben. Da die Polen sich weigerten, ein deutscher Satellitenstaat zu werden, würde er sie durch einen Krieg unterwerfen. Mit Großbritannien und Frankreich wollte er keinen Krieg und hoffte, ihn vermeiden zu können. Doch am 3. September 1939 erklärten Großbritannien und Frankreich dem Dritten Reich den Krieg, wenn auch widerwillig. Dies war der erste große und letztlich entscheidende Fehler Hitlers als Staatsmann. Strategisch gesehen war es kein entscheidender Fehler, jedenfalls noch nicht. Hitler wußte, daß die Briten und Franzosen nur ungern in den Krieg zogen. Sie würden vielleicht den Krieg erklären, aber darüber hinaus würden sie zumindest im Moment wenig oder nichts unternehmen. Mit dieser Meinung hatte er – wenigstens kurzfristig gesehen – recht.

Krieg ist eine unsichere Sache, und Hitler hatte keinen Grund, Krieg zu führen, ganz gewiß nicht 1939. Dies war also der große Fehler des Staatsmannes Hitler, ein Fehler, der untrennbar mit den Fehlern seines Charakters verknüpft ist?[38] Hitler hatte es eilig, allerdings nicht aufgrund eines frenetischen Fanatismus. Er wußte oft genau, wann er abwarten mußte, und wartete auch länger. Aber wie wir gesehen haben, hatte er sich im Winter 1937/38 eingeredet, er werde nicht mehr lange leben; die Folge war eine Veränderung seiner körperlichen Gewohnheiten, darunter der Medikamente, die er nahm. Er hielt sich für kränker, als er wirklich war. Diese Empfindung übertrug er nun auf das Schicksal seines Volkes. Hitler befürchtete, das Schicksal oder die Vorsehung würden ihm nicht gestatten, seine große Aufgabe für das Deutschtum zu erfüllen. Bereits auf der Hoßbach-Konferenz im November 1937 erklärte er, er gehe davon aus, daß die »Probleme« Deutschlands noch vor 1943–1945 gelöst werden müßten; ab dann arbeite die Zeit gegen Deutschland, weil die Wiederaufrüstung der westlichen Demokratien gegen Deutschland abgeschlossen sein würde. Sein Freund Mussolini widersprach ihm, nicht nur weil Italien 1939 für einen Krieg noch nicht bereit war. Die Zeit arbeite nicht für Großbritannien und Frankreich, schrieb er Hitler. Sie würden nicht konsequent und mit aller Kraft gegen ein nationalsozialistisches Deutschland und ein faschistisches Italien aufrüsten, zwei starke und blühende Länder. Hitler, der doch von der immanenten Überlegenheit des Nationalsozialismus über den veralteten Liberalismus des Westens überzeugt war, hätte auf Mussolini hören sollen, der im wesentlichen recht hatte; doch aus Gründen, die nur für ihn galten, tat er es nicht. Dies war vermutlich seine schwerste Fehleinschätzung als Staatsmann und führte zu seinem Untergang. Zwei weitere Fehler waren seine Fehldeutung der Haltung der Briten vor allem im Sommer 1940 und seine feste Überzeugung, er müsse seinen russischen Nachbarn spätestens im Frühsommer 1941 angreifen.

Hitlers Versuch, Rußland zu erobern, scheiterte. Aber war sein Scheitern vorherbestimmt? Er wurde erst im Dezember 1941 vor den Toren Moskaus gestoppt. Nicht alle Fehler der deutschen Militärstrategie gehen zu seinen Lasten. Wenn auch seine Entscheidung, Stalingrad zu halten, falsch war, so ist das bei seiner vielkritisierten Weisung, mit der er sich über seine Generäle hinwegsetzte und im Juli 1941 nicht direkt auf Moskau losmarschierte, weniger eindeutig.[39] Das strikte Verbot eines allgemeinen Rückzuges im Dezember 1941 erwies sich als erstaunlich wirkungsvoll. Doch geht es hier um Hitler als Staatsmann, nicht als militärischen Taktiker. Warum plante er bereits im Juli 1940 eine Invasion in Rußland? (Die endgültige Weisung wurde im Dezember ausgegeben.) Sie war – so die allgemein anerkannte

Meinung – seine größte Torheit[40], was angesichts der Folgen durchaus einleuchtet. Ein strategischer Unsinn, verursacht durch seinen Wahn vom Lebensraum, einen Wahn, der weit mehr als die Niederlage des Gegners zum Ziel hatte: die dauerhafte Eroberung dieser Länder, um dort Deutsche anzusiedeln.

Aber war das der Grund, weshalb er im Juli 1940 beschloß, einen Krieg gegen Rußland zu planen? Auch das ist strittig.[41]

Hitler traf seinen Entschluß genau zu dem Zeitpunkt, als er erkannte, daß die Briten nicht aufgeben würden. Gegenüber einem kleinen Kreis von Generälen erklärte er am 31. Juli 1940 auf dem Berghof, den Briten seien noch zwei Hoffnungen geblieben: Rußland und Amerika. Gegen Amerika könne er nichts tun, aber wenn Rußland geschlagen würde, würden damit Churchills – und Roosevelts – Hoffnungen zunichte gemacht. Die kontinentale Macht Deutschlands sei dann uneingeschränkt und unbezwingbar; früher oder später wären Churchill und Roosevelt gezwungen, sich mit ihm abzufinden. Briten und Amerikaner wären gezwungen, die Nutzlosigkeit eines Krieges einzusehen, den sie nicht gewinnen könnten, und viele wären durch die Auslöschung der kommunistischen Macht zumindest teilweise entschädigt.

Diese Einschätzung war nicht abwegig. »Rußland – Englands letzte Hoffnung«, wiederholte Hitler immer wieder vor seinen Generälen und Mitarbeitern, darunter seinen Sekretärinnen. Für die Jahre 1940 und 1941 und sogar noch später gibt es zahlreiche Belege für diese Äußerung[42], die wahrscheinlich nicht nur dem Zweck der Selbstrechtfertigung diente. Über den Lebensraum äußerte er sich nicht in diesem Kreis, sondern vor Parteigenossen in den Tischgesprächen von 1941 und 1942, allerdings selten vor Beginn der Invasion in Rußland. Und gegen Ende, in einer der letzten »Tischrunden«, also einem von Bormann aufgezeichneten Gespräch, sagte er: »Der schwerste Entschluß dieses Krieges war für mich der Befehl zum Angriff auf Rußland ...«

*Die Zeit – immer wieder die Zeit! – mußte in steigendem Maße gegen uns arbeiten. Das einzige Mittel, die Engländer zum Frieden zu zwingen, war, ihnen durch Vernichtung der Roten Armee die Hoffnung zu nehmen, uns auf dem Kontinent einen ebenbürtigen Gegner entgegenzustellen. Es blieb uns keine andere Wahl, als den Faktor Rußland aus dem europäi-*

*schen Kraftfeld auszulöschen. Es gab dafür noch einen zweiten ebenso durchschlagenden Grund, der für sich allein schon ausgereicht haben würde: die aus der bloßen Existenz des Bolschewismus latent drohende Gefahr. Der Angriff von dieser Seite mußte eines Tages geradezu zwangsläufig erfolgen.*[43]

»Es blieb uns keine andere Wahl«? »Geradezu zwangsläufig«? Keineswegs. Bezeichnenderweise erwähnt Hitler in seiner Erklärung für den Entschluß den Lebensraum mit keinem Wort.

Natürlich ist denkbar, daß Hitler mit der Betonung des Faktors England nur seine Generäle beeindrucken wollte. Es ist denkbar, aber unwahrscheinlich. Kein einziger hoher General hatte nämlich auch nur die geringsten Bedenken gegen den Plan zum Unternehmen »Barbarossa«.[44] Tatsächlich waren sie in ihren Erwartungen sogar zuversichtlicher als Hitler selbst, der kurz vor der Invasion plötzlich von Angst befallen wurde.[45]

Man darf nicht vergessen, daß jede menschliche Handlung aus einer Vielzahl von Motiven heraus erfolgt; genauso gibt es eine Vielzahl oder zumindest Dualität der menschlichen Ziele.[46] Es wäre falsch anzunehmen, Hitler habe *ausschließlich* wegen des Lebensraumes und aus ideologischen Gründen beschlossen, sich gegen Rußland zu wenden und schon im Juli 1940 eine Invasion zu planen. Vermutlich ist es ebenso falsch anzunehmen, daß er in strategischer und politischer Hinsicht mit seiner Invasion in Rußland nicht nur hauptsächlich, sondern ausschließlich das Ziel verfolgte, die Briten und die Amerikaner zu der Einsicht zu zwingen, daß ein Krieg gegen ihn aussichtslos sei. Er dachte an beides: an die Ausschaltung des letzten potentiellen Bündnispartners eines Großbritannien, das er – noch – nicht besetzen konnte, und an die Schaffung eines noch unbestimmten Lebensraums im eroberten Osten. Ich neige zu der Ansicht, daß das erste sein primäres Ziel war, ohne jedoch zu behaupten, das zweite stehe dazu im Widerspruch.[47]

Der 7. Dezember 1941 war der Wendepunkt des Zweiten Weltkrieges. Die Russen brachten die Deutschen in der eisbedeckten Ödnis vor Moskau zum Stehen, während fast zur selben Zeit in den frühen Stunden eines tropischen Morgens der Überfall der Japaner in Pearl Harbor die Vereinigten Staaten zum Kriegseintritt veranlaßte. Hitlers europäischer Krieg wurde damit zu einem wirklichen Weltkrieg, den er nicht mehr gewinnen konnte oder zumindest nicht so, wie er es gewollt hatte. Er erkannte das selbst – eine folgenschwere Erkenntnis, zu der ich gleich kommen werde. Doch zunächst muß ich auf seine Kriegserklärung an die Vereinigten Staaten am 11. Dezember 1941 eingehen. Für viele Historiker war dies der größte Fehler Hitlers.[48]

Sie war in mancher Hinsicht ungewöhnlich. Hitler hatte selbst im Juni 1940 in bezug auf Mussolinis Kriegserklärungen an Frankreich und Großbritannien gesagt, Kriegserklärungen gehörten der Vergangenheit an, dem scheinheiligen ritterlichen Habitus der dynastischen Kriege. Dennoch ließ er durch Ribbentrop dem amerikanischen Geschäftsträger in Berlin eine Kriegserklärung überreichen. Viele Historiker sehen darin lediglich ein weiteres Beispiel für Hitlers Hybris, außerdem eine überflüssige und verhängnisvolle Handlung, weil Franklin Roosevelt trotz Pearl Harbor Schwierigkeiten gehabt hätte, vom Kongreß eine Kriegserklärung gegen Deutschland zu erhalten. Diese Sicht geht jedoch an den Fakten vorbei. Im Dezember 1941 herrschte im westlichen Atlantik faktisch bereits Krieg zwischen amerikanischen und deutschen Flottenverbänden. Einen Tag vor der Invasion in Rußland, am 21. Juni 1941, hatte Hitler zwar seinen Schiffskommandanten den unbedingten Befehl erteilt, jede feindliche Handlung gegen amerikanische Einheiten zu vermeiden, selbst wenn deutsche U-Boote oder andere Schiffe von letzteren angegriffen würden. Er wußte, daß Roosevelt einen schwerwiegenden Zusammenstoß mit den Deutschen im Atlantik gern für sich ausgenutzt hätte; diese Gelegenheit wollte er Roosevelt keinesfalls geben, auch wenn er dafür den deutschen Schiffskommandanten die Hände binden mußte. Doch jetzt konnte dieses Hemmnis fallen. Hitler hatte ohnedies nie an Roosevelts Bereitschaft gezweifelt, gegen ihn Krieg zu führen, und konnte überdies jetzt schwerlich seinen japanischen Verbündeten verraten, indem er sich vor der zentralen Bestimmung des gegenseitigen Bündnisses drückte, die beide Partner verpflichtete, gemeinsam und gleichzeitig den Krieg gegen die USA zu eröffnen.[49]

Zum einen ist fraglich, ob Hitlers Kriegserklärung an die Vereinigten Staaten Roosevelt seine Aufgabe erleichterte; zum anderen hätte ein Verzicht auf die Kriegserklärung den Gang der Ereignisse vermutlich nicht wesentlich verändert. An dieser Stelle muß jedoch eine weit verbreitete Annahme berichtigt werden, die folgenreicher ist als die etwas geistlosen Spekulationen über die Formalitäten der deutschen Kriegserklärung an die Vereinigten Staaten vom Dezember 1941: und zwar die Annahme, Hitler habe betrüblich

(betrüblich für ihn selbst natürlich) wenig über die Vereinigten Staaten gewußt[50] und habe die Amerikaner und ihre militärische und industrielle Macht durchgehend unterschätzt. Genügend Hinweise belegen genau das Gegenteil. Hitler interessierte sich seit seiner frühen Kindheit für Amerika und amerikanische Geschichte. Er war ein begeisterter Leser Karl Mays[51], dessen letzte öffentliche Lesung in Wien er besuchte und dessen Tod ihn zutiefst traf. Er äußerte, wie bereits erwähnt, häufig eine Vorliebe, ja Bewunderung für die amerikanische Industrie und Technik. Alles in allem kannte er Amerika ziemlich gut, auch einige aktuelle politische Strömungen in Amerika. Zu den wenigen deutschen Militärattachés, deren Berichte er im Jahr 1940 aufmerksam las, zählte General von Bötticher in Washington. (»Er weiß, wie man hinter die Kulissen blickt.«) Hitler verfolgte aufmerksam jeden Hinweis auf gegen Roosevelt gerichtete, »isolationistische« Meinungen, auf amerikanische »radikale Nationalisten«. Er und Stalin waren die ersten ausländischen Politiker, die die Wahltermine in Amerika in ihre Überlegungen einbezogen. So sagte Stalin zu Molotow, er dürfe nicht vor den amerikanischen Präsidentschaftswahlen im November 1940 nach Berlin fahren; Hitler erklärte Mussolini, er hätte den Angriff auf Griechenland bis nach diesem Termin verschieben sollen. Während des gesamten Krieges und noch lange nach dem Dezember 1941 war Hitler über bestimmte Strömungen in Amerika informiert; zum Beispiel wußte er, daß 1944 bei einigen Republikanern in Washington antikommunistische und zumindest indirekt prodeutsche Strömungen zum Ausdruck kamen. In den letzten Tischgesprächen sagte er, der Krieg gegen Amerika sei eine Tragödie, und bis zum letzten Moment nährte er die Hoffnung auf einen Bruch zwischen Washington und Moskau, von dem er dann, zumindest in einem gewissen Ausmaß, profitieren würde. In dieser Hinsicht stimmten seine Wünsche mit denen der großen Mehrheit der Deutschen überein, und das, obwohl 1945 latente Schwierigkeiten zwischen London und Moskau weit offenkundiger waren als Schwierigkeiten zwischen Washington und Moskau. (Inzwischen hatte Hitler sämtliche früheren Illusionen über die Briten fallenlassen, deren entschieden antideutsche Strategie und Politik ihn mit Haß erfüllten.)

Es stimmt, daß seine öffentlichen und privaten Äußerungen antiamerikanische Gedanken und Klischees und eine allgemeine Ablehnung der amerikanischen Zivilisation enthalten.[52] Doch zugleich zeigt sein Denken eine besser unterrichtete und realistischere Sichtweise Amerikas. Hier wie in anderen Fällen geht es vielleicht zu weit zu sagen, seine Wünsche seien Vater seiner Gedanken gewesen, aber vielleicht haben sie seine Gedanken geläutert.

Bereits im November 1941, also noch vor dem Scheitern vor Moskau und noch vor Pearl Harbor, wußte Hitler, daß er den Krieg nicht mehr gewinnen konnte; genauer *seinen* Krieg, den Krieg, den er hatte führen und gewinnen wollen. Ein Hinweis darauf findet sich in General Halders Kriegstagebuch am 18. November 1941, also vor dem letzten Versuch der Heeresgruppe Mitte, den Vormarsch auf Moskau fortzusetzen. Dort sagt Hitler, die Erkenntnis der beiden gegnerischen Bündnisse, daß sie einander nicht vernichten könnten, werde zu einem Verhandlungsfrieden führen. »Wir müssen der Möglichkeit ins Auge sehen, daß es keinem der beiden Hauptgegner gelingt, den anderen vernichtend zu schlagen oder entscheidend niederzuringen.« Bestätigt wird dies durch eine entschiedene Äußerung von Generaloberst Jodl, dem Mann, der Hitler während des Krieges vielleicht am nächsten stand.[53] Er schrieb im Nürnberger Gefängnis, Hitler habe bereits vom Winter 1941/42 an gewußt, daß »kein Sieg mehr errungen werden konnte«. In einer Denkschrift zu Hitler, die er seiner Frau diktierte, sagte er: Hitlers »militärische Ratgeber – hört man heute oft sagen – hätten ihm doch früher klarmachen müssen, daß der Krieg verloren sei. Welch ein naiver Gedanke! Früher als irgendein Mensch in der Welt ahnte und wußte Hitler, daß der Krieg verloren war. Aber kann man ein Reich und ein Volk früher verloren geben, als sie verloren sind? Ein Mann wie Hitler konnte das nicht.«

Daraus ergeben sich für den Historiker wichtige Überlegungen. Die eine liegt auf der Hand: Das Bild eines Hitler, der geblendet von seinem Fanatismus glaubte, der Krieg könne nicht verlorengehen, weil man ihn nicht verlieren dürfe, dieses Bild ist bestenfalls zu sehr vereinfacht, schlimmstenfalls schlicht falsch. Die andere Überlegung, die mit der obigen zusammenhängt, hat die von nun an zunehmende Diskrepanz zwischen Hitlers öffentlich geäußerten Ansichten und seinen privaten zum Inhalt. (»Privat« ist vielleicht nicht immer das richtige Wort, weil zahlreiche Äußerungen im privaten Kreis mit dem Ziel gemacht wurden, die Anwesenden zu beeindrucken.) Mit anderen Worten: Dieser Mann, dem es in einigen Fällen gelungen war, die Umstände seinen Ideen anzupassen[54], sah sich von nun an zunehmend gezwungen, zumindest einige seiner Ideen äußeren Umständen anzupassen, die er vielleicht beeinflussen, aber nicht mehr bestimmen konnte. Oder anders gesagt, Ziel seiner militärischen Strategie war von nun an weniger die

Eroberung, als vielmehr zumindest einen seiner Gegner zu Verhandlungen zu zwingen, vorzugsweise zu seinen Bedingungen. Genaugenommen war das kein Eingeständnis einer Niederlage. Unbesiegbarkeit war jetzt wichtiger als Eroberung. Die Zeit der schnellen, überraschenden Siege, der sogenannten »Blitzkriege«, war vielleicht vorbei; er und das Reich mußten sich auf einen längeren Krieg einstellen, in dem Deutschland allerdings immer noch so stark sein würde, daß früher oder später einer seiner Gegner aus der unnatürlichen Allianz von Angelsachsen und Russen, Kapitalisten und Kommunisten klein beigeben würde. Er konnte *seinen* Krieg, nach seinen Vorstellungen, vielleicht nicht mehr gewinnen; aber er konnte immer noch eine andere Art von Krieg gewinnen oder wenigstens nicht verlieren.

Diese Überzeugung hielt ihn bis zum Ende aufrecht. Dies war seine endgültige Wende hin zu einer »friderizianischen« Strategie, oder noch mehr, zu einer friderizianischen Sicht der eigenen Zukunft. Er hatte Friedrich den Großen stets mehr bewundert als Bismarck, und zwar den Soldatenkönig Friedrich noch mehr als den Staatsmann.[55] Die Folge war seine Vision einer historischen Parallele oder genauer die Hoffnung darauf. Friedrich hatte den Siebenjährigen Krieg gegen eine Übermacht gewonnen, weil er einen seiner Hauptgegner geschlagen hatte; darauf war die Allianz seiner Gegner auseinandergefallen; Friedrich hatte nicht nur tapfer und entschlossen gekämpft und auf dem Feld Siege gegen eine Übermacht errungen, seine Entschlossenheit hatte einen Bruch der Koalition seiner Feinde herbeigeführt, einer Koalition, die weniger unnatürlich war als die zwischen Kapitalisten und Kommunisten in *diesem* Krieg. Elemente dieser Vision beflügelten Hitler bis fast zur letzten Woche seines Lebens.[56] Er begriff nicht, daß es zwar durchaus zu einem Bruch zwischen Amerikanern und Russen kommen konnte, daß es dann aber zu spät für ihn sein würde. Dies war kein Krieg zwischen Herrscherhäusern des 18. Jahrhunderts, sondern ein globaler Kampf, in dem seine Widersacher, so verschieden sie waren, in einem Punkt übereinstimmten: Hitler und sein Drittes Reich mußten bedingungslos und ohne Vorbehalte erobert und besetzt werden. Selbst wenn Friedrich bei Roßbach und Leuthen nicht gesiegt hätte, hätten seine Gegner früher oder später einen Frieden mit ihm unterzeichnet; Hitlers Gegner dagegen hätten nie mit Hitler Frieden geschlossen.[57]

Doch ich greife voraus. Der Dezember 1941 markiert nicht nur den Wendepunkt des Krieges und eine Veränderung in Hitlers Sicht des Krieges. In diesem Monat fallen auch neue Entscheidungen und eine Veränderung seiner Arbeitsgewohnheiten. Hitler befahl die Umwandlung der gesamten deutschen Wirtschaft in eine reine Kriegswirtschaft. (Besonders glücklich war seine Wahl von Albert Speer zum Nachfolger des tüchtigen Todt, der Anfang 1942 ums Leben gekommen war. Speer war weder Wirtschaftswissenschaftler noch Verwalter, aber Hitler hatte sein Organisationstalent erkannt.) Hitler selbst übernahm nach dem Rücktritt des gekränkten Generalfeldmarschalls von Brauchitsch die Stelle des Oberbefehlshabers des Heeres. Am bedeutendsten aber war eine Weisung, mit der er sich über die Vorschläge und Neigungen einiger Generäle hinwegsetzte. Er verbot trotz der fürchterlichen Strenge des russischen Winters und der kaum weniger fürchterlichen Kampfkraft der Russen einen vorsichtigen Rückzug der deutschen Truppen, mit Ausnahme begrenzter lokaler Frontbegradigungen. Und nach zwei Monaten, spätestens aber im März 1942, wurde offenkundig, daß nicht die Generäle, sondern Hitler mit seiner unorthodoxen militärischen Anweisung recht behalten hatte. Eine Katastrophe war vermieden worden, und im April konnte er sagen, »ein Schicksal sei gemeistert worden, das vor 130 Jahren einen anderen Mann gebrochen habe«.[58]

Konnte Hitlers friderizianische Strategie noch Erfolg haben? Acht weitere Monate im Jahr 1942 schritten er und seine japanischen Verbündeten von Sieg zu Sieg.[59] Im November wurden sie jedoch an vielen Fronten geschlagen, stets gleichzeitig: eine deutsche Armee wurde in Stalingrad von den Russen eingeschlossen, eine andere bei El Alamein von den Briten geschlagen, die Amerikaner landeten in Nordafrika, der japanische Vormarsch wurde am Guadalkanal gestoppt. Danach folgte Rückzug auf Rückzug, unterbrochen lediglich von einigen lokalen und zwei größeren deutschen Offensiven, die aber scheiterten. Doch Hitlers Fähigkeit zur Erholung und noch mehr seine Ausdauer waren erstaunlich. Im Jahr 1918 war das Kaiserreich nach der ersten schweren Niederlage des deutschen Heeres in Frankreich in weniger als zwei Monaten zusammengebrochen, nur wenige Wochen nach der Kapitulation der deutschen Verbündeten. Im Zweiten Weltkrieg kämpfte Hitlers Drittes Reich nach Stalingrad noch zweieinhalb Jahre lang und beinahe zwei Jahre, nachdem sein Hauptverbündeter Italien es im Stich gelassen hatte. Hitlers großer Gegenspieler Churchill erkannte diese Ausdauer; vermutlich sagte er seinen Landsleuten deshalb nach dem britischen Sieg in Nordafrika, dies sei noch nicht der Anfang vom Ende, sondern vielleicht das Ende des Anfangs.

Wir dürfen aber nicht Hitlers Ausdauer bewundern – das verbietet schon die zunehmende Grausamkeit seiner Herrschaft. (Das eigentlich Erstaunliche ist die im großen und ganzen bedingungslose Disziplin, mit der die meisten Deutschen, die Arbeiter vielleicht am stärksten, Hitler vertrauten und durchhielten; sie zeigten bis in die letzten Kriegsmonate ein erstaunliches Maß an nationaler Geschlossenheit.) Ziel dieses Kapitels ist es, in einigen Aspekten Hitlers Überzeugung von der Notwendigkeit einer »friderizianischen« Staatsführung zu verstehen, der jetzt seine gesamte Strategie untergeordnet war. Hitler wußte, daß er seine Gegner nicht mehr unterwerfen konnte, nicht einmal wenn er in Stalingrad, bei Kursk, an den Stränden der Normandie oder Ende 1944 in Belgien gesiegt hätte. Aber ein einzelner deutscher Sieg auf dem Schlachtfeld hätte womöglich den einen oder anderen dazu gebracht, mit ihm zu verhandeln. Ein solcher militärischer Erfolg hätte vielleicht nicht den Verlauf des Krieges umgekehrt, doch wäre er ein Wendepunkt gewesen, der zumindest einen seiner Feinde zum Nachdenken darüber gezwungen hätte, ob der Preis für die Unterwerfung eines so widerspenstigen und zähen Deutschlands nicht zu hoch war. Wenn Goebbels oder Ribbentrop oder auch Rommel ihn zu überzeugen versuchten, mit einem der Feinde Kontakt aufzunehmen, beharrte er immer wieder auf dieser notwendigen Voraussetzung. Verhandlungen seien nutzlos, wiederholte er, solange Deutschland nicht seine Stärke auf dem Schlachtfeld bewiesen habe. Er hatte damit vermutlich recht, doch unterschätzte er, was die sonst so heterogene Allianz seiner Feinde zusammenschweißte: ihre Entschlossenheit, Hitler zu vernichten und die Kapitulation des Dritten Reiches zu erzwingen. Wie weit diese Entschlossenheit ging, erkannte er sehr wahrscheinlich nicht.

Ein weiteres Merkmal von Hitlers Staatsführung unterschied sich deutlich von den Vorbildern Friedrich oder Clausewitz. In den Kriegen des 18. Jahrhunderts waren die Ziele der kriegführenden Staaten eindeutig festgelegt, und wenn die Umstände die Herrscher zwangen, ihre Ziele zu korrigieren, blieben sie doch im wesentlichen dieselben: Gebietsgewinn. Hitlers territoriale Ziele dagegen waren vage, oder besser, er hielt sie absichtlich in der Schwebe; darin unterschied sich seine Denkweise grundlegend von den imperialen Zielen Deutschlands im Ersten Weltkrieg. Die Bedingungen für einen Waffenstillstand, die Hitler Frankreich im Juni 1940 stellte, ließen beispielsweise zahlreiche territoriale Fragen offen (daran zeigt sich ein gewisses Maß staatsmännischen Kalküls, das der britische Botschafter in Frankreich als »teuflisch gerissen« bezeichnete). Gelegentlich kam es wie in Polen 1939 und im Fall Italiens 1943 zu Maßnahmen, die einer deutschen Annexion von Gebieten gleichkamen, doch war dies die Ausnahme, nicht die Regel. Ein Grund dafür war natürlich Berechnung, territoriale Neuregelungen sollten aufgeschoben werden, bis der Krieg endgültig gewonnen war, oder bis zur Einigung mit einem der Gegner Deutschlands.

Doch Hitlers Staatsführung enthielt ein weiteres Element. Er bevorzugte vor Gebietsgewinnen die Schaffung von Vasallenstaaten. Vergleichbare Neigungen lassen sich bereits an seiner Innenpolitik ab 1933 ablesen. Es sollte nur eine politische Partei im Dritten Reich geben, aber frühere konservative Politiker wie Papen und Neurath durften nicht nur weiter in Deutschland leben, sondern auch eine Funktion in der Hierarchie des nationalsozialistischen Reiches ausüben, solange sie sich Hitler unterordneten und ihm gehorchten. Im Jahr 1939 wurde »Tschechien« ein deutsches Protektorat unter dem Namen Böhmen-Mähren und die Slowakei ein »unabhängiger« Staat, der Hitler jedoch völlig ergeben war. Im Gegensatz zu Taylors Meinung, nur Danzig habe eine Kooperation zwischen Deutschland und Polen verhindert, wollte Hitler Polen zu einem Satellitenstaat machen oder wenigstens zu einem Juniorpartner Deutschlands ohne eine eigenständige Außenpolitik. Diese Ziele der Hitlerschen »Realpolitik« überwogen seine ideologischen Vorlieben. Überall in Europa, in Holland, Dänemark, Frankreich, Ungarn, Rumänien und in einigen bemerkenswerten Fällen in Österreich mußten örtliche NS-Führer zu ihrer Bestürzung feststellen, daß Hitler sie nicht wirklich unterstützte und sie kaum beachtete. Er zog es vor, mit den etablierten prodeutschen Regierungen dieser Länder und Staaten zusammenzuarbeiten. Das bezeichnendste Beispiel hierfür ereignete sich in Rumänien im Januar 1941. Dort gerieten die nationalsozialistische und populistische Eiserne Garde, deren antisemitische Ideologie und Praxis vielleicht die fanatischste und radikalste von ganz Europa war, in Streit mit der nationalistischen Militärregierung des von Hitler respektierten und geschätzten Generals Antonescu. Als im Januar 1941 Kämpfe zwischen den Truppen Antonescus und denen der Eisernen Garde ausbrachen, unterstützten die Deutschen unmißverständlich Antonescu, sogar, als es nötig wurde, mit deutschen Waffen und Panzern.

Natürlich hatte Hitler dafür seine Gründe. Solange der Krieg andauerte, brauchte er in den Ländern, die seine Verbündeten oder Satelliten waren, Ruhe, eine gewisse Stabilität, die nicht durch revolutionäre Experimente gefährdet werden durfte und die den kontinuierlichen Transport der nötigen Rohstoffe in das Reich sicherte. Deshalb arrangierte er sich lange Zeit mit verbündeten Staatschefs, mit einem Pétain, einem Antonescu, dem Reichsverweser von Ungarn Horthy oder mit König Boris von Bulgarien, obwohl er von einigen wußte, daß sie nicht loyal zum nationalsozialistischen Deutschland standen. Bezeichnend ist freilich, daß er nicht das kleinste Versprechen oder die leiseste Andeutung einer Belohnung machte, die seine ausländischen nationalsozialistischen Anhänger früher oder später, vielleicht nach dem Krieg, empfangen würden.[60] Alles in allem war die vollkommene Übereinstimmung mit den Erfordernissen der deutschen Außenpolitik ein Muß, weniger als die Übereinstimmung mit der Ideologie und Praxis des deutschen Nationalsozialismus – außer im Fall der Juden.

Die Diskrepanz zwischen Ideologie und Staatsführung zeigt sich am verblüffendsten an der Einstellung Deutschlands zu Stalin. Hitler respektierte Stalin und bewunderte ihn später zunehmend.[61] Es gibt zahlreiche diesbezügliche Äußerungen Hitlers schon vor dem Krieg und in großer Zahl während des Krieges.[62] Nichts davon findet sich allerdings in seinen öffentlichen Reden oder in der offiziellen, von Goebbels geleiteten Propaganda des Reiches. Der unvermeidliche Kampf gegen den »jüdischen Bolschewismus« war Hauptinhalt und wichtigste Rechtfertigung des Krieges gegen Rußland und wurde den Deutschen und den anderen Völkern so bis zum Ende ohne Abschwächung oder Veränderung der Tonlage präsentiert. Außerhalb von Deutschland glaubte man das oft nicht oder nur mit Einschränkung. Innerhalb von Deutschland hatte es dagegen eine nachhaltige Wirkung, was sich daran ablesen läßt, daß selbst Nazigegner wie Bischof (später Kardinal) von Galen 1941 dem Krieg gegen Rußland zustimmten und daß die Regierung Dönitz und deutsche Generäle auch nach Hitlers Selbstmord noch ständig auf die »bolschewistische« Terminologie zurückgriffen. Es gibt zahlreiche Hinweise darauf, daß Hitler selbst nicht an den »jüdischen Bolschewismus« glaubte.[63] Er war zwar besessen vom Einfluß der Juden auf Roosevelt und Churchill, wußte aber, daß die Juden keinen Einfluß auf Stalin hatten, ja, daß Stalin in gewisser Weise Antisemit war. Mächtig waren Stalin und Rußland aufgrund des großrussischen Nationalismus und vielleicht des Panslawismus. Gegen Ende, im Jahr 1945, überlegte Hitler sogar, ob der Angriff auf Rußland überhaupt richtig gewesen sei und daß ein nationalistisches Rußland, gesäubert von Juden, womöglich die größte Gefahr darstelle.[64]

Wir kommen nun zum letzten Kriegsjahr und zum letzten Jahr Hitlers. Inzwischen war es absolut notwendig geworden, daß er seine Ideen an die Umstände anpaßte und das, was noch von seiner militärischen Strategie übrig war, dem unterordnete, was er für die Erfordernisse der Staatsführung hielt. Militärische und politische Entscheidungen lassen sich natürlich nie ganz voneinander trennen. Das wußte Hitler sehr gut. Doch ein Historiker kann sie getrennt aufführen, ohne dabei zu vergessen, daß Hitler mit beidem im großen und ganzen dasselbe Ziel verfolgte: nämlich, das Bündnis seiner Gegner aufzubrechen.

Im Juli 1943 richtete Hitler vor der großen Schlacht bei Kursk einen vielsagenden Satz an die Wehrmacht. Ein deutscher Sieg dort müsse wie »ein Fanal« wirken, wie eine Stichflamme, die der Welt zeige, daß Deutschland immer noch unbesiegbar und zu großen Offensiven fähig sei und ein Gegen-Stalingrad gewinnen könne. Die Verteidigungsleistungen der Wehrmacht in Rußland und Italien seien zwar wichtig, doch nicht beeindruckend genug, denn Verteidigung und Unbesiegbarkeit seien nicht dasselbe.[65] Bemerkenswerterweise ließ Hitler bereits Anfang September 1944, also während des raschen Rückzugs aus Frankreich und Belgien und vor dem fehlgeschlagenen Versuch der Alliierten, den Rhein bei Arnheim zu überqueren, eine große deutsche Offensive vorbereiten, die in den Ardennen erfolgen sollte.[66] In einer sonst wahrlich verzweifelten Lage wußte er, daß die große amerikanisch-britische Offensive vorübergehend an Schwung verlor und die Alliierten noch nicht so weit waren, tief nach Deutschland selbst vorzustoßen. Doch dazu kam noch etwas. Mit der großen Winteroffensive wollte er nicht Nordfrankreich zurückerobern, vielleicht nicht einmal ganz Belgien; ihr eigentliches Ziel war nicht Paris, sondern Antwerpen. Ein Keil sollte zwischen die amerikanischen und britischen Armeen in Belgien getrieben werden (ob Hitler sogar hoffte, Montgomerys Armee ein zweites Dünkirchen aufzwingen zu können, ist unklar). Die Amerikaner sollten so sehr geschockt und überrascht werden, daß sie es sich womöglich noch einmal überlegten, ob das erklärte Ziel einer bedingungslosen Kapitulation Deutschlands praktisch durchführbar war.[67]

Die Ardennen-Offensive scheiterte, doch war Hitler – wie die Mehrheit der Deutschen – inzwischen zu der Überzeugung gelangt, daß von seinen Gegnern die Amerikaner am ehesten für einen Kompromiß zu gewinnen sein könnten.[68] So erlaubte er im Juni 1944 nicht nur den friedlichen Rückzug der Deutschen aus Rom, von dem er sich auch einen Propagandaerfolg erhoffte, sondern gestattete Generalfeldmarschall Kesselring auch, mit amerikanischen Generälen darüber Verhandlungen zu führen. Als im März 1945 SS-Obergruppenführer Wolff Verhandlungen mit den Amerikanern über eine teilweise Kapitulation der deutschen Truppen in Italien aufnahm, wurde Hitler davon nicht nur in Kenntnis gesetzt; er empfing Wolff auch am 17. April in Berlin und wünschte ihm auf seine Weise Glück bei seinem Vorhaben.[69] Um dieselbe Zeit stimmte er einem Vorschlag Speers zu, einigen tschechischen Direktoren der Skoda-Werke in Anbetracht ihrer früheren Kontakte zur amerikanischen Industrie die Flucht vor den Russen zu gestatten und dafür einen Flug ins amerikanische Hauptquartier in Deutschland vorzubereiten. Zu diesem Zeitpunkt glaubte Hitler nicht mehr, daß er noch genug Kraft hatte, einen Keil zwischen seine Feinde zu treiben. Er war aber immer noch überzeugt, daß das Bündnis zerbrechen würde; tatsächlich führten die Gespräche zwischen Dulles und Wolff zu einer kurzen, aber heftigen Kontroverse zwischen Roosevelt und Stalin, über die sich Stalin bitter beklagte.[70]

Hitler gestattete in den Jahren 1944/45 noch andere vergleichbare militärische Schritte. Deutsche Truppen zogen sich aus Nordnorwegen zurück, in der Hoffnung, die Russen, die von Nordfinnland aus vorrückten, würden in dem subarktischen Machtvakuum auf britische Landungskommandos prallen. Auch aus Griechenland zogen die Deutschen ab; ihre Waffen ließen sie für die probritischen Royalisten und für die kommunistischen Partisanen zurück; sie hofften, damit die Auseinandersetzung in einem griechischen Bürgerkrieg zu verschärfen. (Hitler nahm irrtümlich an, Stalin werde durch Bulgarien nach Thrakien und zur Ägäis vorstoßen.) Im April 1945 wurde zunehmend deutlich, daß einige deutsche Befehlshaber im Westen nicht mehr gegen die Amerikaner kämpfen wollten, während ihre Kameraden an der Ostfront immer noch erbittert gegen die Russen kämpften. Hitler war natürlich nicht über alle Vorfälle informiert, ließ aber praktisch keine wichtige Kritik hören; geändert hätte sich dadurch ohnehin nichts mehr.

Wichtiger als solche militärischen Episoden waren die Versuche der Führer von Hitlers Reich in den Jahren 1944 und 1945 auf politischer Ebene, die Koalition der Alliierten zu spalten. Abgesehen von kürzeren monographischen Artikeln und Studien existiert noch kein Überblick über die deutsche Außenpolitik dieser Zeit; auch Hitlers Biographen haben ihr wenig Aufmerksamkeit geschenkt. Doch lassen sich daraus interessante Einblicke gewinnen. In den Jahren 1942 und 1943 hatten Ribbentrop und Goebbels (und zumindest einmal Papen in der Türkei) Hitler dazu zu bewegen versucht, mit einem der Gegner des Reiches Kontakt aufzunehmen; wie bereits erwähnt, lehnte Hitler dies ab, überzeugt nicht nur von der Nutzlosigkeit eines solchen Schrittes, sondern auch von der damit verbundenen Gefahr, solange Deutschland nicht an einer der beiden Fronten einen aufsehenerregenden Erfolg errungen hatte. Als etwa 1943 einige Monate lang Stalins Unzufriedenheit mit seinen anglo-amerikanischen Verbündeten spürbar war und rund drei Monate lang die Kämpfe fast an der gesamten deutsch-russischen Front zurückgingen, verbot Hitler, einen möglicherweise vielversprechenden Kontakt zwischen deutschen und russischen Agenten in Stockholm weiter zu verfolgen.[71] Ob damit eine große Gelegenheit verpaßt wurde, ist fraglich. Manches spricht dafür, daß Stalin solche, nicht völlig geheimen Kontakte zuließ, um die westlichen Alliierten einzuschüchtern, genauer: zu erpressen – eine Taktik, die Hitlers durch Burckhardt übermittelte »Botschaft« an London im August 1939 durchaus ähnelte.

Im Jahr 1944 zeigte sich eine neue Entwicklung. Heinrich Himmler persönlich und SS-Offiziere nahmen Kontakte zu jüdischen und damit indirekt zu amerikanischen Organisationen auf. Man beachte, daß Himmler damals in der Hierarchie des Dritten Reiches der mächtigste Mann war. Hitler hatte ihn im Winter 1944/45 außerdem zum Befehlshaber des Heimatheeres ernannt. Und ausgerechnet Himmler, der die Massenvernichtung der Juden und anderer anführte, stellte jetzt die »Staatsräson« (ein anderes Wort für »Realpolitik«) über das kategorische Diktat der nationalsozialistischen Ideologie. Die Verhandlungen seiner Agenten, darunter Eichmann, mit bestimmten jüdischen Mittelsmännern in Budapest hatten nur ein Ziel: in irgendeiner Form Kontakt mit den Amerikanern aufzunehmen und dadurch das Mißtrauen der Russen zu wecken. Die Briten durchschauten das Spiel. Sie ließen sich von den jüdischen Agenten, denen die SS im Juni 1944 die Reise in die Türkei gestattet hatte, nicht beeindrucken und verhafteten sie. Doch Himmler konnte im September 1944 an der Schweizer Grenze eine geheime Vereinbarung mit einem Repräsentanten von Roosevelts Flüchtlingskomitee treffen. Einen Monat später befahl er, die Vergasungen in Auschwitz einzustellen. Kurz vor dem Ende, im April 1945, verhandelte er selbst mit jüdischen Repräsentanten aus der Schweiz und aus Schweden, mit einem ehemaligen Schweizer Bundespräsidenten und mit dem schwedischen Grafen Bernadotte. Am 25. April 1945 brach er mit Hitler und bot den westlichen Alliierten die Kapitulation an. Natürlich gibt es dazu historische Parallelen. Der Chef der geheimen Staatspolizei kennt die Macht seiner ausländischen Gegner oft besser als andere Regierungsmitglieder. Deshalb führte Fouché Verhandlungen gegen Napoleon, den er am Ende verriet, und ebenso versuchte Berija nach Stalins Tod, einen umfassenden Kompromiß mit Washington zu erreichen.

Diese und ähnliche Vorstöße Himmlers und der SS wurden zum Teil hinter Hitlers Rücken ausgeführt, doch möglicherweise nicht alle gegen seinen Willen. Lediglich eine heftige Szene im Februar 1945 ist bekannt, in der Hitler Himmler anwies, solche Verhandlungen einzustellen; doch ein paar Tage später nahm Himmler sie wieder auf. Abgesehen von diesem einen Vorfall gibt es keinen Hinweis auf Vorwürfe oder Kritik an Himmler wegen seiner Vorstöße, obwohl Himmler in der Regierung und in Hitlers Kreis eine Vielzahl Neider hatte.[72] Ziel war für Himmler ebenso wie für Hitler, die gegnerische Koalition aufzubrechen. Daß Hitler diesbezüglich skeptischer war als Himmler, ist unbestreitbar; doch hielt auch er bis zum Ende an diesem Ziel fest.

Während Himmler hoffte, eine Form der Einigung mit den westlichen Alliierten zu erzielen, plädierten Ribbentrop und Goebbels für eine Abmachung mit Stalin. Bei einer Gelegenheit bot Ribbentrop sogar an, nach Moskau zu fliegen. Vermutlich zu Recht lehnte Hitler diesen Vorschlag ab; er sagte, er wolle keine zweite Mission im Stil von Heß. Doch im Februar 1945 erlaubte er seinem unbeugsamsten Anhänger Ribbentrop, eine Denkschrift an deutsche Diplomaten im Ausland zu schicken, eine »Sprachregelung«, die den Diplomaten gestattete, mit westlichen Kollegen Kontakt zu suchen und sie zu warnen, daß ein Vordringen der Russen nach Deutschland und ins Zentrum Europas eine schwerwiegende Gefahr für die ganze Welt bedeute. Hitler glaubte allerdings nicht mehr, daß solche Versuche Erfolg haben könnten. Doch glaubte er immer noch, daß die unnatürliche Allianz zwischen Amerikanern und Russen zerbrechen würde, allerdings nicht mehr unbedingt seinetwegen.[73] Weder seine Strategie noch seine Staatsführung konnten noch viel bewirken. Ein Gespräch Hitlers unter vier Augen mit Speer am 28. März ist diesbezüglich vielleicht aufschlußreich. Hitler wußte, daß der Krieg verloren war, doch packte er Speer am Arm und beschwor ihn mit Tränen in den Augen: »Wenn Sie glauben würden, daß der Krieg noch gewonnen werden kann, wenn Sie es wenigstens glauben könnten, dann wäre alles gut.«[74] Glaube zählte immer noch, ja, er war das einzige, das noch zählte. Er ließ sich nicht länger an äußere Bedingungen anpassen, er war die einzig verbliebene Bedingung. Dies war nicht mehr der Glaube des realistischen Idealisten; es war Hitlers letztes Eingeständnis seines deterministischen Idealismus.

Acht Tage vor seinem Selbstmord, nach dem Entschluß, in einem von Russen umzingelten Berlin zu bleiben, sagte Hitler zu Jodl: »Ich hätte diesen Entschluß, den wichtigsten meines Lebens, schon im November 1944 fassen sollen und das Hauptquartier in Ostpreußen nicht mehr verlassen dürfen.« Damit hätte er womöglich zweierlei erreicht. Einmal wäre er als Feldherr in der Schlacht gefallen, an der Front, an der Spitze seiner geschlagenen Truppen und an der Ostgrenze des Reiches, wo er der asiatischen Flut die Stirn geboten hatte, eine Tat mit schwer einschätzbaren symbolischen Folgen für spätere deutsche Generationen. Zweitens wäre bei einem Ende des Dritten Reiches bereits im November 1944 mit Sicherheit der größte Teil Deutschlands von Amerikanern und Briten überrannt worden. Angelsächsische und deutsche Truppen hätten ein großes Durcheinander verursacht, die Angelsachsen wären inmitten einer noch weitgehend intakten deutschen Wehrmacht und einer vom Krieg noch weniger getroffenen deutschen Bevölkerung weiter nach Osten vorgerückt, um irgendwo in Ostdeutschland auf die verdächtigen Russen zu treffen; Angelsachsen und Russen hätten in einer sich entwickelnden Konfrontation zunächst sehr vorsichtig, dann immer entschlossener versucht, die Deutschen auf ihre Seite zu ziehen. Schramm zitiert Jodl weiter: »Er hätte im Kampf fallen sollen, statt die Flucht in den Tod zu wählen, sagt man. Er wollte es und hätte es getan, wenn er körperlich noch dazu in der Lage gewesen wäre. So wählte er nicht den leichteren Tod, sondern den sicheren. Gehandelt hat er wie alle Heroen in der Geschichte gehandelt haben und immer handeln werden. Er hat sich auf den Trümmern seines Reiches und seiner Hoffnungen begraben lassen. Möge ihn deswegen verurteilen, wer will, ich vermag es nicht.«[75] Bei aller Achtung vor Jodls aufrechter Loyalität: Wählte Hitler wirklich »nicht den leichteren Tod«? Darüber läßt sich streiten. Wichtiger noch ist: War er ein Held? Dies sollten vielleicht nicht allein Historiker entscheiden; die moralischen Dimensionen dieses Beiworts sind dazu zu wichtig und zu bedeutend. Hier sei nur soviel gesagt, daß Hitler jene Größe fehlte, die zum Helden dazugehört. Sein Geist und seine Willenskraft waren außergewöhnlich stark; doch Geist und Willenskraft allein machen noch keinen Helden aus.

Doch blieb so etwas wie ein »realpolitisches« Kalkül in Hitlers letztem Testament erhalten, in dem er Admiral Dönitz zu seinem Nachfolger als

Reichspräsident ernannte und Goebbels zum Reichskanzler.[76] Dönitz war kein ausgesprochener Nationalsozialist, sondern eher ein Nationalkonservativer; von einer Regierung unter ihm war zu erwarten, daß sie eine Form des Abkommens mit den westlichen Alliierten anstrebte. Goebbels auf der anderen Seite war der radikalste Nazi und Anhänger und Befürworter eines Abkommens mit Sowjetrußland. Womöglich schwebte Hitler mit dieser Aufgabenverteilung ein politischer Balanceakt zwischen West und Ost vor Augen. Diese Balance – wenn sie denn gemeint war – läßt sich auch aus dem Wortlaut seines Testaments und der sogenannten Nachschrift herauslesen: Im Testament selbst erwähnt er den Krieg gegen Rußland mit keinem Wort, und er beschuldigt die Juden, den Krieg gegen den Westen angezettelt zu haben. In der Nachschrift dagegen, seiner letzten Stellungnahme vor den Streitkräften, beharrte er auf der Unvermeidlichkeit des Kampfes im Osten.[77] Am 1. Mai 1945 nahm Goebbels sich selbst und seiner Familie das Leben nach einem vergeblichen Versuch, mit dem befehlshabenden russischen General der Schlacht um Berlin zu verhandeln. Dönitz im Norden blieb unversehrt und war bereit, mit den westlichen Alliierten Kontakt aufzunehmen; er bestand aber hartnäckig auf der Fortführung des Krieges gegen die Russen, um Deutschland und »Europa« gegen den »Bolschewismus« zu verteidigen, und das noch eine gute Zeit nach Hitlers Tod, nach der Auflösung der NSDAP. Dönitz war Chef einer beinahe machtlosen, aber immer noch funktionierenden Reichsregierung, die bis zum Ende die Zwei-Kriegs-Theorie vertrat, nach welcher der Krieg gegen die westlichen Alliierten bedauernswert war, der Krieg gegen Rußland dagegen unvermeidlich und heldenhaft. Bedauernswert war in den Augen dieser Regierung, daß die westlichen Alliierten dies nicht angemessen gewürdigt hätten. Für Männer wie Dönitz war das nicht nur Taktik, sondern innere Überzeugung. Viele Deutsche glaubten das noch Jahre nach dem Krieg[78]; und einiges spricht dafür, daß auch Hitler diese Theorie gebilligt hätte.

Am Ende dieses längsten Kapitels meines Buches will ich meine Ansichten zum Staatsmann und Strategen Hitler noch einmal klar zusammenfassen. Ich sah mich gezwungen, hervorzuheben, daß er sowohl politische wie auch militärische Begabungen besaß, die neben seinen oft fanatischen Zwangsvorstellungen bestanden. Hitlers Überlegungen im Umkreis der Entscheidung zum Rußlandfeldzug zeigen, daß man selbst in dem, was Wahnsinn scheinen mag, noch Sinn erkennen kann. Dazu kommt die Einsicht, daß diese Fähigkeiten Hitler nicht angeboren waren, sondern sich im Laufe seines Politikerdaseins entwickelten. So verlor etwa das Ziel des deutschen Lebensraums im Osten nach und nach seine einstige Bedeutung als oberstes und unveränderbares Ziel – eine Abwertung, die nicht allein auf Hitlers bittere Erfahrungen im Rußlandfeldzug zurückging. Ein blinder Fanatiker ist unfähig und gar nicht willens, zu lernen; Hitler dagegen lernte im Lauf seines Lebens bestimmte Dinge, ganz im Unterschied zu seinen vielen Helfern, wie er selbst wußte.

Damit sind wir einmal mehr bei der Debatte zwischen Intentionalisten und Funktionalisten angelangt, die seit zwanzig Jahren von deutschen Historikern geführt wird.[79] Natürlich trifft zu, daß Hitler nicht der Urheber jeder einzelnen Entscheidung oder Handlung der Reichsregierung war, daß er in vielen Fällen zögernd handelte, daß er einige seiner Anordnungen nicht konsequent weiterverfolgte und daß das Dritte Reich in vieler Hinsicht von einem komplizierten und überwuchernden Verwaltungsapparat regiert wurde, von dem er abhängig war. Doch gilt dies notwendig und unvermeidlich für fast alle Diktatoren. Es gibt einen Unterschied zwischen Strategie und Politik. Ein General weiß, daß der Verlauf einer Schlacht nicht völlig vorhersehbar ist, daß seine Befehle zwar gehorsam befolgt werden müssen, daß er im Gewühl der Schlacht aber nicht erwarten kann, daß das auch immer möglich ist. Ein Diktator dagegen kann seine Anweisungen leichter durchsetzen; sie werden von seinen Handlangern zuweilen mit einer Genauigkeit ausgeführt, die über Qualifizierungen und Bedingungen, ja sogar mögliche Vorbehalte des Diktators hinausgeht.[80] Hitler wußte das und ist genau deshalb und in diesem Sinn unzweifelhaft verantwortlich für die von seinen Helfern begangenen Greuel.

# VI

# HITLER UND DIE JUDEN: RÄTSEL UND TRAGÖDIE

*Historiographie des Holocaust – Motive für Hitlers Wahn – Ziele seiner Politik – Ebenen seines Wissens.*

Eine Biographie Hitlers – oder eine Untersuchung seiner Strategie und seines staatsmännischen Handelns – läßt sich nicht von der Geschichte der Juden trennen, insbesondere der vor 1939 im Deutschen Reich lebenden Juden und nachher jener, die während des Zweiten Weltkriegs in Europa und Rußland lebten. Hitler und sein Regime haben viele barbarische Verbrechen verübt, denen auch Millionen Nichtjuden zum Opfer fielen. Trotzdem ist es zumindest der Überlegung wert, ob er in der Geschichte nicht einen anderen Platz hätte, wenn nicht mindestens 4,5 Millionen Juden auf seinen Befehl oder in Übereinstimmung mit seinen Wünschen ermordet worden wären. (Das Problem mit dem Undenkbaren ist, daß man bisweilen darüber nachdenken muß.) Hitler wollte für Deutschland einen großen Krieg gewinnen, und er wollte die europäischen Juden ausrotten; in seinem Denken ergänzten sich diese zwei Ziele, sie waren miteinander verknüpft. Erst als es zu Ende ging, war er gezwungen, sie zu trennen. So sagte er im Februar 1945, er habe immerhin »die jüdische Eiterbeule … aufgestochen«. Doch damit ist er auch gescheitert: Dank ihm wurde der Antisemitismus nach dem Krieg und insbesondere in Deutschland wenn nicht undenkbar, so doch intellektuell und politisch inakzeptabel.

Die Folgen des Massenmords an den Juden sind vielfältig, vielgestaltig und vielleicht gar nicht zu überblicken. (Eine Folge war die schnelle internationale Anerkennung des Staates Israel.) Auch die Ursachen des Geschehens sind nicht einfach zu bestimmen: Antisemitismus gab es an vielen Orten und bei vielen Menschen, vor Hitler und unabhängig von ihm.[1] Dagegen läßt sich der Beschluß zum Massenmord nicht von der Person Hitlers trennen. Vorliegendes Kapitel ist der Entwicklung der Historiographie über dieses Thema gewidmet.

Die Literatur über den »Holocaust« ist immens. Nur ein relativ kleiner Teil ist jedoch der genauen Untersuchung des Quellenmaterials gewidmet, das Hitler mit dem Befehl zum Morden in Verbindung bringt – genauer gesagt: a) der Suche nach dokumentarischen Beweisen für die Verbindung zwischen Hitler und dem Holocaust und b) der Rekonstruktion des exakten Datums, an dem die Politik der Vertreibung, der Deportationen und der »Umsiedlung« (das heißt der Konzentration und Ghettoisierung) der Juden durch den Beschluß der physischen Vernichtung abgelöst wurde. Mit einem Teil dieser Quellen und einigen ihrer problematischen Aspekte werde ich mich später befassen. Zunächst erscheint es ratsam, einen kurzen Überblick über die Historiographie des Holocaust zu geben.

Daß Hitler für die an den europäischen Juden verübten Verbrechen verantwortlich ist, war im Krieg und danach so deutlich, daß Berufs- und Amateurhistoriker dem konkreten ursächlichen und tatsächlichen Zusammenhang verhältnismäßig lange Zeit keine besondere Aufmerksamkeit schenkten. Dokumentarisches Material wurde nach 1945 natürlich erst allmählich verfügbar (obwohl schneller als nach jedem anderen großen Krieg), doch ist das nicht der einzige Grund der Verzögerung. Viele Jahre, ja zwei Jahrzehnte lang schien kein großes Interesse am Holocaust zu bestehen. Selbst das Wort wurde im Amerikanischen (oder Englischen) erst in den späten sechziger Jahren in diesem Sinn gebraucht.[2] Aus Gründen, die nur schwer einzuschätzen sind, nahm die Intensität der Beschäftigung mit dem Holocaust erst zwanzig Jahre nach dem Krieg zu, besonders bei amerikanischen Juden. Ähnliches gilt – von Ausnahmen abgesehen – für die Werke vieler Historiker, was nicht heißt, daß sie die Existenz oder Wichtigkeit des Holocaust hätten leugnen wollen.[3] Er war das wohl schlimmste Verbrechen Hitlers, und vielleicht bestand zunächst keine Notwendigkeit für eine detaillierte Rekonstruktion seiner diesbezüglichen Absichten. In den siebziger Jahren wurde jedoch immer deutlicher, daß man zwar über die berüchtigte Wannsee-Konferenz im Januar 1942 Bescheid wußte, jedoch Probleme hatte, dokumentarisch zu rekonstruieren, wann und wie Hitler sich für eine Politik der physischen Vernichtung entschieden hatte. Wie ich in den »Bibliographischen Anmerkungen« von *The Last European War, September 1939 – December 1941* (erschienen 1976, obwohl das Manuskript bereits 1973 vollendet war), schrieb, gibt es »kein einziges Dokument, nicht einmal die Niederschrift einer mündlich erteilten Anweisung, das Hitler mit dem Beschluß zur physischen Vernichtung der Juden in Verbindung bringt«; was natürlich nicht heißt, daß ich in meiner Behandlung der Geschichte der europäischen Juden von 1939 bis 1941 Hitlers Verantwortung für deren Vernichtung verkleinert oder eingeschränkt hätte.[4]

Eine ganz andere Sache sind die Interpretationen, »Dokumentationen« und Ziele der Hitler-Apologeten (genauer gesagt ging es ihnen um die Rehabilitation Hitlers), darunter insbesondere David Irving, beginnend mit seinem 1977 erschienenen, voluminösen Buch *Hitler's War*. (Eine deutsche Ausgabe seines Buches, *Hitler und seine Feldherrn*, erschien, ungewöhnlich für einen englischen Autor, bereits davor (1975) im renommierten Berliner Ullstein Verlag, jedoch erst, nachdem der Verlagsleiter Wolf Jobst Siedler, der später einen eigenen Verlag gründete, die Streichung jener Seiten durchgesetzt hatte, auf denen Irving eine Verbindung zwischen Hitler und den Vernichtungsbefehlen bestreitet.)[5] Entscheidender noch als Irvings Argument, daß es zu Hitlers Befehl keinerlei »Dokument« gebe, war seine Behauptung, der Holocaust sei von Himmler, Heydrich und anderen gegen Hitlers Willen und hinter dessen Rücken in die Wege geleitet worden, ja Hitler habe sogar gewünscht, die »Lösung der Judenfrage« bis nach dem Krieg zu verschieben.[6] In der Folge wurden Irvings Argumentation und seine manipulative Art zu »dokumentieren« von seriösen deutschen Historikern kritisch untersucht und verurteilt[7], ohne daß sich dies negativ auf seine weitere Karriere als Publizist ausgewirkt hätte.

In den folgenden zwölf Jahren erschienen dann detailliertere Untersuchungen, die Hitler mit dem Holocaust in Verbindung brachten. Die wertvollsten sind Uwe Dietrich Adam, *Judenpolitik im Dritten Reich*, Düsseldorf 1979, Gerald Fleming, *Hitler and the Final Solution*, Berkeley 1982, und der außerordentlich intelligente und verhältnismäßig schmale Band des Schweizers Philippe Burrin, *Hitler et les Juifs. Genèse d'un génocide*, Paris 1989.[8] Zur gleichen Zeit erschienen auch ganz andere – und manchmal zumindest implizit apologetische – Interpretationen von Hitlers Beziehung zur »Endlösung«. Ich spreche hier nicht von Streitschriften oder anderen kurzen Büchern, die die Massenmorde ausdrücklich bestreiten und sie als »Fälschung« bezeichnen, sondern von Autoren, die von renommierten Verlagen publiziert wurden. So versichert Toland, Hitler habe im Herbst 1944 Himmler befohlen, »die Auflösung aller Todeslager mit Ausnahme von Auschwitz vorzubereiten«[9], ohne dies in seinem Buch, das noch viele andere Irrtümer enthält, ausreichend durch Quellen zu belegen. Beklagenswerter sind die Thesen von Ernst Nolte, der im Historikerstreit der achtziger Jahre eine zentrale Rolle spielte. Er betont in mehreren seiner Bücher, Hitler und der Nationalsozialismus seien als Folge der Greuel des Bolschewismus zu verstehen – eine absurde These, deren Widerlegung jedoch nicht in dieses Kapitel gehört; ferner betrachtet er die Kriegserklärung von Führern des Weltjudentums gegen Hitler im September 1939 als zumindest einen Grund für Hitlers Kriegserklärung an die Juden und verknüpft beide Thesen auf eine ganz spezielle Art.[10] Abgesehen vom Historikerstreit fand Nolte jedoch relativ wenig Beachtung. Schließlich tendiert Zitelmann – wenn auch mit gewissen Vorbehalten – dazu, Irving beträchtliche Verdienste zuzuschreiben. In einem Artikel in der *Zeit* (6. Oktober 1989) schrieb er, Irving habe »einen wunden Punkt angerührt«, denn es habe tatsächlich keinen Befehl Hitlers für die »Endlösung« gegeben. Irving dürfe nicht ignoriert werden; er habe seine Schwächen, doch sei er einer der besten Quellenkenner und habe viel zur Forschung beigetragen.[11] Auch heißt es in Zitelmanns eigener Hitlerbiographie: »Noch nicht endgültig geklärt ist die Vorgeschichte der sogenannten ›Endlösung‹.«[12]

Diese letzte Feststellung ist nicht unrichtig und zumindest bedenkenswert[13]; dasselbe gilt auch für Zitelmanns Interpretation, die im Gegensatz zu Irving nicht ohne weiteres abzulehnen ist. Dieses Kapitel kann jedoch nicht noch einmal die gesamte Literatur (einschließlich der Kontroversen) zur schrecklichen Geschichte des Holocaust vorstellen; sein Thema ist Hitlers Verhältnis zu den Juden – oder besser gesagt, die Geschichtsschreibung über dieses Verhältnis. Wie jedes historische Thema ist auch dieses eine unendliche Geschichte und wird nie »endgültig« abgeschlossen sein.[14] Man erlaube mir jedoch, diesen einleitenden Abschnitt mit der meiner Ansicht nach zutreffenden Feststellung Haffners zu schließen: »Auch ohne Hitler hätte es nach 1933 wahrscheinlich eine Art Führerstaat gegeben [möglich]. Auch ohne Hitler wahrscheinlich einen zweiten Krieg [vielleicht]. Einen millionenfachen Judenmord nicht [richtig].«[15]

Die *Motive* für Hitlers Judeophobie bleiben rätselhaft. Besser lassen sich – zumindest in einem beträchtlichen Ausmaß – seine *Ziele* feststellen.[16] Bevor ich jedoch versuche, die notwendige, aber selten gemachte Unterscheidung zwischen Motiven und Zielen vorzunehmen, gilt es einige andere Unterscheidungen zu treffen.

Man muß sich bewußt machen, daß der Haß auf die Juden Hitlers Obsession war, wie ich in Kapitel V dargelegt habe – grundlegender noch als seine Überzeugung von der Wichtigkeit des »Lebensraums«.[17] Zu einem bestimmten Zeitpunkt seines Lebens redete Hitler sich ein, die Existenz der Juden sei ein zentrales Problem Deutschlands und Europas und wahrscheinlich der ganzen Welt – sozusagen der Schlüssel zur Geschichte. Ich sage »redete sich ein« und nicht »kam zu der Überzeugung«, weil letzteres wenigstens teilweise auf äußere Einflüsse hätte schließen lassen und Hitler zwar wie jeder andere Mensch zweifellos davon beeinflußt war, was er las und was andere sagten, die angesprochene Überzeugung jedoch hauptsächlich seinem eigenen Kopf entsprang.

Tatsächlich will sogar der Begriff »Antisemitismus« nicht so recht zu Hitler passen. Das Wort tauchte in den siebziger Jahren des 19. Jahrhunderts erstmals auf, als – vielleicht besonders in Deutschland – die alte, vor allem aber die ausschließlich religiös motivierte Diskriminierung der Juden schwächer geworden war. Statt dessen begann man, Juden und sogar Christen mit unmittelbaren jüdischen Vorfahren nach rassischen Merkmalen zu klassifizieren, um sie möglichst von der Volksgemeinschaft abzusondern oder sogar zu vertreiben. So richtete sich der Antisemitismus oft gegen assimilierte Juden, die in der Gesellschaft ihres Landes wichtige Positionen bekleideten und auf ihre Rechte und ihre Anerkennung als Bürger ihres jeweiligen Staates vertrauten. An vielen Orten der Welt reagierten die Menschen ablehnend auf eine solche vorbehaltlose Assimilation; das galt auch für Hitler, der aber trotzdem kein gewöhnlicher Antisemit war. Wenn für Antisemiten die Anwesenheit von Juden in ihrem Land ein Problem oder nationales Ärgernis war oder bis heute ist, gilt sie ihnen doch nur selten als das *grundsätzliche* Problem ihres Landes. Viele Antisemiten sind außerdem Rassisten, der Antisemitismus ist nur ein Teil ihres rassistischen Weltbildes. Bei Hitler war es umgekehrt: Sein wahnhafter Judenhaß ging tiefer und war konsequenter als sein Rassismus[18] – der Grund, warum ich zu Beginn dieses Abschnitts den Begriff »Judenphobie« und nicht »Antisemitismus« gebraucht habe. Selbst für die Zeit von 1919 bis 1923, als Hitler dank einer Welle populären Antisemitismus, als einer von vielen Nationalisten bekannt wurde, ist die Annahme zumindest vertretbar, daß Hitler von allen Nationalsozialisten (mit Ausnahme fanatischer Randfiguren wie Streicher) einer der ganz wenigen und vielleicht sogar der einzige war, für den »das Judenproblem« absolute Priorität hatte.

Er litt unter einer Phobie, die ihm jedoch wie auch einige andere Phobien keineswegs irrational erschien. Mehrmals, schon ab 1920, sagte er, das »Judenproblem« dürfe nicht emotional, sondern müsse mit »sachlichen« und »wissenschaftlichen« Mitteln gelöst werden. Damals und während seines ganzen weiteren Lebens wiederholte er unablässig, die Juden seien Bazillen, Viren, Parasiten in den Körpern lebender Völker[19], und für jedes Land käme einmal die Zeit, wie ein Schäferhund aufzustehen und sich zu schütteln, um das Ungeziefer auf einen Schlag loszuwerden. Noch im letzten Satz des Testaments, das er einige Stunden vor seinem Tod diktierte und in dem, wie oben dargelegt, nicht vom »Lebensraum« die Rede ist, forderte er das deutsche Volk »zur peinlichen Einhaltung der Rassegesetze und zum unbarmherzigen Widerstand gegen den Weltvergifter aller Völker, das internationale Judentum« auf.

Kommen wir nun zu der Frage, wann sich die Judenphobie in Hitlers Denken kristallisierte oder verfestigte.[20] In *Mein Kampf* schrieb er, die Erkenntnis, was die Gegenwart der Juden bedeute, habe er mit ungefähr zwanzig Jahren in Wien gehabt; vor seiner Ankunft in Wien sei er kein überzeugter Antisemit gewesen, erst in Wien habe die schockierende, jedoch allmähliche Erkenntnis des jüdischen Einflusses zu seiner »schwersten Wandlung überhaupt« geführt. »Sie hat mir die meisten inneren seelischen Kämpfe gekostet, und erst nach monatelangem Ringen zwischen Verstand und Gefühl begann der Sieg sich auf die Seite des Verstandes zu schlagen. Zwei Jahre später war das Gefühl dem Verstande gefolgt, um von nun an dessen treuester Wächter und Warner zu sein.«[21] (Interessant Hitlers Reihenfolge: Das Gefühl folgt dem Verstand, nicht umgekehrt.) Jäckel und andere konnten jedoch von Hitler bis zu seinem einunddreißigsten Lebensjahr in München keine antisemitische Äußerung finden. In meinem der Frage München oder Wien gewidmeten zweiten Kapitel habe ich dargelegt, daß Hitler wahrscheinlich in viererlei Hinsicht Umstände und Daten seiner frühen Jahre bewußt verfälscht. Dagegen besteht im Fall seiner Hinwendung zum Antisemitismus zumindest die Möglichkeit, daß die Verfälschung unbewußt geschah und Hitler die Festigung seines Judenhasses nicht nur aus propagandistischen Gründen oder um seine Leser zu überzeugen im nachhinein nach Wien verlegte. Außer Frage steht, daß Hitler spätestens in Wien den routinemäßigen, »normalen« Antisemitismus der Menschen jener Zeit und jener Stadt zu teilen begann. Doch gibt es keinen Beweis, daß er damals schon zu seinem zentralen Wahn geworden wäre – mit anderen Worten, daß sich die

Wandlung seines Antisemitismus zur Judeophobie bereits in Wien und nicht erst später in München vollzog.[22] Daß seine Erfahrung mit der Münchner Linken und deren zahlreichen jüdischen Führern und dann mit dem Räteregime dafür entscheidend war, läßt sich kaum bezweifeln. Rätselhaft bleibt trotzdem, warum sich sein Antisemitismus so plötzlich verschärfte und zu seiner zentralen Obsession wurde.[23]

Noch eine weitere Vermutung bezüglich des Motives von Hitlers Judenphobie läßt sich anstellen – eine Vermutung, die keine Erklärung, sondern nur eine Hypothese ist. Sie hat mit Hitlers Beziehung zu seinem Vater zu tun. Wie im zweiten Kapitel dargelegt, schildert Hitler in *Mein Kampf* seinen Vater und die Beziehung zu ihm auf eine Weise, die überhaupt nicht mit den Äußerungen übereinstimmt, die er gelegentlich anderen gegenüber machte. Alles weist darauf hin, daß die Darstellung in *Mein Kampf* auf einer bewußten Entscheidung beruhte und daß sie um einiges über die wenigen Sätze hinausgeht, die man in der Autobiographie einer prominenten Persönlichkeit über das respektvolle Verhältnis zu ihrem Erzeuger erwarten darf. Auch deuten alle bekannten Informationen (einschließlich der Äußerungen Hitlers) darauf hin, daß er seinen Vater wahrscheinlich fürchtete, ihn nicht mochte und vielleicht sogar haßte. Man hat zu seinen Lebzeiten immer wieder versucht, Hitler mit wenigstens teilweise jüdischen Vorfahren in Verbindung zu bringen, vor allem durch die Annahme, sein Vater sei das uneheliche Kind eines Grazer Juden gewesen. Natürlich kann niemand mit absoluter Sicherheit nachweisen, wer Hitlers Vater war; doch die Forschungsergebnisse einiger Historiker belegen überzeugend, daß es sich bei der These von der Frankenthaler-Schicklgruber-Verwandtschaft um eine unbelegte Spekulation handelt und um nichts sonst. Trotzdem können wir als bloße Möglichkeit – ich betone, als »bloße Möglichkeit« – in Betracht ziehen, daß Hitler vielleicht *glaubte*, sein Vater sei Halbjude (vielleicht auch, daß Hitler in seiner Kindheit und Jugend von einigen jungen oder alten Leuten mit – wahren oder unwahren – Bemerkungen über seinen Vater gehänselt wurde). Er nennt seinen Vater in *Mein Kampf* interessanterweise »liberal« und »kosmopolitisch«, was dieser nicht war, und er behauptet, das Wort »Jude« erst mit vierzehn oder fünfzehn in Gesprächen gehört zu haben, was ebenfalls unwahrscheinlich ist. Als einer von wenigen Hitler-Biographen läßt Deuerlein diese Frage offen: »... es besteht durchaus die Möglichkeit, daß die Frage der Vaterschaft von Hitlers Vater niemals eindeutig geklärt werden kann.« Dem wäre Marlis Steinerts scharfsinnige Argumentation hinzuzufügen: »Alles, was er [Hitler] in sich selbst haßte, projizierte er auf die Juden; sie allein trugen zudem die Schuld an seinem persönlichen Mißgeschick und dem der deutschen Nation.«[24] Dies ist überzeugender als Professor Binions psychoanalytische Verdrängungstheorie, derzufolge Hitler den jüdischen Arzt haßte, der seine geliebte Mutter behandelt (oder fehlbehandelt) hatte; daß er diesen Haß verdrängte und daß dieser Haß 1918 bei ihm zum Ausbruch kam, als Germania den Platz der qualvoll gestorbenen Mutter einnahm. Männer hassen – und fürchten – in anderen oft, was sie an sich selbst hassen; und Hitler wurde zumindest ab seinem dreißigsten Lebensjahr von einem überaus mächtigen Haß getrieben.[25]

»Von Haß getrieben« – dafür gibt es ausreichend Belege, unter anderem Hitlers eigene Worte. Doch ist eine solche allgemeine Feststellung nichts weiter als die Wahrnehmung einer psychischen Tendenz. Man gestatte mir zu wiederholen: Die wahren Motive oder, mit anderen Worten, die wirklichen Motive von Hitlers Judenphobie lassen sich nicht mit Sicherheit feststellen. Leichter und legitimer ist es festzustellen, was er selbst über seine Ziele sagt. Der juristische und der historische Beweis sind zwei verschiedene Dinge, doch gilt für beide zu Recht die große Maxime Samuel Johnsons: »Absichten müssen aus Taten abgeleitet werden.« Die Wahrheit ist ein schlüpfriger Fisch und das Gesetz oft ein grobes Netz. Doch selbst das Recht oder zumindest das englische Recht anerkennt ein »Motiv« nur dann als Beweis, wenn es sich einer geäußerten Absicht zuordnen läßt. Das Streben des Historikers nach zulässigen Beweisen unterliegt nicht den strengen Kategorien juristischer Verfahren. Er hat potentiell für alles Verwendung – was seine Arbeit sowohl leichter als auch schwerer macht als die des Rechtsanwalts oder Richters. Auch er muß sich jedoch des Unterschiedes zwischen Motiven und Zielen bewußt sein. Er muß die kategorische und häufig falsche Zuschreibung psychischer Motive – eine geistige Seuche dieses Jahrhunderts – vermeiden. Dagegen gehört es zu seinen Pflichten, nach den Zielen zu suchen, die die von ihm behandelte Person selbst ausgesprochen hat.[26] Anders ausgedrückt, die psychischen Ursachen von Hitlers Motiven stehen auf einem Blatt, seine Äußerungen über seine Absichten auf einem anderen. Dabei besteht die Hauptaufgabe des Historikers nicht darin, die Motive, sondern darin, die Absichten und ihre Entwicklung – wann und wie diese Absichten zu Handlungen führten – zu verstehen und zu schildern.

Hitlers Politik in bezug auf die Juden machte eine solche Entwicklung durch, und ihre Stadien entsprechen im großen und ganzen den Wendepunkten in seinem Leben und seiner Laufbahn. Seine ursprüngliche Politik zielte auf Vertreibung; er wollte alle Juden zwingen, Deutschland zu verlassen. Dann, im Winter 1938/39, fand die erste Veränderung statt, die er in seiner Rede vom 30. Januar 1939 drastisch zum Ausdruck brachte. Er sah einen Krieg voraus, und wenn dieser Krieg kam, dann waren die Juden daran schuld und würden dafür bezahlen müssen. Von diesem Zeitpunkt an galten seine Absichten nicht mehr nur den Juden Deutschlands und Österreichs, sondern den Juden ganz Europas. Für Hitler bestand zwischen dem Krieg und den Juden ein unauflöslicher Zusammenhang. Erst Jahrzehnte später erkannten Historiker die Bedeutung der Schlüsselsätze jener Rede, die nur eine weitere seiner antijüdischen Tiraden schien.[27] Ebenfalls bedeutsam ist, daß sich Hitler in seinen Reden während des Krieges immer wieder auf die damals ausgesprochene »Warnung« bezog, wobei er jene Rede – vielleicht bewußt – falsch auf den September 1939, also den Kriegsbeginn, datierte – offenbar, weil er seine Zuhörer an die absolute und unauflösliche Verbindung zwischen den Juden und dem Krieg erinnern wollte, der ihm aufgezwungen worden sei. Ungefähr zwei Jahre ging die Emigration – d.h. die Vertreibung – der Juden aus dem großdeutschen Reich noch weiter, während bereits erste Pläne gemacht wurden, die Juden aus ganz Europa zu vertreiben, vielleicht nach Madagaskar. Dann, im Sommer 1941, vollzog sich eine weitere Wende.[28] Mit dem Einmarsch in Rußland und dem Kriegseintritt der Amerikaner kamen neue Probleme: die Existenz von Millionen osteuropäischer Juden in den Gebieten, die von den Deutschen überrannt und besetzt wurden, und das Ende der letzten Möglichkeiten einer Vertreibung nach Übersee. Irgendwann im August oder September 1941 befahl Hitler die »Endlösung« oder stimmte ihr zu. Die ersten Massenhinrichtungen von Juden fanden im Spätsommer und im frühen Winter 1941 in Osteuropa statt, während die »Endlösung«, das heißt die Konzentration und Vernichtung der meisten Juden von Europa, geplant und vorbereitet und schließlich von einigen Helfershelfern Hitlers auf der Wannseekonferenz am 20. Januar 1942 zu Papier gebracht wurde.[29] Die meisten der im Zweiten Weltkrieg ermordeten Juden wurden zwischen Sommer 1942 und Herbst 1944 getötet. Im Oktober 1944 ordnete Himmler das Ende der Vergasungen an – wahrscheinlich in Übereinstimmung mit Hitler und nicht hinter seinem Rücken. Doch auch jetzt beharrte Hitler noch auf der absoluten und grundsätzlichen Verantwortung der Juden für den Krieg und war davon nach allem, was wir wissen, auch selbst überzeugt; daher die Ermahnung an das deutsche Volk in seinem letzten Testament.

Diese summarische Darstellung des Geschehens wird vermutlich von den meisten seriösen Historikern vorbehaltlos akzeptiert werden. Ihr sind jedoch einige Einzelheiten hinzuzufügen, die zeigen, wie wenig eindeutig Hitlers Absichten waren.[30] Obwohl er die Juden kategorisch, unnachgiebig und absolut verdammte, erlaubte er bei mehreren Gelegenheiten in den dreißiger Jahren oder ordnete er an, daß Männer und Frauen jüdischer Abstammung in Einzelfällen geschont wurden.[31] Dagegen enthielten seine Reden und öffentlichen Äußerungen nicht den geringsten Hinweis auf eine solche Mäßigung. Wir haben es hier nicht mit einer eindeutig machiavellistischen Diskrepanz zwischen öffentlichen Äußerungen und privaten Ansichten zu tun. Die meisten Zeugnisse und Zeugen belegen, daß er nicht nur wollte, daß andere glaubten, was er sagte, sondern daß er das alles selbst glaubte, *während er es sagte*.[32]

Es gab jedoch gewisse Unterschiede zwischen Hitlers Absichten und denen seiner Paladine. So gibt es Hinweise darauf, daß nicht Hitler, sondern Goebbels und andere die Pogrome der »Kristallnacht« vom 9. zum 10. November 1938 organisierten und daß Hitler ihre Beendigung befahl – natürlich nicht, um die Opfer, sondern um den Ruf seines Regimes und seines Landes zu schützen.[33] (Zu jener Zeit lehnte er auch Heydrichs damaligen Vorschlag ab, die deutschen Juden zum Tragen eines gelben Sterns zu verpflichten. Er stimmte zwar vermehrten Restriktionen für die Juden zu, aber nicht allen, die ihm vorgeschlagen wurden.) Dagegen gibt es nicht den geringsten Hinweis auf einen Unterschied zwischen seinen persönlichen Überzeugungen und seinen öffentlichen Äußerungen bezüglich der Alleinverantwortung des jüdischen Einflusses (womit er die Entscheidung der britischen und der französischen Regierung sowie Präsident Roosevelts meinte, ihm Widerstand zu leisten) für den kommenden Krieg.

Wie oben dargelegt, stellte Hitler im Frühjahr 1941 sich selbst, seine Armee und seine Propaganda auf eine neue Art von Krieg ein, auf einen uneingeschränkten, brutalen Krieg gegen Rußland, und er fand es nützlich, den Feind als »jüdisch-bolschewistisch« zu diffamieren, obwohl er nicht ganz oder nicht wirklich an die Richtigkeit dieser Bezeichnung glaubte. Bald nach Beginn des Rußlandfeldzuges trat dann die Wende ein: der Übergang von der Vertreibung der Juden zur Vernichtung, der sogenannten »Endlösung«.[34] Die Belege dafür, daß Hitler diesen Übergang anordnete oder ihm zumindest zustimmte, sind gewichtig – trotz des oben erwähnten Umstands, daß er keine entsprechende schriftliche Weisung hinterließ.[35] Wichtige Entscheidungen konnten zwar ohne Hitlers Wissen getroffen werden; bisweilen geschah dies auch, aber nicht gegen seinen Willen.

Vieles spricht dafür, daß die Hinwendung zur Vernichtung im August oder Anfang September 1941 stattfand. Diese Wende hatte viel mit dem Krieg gegen Rußland zu tun[36], doch auch der häufig außer acht gelassene amerikanische Zusammenhang ist in Betracht zu ziehen: Nicht nur die Invasion in Rußland, auch der anscheinend unvermeidliche Kriegseintritt der USA spielte eine Rolle. Die Koeppen-Vermerke enthalten dazu eine bedeutsame Passage (20. September 1941): »Der Führer hat bisher noch keine Entscheidung in der Frage der Ergreifung von Repressalien gegen die deutschen Juden wegen der Behandlung der Wolgadeutschen getroffen. Wie der Gesandte von Steengracht mir mitteilte, erwägt der Führer sich diese Maßnahme für einen eventuellen Eintritt Amerikas in den Krieg aufzuheben.«[37]

Warum Hitler keinen schriftlichen Befehl erteilte, ist im Grunde klar. Er wußte, was diese Maßnahmen bedeuteten[38], und er wußte auch, daß die Nachricht davon die Menschen auf der ganzen Welt schockieren würde – auch in Deutschland. Wie andere Entscheidungen war auch die »Endlösung« ein Staatsgeheimnis und mußte es bleiben. Es gibt zahlreiche Hinweise auf entsprechende Anordnungen.[39]

Dem ist noch etwas hinzuzufügen: Die Massenvernichtung der Juden war ein Staatsgeheimnis des Dritten Reichs, das gegenüber dem Ausland, ja gegenüber der breiten Mehrheit der deutschen Bevölkerung nicht zugegeben werden durfte. Sie war jedoch auch Hitlers persönliches Geheimnis – wenigstens in dem Umfang, in dem er das Wissen darum von sich fernzuhalten versuchte. Sicher ist, daß er von den Details nichts wissen wollte. Dafür gibt es dreierlei Belege. Erstens äußerte Hitler wiederholt, das Judenproblem müsse auf »kalte, wissenschaftliche« Art behandelt werden.[40]

Zweitens weigerte er sich – nicht nur gegenüber ausländischen Besuchern, die er beschuldigte, nicht hart genug mit den Juden ihres Landes umzugehen, sondern auch gegenüber Menschen aus seiner engsten Umgebung – zuzugeben, daß die Konzentration der Juden in Lagern im Osten etwas anderes sei als Deportation zum Zweck der Zwangsarbeit.[41] Der dritte und wichtigste Beleg ist sein offensichtlicher Unwille, Berichte darüber zu hören oder zu lesen, was den Juden im Osten wirklich angetan wurde. Dieser Unwille entsprach seiner Abneigung, zerbombte deutsche Städte zu besuchen oder auch nur Bilder der Zerstörungen anzusehen. Auch Fotos von den deutschen Flüchtlingstrecks, die im strengen Winter 1944/45 nach Westen zogen, wollte er nicht sehen. Er schob sie bei mindestens einer Gelegenheit beiseite.[42] (Möglicherweise erstreckte sich diese Abneigung auch auf Fotos von der Hinrichtung der Verschwörer des 20. Juli.) Hier sind wir wieder mit der Dualität seines Charakters konfrontiert. Wenn man etwas nicht wissen will, bedeutet das im allgemeinen, daß man nicht darüber nachdenken will. In Hitlers Persönlichkeit läßt sich, obwohl man ihn sonst nicht als Feigling bezeichnen kann, ein Element moralischer Schwäche ausmachen oder, positiv ausgedrückt, ein empfindliches (in gewisser Weise feminines) Element, während seine brutalen Ideen und seine brutale Ausdrucksweise das genaue Gegenteil von empfindlich waren. Hitler war kein Sadist. Er hatte kein sinnliches Vergnügen an den Leiden seiner Feinde oder Opfer. Der Sadismus ist eine fleischliche Sünde; Hitlers Sünden waren geistiger Natur. Es gibt keinen Hinweis darauf, daß seine häufig geäußerte Ansicht, er handle bei der Vernichtung der Juden als Instrument Gottes und der Krieg sei ihm von den Juden aufgezwungen worden, nur für die Öffentlichkeit bestimmt war.[43]

Wie erwähnt, machte Hitler einige Ausnahmen in seiner kategorischen Verurteilung der Juden. Bestimmte Einzelpersonen blieben verschont. Ein Apologet Hitlers, der Architekt Giesler[44], schreibt, er habe Hitler im Oktober 1944 die von dem hervorragenden jüdischen Mediävisten Ernst Kantorowicz verfaßte große Biographie Kaiser Friedrichs II. lesen sehen. In einem Tischgespräch am 1. Dezember 1941 warf Hitler ferner die rhetorische Frage auf, ob es »anständige« Juden gegeben habe.[45] Seine Antwort: nur sehr wenige; vielleicht Otto Weininger, »der sich das Leben genommen hat, als er erkannte, daß der Jude von der Zersetzung anderen Volkstums lebt!« Bei anderen Gelegenheiten sprach Hitler jedoch von dem »Edeljuden« Dr. Bloch.

Dr. Eduard Bloch war, wie in Kapitel II erwähnt, der jüdische Arzt aus Linz, der Hitlers Mutter während ihrer letzten qualvollen Krankheit behandelt hatte. Im März 1938 erlebte der alte Arzt Hitlers triumphalen Einzug in Linz vom Fenster seiner Wohnung an der Hauptstraße aus. In der Folge wurden er und seine Familie von den NS-Behörden rücksichtsvoll behandelt, die ihm auch bei der Emigration in die USA behilflich waren. Am 16. November 1938, vor seiner Abreise, schrieb Bloch Renato Bleibtreu, dem Direktor des Wiener Büros des NSDAP-Parteiarchivs, einen Brief. Beigelegt war Blochs Ordinationsbuch aus dem Jahr 1907 mit der Bitte, es dem Führer zu übergeben. Der Brief war bemerkenswert – gefühlvoll, erinnerungsschwer und von einer tiefen Melancholie, aber keineswegs unterwürfig. Er enthält eine lange Beschreibung des jungen Hitler zu der Zeit, als seine Mutter starb. Hitler hatte bei dem Arzt einen tiefen, schmerzhaften Eindruck hinterlassen: »Während meiner beinahe 40jährigen ärztlichen Tätigkeit habe ich nie einen jungen Menschen gesehen, der vor Schmerz und Gram so namenlos unglücklich gewesen wäre wie der junge Adolf Hitler! Ich hatte die Empfindung, hier steht ein Mensch vor Dir, dem ein Stück seines Herzens, seines Ichs, entrissen worden ist! ... Ich habe die Überzeugung, daß er den Arzt seiner Mutter nicht vergessen hat, dessen Tätigkeit stets von ethischen, nicht materiellen Gesichtspunkten geleitet wurde; ich habe aber auch die Überzeugung, daß Tausende meiner Glaubensgenossen von den gleichen Grundsätzen erfüllt sind, die gleich mir seelisch viel leiden.«[46]

In Blochs Brief liegt eine Demut, die mich zutiefst bewegt. Ich schreibe »Demut« – die sich fundamental von Feigheit unterscheidet, genau wie Selbstvertrauen von Arroganz. Der große Historiker Jacob Burckhardt schrieb einmal, die antike Welt sei der Demut nicht fähig gewesen, die Demut sei erst durch das Christentum in die Welt gekommen. War Hitler der Demut fähig? Wohl kaum – außer jenes eine Mal am Weihnachtsabend 1907, als er sich tief vor dem bescheidenen jüdischen Arzt verneigte und ihm dafür dankte, was er für seine Mutter getan hatte.

# VII

# HITLER UND DIE DEUTSCHEN: KAPITEL ODER EPISODE?

*Hitler in der Geschichte der Deutschen – Das Problem der »öffentlichen Meinung« – Hitler und die Geschichte des Dritten Reiches – Konservative – Arbeiterklasse – Widerstand.*

Hitler ist Teil der Geschichte Deutschlands und der Deutschen. Diese Feststellung liegt auf der Hand, doch gab und gibt es viele Deutsche, die, vielleicht verständlich, davor zurückschrecken. Ich erinnere mich, irgendwo die Äußerung eines in die Vereinigten Staaten geflohenen deutschen Politologen gelesen zu haben, daß Hitler nicht zur deutschen Geschichte gehöre, was mir und vermutlich auch anderen Nicht-Deutschen absurd vorkam. Sehr viel verständlicher – und entschuldbarer – ist die Neigung vieler Deutscher, die Hitler-Jahre als Fremdkörper in der Geschichte ihres Landes und Volkes zu betrachten, als Episode und nicht als Kapitel, als Ausnahme und Bruch in ihrer Geschichte. Aber auch außerhalb Deutschlands sind bestimmte Neigungen und Denkgewohnheiten verbreitet (vielleicht besonders in England): die Ansicht, Deutsche seien eben Deutsche, der Hitlerismus nur eine weitere deutsche Erscheinung und der Zweite Weltkrieg eine Fortsetzung des ersten deutschen Krieges von 1914 bis 1918. Was hier vorliegt, sind unzulässig vereinfachte oder eindeutige Antworten auf eine ewige Frage: Ist die Geschichte prinzipiell durch Wandel oder durch Kontinuität gekennzeichnet? Egal für welche Zeit und welchen Ort die Frage gestellt wird, sie ist nicht leicht zu beantworten, und ihre Beantwortung ist in bezug auf Hitler und seine Herrschaft vielleicht besonders schwierig. Es ist den deutschen Historikern hoch anzurechnen, daß sie sich seit vielen Jahren beharrlich mit diesem Problem auseinandersetzen und daß manche den Mut hatten, zuzugeben, daß das Problem ihr eigenes ist und bleiben wird.

»Für alle«, schreibt Eberhard Jäckel, »die sich für deutsche Geschichte und vielleicht nicht nur für sie interessieren, lautet die Grundfrage des 20. Jahrhunderts: Wie konnte Hitler an die Macht kommen? Die Frage ist viele Male gestellt worden und hat viele Antworten hervorgebracht.«[1] Warum und wie Hitler zur Macht kam, schreibt Ernst Deuerlein in einer bewegenden Passage, diese Frage »ist unmittelbar den Generationen gestellt, die Hitler unterstützten, ihn zuließen oder ihn erdulden und ertragen mußten. Sie ist darüber hinaus auch an die heranwachsenden Generationen gerichtet, für die Hitler eine geschichtliche Erscheinung ist. Für alle gilt unvermindert und unverändert die Feststellung, die Reinhold Schneider [der engagierte deutsche Katholik und Schriftsteller] 1946 traf: ›Unsere Auseinandersetzung mit Adolf Hitler ist noch nicht zu Ende und kann nicht zu Ende sein; in gewisser Weise sind wir vor der Ewigkeit mit ihm verbunden, in ernstester Gewissenserforschung müssen wir trachten, frei zu werden – zu ihr aufzurufen und anzuleiten ist die Sache aller, die Verantwortung tragen für das Ganze, für heute und morgen, und deren Herz stark genug ist, für das Volk und die Welt zu schlagen.‹ Das Volk der Deutschen ist, wie grotesk die Zusammenstellung sich auch ausnimmt, das Volk Martin Luthers, Karl Marx' und Friedrich Engels' und auch Adolf Hitlers ... Auch mit Hitler ist es, wie Reinhold Schneider mit Recht zu bedenken gab, ›vor der Ewigkeit verbunden‹.«[2]

Dies stimmt mit der Ansicht eines anderen deutschsprachigen Katholiken, des Österreichers Friedrich Heer, überein, der Schramm wie folgt zitiert: »Die Auseinandersetzung mit diesem unheimlichen Manne ist ein politisches Erfordernis erster Ordnung.« Heer fährt fort: »Nach dem Zusammenbruch seiner Herrschaft, nach seinem Tode, nach dem Sieg der Alliierten wurde in deutschen Landen, zumal in christlichen und konservativen Kreisen Hitler gerne als Dämon, als Antichrist, als ein Teufel, zumindest als eine ganz inkommensurable Erscheinung, nicht zu ermessen, in metaphysische Wolken entrückt. Diese Entrückung in eine ... metaphysische Hölle ... diente vor allem einer Entlastung: Man wollte nicht wahrhaben, daß man mitverantwortlich war für den Aufstieg, die Machtübernahme, die verheerenden, Europa verwüstenden Erfolge dieses Mannes.«[3]

Fest nimmt in seiner umfangreichen Biographie zumindest implizit eine zweideutige Haltung gegenüber einer spezifisch deutschen Verantwortung ein. Zwar sei Deutschland ein spezieller Ort gewesen, und »zu den unverwechselbar nationalen Zügen, die den Nationalsozialismus von den faschistischen Bewegungen anderer Länder unterscheidbar gemacht haben, rechnet ... daß Hitler jederzeit die gehorsamen Vollstrecker fand«. »Zwar trägt jede Nation die Verantwortung für ihre Geschichte selbst«, doch wäre es falsch, sich »der Erkenntnis [zu] verweigern, daß in ihm eine machtvolle Zeittendenz kulminierte, in deren Zeichen die ganze erste Hälfte des Jahrhunderts stand«. Dies mag, weil es einen »Zeitgeist« impliziert, zu hegelianisch gedacht sein, doch ist an der von Fest gezogenen Schlußfolgerung etwas Wahres: »Aber gewiß ist am Ende auch, daß er Europa nicht ohne Europas Mitwirkung hätte zerstören können.«[4] Kurz gesagt: Er war für Fest nicht der große Widerspruch seiner Zeit, sondern ihr »Spiegelbild«. Zitelmann kommentiert und kritisiert in seinem frühen Aufsatz zur »Hitler-Forschung«[5] verschiedene Biographen Hitlers auf interessante und einsichtige Art und unterscheidet zwischen äußeren Umständen, die Hitlers Machtergreifung und außerordentlichen Erfolg ermöglichten, und den Persönlichkeitsmerkmalen Hitlers, die er mit dem meines Erachtens falschen Begriff »subjektiver« Faktor bezeichnet.

Im Jahr 1985 faßte Martin Broszat das Problem zusammen: »Das Besondere an unserer Situation ist die Notwendigkeit und Schwierigkeit, den Nationalsozialismus in die deutsche Geschichte einzuordnen.«[6] Haffner stellte die entsprechende Frage: »Stand das Dritte Reich eigentlich in der Kontinuität des Deutschen Reiches, oder war es ein Schritt vom Wege? Die Antwort lautet schlicht, daß es Elemente der Kontinuität und Elemente der Diskontinuität gegeben hat, aber die Kontinuitätselemente alles in allem überwogen.«[7] Dies ist insofern bedeutsam, als Haffner ein Konservativer ist, doch gleichzeitig zutiefst bewußt jener – wie Armin Mohler und andere sie nannten – »konservativen Revolution« der zwanziger Jahre, in der wichtige deutsche Denker und Schriftsteller die Ansicht vertraten, Deutschland müsse für etwas Neues stehen, sich vom veralteten Liberalismus und Parlamentarismus befreien, um einer stärkeren, helleren und sonnigeren Zukunft entgegenzugehen.[8]

Es war jedoch *nicht* unausweichlich und notwendig – wie der amerikanische Journalist William Shirer und einige andere deutschfeindliche Autoren schreiben –, daß die deutsche Geschichte in Hitler kulminierte. Und deshalb ist die Debatte unter deutschen (und einigen englischen) Historikern über einen deutschen Sonderweg in der modernen Geschichte vielleicht übertrieben – über einen Sonderweg, der auf das Scheitern der deutschen demokratischen Revolution von 1848 und noch weiter zurückgeführt wird. Nicht nur Deutschland, sondern die Mehrheit der damaligen europäischen Staaten weigerte sich in den zwanziger und dreißiger Jahren, das französische, das britische, amerikanische, schweizerische, skandinavische oder ein anderes »westliches« Modell zu übernehmen. Trotzdem verdienen einige Äußerungen seriöser deutscher Historiker im Rahmen dieser Debatte Beachtung.[9] Der Historiker Thomas Nipperdey warnte vor einer unkritischen Akzeptanz des Konzepts vom Sonderweg, weil sie einem Klischee aufsitze. Ihm entgegnete der Soziologe Kurt Sontheimer: »Man bricht dem deutschen politischen Bewußtsein nach 1945 das Rückgrat, wenn man die Sonderwegthese eliminiert ... Sollten die deutschen Historiker, wie es bei einigen der Fall zu sein scheint, die Neigung verspüren, wegzugehen von der Sonderwegthese, und mögen sie auch noch die besten wissenschaftlichen Absichten dafür ins Feld führen, so sollten sie sich wenigstens darüber klar sein, daß sie damit gewollt oder ungewollt zu Handlangern jener politischen Kräfte werden, die von der für unsere politische und moralische Neuordnung nach 1945 konstitutiven Ursprungssituation wegstreben.« Der Historiker Karl Dietrich Bracher unterschied vorsichtig zwischen einem deutschen »Sonderbewußtsein«[10] und dem Sonderweg: »Der deutsche Sonderweg ist auf die Epoche der NS-Herrschaft zu begrenzen, doch die Stärke des deutschen Sonderbewußtseins, das schon in der Auseinandersetzung mit der Französischen Revolution entstanden, nach 1870 und 1918 noch vertieft worden war, ist zu betonen. Es machte aus überspannten Vorstellungen eine politische Kraft, aus einem Mythos furchtbare Realität. Der Weg von der Demokratie zur Diktatur war kein deutscher Sonderfall, wohl aber entsprach die Radikalität der NS-Diktatur jener Schärfe eines deutschen Sonderbewußtseins, das nun, 1933–1945, auch politisch voll und totalitär zur Geltung kam.«[11]

Von einer sehr breiten historischen Perspektive aus könnte man sagen, daß die beiden Weltkriege des 20. Jahrhunderts unter anderem den letzten Versuch eines europäischen Staates darstellten, die Vorherrschaft über den größten Teil des Kontinents zu erringen. Spanien war die große europäische Macht des 16. Jahrhunderts, Frankreich die des 17. und 18. Jahrhunderts, und Großbritannien war im 19. Jahrhundert die stärkste Weltmacht (und ein wichtiger Faktor im europäischen Gleichgewicht). Im 20. Jahrhundert war sowohl im Ersten als auch im Zweiten Weltkrieg Deutschland an der Reihe. Es besteht tatsächlich eine Verbindung zwischen den beiden Weltkriegen; es ist vorstellbar, daß Deutschland auch ohne Hitler irgendwann in den späten dreißiger Jahren zur beherrschenden Macht in Europa aufgestiegen wäre. Dennoch bestanden in mehr als einem Sinn fundamentale Unterschiede zwischen den beiden Weltkriegen. Ich denke dabei nicht nur an die

Schrecken des Zweiten Weltkriegs, als viele der bisherigen Unterscheidungen zwischen Militär und Zivilbevölkerung verschwanden. In unserem Zusammenhang ist vielmehr wichtig, daß es Hitler gelang, ein ganzes Volk oder zumindest die überwältigende Mehrheit eines Volkes zu einem Krieg für seine Ziele zu mobilisieren. In *Mein Kampf* findet sich dazu der entscheidende Satz: »Deutschland wird entweder Weltmacht oder überhaupt nicht sein.« (Daß die meisten Deutschen fanden, der Krieg sei ihnen aufgezwungen worden, steht auf einem anderen Blatt; ganz ähnlich dachten sie auch im Ersten Weltkrieg.) Auch im Ersten Weltkrieg waren der deutsche Nationalismus und die deutsche nationale Einheit machtvolle Kräfte gewesen. Die tief in der nationalen Psyche verwurzelten Gewohnheiten des Gehorsams und der Disziplin spielten bis zum Zweiten Weltkrieg eine tragende Rolle. Doch die psychische und soziale Struktur der Leistungen der Deutschen im Zweiten Weltkrieg war eine andere; das war sowohl die Vorbedingung für Hitler als auch sein Werk. *Ohne* Hitler hätten die Deutschen nicht erreicht, was sie erreicht haben, und Hitler hätte *ohne* die Deutschen nicht erreicht, was er erreicht hat – genauer gesagt, wenn er nicht von der überwältigenden Mehrheit des deutschen Volkes angenommen worden wäre.

Das Thema dieses Kapitels ist jedoch nicht die Geschichte der Deutschen im Dritten Reich, sondern das Verhältnis zwischen Hitler und den Deutschen. Und hier bestehen in Deutschland bis heute zwei unterschiedliche – vielleicht gegensätzliche – Tendenzen. Einerseits gibt es die bereits erwähnte Einstellung, Hitler für alles verantwortlich zu machen – selbst bei einigen Historikern, die ihre Wahrnehmung einiger Realitäten des Dritten Reichs einer vorsichtigen Revision unterzogen haben (wie unter anderem im Historikerstreit deutlich wurde). Andererseits gibt es in einer nun allmählich aussterbenden Generation von Deutschen die Neigung, Hitler für besser zu halten als die anderen NS-Machthaber, häufig ausgedrückt mit den Worten: »Wenn das der Führer wüßte!« Oder wie es Broszat 1977 formulierte: »Nicht mit Himmler, Bormann und Heydrich, auch nicht mit der NSDAP, hat sich eine Mehrheit des deutschen Volkes enthusiastisch identifiziert, sondern mit Hitler. Darin besteht insbesondere für deutsche Historiker ein wesentliches Problem ... Die Hypothek solchen verhängnisvollen vergangenen Irrtums auszuhalten und seine Gründe zu erforschen, ohne sie zu bagatellisieren, bleibt für die deutsche Geschichtswissenschaft eine Aufgabe, ohne die sie ihre innere Wahrhaftigkeit verlieren müßte.«[12]

Bleibt die andere Seite dieses Verhältnisses: wie es um Hitlers Zuneigung zu den Deutschen stand. Wie ich vor einem Vierteljahrhundert schrieb, war die »Hauptquelle von Hitlers Stärke der Haß. Im Vergleich zur Macht seines Hasses war selbst die Liebe zu seinem Volk, der eigentliche Lebenszweck eines großen nationalen Führers, gering. Darin unterschied er sich von Napoleon.«[13] »Gering« ist vielleicht nicht das richtige Wort, denn Liebe ist immer eine Frage der Qualität, nicht der Quantität. Wie anderswo ist auch bei diesem komplizierten Thema eine gewisse Dualität in Hitlers Charakter zu erkennen.[14] Viele deutsche Historiker haben – wieder verständlicherweise – aus einigen Gelegenheitsbemerkungen Hitlers weitreichende Schlüsse gezogen, insbesondere aus seiner Bemerkung gegen Kriegsende, die Deutschen hätten den Untergang verdient, wenn sie sich als zu schwach erwiesen. In derselben Zeit (beispielsweise am 2. April 1945) sprach er jedoch auch von seinem unerschütterlichen Vertrauen in die Zukunft des deutschen Volkes.[15] Im März 1945 war Speer zutiefst empört, als Hitler die Zerstörung sämtlicher Fabriken, Pläne, Brücken etc. beim Rückzug der deutschen Truppen im Westen befahl; doch Speer schreibt auch, er habe den Eindruck gehabt, daß Hitler Ende März darauf nicht mehr zu bestehen schien. Worauf Hitler bis ganz zum Schluß bestand, das war die Behauptung, die Alliierten wollten das deutsche Volk vernichten.[16]

In dem überaus treffenden, leider selten genügend gewürdigten kurzen Kapitel »Einige Merkmale von Historikern in demokratischen Zeiten« im zweiten Band von *Über die Demokratie in Amerika* macht Tocqueville einige sehr wichtige Bemerkungen über die Probleme der Geschichtsschreibung im kommenden Zeitalter der Massendemokratie. Unter anderem schreibt er, daß – anders, als man zunächst meinen könnte – die richtige Rekonstruktion der Geschichte der Völker schwieriger sein werde als zur Zeit der Adelsgesellschaften. Trotz der wachsenden Zugänglichkeit von Archiven in den letzten hundert Jahren hat sich diese Voraussage bewahrheitet. Natürlich wäre es falsch zu glauben, das Phänomen der »öffentlichen Meinung« – eine ungenaue Bezeichnung, wie noch zu zeigen sein wird – sei erst in den letzten ein oder zwei Jahrhunderten ein relevanter Faktor geworden. Sie hat seit Anbeginn der Geschichte eine Rolle gespielt; wie Pascal in den *Pensées* schreibt: Die »Meinung« sei schließlich »die Königin der Welt«. Genauso gilt jedoch, daß durch die Entwicklung der neueren Geschichte hin zu mehr Demokratie (und damit meine ich nicht nur die Ausbreitung des Schulwesens, sondern die Entwicklung des Bewußtseins) das, was man die »Struktur der Ereignisse« nennen könnte, Veränderungen unterworfen war; ich meine damit die zunehmende Durchdringung der Materie durch den Geist. Im Gegensatz nicht nur zu Marx, sondern auch zu Adam Smith, ja zu allen materialistischen Philosophien ist zumindest diskussionswürdig, ob es – nicht nur im Innern des einzelnen, sondern auch im Geschehen der Außenwelt – nicht hauptsächlich darauf ankommt, was die Menschen denken und glauben und ob nicht die materielle Gestaltung der Welt nur die Folge davon ist. Und dies läßt sich genauso auf die Hitlerzeit anwenden wie etwa auf »Markt-« oder »Konsumforschung«. Hitler war abhängig vom deutschen Volk, eine Abhängigkeit, deren er sich voll bewußt war und die sich in Art und Ausmaß – sie war vielleicht tiefer und größer – von der Abhängigkeit eines Cromwell oder Napoleon und vielleicht sogar eines Mussolini oder Stalin unterschied.

Für den Historiker ergeben sich hier jedoch besondere Probleme. Die Methoden der »Meinungsforschung« sind vergleichsweise neu (das amerikanische Gallup-Institut wurde erst 1935 gegründet); ich komme gleich auf ihre unvermeidlichen und leider nur selten berücksichtigten Grenzen zu sprechen. Hinzu kommt der akademische Trend weg von der politischen und hin zur sozialen Geschichte, der sich ab Mitte der sechziger Jahre auch auf die deutsche Geschichtsschreibung auszuwirken begann. Analysen und, vielleicht noch wichtiger, Beschreibungen der Gefühle und Meinungen der deutschen Bevölkerung während des Dritten Reiches hat es, vor allem was die Beziehung zu Hitler betraf, in bisweilen sehr aufschlußreichen Passagen in den Memoiren von Zeitgenossen und anderen Beobachtern natürlich schon früher gegeben. Systematische Untersuchungen über diese Beziehung sind jedoch erst in den letzten 25 Jahren erschienen.[17] Diese Autoren sind sich der Komplexität ihres Gegenstands bewußt, doch konzentrieren sich viele der wertvollsten Werke mehr auf die Frage, wie Hitler an die Macht kam[18] als auf seine Beziehung zum Volk in den Jahren nach der Machtergreifung und während des Krieges.

So kompliziert und schwierig das Thema einer »öffentlichen Meinung« in Deutschland auch sein mag, Materialien zu seiner Untersuchung sind vorhanden – darunter zahllose persönliche Papiere und Reminiszensen, Polizeiberichte und Memoiren und Aufzeichnungen ausländischer Beobachter. Seit über dreißig Jahren weiß man von der »Meinungsforschung«, die Himmlers Sicherheitsdienst betrieb (erstmals veröffentlicht unter dem Titel *Meldungen aus dem Reich* von Heinz Boberach im Jahr 1966 – inzwischen sind 17 Bände erschienen), und seither stehen den Forschern eine Menge

Akten zur Verfügung. Ihr Wert ist natürlich durch den Charakter der Organisation, die zufällige Meinungsäußerungen der Bevölkerung sammelte, auswertete und zusammenfaßte, begrenzt. Es handelt sich um *berichtete* Meinungen; die Berichte wurden von Männern verfaßt, die dem Regime absolut ergeben waren. Trotzdem sind sie in vieler Hinsicht nützlich und aussagekräftig. (Es gibt Hinweise, daß Hitler einige der Berichte gelesen hat.) Im Lauf der letzten 25 Jahre tauchten weitere »Quellen« auf: beispielsweise die hochinteressanten und intelligenten zusammenfassenden Berichte von SOPADE, der Exilorganisation der SPD, für die Jahre 1933 bis 1940.[19] Auch existieren neben den Berichten von Himmlers Sicherheitsdienst Berichte von weiteren Behörden des Dritten Reichs, die sich mit der öffentlichen Meinung und der öffentlichen Moral befassen (darunter insbesondere die Berichte der Regierungspräsidenten, vor allem in Bayern).

»Der Begriff ›Öffentliche Meinung‹«, schreibt Marlis Steinert in ihrer nachdenklichen Einführung zu *Hitlers Krieg und die Deutschen,* »bleibt vor allem in Deutschland nach wie vor umstritten und unklar; seine wissenschaftliche Definition gilt mehr oder weniger als ›Quadratur des Kreises‹.«[20] Eine Einsicht, die nicht nur auf Deutschland oder die Geschichte der Hitlerzeit zutrifft. Diese Art der »Forschung« steckt noch in den Kinderschuhen. Hier ist nicht der Ort, die Probleme dieses riesigen und komplizierten Themas zu diskutieren oder auch nur zusammenzufassen; man erlaube mir jedoch, auf einige meiner Ansicht nach notwendige und überfällige Unterscheidungen hinzuweisen, die ich vor über dreißig Jahren gemacht habe und die für das hier behandelte Thema relevant sein mögen.[21] Es besteht nämlich ein Unterschied zwischen öffentlicher Meinung und Volksstimmung. (Der oben erwähnte Kershaw bevorzugt den Begriff »Volksmeinung«.) »Öffentliche Meinung« ist nicht notwendigerweise identisch mit »Volksmeinung«, und »Meinung« ist nicht dasselbe wie »Stimmung«. (Der Untertitel von Marlis Steinerts Untersuchung, *Stimmung und Haltung der deutschen Bevölkerung im Zweiten Weltkrieg,* bringt eine ähnliche Unterscheidung zum Ausdruck. »Stimmung« ist mehr ein Gefühl als eine Meinung oder, anders ausgedrückt, mehr eine Neigung als eine tatsächliche Überzeugung, während »Haltung« mit Charakter, Einstellung und Verhalten zu tun hat.) Dazu kommt die ungenügende Quantifizierbarkeit der »öffentlichen Meinung«. Sie läßt sich zwar ganz gut und manchmal sogar fast präzise in Zahlen ausdrücken, etwa wenn es um die Voraussage von Wahlergebnissen geht, also um Fragen, bei denen es um die *Wahl* zwischen mehreren Möglichkeiten geht. Doch auch eine Wahl ist nicht unbedingt identisch mit Meinung (besonders dann nicht, wenn sie wie im Fall einer politischen Wahl zwischen vorher festgelegten, feststehenden Alternativen getroffen wird). Während jede Wählerstimme genau eine Stimme ist und sonst nichts, sind Intensität und Einfluß von Meinungen variabel. Außerdem gibt es in der Geschichte zahlreiche Beispiele für radikale Minderheiten und eher passive Mehrheiten, wobei der Einfluß der radikalen Minderheiten häufig größer ist, als die Zahl ihrer Mitglieder vermuten läßt. Das gilt auch für die deutsche Bevölkerung in der Hitlerzeit.[22] Wenn jemand auf der Basis neu entdeckter, zuverlässiger Belege überzeugend beweisen könnte, daß zu einem bestimmten Zeitpunkt »nur« 20 Prozent der Deutschen gegen Hitler waren, hieße das nicht, daß 80 Prozent überzeugte Anhänger Hitlers waren; umgekehrt würde eine fundierte Studie, nach der »nur 20 Prozent« überzeugte Anhänger Hitlers wären, nicht bedeuten, daß ihn 80 Prozent entschieden abgelehnt hätten.[23] (Dazu kommt, daß der Glaube an Hitler und der Glaube an den Nationalsozialismus, wie ich gezeigt habe und noch zeigen werde, nicht dasselbe waren.) Außerdem gilt nicht immer und nicht notwendig, daß die Masse mehr ist als die Summe ihrer Teile. In mancher Hinsicht ist ein Kollektiv *weniger,* denn seine Mitglieder können Männer und Frauen, Katholiken, Protestanten und Atheisten, ehemalige Monarchisten und ehemalige Sozialisten sein, wobei die interessante Frage ist, *wie* ein deutscher Katholik oder ehemaliger Wähler der Sozialisten sich zu einem halbherzigen oder fanatischen Anhänger Hitlers entwickeln konnte. Eine weitere Schwierigkeit stellen die (besonders von Zitelmann gerne verwendeten) Begriffe »Volksgefühl«, »Volksstimmung« und »Volksmeinung« dar, da sie nicht genau zu definieren sind und sich überlappen. Dies berührt noch ein weiteres spezielles Problem, nämlich das der Kategorien und Tendenzen einer deutschen Rhetorik, wie sie bereits im Ton der deutschen öffentlichen Verlautbarungen und Publikationen im Ersten Weltkrieg deutlich werden. Während etwa der französische oder der britische Nationalismus dem deutschen an Brutalität und Schärfe damals durchaus ähnelten, hatte die *Rhetorik* der Deutschen einen anderen Klang. Hier gilt es zu erkennen, daß die Sprache, Freud zum Trotz, nicht nur Ausdruck des Denkens ist, sondern daß umgekehrt Sprachgewohnheiten und -muster auch eine offensichtliche und häufig auch zu bestimmende Wirkung auf Denkgewohnheiten und -muster haben.[24]

In engem Zusammenhang damit steht eine weitere notwendige Erkenntnis: die des Unterschiedes zwischen Mentalität und Ideologie. Hitler verließ sich mehr auf die Mentalität[25] – die mentalen Gewohnheiten und vorhersehbaren mentalen Reaktionen – der Deutschen als auf ihre vollständige Akzeptanz der nationalsozialistischen Ideologie. Wie er schon in *Mein Kampf* schrieb: Führen heiße, die Massen bewegen können.

Doch genug der methodologischen – oder zutreffender erkenntnistheoretischen – Überlegungen. Unser Thema ist Hitlers Popularität in ihren verschiedenen Ausformungen.[26] Zunächst einmal: Es gibt gute Gründe, die weithin anerkannte These zu bezweifeln, die Depression von 1930–1933 habe Hitlers Machtergreifung nicht nur erleichtert, sondern sie überhaupt erst ermöglicht. Bekanntlich war die Reichstagswahl von 1930, in der die NSDAP ihre Stimmenzahl im Vergleich zu 1928 versiebenfachen und ihren Anteil von knapp 3 auf beinahe 19 Prozent aller abgegebenen Stimmen steigern konnte, ein sehr wichtiger Schritt – buchstäblich ein Durchbruch – auf Hitlers Weg zum Erfolg. Doch hat die Geschichtsforschung vergleichsweise wenig beachtet, daß die Stimmenanteile für die NSDAP schon im Sommer 1929 und Anfang 1930 bei den Kommunal- und Landtagswahlen (etwa in Sachsen, Mecklenburg, Baden) rasch anstiegen und damals schon zuweilen 13 bis 14 Prozent erreichten. Dies geschah *vor* der Weltwirtschaftskrise und dem großen Anstieg der Arbeitslosigkeit in der Weimarer Republik. Wie Historiker festgestellt haben, hatte Hitler während der entscheidenden Jahre seines Aufstiegs 1930 bis 1933, der sich in den schlimmsten Jahren der Wirtschaftskrise vollzog, kein klares ökonomisches Programm – mit anderen Worten, seine Anziehungskraft beruhte *nicht* vorrangig und vielleicht überhaupt nicht auf Aussagen zur Wirtschaft.[27] Was 1930 und danach geschah, war eine ungeheure Steigerung des deutschen Nationalismus[28] – in allen Schichten und bedeutsamerweise gerade bei jenen, die unter Arbeitslosigkeit und Wirtschaftskrise am meisten zu leiden hatten. Die Arbeiter hätten kein Vaterland, schrieb Marx. Er hätte nicht falscher liegen können, und das war bereits 1914 deutlich erkennbar und in den dreißiger Jahren noch offensichtlicher. Besonders Haffner hat dies klar erkannt: Der deutsche Nationalismus »wurde plötzlich Gemeingut fast aller Parteien; sogar die Kommunisten sprachen plötzlich eine nationalistische Sprache ...«[29] Und was in Deutschland 1933 und danach geschah, bewies erneut, daß Proudhon gegenüber Marx recht hatte, als er sagte, daß Leute nicht auf Gesellschaftsverträge, sondern auf Machtverhältnisse reagieren.[30]

Hitler hatte dies genau begriffen. Wie Kershaw bemerkt, »folgte nur eine der vier allgemeinen Volksabstimmungen, die im Dritten Reich stattfanden, nicht unmittelbar auf einen wichtigen außenpolitischen Triumph. Die Westmächte hatten nicht nur eine Gelegenheit verpaßt, die deutsche Expansion aufzuhalten, sie wurden auch Zeuge des enormen Popularitätsschubs, den [die Besetzung des Rheinlands] Hitler verschafft hatte.«[31] Man kann und darf der deutschen Bevölkerung nicht vorwerfen, daß sie beeindruckt war, wie Hitler in den dreißiger Jahren von den Staatsmännern des Auslands gepriesen wurde. Zugleich wirkt die stumme Akzeptanz, ja die Zustimmung, mit der die Deutschen auf Hitlers brutale Massenhinrichtungen im Juni 1934 reagierten, im Rückblick schockierend. Wie Haffner schreibt: »Wenn man eine Schuld des gesamten deutschen Volkes an Hitlers Verbrechen suchen will, dann muß man sie wohl hier suchen ... Was für ein Staat war nun eigentlich das Deutsche Reich in dieser Periode? Es war kein Parteistaat, wie oft gesagt worden ist. Es war kein Staat wie etwa die heutige DDR oder die Sowjetunion, das heißt ein Staat, der von einer wohlgegliederten Partei wirklich beherrscht wird. Die nationalsozialistische Partei hatte kein Zentralkomitee, kein Politbüro, und Hitler hat niemals irgendein Parteigremium zusammengerufen, um sich mit ihm zu beraten ... Nicht die Partei regierte den Staat. Hitler regierte, unter anderem durch die Partei ... Das Dritte Reich Hitlers war kein Parteistaat, es war ein Führerstaat.« Und: »Eine ungeheure Leistung, so [bis 1938] fast das ganze Volk hinter sich zu vereinigen, und in weniger als zehn Jahren vollbracht! Und vollbracht im wesentlichen nicht durch Demagogie, sondern – durch Leistung.« So Sebastian Haffner, ein liberaler Konservativer und Intellektueller mit einem makellosen Ruf. Und Hans Frank schrieb im Angesicht des Galgens, der Parteitag von 1938 sei Hitlers »Hochzeitstag mit dem deutschen Volk« gewesen. »Über allem lächelte der Großmagier Hitler, und alles, alles bezauberte, beglückte, erhob, erschütterte er bis ins Herz.«[32] Dies sind gefühlsbetonte Bilder im Gedächtnis eines verzweifelten Mannes. Doch man sollte nicht außer acht lassen, daß es auch andere Zeugnisse eines solchen nationalen Selbstvertrauens gibt, wie etwa die phantastisch hohe Eheschließungs- und Geburtenrate der Deutschen 1938/39, den außerordentlichen Rückgang der Selbstmorde und so weiter.

Wie oben dargelegt, gab es in der deutschen Bevölkerung 1939 keinerlei Protest gegen den Hitler-Stalin-Pakt, obwohl sie so viele Jahre mit antikommunistischer Propaganda indoktriniert worden war. Sie zeigte sogar eine

Begeisterung, die selbst Hitler überraschte – und erleichterte. Danach, während des Krieges, hinkten Meinung und Stimmung der Deutschen Hitler bisweilen hinterher.[33] Manchmal waren sie ihm voraus – etwa im Sommer 1940, als alle Meinungsumfragen berichteten, die Bevölkerung warte ungeduldig auf die Invasion in England: »Wann geht es los?«

»Die Deutschen«, schreibt Jäckel, »liebten Hitler mehr, als sie ihn fürchteten.« (Anders als die Russen unter Stalin.) »Unter Hitler zweifelten, verzweifelten oder revoltierten die Deutschen nie, wie sie es unter einem Tyrannen vielleicht getan hätten. Ausländische Mächte mußten ihnen Hitler wegnehmen, und erst dann brach der Bann, unter dem sie zwölf Jahre lang gestanden hatten ...«[34] Noch im September 1944 meldeten sich, als in der Westmark (gebildet aus Saargebiet und Pfalz) Kriegsfreiwillige des Jahrgangs 1928 gesucht wurden (also Fünfzehn- bis Sechzehnjährige), 96 Prozent freiwillig. Kettenacker zitiert eine gegen Kriegsende unter deutschen Kriegsgefangenen durchgeführte britische Umfrage, nach der lediglich 9 Prozent sich als überzeugte Nazigegner und nur 15 Prozent sich als passive Nazigegner bezeichneten.[35] Natürlich muß man dabei die Solidarität von Kriegsgefangenen in vom Feind geführten Lagern berücksichtigen; und es gibt viele Zeugnisse, daß der Glaube an den Nationalsozialismus in Deutschland ab Mitte Januar 1945 zurückging. Erst damals begann auch das Vertrauen in Hitler nachzulassen, und auch das nicht überall.

Die deutsche Bevölkerung insgesamt bewunderte Hitler und liebte ihn vielleicht sogar, doch galt das nicht unbedingt auch für den Nationalsozialismus und die Partei. Noch einmal sei, vielleicht zum letzten Mal, dieser Unterschied betont – und auch auf die Grenzen einer solchen pauschalen Feststellung hingewiesen, denn es gab Überlappungen und auch Bewußtseinsspaltungen. Die Deutschen glaubten an Hitler. Oder: Sie setzten ihr Vertrauen in Hitler. Dies mag unentschuldbar sein, aber es ist verständlich. Es hatte viel nicht nur mit seinem verblüffenden Erfolg zu tun, mit der Hebung des deutschen Ansehens in der Welt, sondern auch mit dem nationalen Wohlstand, für den er bald nach der Machtergreifung sorgte. »Hitler«, schrieb Hans Frank im Gefängnis, »war zum Leitbegriff allen nationalen Handelns und Hoffens geworden. Man sprach von Partei, Bürokratie, SS und vielen anderen Dingen im ganzen Volk sehr ablehnend ... Aber ›der Führer‹, ›der Hitler‹ wurde immer davon ausgenommen. Geradezu populär üblich war die Wendung all dem gegenüber: ›Der Führer weiß es halt nicht!‹ Oder: ›Da wird der Führer einmal dazwischenfahren.‹ Oder: ›Der gute Führer, wie der mißbraucht wird!‹« Frank gilt diese Einstellung in dem kurz vor seiner Hinrichtung geschriebenen Buch mit dem bezeichnenden Titel *Im Angesicht des Galgens* keineswegs als »Armutszeugnis« seines Volkes, sondern »als einer seiner edelsten Züge«.[36] Die Seiten sind mit nervöser Hast geschrieben und zeigen deutlich einen fiebrigen Gefühlsüberschwang. Frank wollte damit zwar nicht unbedingt Hitler rehabilitieren, doch noch einmal die Ursachen und Elemente jenes Führerglaubens darstellen, der natürlich auch sein eigener gewesen war; man darf seine Darstellung nicht einfach ignorieren.

Fünfunddreißig bis vierzig Jahre später versuchten Historiker einer anderen deutschen Generation dieses Phänomen zu verstehen. Ihr Ansatz war vielleicht das Gegenteil von dem Franks. Denn sie versuchten nicht das Bild Hitlers, sondern einige allgemein akzeptierte Ansichten über das Dritte Reich zu revidieren. Im wesentlichen darum ging es im Historikerstreit. Ein frühes Beispiel der neuen Argumentation war Klaus Hildebrands Forderung von 1981, daß man »nicht von Nationalsozialismus, sondern von Hitlerismus sprechen sollte«.[37] Das ist zu stark vereinfacht. In seiner klaren und knappen Zusammenfassung des Historikerstreits schreibt Gerhard Schreiber 1988: »Beim ›Historikerstreit‹ geht es vordergründig und in erster Linie um zwei Behauptungen. Die eine deutet den Genozid an den Juden als eine Art Angstreaktion Hitlers auf den bolschewistischen Klassenkrieg mit seinen Massenmorden, während die andere darauf abzielt, den Überfall auf die Sowjetunion im Juni 1941 als Präventivkrieg nachzuweisen. Letzten Endes läuft beides – gewollt oder ungewollt – darauf hinaus, die nationalsozialistische Zeit auf dem Wege der unwissenschaftlichen Spekulation zu relativieren ... Beide Kontroversen sind in hohem Maße emotionalisiert und politisiert.«[38] Laut Jürgen Habermas, der mit seinem Artikel den Streit auslöste, hat Michael Stürmer die Frage aufgeworfen, »wie weit es der Krieg Hitlers gewesen war und wie weit der Krieg der Deutschen«. Hier bin ich geneigt, meine Beobachtung zu wiederholen, daß viele Deutsche zu einer Theorie zweier Kriege neigen, derzufolge der Krieg gegen die Sowjetunion vielleicht unvermeidlich, der Krieg gegen den Westen jedoch bedauerlich war, wobei letzterer immerhin innerhalb der traditionellen Beschränkungen als »europäischer Normalkrieg« geführt wurde. Aber stimmt das denn? Können Hitlers Behandlung der Polen, seine Invasion in Norwegen und Dänemark, seine Besetzung und Herrschaft in Frankreich, seine Bombenangriffe auf Rotterdam, Coventry und Belgrad (und seine Behandlung der Juden schon vor 1941) wirklich als »Normalkrieg« gelten? Wie Horst Möller schreibt, »besitzt die Beurteilung der NS-Diktatur eine Schlüsselstellung für das historisch-politische Bewußtsein in der Bundesrepublik Deutschland. Wandlungen in der Beurteilung dieser Epoche der deutschen Geschichte werden deshalb oft als Seismograph für unsere politische Kultur angesehen.«[39] Es gibt Gründe für die Annahme, daß (wie etwa Zitelmanns Beispiel vermuten läßt) eine Revision der Geschichte des Dritten Reiches im Gange ist. Dies ist unvermeidlich und nicht unbedingt bedauerlich; schließlich ist *jede* Geschichtsschreibung auf die eine oder andere Art Revisionismus. Worauf es ankommt, sind die Ziele und die daraus folgende Qualität eines solchen Revisionismus. Denn eine Revision kann eine Rehabilitation suggerieren oder sogar dazu führen. Eine bestimmte Art des Revisionismus könnte am Ende nicht nur zu einer Rehabilitation gewisser Charakteristika und Leistungen des Dritten Reiches, sondern schließlich auch, und sei es nur implizit, zu einer Rehabilitation Hitlers führen.

»War alles falsch?« fragten viele Deutsche, wenn in der Weimarer Republik über das wilhelminische Deutsche Kaiserreich diskutiert wurde. Viel später, 1951, war diese Frage der Titel eines Buches von Joachim Kürenberg, in dem der Charakter Wilhelms II. gewürdigt und verteidigt wurde. Das Buch (ein mäßiger Verkaufserfolg) sprach vor allem die ältere deutsche Generation und ihre Erinnerungen an. Angewandt auf das Dritte Reich und implizit Hitler, zielt die Frage »War alles falsch?« dagegen nicht nur auf die Erinnerungen jener inzwischen rasch dahinschwindenden Deutschen, die die dreißiger und vierziger Jahre noch erlebt haben, sondern auch auf Gefühle, Perspektiven und Tendenzen künftiger deutscher Generationen.

Die Verantwortung einer älteren Generation von Deutschen und besonders deutscher Nationalisten und Konservativer für Hitler gibt es unbestreitbar. Dies ist zwar eine Verallgemeinerung mit vielen wichtigen Ausnahmen und setzt die genauere Definition eines deutschen »Konservatismus« voraus. Doch auch Verallgemeinerungen haben ihr Recht und sollten benutzt werden. Wie einige deutsche Historiker und auch Bullock es formuliert haben, kam Hitler nicht durch eine vom Volk ausgehende revolutionäre Bewegung an die Macht, sondern durch die Intrigen von Konservativen wie Papen.[40] Vielleicht würde ich »nicht« durch »weniger« ersetzen; insgesamt ist die Aussage jedoch richtig.[41] Wie es Walter Euchner während des Historikerstreits formulierte, konnten die Nationalsozialisten »im Gegensatz zu den Bolschewiki ... ihre politischen Ziele mit der freiwilligen Unterstützung eines erheblichen Teils der traditionellen Eliten durchsetzen«.[42] Und bis März 1933 hatten viele dieser Konservativen eine positive Einstellung zu den Anliegen des Dritten Reiches gefunden. Dieser seltsame Mann, Hitler, war nicht mehr nur der unverzichtbare Mittler einer konservativen und nationalsozialistischen Renaissance, nicht mehr nur das kleinere Übel, weil es keinen Besseren gab, sondern er hatte es zu großem Ansehen gebracht.[43] In der Folge wurde Hitlers Ansehen (vor allem vielleicht bei der Gesamtbevölkerung) durch seine Macht noch gesteigert; aber auch das Gegenteil ist richtig; seine Achtbarkeit steigerte seine Macht, und zwar wahrscheinlich besonders bei den konservativen Elementen der deutschen Gesellschaft. Zumindest erklärt es, daß der Widerstand gegen ihn so schwach war. Oder wie Heer es in bezug auf die katholische Kirche formulierte: »Adolf Hitler traf weder im deutschen Katholizismus noch in Rom, im Vatikan, auf einen Gegenspieler, der ihm gewachsen war.«[44] Im Vergleich zu allen anderen Institutionen, auch den Kirchen, hat sich die katholische Kirche freilich insgesamt durch ihr Verhalten im Dritten Reich relativ am wenigsten kompromittiert; das Verhalten einiger Bischöfe und Priester und auch Laien ist sogar beeindruckend. Zu diesem komplexen Thema sind zahlreiche historische Werke erschienen. Aber andere Reaktionen nicht nazistischer oder sogar anti-nazistischer Mitglieder der katholischen Hierarchie auf Hitler sind insbesondere aus heutiger Sicht nicht vorbildhaft.[45]

Hitler wußte ganz genau, daß in Institutionen wie den Kirchen und der Wehrmacht ein beträchtliches Widerstandspotential gegen ihn existierte. Dessen Aktivierung wurde jedoch nicht nur durch Hitlers unbestreitbare Machtfülle, sondern auch durch das Ansehen verhindert, das er als Staatsoberhaupt gewonnen hatte (sowie dadurch, daß zumindest einige seiner Vorstellungen populär und anerkannt waren). Auch darf man keinesfalls vergessen, daß in Deutschland und anderswo in Europa die wichtigsten und oft prinzipienfestesten Gegner Hitlers aus dem traditionalistischen Lager kamen; sie glaubten an die patriotischen, oft religiösen und vor allem moralischen und aristokratischen Maßstäbe einer älteren und besseren Welt. In mehr als einer Hinsicht fand der Kampf in der entscheidenden Phase des Zweiten Weltkriegs 1940 und 1941 keineswegs zwischen der Rechten und der Linken, sondern zwischen zwei Lagern der Rechten statt. Zu dieser antinationalsozialistischen Rechten gehörten sowohl Stauffenberg und sein

Kreis im Jahr 1944[46] als auch Churchill und de Gaulle im Jahr 1940 sowie unzählige patriotisch und religiös gesinnte Menschen in Deutschland und Österreich.

Aus diesem Grund bedarf Jäckels ansonsten überzeugende These über die langfristig wirksamen Ursachen von Hitlers Wirkung und Macht in *Hitlers Herrschaft* (einer Erweiterung des früheren Werkes *Hitlers Weltanschauung*) der Ergänzung. Seine Untersuchung über den althergebrachten Gegensatz zwischen »Monarchisten« und »Demokraten« in Deutschland – oder, weniger präzise, zwischen »rechts« und »links« – ist bis heute wertvoll und nützlich, da Jäckel den Beitrag der ehemaligen »Monarchisten« und der »Rechten« zu Hitlers Machtergreifung überzeugend und recht genau nachzeichnet. Dagegen schreibt er kaum mehr als eine Seite über die vielleicht noch verblüffendere Passivität der deutschen Arbeiterklasse und der Millionen ehemals sozialdemokratischer oder kommunistischer Wähler und über die Gewerkschaften, die 1933 »der nationalsozialistischen Machtergreifung ziemlich tatenlos zugesehen, ja sich dem neuen Regime anzupassen versucht« hatten.[47] Es wäre falsch, Jäckels Argumentation auf die sozialdemokratischen Sympathien dieses scharfsinnigen Historikers zurückzuführen. Sein Bestreben, die traditionellen deutschen Eliten für ihre aktive oder passive Unterstützung Hitlers zur Verantwortung zu ziehen, verstellt ihm jedoch den Blick auf ein Phänomen, das seit mittlerweile hundert Jahren nicht nur von marxistischen Historikern übersehen wird. Nämlich, daß auch in der Arbeiterschicht die Sehnsucht nach Respektabilität weit verbreitet war – eine Sehnsucht, die in vielen Fällen und auf vielen Ebenen untrennbar mit ihrem Nationalismus verbunden ist. Hinzu kommt Hitlers unbestreitbare Leistung, der deutschen Arbeiterklasse eine neue und bessere Position innerhalb der deutschen Gesellschaft (und der Streitkräfte) nicht nur versprochen, sondern auch verschafft zu haben. Wie in Kapitel III dargelegt, hatte er eine gleichbleibend hohe Meinung von der »Arbeiterklasse« und hegte eine häufig zum Ausdruck gebrachte Verachtung für das »Bürgertum«. In den vergangenen dreißig Jahren ist die früher allgemein akzeptierte Meinung, Hitler sei hauptsächlich vom Bürgertum und vom Kleinbürgertum unterstützt worden, durch zahlreiche Untersuchungen widerlegt worden. In Wirklichkeit begannen sich die früheren Grenzen zwischen Kleinbürgertum und Arbeiterklasse in der Hitlerzeit aufzulösen. Mehr noch, es gibt unübersehbare Hinweise darauf, daß der Glaube der Arbeiter an Hitler und die Unterstützung, die er bei ihnen genoß, nicht nur stark waren, sondern fast bis ganz zum Schluß erhalten blieben. Dies wird durch viele Berichte aus vielerlei Quellen belegt.[48]

Es *gab* einen Widerstand gegen Hitler in Deutschland, einen deutschen Widerstand, der – nicht nur wegen seiner offensichtlichen und oft schrecklichen Risiken – vielleicht bewundernswerter war als der Widerstand von Menschen in Ländern, die von Hitler unterworfen oder widerstrebend mit ihm verbündet waren. Er war auf Einzelpersonen, Familien und kleine Gruppen beschränkt und auf eine sich in ihrer Zusammensetzung verändernde Minderheit im Generalstab der Wehrmacht, der einzigen Institution, die wirksamen Widerstand hätte leisten können (was allerdings auch unwahrscheinlich war). Dies bedeutet, wie oben dargelegt, nicht, daß es bei den Mehrheiten keinen Widerstand gegen Hitler gegeben hätte, und sei es nur im gespaltenen Bewußtsein einzelner Personen. Jedenfalls bedeutete Widerstand eine gedankliche oder tatsächliche oppositionelle *Reaktion* auf Hitler (und man sollte nicht vergessen, daß in »Reaktion« die Bedeutung »reaktionär« mitschwingt). Außerdem ist bemerkenswert, daß das brutale Vorgehen gegen die Juden beim deutschen Volk[49] weniger Zustimmung fand als bei einigen Völkern im Osten wie den Rumänen, Letten und Ukrainern. Das ist keine vage allgemeine Behauptung, sondern geht aus vielen überlieferten zeitgenössischen Äußerungen hervor und aus den wagemutigen Versuchen vieler Deutscher, Juden unter schwierigsten Umständen zu helfen. Auf der anderen Seite stehen freilich die brutalen Aktionen einer überzeugten nationalsozialistischen Minderheit und der stumme, ehrerbietige Gehorsam der Mehrheit – weniger gegenüber dem Nationalsozialismus als gegenüber Hitler.

Auch die allgemein vertretene Ansicht, die Achtung vor Hitler sei nach seinem Tod sofort verschwunden, bedarf der genaueren Definition. Die Mehrheit der Deutschen reagierte auf die Nachricht von Hitlers Tod in jener Zeit höchster persönlicher Gefahr, schrecklicher Erschütterungen und schlimmer Leiden wie betäubt. Viele der verbleibenden Nazi-Größen waren nicht willens oder nicht in der Lage, darüber nachzudenken, was der Tod ihres Führers bedeutete. Schließlich hatte sein Nachfolger Admiral Dönitz von seinen Kommandeuren noch im März 1945 bedingungsloses Vertrauen in Adolf Hitlers Führung gefordert und verkündet, er habe in zwei Jahren als Oberbefehlshaber der Kriegsmarine immer festgestellt, daß sich Hitlers strategische Ansichten als richtig erwiesen hätten. In den Tagen zwischen Hitlers Tod und der endgültigen Kapitulation Deutschlands verhielten sich Dönitz und die meisten Mitglieder seiner Regierung weiterhin respektvoll gegenüber Hitler. (Dönitz erklärte die Partei nicht für aufgelöst und ließ auch weder Hakenkreuzfahne noch Hitlerbilder aus den Räumen der Regierung in Flensburg entfernen.) Am 2. Mai verkündete er, Hitler habe im Namen Europas und der gesamten zivilisierten Welt gegen den Bolschewismus gekämpft; die Engländer und Amerikaner würden den Krieg deshalb nicht im Interesse ihrer Völker fortsetzen, sondern nur, um die Ausbreitung des Bolschewismus in Europa zu verhindern.[50] In sein Tagebuch schrieb er am 9. Mai 1945, einen Tag nach der Kapitulation, die Grundlage der weiteren Existenz des deutschen Volkes sei die durch den Nationalsozialismus geschaffene nationale Gemeinschaft.[51]

Daß es besser war, den Kampf im Westen aufzugeben als den Kampf im Osten, war inzwischen offensichtlich. Ebenfalls offensichtlich war, daß der Nationalsozialismus für Deutschland besser war als der Bolschewismus – unter anderem für den Lebensstandard der deutschen Bevölkerung. Dieser Eindruck, daß der Nationalsozialismus für die Deutschen letztlich besser gewesen sei als der Bolschewismus, blieb lange Zeit nach dem Krieg ein fester Glaubenssatz, jedenfalls in Westdeutschland und in den antikommunistischen fünfziger Jahren auch bei einigen Amerikanern. Für einen solchen Glauben gab es viele Gründe: nicht nur den Wohlstand, den Hitler seinem Volk gebracht hatte, sondern auch die Tatsache, daß Stalin im Gegensatz zu Hitler viele Millionen seiner eigenen Leute hatte ins Gefängnis werfen und ermorden lassen. Trotzdem sind solche Vergleiche fehl am Platz. Es fehlt ihnen an moralischer Substanz. Man muß aus moralischen – und historischen – Gründen fragen, ob man Nationalsozialismus und Kommunismus und die Verbrechen Hitlers und Stalins überhaupt vergleichen soll.

In seinem Beitrag zum Historikerstreit brachte Fest zur Verteidigung Hillgrubers und Noltes das unglückliche Argument vor, es komme einer Übernahme der Idee vom »Herrenvolk« gleich, wenn man den Deutschen eine besondere Verantwortung für das totalitäre Schreckensregime des Dritten Reichs anlaste und sie aufgrund ihres kulturellen und allgemeinen Bildungsstands *mehr* verantwortlich mache als die Russen für die Verbrechen Stalins. Eine überzeugende Antwort auf diese These hat Christian Meier gegeben: »Ist man denn, wenn man behauptet, daß in Deutschland andere zivilisatorische und ethische Voraussetzungen in einer langen Geschichte er-

wachsen sind als etwa in Rußland, der Türkei und Indochina, schon ein Verfechter der Ideologie vom Herrenvolk? Daraus erwachsen doch schon lange keine Vorrechte ... wohl aber Pflichten. Wenn millionenfacher Mord zweifellos zur Wirklichkeit des zwanzigsten Jahrhunderts gehört, so gehört dazu doch auch, daß er etwa in West-, Nord- und Südeuropa und in Amerika nicht geschehen ist. Sollten wir uns nicht eher an deren Maßstäben messen?«[52]
Ich habe dieses Kapitel mit der Feststellung begonnen, daß Hitler zur Geschichte Deutschlands und der Deutschen gehört. Doch sein Platz in dieser Geschichte ist außergewöhnlicher als der Stalins in der russischen Geschichte. Es hat in der deutschen Geschichte keinen Iwan den Schrecklichen gegeben (dessen Herrschaft in vieler Hinsicht der Stalins glich). Stalin fügt sich eher in die Struktur der russischen Geschichte ein als Hitler in die der deutschen. Und doch ist er – leider – ein Teil von ihr.

# VIII

# OFFENE UND HEIMLICHE BEWUNDERER UND APOLOGETEN

*Für eine Rehabilitierung Hitlers angeführte Gründe – Die relative Rangfolge ihrer Vertreter – Ihre Argumentation.*

Mittlerweile ist deutlich geworden, daß über fünfzig Jahre nach Hitlers Tod immer noch wichtige Fragen zu Hitler offen sind. Das ist nicht ungewöhnlich. Geschichte ist keine Naturwissenschaft, *Biographie* ist nicht *Biologie*. Alles, was wir wissen, wissen wir durch den Blick zurück, und dieser Blick ändert sich oft. Hier stoßen wir auf eine weitere, unumgängliche Grenze der menschlichen Natur: Perspektive ist nicht identisch mit der Wirklichkeit, doch ist sie unweigerlich ein Bestandteil von ihr. In seinen Memoiren schreibt Kaiser Wilhelm II., die historische Wahrheit sei nicht weniger heilig als die Religion. Heilig ist sie, aber nicht rein[1], denn uns ist nicht die reine Wahrheit gegeben, sondern nur das Streben danach, und dieses Streben läßt sich nicht loslösen vom Suchenden. Das bedeutet nicht, daß die geschichtliche Wahrheit relativ – damit beliebig veränderbar und größtenteils bedeutungslos – und nicht das Gegenteil von Unwahrheit wäre. In bezug auf Hitler und den Nationalsozialismus von »Relativierung« zu sprechen, ist vielleicht nicht glücklich, außer wenn man damit die Absichten der »Relativierer« meint. Wenn damit eine Rehabilitation Hitlers gemeint ist, müßte man das an ihrer Auswahl der »Fakten« und ihrer jeweiligen Wortwahl eigentlich ablesen können, wie bei zahlreichen Bewunderern und Apologeten Hitlers, ob sie ihre Absicht nun bekennen und sich ihrer bewußt sind oder nicht. Manche Historiker wie Zitelmann wiederum schreiben unter Zuhilfenahme eines heute veralteten (und ursprünglich kartesianischen) Vokabulars aus der Physik, »subjektive« Vorurteile hätten eine »objektive« historische Darstellung Hitlers getrübt. Maser nennt das Buch des unverhohlenen Hitler-Bewunderers Hans

Severus Ziegler[2] »sehr subjektiv gefärbt«, als ob dieses Adjektiv bereits alles erklären würde.

Wir sind in unserer Darstellung immer wieder auf Argumente gestoßen, die von professionellen und Amateurhistorikern und anderen Publizisten vorgebracht worden sind, um wesentliche Elemente der geschichtlichen Darstellung Hitlers zu revidieren; an dieser Stelle seien nun die wichtigsten so knapp wie möglich zusammengefaßt. Fünfzig Jahre nach seinem Tod ist unbestreitbar – oder sollte es sein –, daß Hitler ein komplexerer und verschlossenerer Mensch war, als lange Zeit angenommen wurde, und daß er über beachtliche geistige Fähigkeiten verfügte. Gleichzeitig betonen seine Fürsprecher gerne – und oft sehr einseitig – die sensible, künstlerische, überraschend menschliche Seite seines Wesens. Einseitig fällt auch ihre Darstellung des Glücks und Wohlstands aus, die Hitler der Mehrzahl der Deutschen in den dreißiger Jahren brachte. Die dunkleren Elemente im Gesamtbild werden nicht erwähnt, geschweige denn hervorgehoben. Bei extremen Apologeten wie bei zurückhaltenderen Revisionisten besteht ferner die Tendenz, Hitler zumindest teilweise von der Verantwortung für den Beginn des Zweiten Weltkrieges freizusprechen. Sie betonen die kriegsähnlichen Ziele seiner Feinde und ihre starre Ablehnung jeglicher Kompromisse, vor allem im Fall Polens und Großbritanniens.[3] Seit relativ kurzer Zeit zeigt sich auch die zunehmende Tendenz, Hitler wenigstens teilweise von seiner verhängnisvollsten Entscheidung während des Krieges zu entlasten, seinen Entschluß, 1941 Rußland anzugreifen. Aufgrund sehr fragwürdiger Quellen wird argumentiert, Stalin habe 1941 seinerseits Deutschland angreifen wollen.[4] In den vorigen Kapiteln habe ich mehrfach die Theorie von den zwei Kriegen erwähnt, der zufolge der Krieg gegen die Sowjetunion verständlich und entschuldbar war, weil er auf eine Verteidigung nicht nur Deutschlands, sondern Europas und der westlichen Zivilisation hinauslief; Deutschland kam damit die Funktion eines Bollwerks gegen den Bolschewismus zu. Eine Variante dieser Argumentation macht deshalb den Alliierten und vor allem Churchill zum Vorwurf, sie seien blind gegenüber der Gefahr des Kommunismus gewesen und hätten durch ihren Haß auf Deutschland zum Zusammenbruch Europas beigetragen.[5] Ein weiteres Beispiel für diese Art von »Relativierung« ist, die Verdienste des deutschen Widerstands herunterzuspielen; in besonders schlimmen Beispielen werden die Verschwörer des 20. Juli (wie überhaupt die meisten Gegner Hitlers) charakterlich schlechtgemacht. Irving schließlich behauptet, wie bereits erwähnt, daß Hitler nicht für die Vernichtung der

Juden Europas verantwortlich gewesen sei, daß diese von anderen beschlossen und durchgeführt worden sei und daß Orte wie Auschwitz Arbeitslager und keine Todeslager gewesen seien. Dieser Argumentation schließen sich Bücher und Pamphlete anderer Autoren an, mit dem Ziel, anerkannte Darstellungen zum Ausmaß des »Holocaust« als Propagandalüge abzuwerten, durch die die »objektive Wahrheit« verschleiert werden sollte.

Gemeinsam ist all diesen Werken eine absichtliche Übertreibung. Zwar steckt in fast allen ein Fünkchen Wahrheit (oder besser Wirklichkeit?), doch weder quantitativ noch qualitativ gewichtig genug, um ernsthaft in Erwägung gezogen zu werden. Gleichzeitig muß unterschieden werden zwischen den Werken und ihren Autoren. Auf einen Überblick über Pamphlete und Bücher an der Randzone dieser Art von Literatur soll hier zwar verzichtet werden, aber immerhin soll eine Ordnung der »Revisionisten« aufgestellt werden – eine relative Hierarchie nach der zunehmenden Ernsthaftigkeit ihrer wissenschaftlichen Arbeit. Ausgehend von den offenen Bewunderern Hitlers, die häufig einer älteren Generation angehören, die Hitler noch erlebt hat, kommen wir dann zu seinen Apologeten wie Irving und vielleicht teilweise Toland und nennen abschließend einige Argumente renommierter deutscher Schriftsteller und Berufshistoriker, die während des »Historikerstreits« und danach geltend gemacht wurden.

Aus mindestens zwei Gründen können wir von einer Diskussion oder auch nur unvollständigen Aufzählung der extremen Apologeten absehen. Der eine ist ihr begrenzter Leserkreis; ihre Bücher werden von kleinen, sektiererischen und selten seriösen Verlagen herausgegeben; sie richten sich an überzeugte Anhänger ihrer Thesen und solche, die bereit sind, sich überzeugen zu lassen. Der andere Grund ist der seltsame oder vielleicht gar nicht so seltsame Umstand, daß die Autoren dieser extremen Machwerke offenbar noch nicht für Hitler »bereit« sind: Sie leugnen zwar die Judenvernichtung und rechtfertigen und verteidigen, ja verherrlichen Institutionen des Dritten Reiches wie die SS, sprechen aber selten direkt von Hitler. Es scheint, als wäre er ein Thema, das immer noch zu groß und zu gefährlich ist, um es auch nur zu berühren – obwohl außer Zweifel steht, daß diese Autoren ihn bewundern. Für die Zwecke des vorliegenden Buches sind die Erinnerungen jener Menschen wichtiger, die Hitler persönlich kannten, für ihn arbeiteten oder ihm auf andere Weise nahestanden[6], und anderer, die ihn auch im Rückblick nicht verurteilen oder auch nur ihre Loyalität zu ihm in Frage stellen wollen; nur noch wenige von ihnen leben heute noch, fünfzig Jahre nach Hitlers Ende.[7] Ihre schriftlichen oder mündlichen Erinnerungen wurden von Amateurhistorikern eifrig durchsucht, häufig mit eigenen Absichten wie im Falle Irvings und Tolands; ihr Wert mag begrenzt sein, doch ist zumindest in einigen Fällen bedauerlich, daß sie von Berufshistorikern oft übergangen worden sind. Dies gilt etwa für die Memoiren von Hitlers Sekretärin Christa Schroeder, einer schwierigen und streitbaren Frau; ihr Buch wurde von Anton Joachimsthaler mit einem mustergültigen Anmerkungsapparat versehen.[8]

Weitet man diesen Kreis aus, so gelangt man zu den Memoiren und Erinnerungen bedeutender Persönlichkeiten, die Hitler ebenfalls nahestanden und die *ausdrücklich* das Ziel verfolgten, ihn zu rehabilitieren.[9] Ihre Bücher sind in der Regel ebenfalls von kleinen rechtsradikalen Verlagen veröffentlicht worden und haben kein breites Echo gefunden; doch zumindest auf einige von ihnen müssen wir näher eingehen, insbesondere auf den offenen Apologeten Hermann Giesler. Schon der Titel seines Buches ist vielsagend: *Ein anderer Hitler.*[10] Giesler war Architekt, ein junger Bewunderer und Bekannter Oswald Spenglers und später Adolf Hitlers, der seinerseits von Gieslers Talent und seiner Loyalität beeindruckt war. Unter den Lieblingsarchitekten Hitlers stand Giesler nach Speer an zweiter Stelle. Während zu Speers Leistungen ein großes und detailliertes Modell der monumentalen künftigen Berliner Stadtmitte zählt, das er Hitler 1940 präsentierte, entwarf Giesler ein monumentales Modell des künftigen Linz, das er Hitler im Februar 1945 vorführte. Bormann hatte Giesler dazu ermuntert und zu ihm gesagt, Hitler brauche eine solche Entspannung, um sich von der schrecklichen Bürde seines Amtes zu erholen; tatsächlich betrachtete und diskutierte Hitler das Modell von Linz mit Giesler an dem schauerlichen Februarabend nach der Zerstörung Dresdens viele Stunden lang, bis spät in die Nacht hinein.[11] Giesler zeichnet ein sehr positives Bild von Hitler, das freilich aufgrund der Absichten des Autors mit Vorsicht zu genießen ist. Bei zahlreichen Äußerungen Hitlers fehlen die Quellenverweise, und einige dieser Äußerungen sind nicht plausibel oder nachweisbar. Ein bezeichnender und vielleicht prototypischer Anhang in Gieslers Buch ist ein Brief des Bildhauers Arno Breker an den Autor. Breker war ein junger, attraktiver und begabter Bildhauer, den Hitler mochte und dessen Buch, *Paris. Hitler et moi,* acht Jahre vor Gieslers Buch in Paris veröffentlicht wurde. (Breker hatte vor dem Krieg viele Jahre in Paris gelebt, wo er viele Freundschaften und Bekanntschaften hatte, unter anderem mit Cocteau und Maillol, die er während der deutschen Besetzung Frankreichs pflegte und die erwidert wurden, da man von seiner engen Beziehung zu Hitler wußte.) Brekers Buch war keine Apologie Hitlers, sondern seines eigenen Leben. Es ist hastig geschrieben, enthält wenig interessante Einzelheiten über Hitler[12] und strotzt vor Bewunderung für Albert Speer. In dem erwähnten Brief an Giesler vom 29. November 1977 wandte sich Breker allerdings scharf gegen Speer, und zwar wegen dessen Darstellung von Hitler.[13]

An diesem Buch und diesem Brief sticht vor allem Gieslers und Brekers Bewunderung für Hitler hervor und ihre Überzeugung, daß Hitler in der Geschichte einen bedeutenden Platz einnehme, und zwar aufgrund von historischer Größe wie künstlerischen Genies. Diese Verehrung war natürlich großenteils bedingt durch ihre auf glücklichen Umständen beruhende, vorteilhafte Bekanntschaft mit Hitler. Aber geht ihre hartnäckige Bewunderung nur darauf zurück? Das kann ich nicht beantworten. Gleichzeitig wirft ihre Feindseligkeit gegen Speer die Frage auf: War Speers »Bekehrung« nur die Entscheidung eines Opportunisten? Ich glaube nicht und vermute eher, daß dahinter Speers – zugegebenermaßen späte – innerste Überzeugung stand und folglich mehr als Opportunismus. Deshalb sind auch Speers Erinnerungen an Hitler weit wertvoller und aufschlußreicher als die von Giesler oder Breker, auch wenn man über einige Details der beiden nicht völlig hinweggehen kann.

Damit komme ich zu dem Amateurhistoriker David Irving, von dem bereits mehrfach in diesem Buch die Rede war. In Kapitel 1 wurde seine Entwicklung vom jungen Sympathisanten mit allem, was mit Deutschland zu tun hat, zu einem Apologeten Hitlers und schließlich zu einem unzweifelhaften Bewunderer und Anhänger aufgezeigt. Zwar wird Irving heute, über dreißig Jahre nach seinen ersten Veröffentlichungen, von angesehenen Verlagen in Großbritannien oder den Vereinigten Staaten nicht mehr gedruckt, und seit 1992 ist Irvings Einreise in die BRD »unerwünscht«, seit März 1996 besteht ein Einreiseverbot, doch wäre es aus wenigstens zwei Gründen falsch, seinen Einfluß zu unterschätzen. Der eine ist seine nicht gerade kleine Leserschaft, der andere, für unsere Zwecke bedeutsamere, die Art und Weise, wie gewisse, insgesamt angesehene Berufshistoriker sich auf Irvings Forschungen gestützt und ihm, wenngleich mit Einschränkungen, ihre Anerkennung ausgesprochen haben.[14] Das ist bedauerlich, doch nicht allein wegen des häufig beklagenswerten und in vielen Fällen anstößigen Charakters von Irvings Ansichten. Wenige Rezensenten und Kritiker von Irvings Büchern, Berufshistoriker nicht ausgenommen, haben sich die Mühe gemacht, sie sorgfältig zu prüfen. Wenn sie dies getan hätten, hätten sie entdeckt, daß sich viele Verweise und Zitate bei Irving gar nicht verifizieren lassen. Sein Buch *Hitler's War* etwa enthält Hunderte falscher Namensschreibweisen und Daten; gleichzeitig steckt es voller nicht nachprüfbarer und wenig überzeugender Behauptungen.

Beides hängt miteinander zusammen, weil Irvings Gebrauch der Sprache auf seine Methode hinweist. Eine rhetorische Angewohnheit von Anhängern von Ideologien ist die betonte Verwendung von Adverbien und Adjektiven; sie haben nicht die Funktion, etwas näher zu bestimmen, sondern sollen die Stoßrichtung ihrer Äußerungen stützen. Sie dienen als rhetorischer Ersatz für fehlende konkrete Beweise. So machte Hitler in Irvings atemloser Prosa »in bezug auf die Juden *offenkundig* ein Versprechen« (dafür gibt es keinerlei Hinweis); General Schörner erkämpfte im April 1945 »einen *überzeugenden* Sieg« (es war kein Sieg, schon gar kein überzeugender); 1939 stand die polnische Armee »*optimistisch* versammelt bei Posen« (ein eigenartiges Adverb für einen englischen Autor, außerdem war die polnische Armee weder bei Posen versammelt noch optimistisch). Stalin hatte 1941 »*offensichtlich* umfassende Pläne für eine Offensive in Europa ausgearbeitet« – ganz im Gegenteil: Stalin fürchtete Hitler so sehr, daß er dem sowjetischen Militär befahl, keine weiteren Defensivmaßnahmen zu treffen, da sie Hitler irritieren könnten, von »offensiven« Maßnahmen ganz zu schweigen. Diese Behauptung etwa findet sich auf S. 285 in *Hitler's War.* Im Anhang sind 18 Zeilen Anmerkungen allein dieser Seite gewidmet, die verschiedensten Punkte werden darin angesprochen und alle möglichen Kennummern und Aktenverweise aufgezählt, aber ein Beleg obiger Behauptung fehlt. Ein Namensvetter Irvings, Washington Irving, vertraut seinen Lesern in *Tales of a Traveller* (dt.: *Erzählungen eines Reisenden)* an: »Ich weiß nie, wie weit ich meinen eigenen Geschichten glauben darf.« Derartige Selbstzweifel fehlen David Irving.[15]

In seiner Einführung zu *Hitler's War* schreibt Irving: »Ich sah mich in der Rolle des Restaurators – mir kam es weniger auf eine subjektive Bewertung als auf das systematische Abtragen von mancherlei Verkrustungen und Tünchschichten an, die sich in Jahrzehnten auf der Oberfläche eines stummen, abweisenden Monuments gebildet hatten ... Aber ich meine, daß ich mit Beharrlichkeit und Zähigkeit ... die Wesenszüge eines Mannes aufdekken konnte, die bislang niemand geahnt hatte.« Großes Verdienst und Ehre gebührt jenen zumeist deutschen Historikern, die es als ihre Pflicht angesehen haben, Irvings »Dokumenten« und Argumenten nachzuforschen und sie zu widerlegen; dabei beschränkten sie sich nicht nur auf Irvings moralisch fragwürdige Thesen, sondern legten auch sorgfältig die willkürlichen Fehlinterpretationen seiner »Quellen« dar.[16]

Die Arbeit des amerikanischen Journalisten John Toland läßt sich kaum mit Irvings Hitlerporträt vergleichen; doch schimmert Tolands Bewunderung für Hitler auf vielen Seiten seiner Biographie durch. Dazu kommt, daß auch seine Quellennachweise unzureichend sind.[17]

In seiner Bewertung und Zusammenfassung des »Historikerstreits« schreibt der englische Historiker Richard J. Evans: »Die ganze Debatte bietet letzten Endes wenig Nennenswertes den ernsthaft wissenschaftlich an der deutschen Vergangenheit Interessierten. Sie bringt kaum neue Tatsachen ans Licht; sie bietet keine neue Forschung; sie trägt nichts Neues zum historischen Verständnis bei; sie wirft keine Fragen auf, die künftige Arbeiten anregen könnten. Es überrascht daher kaum, daß einige Kommentatoren der Debatte die ganze Diskussion beenden und die Historiker wieder dazu bringen wollten, wirkliche Geschichte zu schreiben.« (Was immer das sein mag.) »Doch ist die Debatte mehr als eine bloße Sackgasse. Sie hat offenkundige Folgen für die Art und Weise, wie Geschichte geschrieben wird.«[18] Das ist zu vage und umfassend. Der »Historikerstreit« hatte nichts mit der Methodik der Geschichtsschreibung zu tun. Seine »offenkundigen Folgen« sind und bleiben, daß renommierte deutsche Berufshistoriker es für angebracht hielten, den Platz des Dritten Reiches und zumindest indirekt Adolf Hitlers in der Geschichte Deutschlands und Europas im 20. Jahrhundert neu zu überdenken.[19]

Ernst Nolte, dessen Beitrag den »Historikerstreit« entfachte, hat in einer Vielzahl von Büchern[20] und Beiträgen eine sehr zweifelhafte Erklärung für das Dritte Reich und indirekt für Hitler vorgelegt: Der Nationalsozialismus und seine Greueltaten seien eine Reaktion auf die russische kommunistische Revolution und ihren Terror. Sei der »Archipel Gulag« vielleicht nicht Auschwitz vorausgegangen? Oder die Liquidierung der russischen Bourgeoisie und der Kulaken Hitlers Judenvernichtung? Letztere war nach Nolte nicht nur eine Entsprechung zu Stalins Massenmord, sondern gar die Folge davon; der Nationalsozialismus war für ihn die radikale Reaktion auf den Sieg des Bolschewismus 1917 in Rußland.

Eine solche Argumentation – ja mehr noch, eine solche Art der Geschichtsbetrachtung – erfordert besondere Beachtung, wenn auch nur deshalb, weil sie im wesentlichen mit der Auffassung vieler »Konservativer« und »Neo-Konservativer« nicht nur in Deutschland, sondern auch anderswo übereinstimmte und noch übereinstimmt. Das gilt auch für die Vereinigten Staaten. Während des Kalten Krieges und noch jetzt sehen viele Amerikaner in der kommunistischen Revolution in Rußland den größten Wendepunkt in der Geschichte des 20. Jahrhunderts, die für sie danach vom weltweiten Kampf zwischen Kommunismus und »Freiheit« gekennzeichnet war. In diesem Kampf waren der Zweite Weltkrieg und Hitler lediglich vorübergehende Episoden. (James Burnham und William F. Buckley vertraten diese These: »Im Jahr 1917 schaltete der Motor der Geschichte in einen anderen Gang« – was immer das heißen mag.) Diese Geschichtsauffassung fand nicht nur zahlreiche Anhänger, darunter in den siebziger Jahren auch jüdische und ehemals trotzkistische »Neo-Konservative«, sie blieb auch ein wesentliches Element, das die Ideologie der Republikaner ab 1948 grundlegend prägte und später Männer wie Ronald Reagan an die Macht brachte. Sie ist unsinnig, und ich muß kurz zusammenfassen weshalb, auch wenn ich dabei vom Hauptthema dieses Kapitels abschweife: 1) Die Hauptereignisse dieses Jahrhunderts waren die beiden Weltkriege; die kommunistische Revolution in Rußland 1917 und die Errichtung kommunistischer Regime in Osteuropa nach 1945 waren lediglich ihre Folgen. 2) Selbst im Jahr 1917 war das größte, im Sinn von folgenreichste, Ereignis nicht die russische Revolution, also der Rückzug Rußlands aus dem Krieg, sondern der Kriegseintritt der Amerikaner, und zwar nicht nur kurzfristig, sondern auch langfristig. Kurzfristig entschied nicht der Ausfall Rußlands den Ausgang des Weltkrieges, sondern der Eintritt der Amerikaner; langfristig hatte dies den Bruch mit der alten amerikanischen Tradition zur Folge, sich aus der Alten Welt herauszuhalten. 3) Wenn überhaupt etwas, dann hat die Geschichte dieses Jahrhunderts die Amerikanisierung der Welt erlebt, nicht ihre Kommunisierung oder Russifizierung. 4) Das vergebliche Bemühen des Kommunismus, nach 1917 und vor 1945 in einem Land außerhalb Rußlands Fuß zu fassen (im Gegensatz zur Französischen oder Amerikanischen Revolution), und sein Zusammenbruch nach 1989 sind Beweis genug für die geringe Attraktivität dieser Ideologie, vor allem in Europa.

In Deutschland war vielleicht bedauerlich, daß Bundeskanzler Kohl 1986 Nolte in das »Kuratorium« für ein neues »Haus der Geschichte« berief. In der FAZ vom 3. März 1988 wurde Nolte überdies als einer der »originellsten Geschichtsdenker der deutschen Gegenwart« verteidigt, bei anderer Gelegenheit auch von Joachim Fest. 1994 sagte Nolte in einem Spiegel-Interview mit Rudolf Augstein: »Hitler war eben nicht nur ein Ideologe, und der Zweite Weltkrieg war tendenziell, der Möglichkeit nach ein europäischer Einigungskrieg ... und wenn man an Piemont denkt, kann man sich vorstellen, daß Deutschland Europa geeinigt hätte ...«[21]

Klaus Hildebrand, ein Verteidiger Noltes im »Historikerstreit«, schreibt: »[Es] bleibt der Historiographie noch viel zu tun, um die Geschichte des Dritten Reiches im deutschen, europäischen und universalen Zusammenhang zu erforschen und darzustellen.«[22] Einen solchen Versuch unternahm Andreas Hillgruber während des »Historikerstreits«. Sein Eintreten für die, wie ich sie nannte, Zwei-Kriegs-Theorie trug 1986 zum plötzlichen Ausbruch des »Historikerstreits« bei. In seinem Buch *Zweierlei Untergang* von 1986 preist er den verzweifelten Kampf des Ostheeres in den Jahren 1944/45 »um die Bewahrung der Eigenständigkeit der Großmachtstellung des Deutschen Reiches, die nach dem Willen der Alliierten zerstört werden sollte«. Anti-Preußentum sei »die Basis der britischen Kriegszielpolitik gegenüber Deutschland« gewesen.[23] Nach Hillgruber gebühren auch führenden NS-Funktionären und SS-Einheiten (darunter den Freiwilligenverbänden der SS aus Flamen, Holländern und anderen) in diesem Kampf Respekt und Bewunderung. Wie Nolte spricht auch Hillgruber von einer »europäischen Idee« der SS. Ein zweiter, meiner Meinung nach weit beunruhigenderer Punkt ist Hillgrubers Widerstreben, den Patriotismus der Verschwörer des 20. Juli gegen Hitler zu würdigen. Dies ist um so bedeutsamer, als sich die Bundesrepublik in einem breiten Konsens offiziell mit dem Patriotismus der Gegner, Widerstandskämpfer und Märtyrer des 20. Juli identifiziert. Hillgruber bekundet dagegen Sympathie für die Kommandeure an der Ostfront, die die Verschwörung verurteilt hatten. Seine Unterscheidung zwischen zwei von ihm selbst zusammenmontierten Begriffen (Hillgruber war ein schwacher Stilist) ist vielsagend. Männer wie Stauffenberg sind für ihn »Gesinnungsethiker«, die bis zum Letzten kämpfenden Soldaten im Osten »Verantwortungsethiker«. Im wesentlichen läuft dies auf folgendes hinaus: Stauffenberg und die Verschwörer gegen Hitler mögen vielleicht Moralisten gewesen sein, doch die anderen handelten im Sinne einer moralischen Verantwortung. Weniger ins Gewicht fallen demgegenüber die kleinen, aber vielleicht doch bezeichnenden Hinweise darauf, daß Hillgruber sich gelegentlich Noltes exzentrischer These anschließt und bei anderer Gelegenheit Irving vorsichtig würdigt.[24]

Aus Fairneß gegenüber Nolte und Hillgruber muß gesagt werden, daß einige ihrer Schriften zwar implizit Elemente einer Rehabilitierung Hitlers enthalten, daß dies aber nicht ihre Absicht war. Die beiden Autoren wurden getrieben von einer heftigen Bitterkeit gegen einen, wie sie meinten, unglücklich breiten, aber unangemessenen antinationalen Konsens deutscher Historiker. Sie wollten nicht rehabilitieren, sondern erklären. Doch viele ihrer Erklärungsversuche liefen auf eine Relativierung hinaus, die besser unterblieben wäre. Nolte und Hillgruber wie auch ihre Verteidiger und Anhänger sind keine Bewunderer Hitlers, sondern Verteidiger Deutschlands und der Geschichte der Deutschen im Dritten Reich; aber weil sich die Geschichte des Dritten Reiches nicht von der Adolf Hitlers trennen läßt, finden sie sich auch – zumindest gelegentlich – unter den Verteidigern Hitlers wieder.

Bei Rainer Zitelmann liegt der Fall etwas anders. Bezeichnenderweise beginnt er, der eine ganze Generation jünger als Nolte und Hillgruber ist und nicht am »Historikerstreit« beteiligt war, die zweite Auflage seines wichtigen Buches *Adolf Hitler. Selbstverständnis eines Revolutionärs* mit einem scharfen Vorwort, in dem er jene Historiker anprangert, die Nolte und Hillgruber im »Historikerstreit« kritisierten.[25] Dies ebenso wie Zitelmanns folgende Karriere entlarven die ideologischen und politischen Neigungen dieses talentierten jungen Historikers, der seine vielversprechenden Aussichten als Akademiker für eine Karriere im öffentlichen Journalismus und in der Politik aufgab. Das allein muß noch nicht bedauerlich sein; wie gezeigt, sind einige überaus wertvolle und erhellende Beiträge zu Hitler von Männern geschrieben worden, die keine akademischen Historiker waren. Doch haben wir in vorliegenden Kapiteln gesehen, daß Zitelmanns Äußerungen oft nicht nur seine, ich wiederhole, ernsthafte und begrüßenswerte Absicht anzeigen, ein vielfältigeres und komplexeres Bild von Hitler als bisher zu präsentieren. Gelegentlich gehen bei ihm »Revision« und eine Art Rehabilitation ineinander über. Dies wird deutlich in einigen seiner fragwürdigen und unrichtigen Äußerungen zu Hitlers Außenpolitik[26] und auch, wie bei Hillgruber, in seinen Vorbehalten gegenüber den Verschwörern des 20. Juli. Ihre Motive waren laut Zitelmann heterogen: Religiöse und ethischmoralische Motive hätten ebenso eine Rolle gespielt wie ihr Widerwillen gegen Hitlers Sozialismus – eine ungerechte Zusammenfassung der Ziele dieser vornehmen und patriotischen Konservativen einer früheren Generation durch einen nationalistischen »Neo-Konservativen«.

Über ein Vierteljahrhundert vor Ausbruch des »Historikerstreits« hat der Schweizer Journalist Fritz René Allemann ein gedankenvolles Buch mit dem Titel *Bonn ist nicht Weimar* geschrieben. Darin wollte er die Stabilität der westdeutschen politischen und sozialen Ordnung hervorheben. In dem Buch belegt er vielfältig, um wieviel belastbarer und gesünder die Zustände und Institutionen der Bundesrepublik im Vergleich mit denen der Weimarer Republik seien und daß die Bundesrepublik folglich kaum für extremistische Strömungen anfällig sei. Allemanns Buch war weder nur politische Meinungsmache noch gekennzeichnet durch blinden Optimismus; viele seiner Vergleiche gelten noch heute, vierzig Jahre nach der Veröffentlichung des Buches, für einen erheblich gewandelten und inzwischen wiedervereinigten deutschen Staat. Allerdings gibt es eine wichtige Ausnahme zu Allemanns Grundthese: In *kultureller* Hinsicht lassen sich durchaus Ähnlichkeiten zwischen Bonn und Weimar aufzeigen. Natürlich sind solche Ähnlichkeiten in gewisser Hinsicht oder auf einer bestimmten Ebene ein weltweites Phänomen. Der Kult und die häufig übermäßige Bewunderung der Kunst und der Literatur der »Moderne« der zwanziger Jahre hat die vergangenen Jahrzehnte geprägt (vielleicht insbesondere die sechziger Jahre, die nicht viel mehr waren als eine übersteigerte Anwendung und Umsetzung von Ideen, Formen und Moden der zwanziger Jahre). Von dieser allgemeinen kulturellen Strömung konnte Westdeutschland kaum verschont bleiben. Das Besondere an der Weimarer Republik war jedoch die Existenz einer nahezu unüberbrückbaren Kluft nicht nur in politischer und sozialer Hinsicht, sondern auch intellektuell und kulturell, zwischen einem damals konservativ-nationalen und einem radikal-liberalen, kosmopolitischen Lager. Und in den achtziger Jahren offenbarte der »Historikerstreit«, daß sich von neuem eine Kluft unter deutschen Historikern, politischen Denkern, Publizisten und Kritikern auftat – wobei die Zusammensetzung der Lager zwar nicht identisch ist mit denen der zwanziger Jahre, aber doch ähnlich. Überdies zeigte der Verlauf der Auseinandersetzung leider, daß auch diese Kluft womöglich unüberbrückbar ist. Die Schärfe der Auseinandersetzung bot dafür Beweis genug.[27] Im Gegensatz zu den zwanziger Jahren beklagten die Historiker, deren Schriften die Auseinandersetzung auslösten (Nolte,

Hillgruber) und ihre Anhänger (Hildebrand, Fest, Stürmer) und Nachfolger (Zitelmann), daß die deutschen Universitäten und Berufshistoriker weiterhin von einer linkslastigen, antinational eingestellten Intelligenz dominiert würden, die ihr Bestes (oder Schlimmstes) getan habe, um ihre Gegner und zumindest indirekt die Geschichte ihres Landes zu verunglimpfen. Hinter derlei erregten Äußerungen wird der Verdacht spürbar, es gebe eine Verschwörung[28] - eine nicht nur akademische, sondern antinationale Verschwörung.

In einem Interview mit dem schwedischen Historiker Alf W. Johansson im November 1992 erklärte Zitelmann, der »Historikerstreit« habe mit einem Triumph der »linksliberalen« Kräfte geendet. Politisch bedeute dies, daß die Konservativen eher in der Defensive seien und keineswegs einig; dies habe jedoch mehr mit den akademischen Rahmenbedingungen zu tun als mit der geistigen Situation in Deutschland, wo sich inzwischen, ein paar Jahre nach dem »Historikerstreit«, eine gewisse Veränderung abzeichne, da die linksintellektuellen Kreise nicht mehr in der Offensive seien, sondern im Gegenteil selbst mit zunehmenden Schwierigkeiten zu kämpfen hätten. Doch viele, wenn nicht die Mehrzahl der Kritiker Noltes und Hillgrubers waren keineswegs Linke oder Radikale. Immerhin hat Zitelmann vermutlich recht, wenn er eine Veränderung des politischen und geistigen Klimas konstatiert, das sich möglicherweise auf jüngere Generationen und vielleicht auch auf künftige Historiker auswirkt. Dies läßt sich unter anderem an Fests Vorwort von 1995 zu einer neuen Auflage seiner Hitler-Biographie ablesen, in dem er sich gegen die Anerkennung und Beachtung von »Tabus« zum Thema Hitler ausspricht.[29] Vermutlich stehen uns im besten Fall weitere Revisionen des Hitlerbildes bevor, und im schlimmsten Fall weitere Versuche, ihn zu rehabilitieren.

# IX

# DAS HISTORISCHE PROBLEM

*Pieter Geyls Fragestellung im Jahr 1944 – Das semantische Problem der »Größe« – Katastrophale Folgen Hitlers – Dauerhafte Konsequenzen – Sein Ort in der Geschichte des 20. Jahrhunderts und am Ende der Neuzeit.*

Am 14. Oktober 1944 schloß der niederländische Historiker Pieter Geyl das Vorwort eines Buches ab, dessen Thema ihn seit über vier Jahren beschäftigt hatte. Es waren höchst dramatische Jahre seines Lebens gewesen. Im Mai 1940 wurde sein Land brutal von Hitlerdeutschland überfallen und besetzt. Geyl hatte einen Aufsatz über Napoleon geschrieben, den er im September als Grundlage für einige Vorlesungen an der Rotterdamer Hochschule für Wirtschaftswissenschaften verwendete. Einen Monat später wurde er festgenommen und nach Deutschland deportiert, wo er Gelegenheit hatte, seine Vorlesungen »in einer völlig anderen Umgebung und vor einer völlig anderen Zuhörerschaft zu halten«, nämlich vor seinen Mitgefangenen im Konzentrationslager Buchenwald. Ihr Thema war Napoleon, doch waren es »die Parallelen [zwischen Napoleon und Hitler], die das lebhafteste Interesse erregten«. Einige Monate später wurde Geyl aus Buchenwald nach Holland zurückverlegt, wo er weitere drei Jahre interniert blieb. Nach seiner Freilassung aus gesundheitlichen Gründen im Februar 1944 begann er das Buch *Napoleon: For and Against* zu schreiben.[1] Geschrieben in einem kleinen Zimmer, in der Kälte und Dunkelheit der noch immer besetzten Niederlande, im Schatten der Gestapo, wurde es in acht Monaten vollendet. Sieben Monate mußten noch vergehen, bis Holland befreit wurde. Das Buch – *Napoleon: For and Against* – erschien 1947, die ersten englischen und amerikanischen Ausgaben 1949.

Wie aus dem Titel hervorgeht, ist das Thema dieses hervorragenden und höchst lesbaren Werks des nach Johann Huizinga vermutlich zweitgrößten niederländischen Historikers dieses Jahrhunderts Napoleon und nicht Hitler. Tatsächlich taucht der Name Hitler im Hauptteil des Buches außer in einer kleinen Fußnote auf Seite 278 überhaupt nicht auf. Im Vorwort kommt er dagegen ständig vor. Gleich zu Beginn des Vorwortes räumt Geyl ein, daß »das Buch ein Nebenprodukt unserer jüngsten Erfahrungen« sei. Doch handelt es sich nicht um eine Parallelbiographie.[2] Es lohnt sich, genau zu lesen, was Geyl im Vorwort schreibt: »Wie bereits angekündigt, hat mich am Thema Napoleon wesentlich mehr angezogen als nur die Parallelen. Napoleon ist selbst eine faszinierende Gestalt, und die französische Geschichtsschreibung hat einen eigenen Charme. Nicht einmal der Artikel von 1940 war hauptsächlich durch die Frage der Ähnlichkeit oder des Gegensatzes zwischen Hitler und Napoleon motiviert. *Vielmehr ging es mir um das historiographische Problem, das Problem der unendlichen Vielfalt von Interpretationen Napoleons, seiner Laufbahn, seiner Ziele und seiner Erfolge.* [Die Hervorhebung stammt von mir: Geht es nicht auch im vorliegenden Buch über Hitler um genau dieses Problem?] Doch konnte es anders sein? Die Parallelen verblüfften mich nicht weniger als meine Leser und Zuhörer, und sie sind auch in diesem Buch unbestreitbar gegenwärtig, obwohl ich nur sehr gelegentlich auf sie anspiele und sie nirgends ausgearbeitet habe.«

Im Rest seines Vorwortes vergleicht Geyl Napoleon dann tatsächlich mit Hitler. Ich komme gleich auf einige seiner treffenden Aussagen zu sprechen. Ein bestimmter Abschnitt hat mich jedoch, als ich das Buch vor fast einem halben Jahrhundert zum ersten Mal las, besonders beeindruckt – und womöglich war er verantwortlich für meinen Entschluß, das vorliegende Buch zu schreiben. Er wolle nicht den Eindruck erwecken, schrieb Geyl, sein Buch sei »wegen der Parallelen« geschrieben worden und diesen Parallelen habe sein Hauptinteresse gegolten. »Doch drängt sich die Befürchtung auf, die Parallelen könnten sich auch auf einen ganz bestimmten Punkt erstrecken – und nur eine spätere Generation wird sicher wissen, ob diese Furcht sich bewahrheitet hat.«

*Wenn man sieht, wie die Franzosen die Hand lecken, die sie einst schlug, wenn man sieht, wie sie die Verbrechen und Irrtümer ihres Helden, die Leiden seines Volkes und die Katastrophen und Verluste des Landes im Glanz seiner militärischen Erfolge und seiner Macht vergessen, so hinfällig und vergänglich diese auch waren, wenn man die genialen, phan-*

*tasievollen und grandiosen Erklärungen und Rechtfertigungsversuche betrachtet, die noch hundert Jahre später von – exzellenten! – Historikern erdacht wurden, dann sieht man in späteren Generationen von Deutschen bereits die Apologeten und Bewunderer des Mannes auftauchen, der uns unterdrückt und sie ins Verderben geführt hat.*

Pieter Geyl schrieb diese Sätze im Oktober 1944 – auf den Monat genau fünfzig Jahre, bevor ich vorliegendes Buch zu planen und zu schreiben begann. Mein Buch ist keine Studie, die man *Hitler: Für und Wider* nennen könnte. Doch der Leser, der ihm bis hierher gefolgt ist, weiß, daß es tatsächlich eine für Hitler eintretende Literatur von »Apologeten und Bewunderern« gibt und auch weiterhin geben wird, und zwar nicht nur bei »einer späteren Generation von Deutschen«. Wie dargelegt, gibt es tatsächlich offene und heimliche Bewunderer Hitlers und solche, die ihn rehabilitieren wollen. Ihr Einfluß und vielleicht auch ihre Bedeutung sind begrenzt, doch haben wir die Zukunft noch vor uns.

Jedenfalls ist das Thema dieses Buches dem von Pieter Geyl sowohl ähnlich wie unähnlich. Es ist nicht die Geschichte eines Mannes, sondern die Geschichte seiner Geschichte, aber im Gegensatz zu Geyls Buch ist es nicht in Kapitel über Bewunderer und Gegner des Protagonisten unter seinen Historikern unterteilt. Außerdem ist dieses letzte Kapitel – notwendigerweise – eher historisch als historiographisch (obwohl sich natürlich Geschichte und Geschichtsschreibung überlappen): Es versucht eine Antwort auf die Frage zu geben, wo und wie Hitler zumindest in der Geschichte des 20. Jahrhunderts einzuordnen ist. Und zu dieser Frage gehört auch der Vergleich mit Napoleon.

Die Parallelen – oder besser Ähnlichkeiten – zwischen dem äußeren Werdegang Napoleons und dem Hitlers (nicht ihrem Privatleben) dürften selbst für Leser ohne großes historisches Spezialwissen offensichtlich sein. Sie können daher so kurz wie möglich skizziert werden. Beide Männer gelangten – unerwartet – an die Spitze ihrer Nation. Beide repräsentierten und, mehr noch, verkörperten ein neues Element in der Politik und Geschichte ihres Landes. Ihre Popularität war lange Zeit extrem hoch und stand völlig außer Zweifel, ihre Eroberungen im Ausland waren erstaunlich. Beide wollten über den größten Teil Europas herrschen, und eine Zeitlang gelang ihnen das auch. Das wichtigste Hindernis für die Anerkennung ihrer Eroberungen war England, in das sie nicht einmarschieren konnten. Beide gelangten zu der Überzeugung, daß Rußland auf dem Kontinent die letzte Hoffnung Englands sei, und beide beschlossen, in Rußland einzumarschieren – nachdem sie zunächst beide überraschend einen Vertrag mit ihm abgeschlossen hatten. Beide Feldzüge endeten in Katastrophen, die weiteren Eroberungen ein Ende setzten und zur totalen Niederlage führten. All dies ist wohlbekannt, und einige Übereinstimmungen sind geradezu spektakulär, etwa, daß beide ihren Rußlandfeldzug fast am selben Tag – Napoleon am 24. Juni, Hitler am 22. Juni – begannen.

Doch sind die Unterschiede noch bedeutender als die Ähnlichkeiten.[3] Sie lassen sich kaum besser beschreiben, als Geyl es in seinem im Oktober 1944 verfaßten Vorwort tut, das ich nun ausführlich zitieren will:

> *Er »hasse es, Napoleon mit Hitler zu vergleichen«, sagte Churchill vor dem britischen Unterhaus, wie ich neulich auf BBC hörte. Jedoch nur, um mit »aber« fortzufahren und sich trotzdem auf den Vergleich einzulassen. So geht es uns allen, und so ging es mir auch. Es ist einfach unmöglich, nicht zu vergleichen, die Ähnlichkeiten sind zu verblüffend. Zweifellos – und das sei unmißverständlich klargestellt – sind auch die Unterschiede, die Gegensätze so groß, daß selbst jemand wie ich, der den Diktator Napoleon schon lange haßte, bevor die unheilvolle Gegenwart Hitlers unser Leben zu verfinstern begann, Napoleons Schatten um Verzeihung bitten will, wenn ich seinen Namen im gleichen Atemzug mit dem jenes anderen gebrauche ... Ich will nicht sagen, die französische Zivilisation sei aus so viel feinerem Tuch gewebt als die deutsche: Der Unterschied besteht darin, daß die französische Zivilisation unter Napoleon bei aller Unterdrückung und Einengung durch ihn doch immer seine Eroberungen begleitete, während jene Art von Eroberung, der unsere Zivilisation zum Opfer gefallen ist, mit Zivilisation überhaupt nichts mehr zu tun hat. Was schließlich die Persönlichkeit Napoleons betrifft, so empfinde ich, wenn ich zwischen den beiden vergleiche, plötzlich heftigen Widerwillen gegen seine »Kritiker«, die ich doch sonst (wie man noch sehen wird) mit Gewinn lese.*

Es folgt ein Abschnitt über Napoleons Tyrannei und seine Greueltaten. Und dennoch:

*Zwangsmethoden und Greueltaten? Für jene schlimmen Dinge, die unsere Generation erleben mußte ... gibt es in Napoleons System keine Parallele. Vielmehr blieb dieses System bis zum letzten den Grundsätzen der bürgerlichen Gleichheit und der Menschenrechte treu, die mit der Unterdrückung oder Ausrottung einer Gruppe nicht aufgrund ihrer Handlungen oder wenigstens Ansichten, sondern aufgrund ihrer Abstammung und ihres Blutes völlig unvereinbar gewesen wären. Trotzdem sind Zwangsmethoden und Greueltaten mit dem Charakter des Diktators und Eroberers Napoleon untrennbar verbunden, und wir werden sehen, daß ihm für einiges davon in seiner Heimat und im Ausland bittere Vorwürfe gemacht wurden. Trotzdem ist dies einer der Punkte, wo der Vergleich seinem Ruf zugute kommen muß. Was ist die Präskription des »Generalstabs der Jakobiner« gegen die Vernichtung sämtlicher Oppositioneller in Gefängnissen und Konzentrationslagern, wie sie im Dritten Reich praktiziert wurde? Was ist die Ermordung des Herzogs von Enghien gegen die von Dollfuß, von General Schleicher und seiner Frau und von so vielen anderen am 30. Juni 1934? Was ist die Hinrichtung von Palm, von Hofer, was sind die Heimsuchungen, die so viele Dörfer und Städte in Deutschland und Spanien unter Napoleon erlebten, gegen die Leiden, die Hitlers Armeen in unserer Zeit über alle besetzte Gebiete gebracht haben? Die französische Polizei in den von Napoleon besetzten und annektierten Territorien war durchaus verhaßt und gefürchtet. Und doch, wenn man auf dem Hintergrund der gegenwärtigen Erfahrungen von ihrem Verhalten liest, ist man unwillkürlich erstaunt über die Beschränkungen und Widerstände, denen sie dank der strengen rechtlichen Bestimmungen und der milden Gepflogenheiten eines humanen Zeitalters immer noch unterworfen war.*

Obwohl im Oktober 1944 geschrieben, hört sich das heute noch richtig an. Doch man erlaube mir nun, den Vergleich noch ein wenig fortzusetzen. Es ist vielleicht interessant, daß Hitler während seines ganzen Lebens nur sehr selten auf Napoleon zu sprechen kam.[4] Im Juni 1940, als Hitler dem eroberten Paris im Morgengrauen einen kurzen, fast verstohlenen Besuch abstattete, verweilte er einige Augenblicke nachdenklich an Napoleons Grab im Invalidendom; im Dezember 1940 befahl er, den Sarg mit Napoleons Sohn von Wien nach Paris zu überführen, um ihn neben dem seines Vaters zu bestatten, eine Geste, die in der französischen Bevölkerung kaum Reaktionen hervorrief. Ergänzend sei gesagt, daß Hitlers Denken von Jugend an durch Verachtung und Abneigung gegen Frankreich und die Franzosen gekennzeichnet war.[5]

Zwischen Napoleon und Hitler bestanden auch große Unterschiede hinsichtlich der Persönlichkeit und des Temperaments. Skrupellose Grausamkeit - einer berechnend machiavellistischen und mediterranen Art - war wohl der schlimmste Charakterzug Napoleons, Haß - und die Kultivierung ungezügelter Haßgefühle - vielleicht der schlimmste Hitlers. Es ist zumindest diskutabel, ob nicht Napoleon, dieser überragende Egoist, mehr Selbstvertrauen besaß als Hitler und der größere Optimist war.[6] Ein weiterer Unterschied zwischen den beiden liegt in ihrem Verhältnis zur Vergangenheit. In dieser Hinsicht war Napoleon sehr viel weniger revolutionär als Hitler. Eine anziehende und überraschend humane Facette seiner Persönlichkeit ist sein Sinn für Abstammung und Familie und sein Wunsch 1810, eine Familie zu gründen. Seine Liebe zu Marie Louise und seinem Sohn entsprang nicht nur dem Kalkül, seine Herrschaft durch eine große dynastische Heirat zu konsolidieren. Napoleon hatte sowohl eine (im besten Sinne dieses vielgeschmähten Wortes) bürgerliche als auch eine traditionalistische Seite. Beides fehlte Hitler. Napoleon sah sich auf dem Höhepunkt seiner Selbstüberschätzung bei seiner Krönung 1804 als ein neuer Karl der Große, und er wählte römische Kaiser als Vorbilder; Hitler hatte keine (außer vielleicht, zum Schluß, Friedrich den Großen).[7] Ein weiterer Gegensatz zwischen Napoleon und Hitler ist, daß Napoleon seine Marschälle Bluthunde nannte, die an der Leine zerrten und die er zurückhalten müsse, während Hitler sagte, er müsse seine Generäle immer zu Taten antreiben.

Noch bedeutsamer ist, daß Napoleon seine Rolle in der Geschichte als dritte Kraft zwischen Revolution und Reaktion sah. Er sagte vor seinem Untergang: »Danach wird die Revolution - oder besser die Ideen, die sie bestimmten - weitergehen. Es wird sein, wie wenn man das Lesezeichen aus einem Buch nimmt und dort weiterliest, wo man aufgehört hat.«[8] Hitler hatte eine andere Vorstellung von der Zukunft; nach seinem Verschwinden sollte es kein Zurück mehr geben, nur Finsternis und vielleicht fünfzig oder hundert Jahre später ein Wiederaufleben seiner eigenen revolutionären Ideen.

Hier sei - zum letzten Mal - darauf hingewiesen, daß ich keine Hitlerbiographie schreibe. Doch beschäftige ich mich mit Hitlers Ort in der Geschichte, und in dieser Beziehung mag ein Vergleich mit dem Auf und Ab der historischen Interpretation Napoleons durchaus angebracht sein. Die meisten wichtigen Biographien Napoleons wurden vierzig bis fünfzig Jahre nach seinem Tod geschrieben und veröffentlicht; wichtige Biographien über Hitler erschienen dagegen, wie oben dargelegt, bereits im ersten Jahrzehnt nach Hitlers Tod. Zu seinen Lebzeiten wurde Napoleon von vielen großen europäischen Künstlern und Denkern bewundert oder respektiert (etwa von Beethoven und Goethe, wenn auch nur eine Zeitlang). Dies gilt nicht für Hitler (auch wenn man Ausnahmen wie Knut Hamsun und Ezra Pound nicht vergessen darf). Auch prominente Engländer achteten Napoleon, während in Hitlers Fall die einzige bedeutende Ausnahme Lloyd George ist (er hielt Hitler für die größte Gestalt Europas seit Napoleon). Auch große französische Schriftsteller und Dichter wie Stendhal und Béranger waren unerschütterliche Bewunderer Napoleons.[9] Dagegen gibt es unter deutschen Schriftstellern keine Bewunderer Hitlers eines vergleichbaren Kalibers. Und nicht zuletzt – und insbesondere im Zusammenhang mit den Zielen dieses Buches – ist festzustellen, daß sich die mit Napoleon befaßten Biographen und Historiker nach Pro und Contra einteilen lassen (was Geyl so eindrucksvoll getan hat), während es bei Hitlerbiographen und Historikern ein solches Gleichgewicht oder Beinahe-Gleichgewicht wenigstens in den vergangenen fünfzig Jahren nicht gegeben hat. Wie gezeigt, gibt es – neben einigen ausgesprochenen, aber fragwürdigen Bewunderern – einige vorsichtigere und umsichtigere Historiker, die das allgemein akzeptierte Hitler-Bild revidieren, ohne ihn jedoch offen zu verteidigen wie einige französische Biographen Napoleon.[10]

Auf jeden Fall wurde Hitler anders als Napoleon nicht in ganz Europa geliebt und verehrt.[11] Von seinem eigenen Volk schon, aber selbst dabei muß man berücksichtigen, daß »Öffentlichkeit« und »Volk« hundertunddreißig Jahre vor Hitler noch eine andere Bedeutung besaßen. Zwar wiederholt sich die Geschichte nicht, dennoch gibt es einige verblüffende Ähnlichkeiten: etwa die Blüte des Dritten Reichs in den dreißiger Jahren und das, was viele französische Historiker »den goldenen Frühling des Konsulats« genannt haben, oder die von Napoleon und Hitler abgeschlossenen Konkordate (und Parallelen wie die Sympathien des im Gefolge des Konkordats nach Frankreich entsandten päpstlichen Nuntius Kardinal Caprera für Konsulat und Kaisertum und die Sympathien, die der zuvorkommende Berliner Nuntius Monsignore Orsenigo für Hitler hegte).[12] Napoleon erklärte gegenüber Caulaincourt, daß seine Ost- und Rußlandpolitik nicht übermäßigem Ehrgeiz entspringe, sondern dem Bestreben, England jede Hoffnung zu nehmen und es zum Friedensschluß zu zwingen; Hitler wartete, wie oben ausgeführt, mit derselben Erklärung auf. Am Wirken beider läßt sich zeigen, daß die Wirtschaft zum Teil nur eine sehr begrenzte Wichtigkeit hatte. Wie ausgerechnet der marxistische Historiker Georges Lefebvre nachgewiesen hat, waren die französischen Brotpreise 1801 und 1802 sogar noch höher als im Revolutionsjahr 1789 (ein Sachverhalt, den allerdings auch Tocqueville in seinem unvollendeten zweiten Buch über die Revolution im Zusammenhang mit Napoleons Steuern bereits erwähnt hat), und dennoch stand Napoleon in diesen Jahren, dem »goldenen Frühling des Konsulats«, auf dem Höhepunkt seiner Popularität.[13]

Zuletzt noch ein wichtiger Unterschied, was geheime staatsmännische Praktiken betrifft: Wie Hitler (»der Führer wünscht«) hinterließ auch Napoleon absichtlich keine schriftlichen Unterlagen über einige seiner grausamsten Befehle. Im Gegensatz zu Hitler machte er jedoch klar, daß er mit diesen Befehlen nicht in Verbindung gebracht werden wollte.[14] Hitlers brutalste Anweisungen mögen geheim gewesen sein oder nur mündlich erteilt, oder sie waren allgemein gehalten. Doch er distanzierte sich nie von ihnen oder ihren Ergebnissen, noch schrieb er sie anderen zu, um sich vor der Geschichte reinzuwaschen – ein weiteres Beispiel dafür, daß er und Napoleon ein unterschiedliches Verständnis von Geschichte hatten.[15]

Im Jahr 1901 schrieb der französische Positivist und Historiker Alphonse Aulard in seiner *Histoire politique de la revolution française,* es sei sein Ziel, objektiv und wissenschaftlich, »historisch und nicht politisch« zu forschen und zu urteilen. Achtzig Jahre später formulierten deutsche Historiker das Ziel einer »Historisierung« Hitlers mit ähnlichen Begriffen. »Objektiv« und »wissenschaftlich« sind jedoch (wie ihre Antonyme »subjektiv« und »künstlerisch«) überholte kartesianische Kategorien. Wie alles menschliche Wissen ist auch das historische persönlich und mit dem Betrachter verknüpft[16] (wobei die Formulierung des Historikers weniger motivgebunden als zielorientiert ist). Oder, um es zu wiederholen, Perspektive ist ein unvermeidlicher Bestandteil der Wirklichkeit – und jede Perspektive enthält Elemente der Retrospektive. Aus dieser retrospektiven Sicht eines Jahrhunderts müssen wir auch über Hitlers Ort in diesem Jahrhundert nachdenken. Wenn die beiden Weltkriege die Gebirgszüge waren, die die historische Landschaft des 20. Jahrhunderts beherrschten und in deren Schatten wir bis 1989 in Europa, Amerika, Deutschland und Rußland lebten, und wenn von diesen beiden Kriegen der Zweite Weltkrieg noch einschneidender war, mit Ergebnissen, die länger Bestand hatten als die des Ersten Weltkriegs, dann war Hitler die überragende Figur dieses Jahrhunderts.[17] Damit sind wir bei der unwissenschaftlichen Frage der historischen Größe angelangt.

Die Frage der geschichtlichen »Größe« ist im Grunde nur ein semantisches Problem. Die Geschichte der Menschheit ist die Geschichte der Entwicklung ihres Bewußtseins, und davon läßt sich die Geschichte der Wörter nicht trennen. Tatsächlich hat der Begriff »groß« in der neueren Geschichte eine solche Entwicklung durchgemacht: Die letzten drei Monarchen, die den Beinamen »groß« erhielten, Peter, Friedrich und Katharina, lebten im 18. Jahrhundert. Der Gebrauch dieses Beiworts ist seither zurückgegangen oder ganz verschwunden. Es ist vielleicht bezeichnend, daß Napoleon sich nicht den Beinamen »der Große« erwarb, außer indirekt, als sein Neffe Napoleon III. sarkastisch als »Napoleon der Kleine« bezeichnet wurde.

Hier noch ein letzter Vergleich zwischen Napoleon und Hitler. Viele Dinge, die Napoleon getan oder bewirkt hat, erwiesen sich als dauerhaft: Viele seiner Institutionen, Gesetze, Reformen, Bauwerke und sogar ein Stil der Architektur und Innenarchitektur (der, um genau zu sein, schon in den letzten Jahren Ludwigs XVI. entstand und sich unter dem Direktorium weiterentwickelte, aber trotzdem) und auch einige seiner Worte, klare Äußerungen eines ungewöhnlichen Geistes, haben überlebt. Hitler, der gelegentlich einen Sinn für Komik, aber wenig Sinn für Humor hatte, hinterließ (außer einigen scharfen Beobachtungen) kaum Aussprüche, die der Erinnerung wert waren. Was von ihm in Erinnerung blieb, sind seine Autobahnen und eine Reihe größtenteils zerstörter neoklassizistischer Gebäude, zumeist entworfen von seinen Architekten, deren Stil nicht ganz mit dem seinen übereinstimmte, auch wenn er ihre Entwürfe vermutlich absegnete.[18]

Konrad Heiden, der erste seriöse Biograph Hitlers, wählte ein Goethewort über das »Dämonische« im Charakter bestimmter Personen – nicht unbedingt von Staatsmännern – als Motto für sein Buch: »Alle vereinten sittlichen Kräfte vermögen nichts gegen sie; vergebens, daß der hellere Teil der Menschen sie als Betrogene oder als Betrüger verdächtig machen will, die Masse wird von ihnen angezogen.« Ich habe oben über Hitlers außergewöhnliches Talent berichtet, Verhältnisse seinen Ideen anzupassen, und dem hinzugefügt, daß er sich mit Fortschreiten des Krieges gezwungen sah, auch einige seiner Ideen Verhältnissen anzupassen, über die er keine Kontrolle hatte. Auch wurde bereits erwähnt, daß die Schuld (oder besser gesagt, das mangelnde bürgerliche Verantwortungsbewußtsein) der meisten Deutschen sich darin zeigte, daß es ihnen leichtfiel, ihre Ideen den Verhältnissen anzupassen, wie es ja die meisten Menschen gern tun.

Der alte Germanomane und Wagnerianer Houston Stewart Chamberlain pries Hitler 1923 als den »großen Vereinfacher« aller Probleme. Jakob Burckhardt hatte jedoch schon sechzig Jahre zuvor geschrieben, daß die Zeit der »schrecklichen Vereinfacher« kommen werde. 1981 leistete der finnische Historiker Vappu Tallgren mit seiner Studie über Hitlers »Credo des Heroismus« einen bedeutenden Forschungsbeitrag. Er bejaht die Frage, ob im »nationalsozialistischen Deutschland aus der Heldenverehrung eine neue Religion vorbereitet wurde«: »Zu Hitlers Zielen gehörte … das Schaffen eines neuen, für den totalitären Staat geeigneten, zeitgemäßen, säkularen Glaubens.« Und er kommt zu dem Schluß, daß »das Credo des Heroismus … wie es Hitler als Reichskanzler aufstellte, keine Rhetorik war … er glaubte, damit das Wesentlichste seiner Weltanschauung auszudrücken«.[19] Dies dürfte der Wahrheit ziemlich nahe kommen. Wie ich oben darzulegen versuchte, mögen Hitlers Geist und Willenskraft außergewöhnlich gewesen sein, doch machen Geist und Willenskraft noch keinen Helden. Auch Heldenverehrung nicht: Ein Heldenkult ist nicht dasselbe wie ein Held.[20]

Es war nichts Vornehmes an Hitlers Veranlagung – oder an seinem Handeln. Doch der Versuch, mit Hitler fertig zu werden, indem man ihn einfach lächerlich macht, ist kompletter Unsinn.[21] Die Liste der Denker, Schriftsteller und Künstler, die ihn schriftlich und mündlich als Genie bezeichneten, ist lang. Sie enthält auch ansonsten überzeugte Gegner des Totalitarismus wie Jules Romains (1934) oder André Gide (1940). Ein unangenehmer, aber symptomatischer Fall ist der des englischen Schriftstellers Wyndham Lewis, eines antilinken Modernisten und Radikalen, der wie viele andere auch den billigen Kommerz und dekadenten Intellektualismus der zwanziger Jahre verabscheute (er fand auch Chaplin entsetzlich). Lewis schrieb 1931 ein bewunderndes Buch mit dem Titel *Hitler*, hatte jedoch seine Meinung geändert, als er 1939 *The Hitler Cult* schrieb; in seinem fünfzehn Jahre später erschienenen Roman *Self-Condemned* ist der Held jedoch ein englischer Historiker, der seine Stellung verliert und gezwungen wird, in Kanada im Exil zu leben; eine der Ursachen seiner Entlassung ist, daß er unorthodoxe Ansichten über die Bedeutung Hitlers in der modernen europäischen Geschichte vertrat.[22]

Doch haben sich viele Biographen Hitlers mit der Frage seiner »Größe«

herumgeschlagen.[23] So etwa Haffner: »Gewiß zögert man mit Recht, ihn einen ›großen Mann‹ zu nennen.[24] ›Gar nicht groß sind die bloß kräftigen Ruinierer‹, sagt Jacob Burckhardt, und als ein kräftiger Ruinierer hat sich Hitler ja erwiesen. Aber ohne jeden Zweifel hat er sich auch, und nicht nur im Ruinieren, als eine Leistungskanone größten Kalibers erwiesen. Ohne seine durchaus ungewöhnliche Leistungskraft wäre zwar die Katastrophe, die er zustande brachte, weniger gewaltig ausgefallen. Aber man darf nicht außer acht lassen, daß sein Weg in den Abgrund über hohe Gipfel führte.«[25] Fest kämpft mit der semantischen Frage: »Die bekannte Geschichte verzeichnet keine Erscheinung wie ihn; soll man ihn ›groß‹ nennen?« Dann jedoch zitiert er Burckhardt im entgegengesetzten Sinne wie Haffner: »... Burckhardt sprach denn auch von einer ›merkwürdigen Dispensation vom Sittengesetz‹, die das Bewußtsein den großen Individuen gewährt.«[26] Am besten wird das Problem der »Größe« vielleicht von Schramm gelöst: »Gemessen am schieren Ausmaß dessen, was er in den zwölfeinhalb Jahren und drei Monaten seiner Herrschaft schuf, war er einer der ›großen‹ Männer in der Geschichte. Doch war seine perverse Größe weniger von kreativer Energie bestimmt als von einem bösen Geist, was selbst seinen besten Absichten und Taten einen zweifelhaften und letztlich finsteren Charakter verlieh.«[27]

»Aufgrund seiner Persönlichkeit, seiner Ideen und der Tatsache, daß er Millionen in die Irre führte, stellt Hitler ein historisches Problem von größter Bedeutung dar.«[28] Das ist gut formuliert. Das Problem von Hitlers Ort in der Geschichte ist groß und komplex – eher als die Frage, ob er das gefühlsbetonte, ungenaue und vielleicht überholte Adjektiv »groß« verdient.

Im November 1936, nach einem langen Gespräch mit Kardinal Faulhaber, saß Hitler mit Speer am großen Aussichtsfenster des Berghofs und sah in die Abenddämmerung über den Bergen. Dann sagte er, nachdem er lange geschwiegen hatte: »Es gibt für mich zwei Möglichkeiten: Mit meinen Plänen ganz durchzukommen oder zu scheitern. Komme ich durch, dann werde ich einer der Größten der Geschichte – scheitere ich, werde ich verurteilt, verabscheut und verdammt werden.«[29] Als Hitlers großer Gegner Churchill am Abend des 1. Mai 1945 bei Tisch die Nachricht von Hitlers Tod im Radio hörte, sagte er: »Nun, ich glaube, er hat ganz recht gehabt, so zu sterben.«[30]

*He left the name at which the world grew pale*
*To point a moral or adorn a tale.*[31]

*Es blieb ein Name, vor dem einst die Welt erblaßt',*
*Der nunmehr zur Moral, zum Schmuck einer Legende paßt.*

Die erste Zeile trifft auf Hitler zu, die zweite nicht.

»Es gibt kein Argument«, schrieb George Orwell einmal, »mit dem man ein Gedicht verteidigen könnte. Es verteidigt sich selbst, indem es überlebt, oder es ist nicht zu retten.«[32] Leistungen werden also nach ihren Folgen bewertet. Welche Folgen hatte Hitler?

Sein Krieg (und der Zweite Weltkrieg *war* sein Krieg) endete mit der denkbar größten Katastrophe für das deutsche Volk und auch für die mittel- und osteuropäischen Völker – für letztere insofern, als die Besetzung durch die Russen und die darauf folgende kommunistische Herrschaft in diesem Teil Europas eine Folge des Krieges war. Weitere Kriegsfolgen waren die Teilung Deutschlands für über vierzig Jahre, die Massenvertreibungen aus dem Osten und die Leiden der Bevölkerung der sogenannten »Deutschen Demokratischen Republik«. Eine dauerhaftere Folge war die drastische Verkleinerung Deutschlands im Osten: der Verlust des gesamten Ostpreußen und beträchtlicher Teile der früheren Länder Preußen, Schlesien und Sachsen an Polen (und im Fall der Enklave Königsberg an Rußland). Noch dauerhafter war das fast völlige Verschwinden der ethnischen Deutschen aus Ländern in Osteuropa, wo sie seit bis zu achthundert Jahren ansässig gewesen waren.

Das Jahr 1945 steht auch für das Ende der politischen, kulturellen und geistigen Vorherrschaft Europas in der Welt, für das Ende des europäischen Zeitalters und des europäischen Staatensystems.[33] Es gab noch eine weitere Folge: das Ende der Vorherrschaft des geistigen Einflusses Deutschlands in der Welt. Rund siebzig Jahre lang waren nach 1870 die Praktiken und Standards des deutschen Erziehungs- und Bildungswesens an vielen Orten in Europa einflußreich gewesen oder gar übernommen worden, sogar von Ländern, die in beiden Weltkriegen Deutschlands Gegner waren. Nach der Französischen Revolution war ein romantischer (und leider häufig sentimentaler und kategorischer) Idealismus als Reaktion auf den Materialismus (und leider häufig auch den Rationalismus) der sogenannten Aufklärung entstanden. Diese wichtige und potentiell fruchtbare geistige Leistung – ein großes Kapitel in der Geistesgeschichte Europas – wurde vor allem von Deutschen erbracht und getragen und dann von einigen ins Extrem eines deterministischen Idealismus gesteigert[34], der sich als unmenschlicher erwies als der vorausgegangene deterministische Materialismus und diesen – leider – überlebte. Und eine Inkarnation dieses unerschütterlichen Glaubens an einen deterministischen Idealismus war Adolf Hitler.[35]

»Die Reformation hätte sich auch ohne Luther ereignet«, schrieb der englische Religionshistoriker Owen Chadwick, »ohne Luther allerdings anders.«[36] Dasselbe gilt – *mutatis mutandis* – vier Jahrhunderte später auch für den Nationalsozialismus und Hitler. Er war der größte Revolutionär des 20. Jahrhunderts. »Groß« ist hier nicht beifällig gemeint. Man kann es auch auf Kriminelle und Terroristen anwenden. (Auch braucht man kein Reaktionär zu sein, um gerade am Ende des 20. Jahrhunderts zu spüren, daß die Bezeichnung großer Konservativer wenigstens in der westlichen Welt in gewisser Hinsicht beifälliger ist als die Bezeichnung großer Revolutionär.) Jedenfalls folgte auf Hitler ein heute noch andauerndes Zeitalter ohne große Kriege und ohne große Revolutionen – von Hitler nicht vorausgesehen, wohl aber von Tocqueville.

Dagegen hat Hitler mehr oder weniger genau erkannt, welch ungeheure Anziehungskraft der politische Nationalismus im Zeitalter der Massen besitzt. Der Nationalismus hat die politische Wirklichkeit des 20. Jahrhunderts entscheidend geprägt, und Hitler war sein extremster Vertreter. Er spürte, daß Nationalismus und Sozialismus in der Zeit nach 1870 die älteren Kategorien Konservatismus und Liberalismus des 19. Jahrhunderts und vielleicht sogar die Kategorien »links« und »rechts« überlagerten und daß von beiden der Nationalismus einflußreicher war als der Sozialismus. Sogar die Kategorien Sozialismus und Kapitalismus begannen unzeitgemäß zu werden, da Stärke mehr Macht bedeutete als Reichtum und Nationalität ein mächtigerer Faktor war als Klassenbewußtsein. Wo es nationale Einheit gab, verschwammen die ehemals eindeutigen Kategorien sozialistisch und kapitalistisch, öffentlich und privat; Management wurde wichtiger als Eigentum, und Eigentum und Management und Arbeit wurden letztlich dem Diktat des Nationalismus unterworfen.

Hitler war nicht der Gründer des Nationalsozialismus, nicht einmal in Deutschland. Von den wichtigsten Gestalten des Jahrhunderts erkannte Mussolini als erster nationaler Sozialist um 1911 – acht Jahre bevor er den »Faschismus« ins Leben rief –, daß er zuerst Italiener war und dann erst Sozialist. Die Unterschiede, die nicht nur in der Praxis, sondern auch gedanklich zwischen Hitlers Nationalsozialismus und Mussolinis Faschismus bestanden, habe ich bereits dargestellt. Sie waren jedoch irrelevant, wenn man bedenkt, wie die wichtigsten Diktatoren der dreißiger und vierziger Jahre, Hitler, Stalin und Mussolini, sich wechselseitig beeinflußten. Ein solcher Vergleich der wechselseitigen Beeinflussung – genauer gesagt, ihrer Entwicklung – dürfte aufschlußreich sein. Mussolini war und wurde kein Kommunist, Stalin kein Faschist, aber beide wurden von Hitlers Ideen und Erfolgen in einem Ausmaß beeinflußt und beeindruckt, daß die Aussage, sie seien beide im Lauf der Zeit immer mehr zu nationalen Sozialisten geworden, angebracht erscheint. Diese Entwicklung (einschließlich der zunehmenden Neigung der Diktatoren zum Antisemitismus) endete mit ihrem Tod. Soviel zum Krieg und zur kurzfristigen Entwicklung. Auch langfristig überlebte eine Vision Hitlers in einem ganz bestimmten Sinn. Im Lauf des 20. Jahrhunderts wurde die Verbindung von Nationalismus und Sozialismus eine fast universale Praxis aller Staaten der Welt. Der internationale Sozialismus ist dagegen eine Fata Morgana. Zugleich sind alle Staaten der Welt in gewisser Hinsicht zu Wohlfahrtsstaaten geworden. Ob sie sich nun sozialistisch nennen oder nicht, spielt dabei keine große Rolle. Hitler wußte das. Die Wirtschaftsstruktur, die er für Deutschland vorsah, hatte kaum Merkmale eines marxistischen oder eines Staatssozialismus, doch man kann sie auch nicht kapitalistisch nennen. Heute, fünfzig Jahre später, ist der Nationalismus unbestreitbar weiterhin die mächtigste Kraft in der Welt. Natürlich sind die Relationen in der Verbindung zwischen Nationalismus und Sozialismus von Land zu Land verschieden, doch die Verbindung besteht, und auch dort, wo die Sozialdemokratie dominiert, ist das Nationalgefühl der Menschen der grundlegende Faktor. Was 1945 zusammen mit Hitler eine vernichtende Niederlage erlitt, war der deutsche Nationalsozialismus: eine grausame und extreme Version des nationalen Sozialismus. Anderswo wurden Nationalismus und Sozialismus zusammengebracht, versöhnt und miteinander verbunden, ohne daß vergleichbare Exzesse der Gewalt, des Hasses und des Krieges aufgetreten wären. Hitlers Nationalismus unterschied sich jedoch zutiefst vom traditionellen Patriotismus, genau wie sein Sozialismus keine Merkmale der traditionellen Menschenfreundlichkeit der früheren Sozialisten aufwies.[37]

Dem könnte man entgegnen, letztlich habe doch der Kommunismus seine Anziehungskraft viel länger bewahrt als der Hitlersche Nationalsozialismus. Doch auch wenn es an der Oberfläche so scheint – etwa aufgrund der noch immer bestehenden Attraktivität »kommunistischer« Parteien in Rußland und dem restlichen Osteuropa, des chinesischen »Kommunismus« oder Castros in Kuba –, ist dies falsch, und zwar aus mindestens drei Gründen. Der erste lautet, daß die Woge des Kommunismus, die Osteuropa nach 1945 größtenteils verschlang, nicht die Folge von Revolutionen der Bevölkerung war, sondern lediglich der Anwesenheit russischer Streitkräfte in jenem Teil Europas. Der zweite ist, daß die gelegentliche Entstehung kommunistischer Regime an den merkwürdigsten Orten der sogenannten Dritten Welt wie in Kuba, Abessinien oder Angola eine offensichtliche Folge des Antikolonialismus (in Castros Fall des Antiamerikanismus) war, viel weniger der Anziehungskraft des Kommunismus oder des sowjetischen Modells. Der dritte Grund hängt mit dem zweiten zusammen: Die heutige – wahrscheinlich vorübergehende – Existenz noch starker kommunistischer oder stalinistischer Parteien insbesondere in Rußland ist nicht nur untrennbar, sondern ganz grundsätzlich mit einem wiederauflebenden populistischen Nationalismus verbunden. Wenn der internationale Sozialismus eine Fata Morgana ist, kann der internationale Kommunismus nicht einmal als optische Täuschung gelten.

Laut Karl Dietrich Bracher war der Kern des Phänomens Hitler eine fundamentale Unterschätzung der Anziehungskraft des Nationalsozialismus – also nicht nur Hitlers, sondern der Idee, die er zu vertreten schien.[38] In diesen Zusammenhang gehört die in der Diskussion des Historikerstreits verschüttete, wenig optimistische Aussage eines anderen deutschen Historikers: Hagen Schulze spricht über die wichtige Erfahrung der deutschen Geschichte, daß »die Verfassungspatrioten der ersten deutschen Republik dem mächtigen emotionalen Appell der Nationalsozialisten nichts Wirksames entgegenzusetzen hatten«. Er fährt fort: »Gewiß, die Erfahrung des Dritten Reichs hat die deutsche Neigung zu nationalistischen Extremen erheblich gedämpft. Aber ob diese Dämpfung länger als eine oder zwei Generationen anhalten wird, ist trotz aller politischen Pädagogik, über deren Wirksamkeit man keine Illusionen haben sollte, zweifelhaft.«[39] Auch darüber, wie lange es noch Gesetze geben wird, die in Deutschland die öffentliche Zurschaustellung von Hakenkreuzen und Hitlerbildern verbieten, sollte man sich keine Illusionen machen. Worauf man hoffen und vertrauen sollte ist vielmehr, daß die Entscheidung für die Aufhebung solcher Verbote in einer Zeit erfolgen wird, in der Symbole der Hitler-Ära nur noch historische Neugier wekken.[40]

Diese Zeit ist noch nicht gekommen. Und jetzt wollen wir, da der deutsche Staat vereinigt ist, da die gesamte, von fünfzig Jahren des sogenannten Kalten Krieges geprägte Nachkriegsepoche abgelaufen ist und das Jahrhundert seinem Ende entgegengeht, mit dem Versuch schließen, Hitlers Ort in der Geschichte dieses Jahrhunderts festzustellen – festzustellen, nicht zu bestimmen.

Das 20. Jahrhundert war, historisch gesprochen und gedacht, ein kurzes Jahrhundert. Während das historische 18. Jahrhundert, vor allem geprägt durch die Weltkriege zwischen England und Frankreich, 126 Jahre (1689 bis 1815) dauerte und das 19. Jahrhundert, geprägt durch die Abwesenheit von Kriegen, von 1815 bis 1914, dauerte das 20. Jahrhundert, geprägt durch die beiden Weltkriege und ihre Folge, den sogenannten Kalten Krieg zwischen Amerika und Rußland, nur 75 Jahre, von 1914 bis 1989. Es ging 1989 mit dem Rückzug Rußlands aus Osteuropa und mit der deutschen Wiedervereinigung zu Ende. Die entscheidende Periode dieses Jahrhunderts des Übergangs zwischen der sogenannten Neuzeit und etwas Neuem war sein erstes Drittel von 1920 bis 1945, in das natürlich der Auftritt Hitlers fällt.[41] In dieser Periode war die Weltgeschichte (nicht nur die Geschichte Deutschlands oder Europas) – wiederum entgegen der populären, aber falschen Überschätzung der Russischen Revolution von 1917 – durch ein Dreieck miteinander konkurrierender Kräfte geprägt: der parlamentarischen Demokratie, vor allem verkörpert durch die englischsprachigen Nationen, die westeuropäischen Staaten und Skandinavien; des Kommunismus, der nur von der Sowjetunion repräsentiert wurde und nirgendwo anders zur Macht gelangen konnte; und des Nationalsozialismus (und anderen in mancher Hinsicht ähnlichen, aber keineswegs identischen nationalistischen Bewegungen) in Deutschland, der 1933 durch Hitler und das Dritte Reich verkörpert wurde und sich als so mächtig erwies, daß er nur durch ein unnatürliches und vorübergehendes Bündnis zwischen den liberalen Demokratien der englischsprachigen Länder und dem Kommunismus des sowjetischen Imperiums niedergeschlagen werden konnte. Keines der beiden verbündeten Lager hätte dies allein vermocht.

Allein dies genügt, um Hitlers Ort in der Geschichte des 20. Jahrhunderts festzustellen. Doch ist das noch nicht alles. Das von Liberalen, Konservativen und Demokraten, Kommunisten und radikalen Nationalisten gebildete Dreieck bildete sich in allen Ländern Europas und in fast allen Ländern der Welt einschließlich der Vereinigten Staaten, Südamerikas, Chinas und Japans. (1945 wurden die radikalen Nationalisten zeitweise zum Schweigen gebracht oder unterdrückt. Später tauchten ihre Nachfolger wieder auf.) Nicht alle radikalen Nationalisten waren Anhänger oder Bewunderer Hitlers, aber viele waren es.[42] Wenn Schramm schreibt, man müsse zur Kenntnis nehmen, daß Hitler ein Schlüsselphänomen der deutschen Geschichte des 20. Jahrhunderts sei, gilt das nicht nur für die deutsche Geschichte.[43]

Der Begriff »Ortsbestimmung« bedeutet im allgemeinen Sprachgebrauch die Feststellung der Lage eines Ortes, wird von Historikern jedoch oft benutzt, wenn sie den geschichtlichen Ort eines Ereignisses oder einer Person feststellen wollen; seine Verwendung impliziert, daß sich historische Urteile über ein Ereignis oder eine Person zwar oft wandeln, ihr Ort im Verlauf der Geschichte sich aber letztlich bestimmen läßt. In diesem Sinne ist Schreibers vor relativ kurzer Zeit gemachte Feststellung, daß »die historische Ortsbestimmung der nationalsozialistischen Zeit ... vorerst ein Desiderat der Forschung« bleibe[44], immer noch gültig. Aber handelt es sich wirklich noch um ein Problem der »Forschung«? Vielleicht – obwohl es Grund zu der Annahme gibt, daß keine wichtigen oder aufschlußreichen neuen Dokumente von oder über Hitler mehr ans Licht kommen werden. Doch die Geschichte besteht nicht nur aus Dokumenten.

Man erlaube mir, auch wenn dies vielleicht anmaßend erscheint, drei weiterreichende Überlegungen anzustellen: a) über eine notwendige Beurteilung Hitlers aus christlicher Sicht; b) über seinen Ort in der Antithese von Kultur und Zivilisation; c) über seinen Ort am Ende der sogenannten Neuzeit.

Am 2. Juni 1945, kaum einen Monat nach Hitlers Selbstmord, sprach Papst Pius XII. vor dem Kardinalskollegium über »das satanische Gespenst des Nationalsozialismus«. Bei allem Respekt vor diesem viel und manchmal zu Unrecht kritisierten Papst neige ich dazu, dem folgenden Urteil Friedrich Heers zuzustimmen: »Wieder wird metaphysiziert, wird aus der Geschichte und aus der Verantwortung für die Geschichte entrückt, werden die Katholiken ihrer Verantwortung entbunden, enthoben. Für ein ›satanisches Gespenst‹ kann kein Mensch verantwortlich gemacht werden, höchstens ein Exorzist ... Der Papst übersieht ganz, daß dieses ›satanische Gespenst‹ eine sehr konkrete, menschliche, unmenschliche Wirklichkeit war, die vor allem in seinem geliebten München, aber auch andernorts durch sehr namhafte und bekannte Männer ... aufgezogen und in die Macht befördert worden war.«[45]

Im ersten Kapitel dieses Buchs habe ich geschrieben, daß Hitler für viele Halbwahrheiten stand und daß eine Halbwahrheit nicht nur gefährlicher, sondern auch schlimmer ist als eine Lüge, da sich menschliche Handlungen und Äußerungen nicht in mathematische Kategorien einfrieren lassen. Eine Halbwahrheit ist deshalb nicht zu 50 Prozent wahr, sondern etwas ganz anderes. Dem möchte ich La Rochefoucaulds große Maxime hinzufügen: »Es gibt böse Menschen auf dieser Welt, die weniger gefährlich wären, wenn nicht etwas Gutes an ihnen dran wäre.«[46] Noch einmal die Frage: Bedeutet das, daß Hitler »nur« zu 50 Prozent schlecht war? Nein. Er setzte, wie ich in Kapitel I gezeigt habe, nicht nur die großen Talente, die ihm Gott gegeben hatte, für böse Ziele ein und war deshalb für seine Taten verantwortlich; es kommt hinzu, daß seine bösen Eigenschaften, wie in Kapitel VI dargelegt, geistiger Natur waren. Es ist heutzutage nicht mehr Mode, die großen Kirchenväter zu zitieren, doch es war Thomas von Aquin, der schrieb, eine Halbwahrheit sei schlimmer als eine Lüge, und man gestatte mir nun, Augustinus zu zitieren. Er schrieb, »alle Dinge, die da sind, sind gut«, während das Böse geistiger Natur sei, da es zum Wesen des Menschen gehöre. Dies bedeutet nicht einfach, daß die Sünden des Geistes schlimmer sind als die des Fleisches, sondern daß beides untrennbar ist, daß es keine Sünde des Fleisches ohne – vorangegangene oder gleichzeitige – Sünde des Geistes gibt.[47]

Eine andere Überlegung – nur zum Teil wegen Hitler angestellt – geht vielleicht auf die ursprünglich deutsche, inzwischen aber weltweit akzeptierte Vorstellung von der Überlegenheit der Kultur über die Zivilisation zurück. Zivilisation ist danach im wesentlichen materiell und bürgerlich, Kultur geistig und schöpferisch. Zivilisation zeichnet sich bestenfalls durch Sicherheit und eine stabile Sozialordnung aus, schlimmstenfalls durch Heuchelei und Spießbürgertum. Die Ursprünge dieser Unterscheidung reichen ins 19. Jahrhundert zurück. Sie stieß zunächst bei den Deutschen und dann bei den Intellektuellen der ganzen Welt auf Zustimmung und wurde schließlich von Oswald Spengler lautstark und kategorisch verkündet. Für die Intellektuellen folgt die Kultur auf die Zivilisation oder, besser noch, erhebt sich über sie.

Laut Spengler verläuft die Entwicklung umgekehrt, von einer jugendlichen Kultur zu einer verknöcherten Zivilisation. Hitler glaubte an diese Art der Entwicklung. Deutsche und Arier waren für ihn und seine Anhänger mehr als die höchsten Wächter der Kultur. Wahre Kunst sei und bleibe ewig, sagte er einmal. Sie folge nicht dem Gesetz der Mode; sie wirke wie eine Offenbarung aus dem tiefsten Kern des Volkscharakters.[48] Abgesehen von Hitlers auch hier wieder zum Ausdruck gebrachten Glauben an das Völkische (weniger an das Kultivierte), läßt sich nicht bestreiten, daß Hitler als Verfechter und Förderer von Kunst und »Kultur« hervortrat. Aber war er ein Fürsprecher der »Zivilisation«? Überhaupt nicht. In Wirklichkeit war er ihr Feind. Hier ist nicht der Ort, um Ursprung und Entwicklung der beiden Begriffe zu verfolgen; nur der Hinweis sei erlaubt, daß die Griechen zwar kein Wort für Kultur hatten, sie und die Römer jedoch unsere heute noch geltende städtische Vorstellung von Zivilisation prägten und daß – wichtiger noch – der Begriff »Zivilisation«, wie wir ihn kennen, eine Vorstellung und ein Produkt der letzten vierhundert Jahre ist. Im Englischen taucht der Begriff »Zivilisation« erstmals 1601 auf, definiert als Antithese zu Barbarei.

Ich hoffe, der Leser verzeiht mir diese kurze, zusammenfassende Darstellung – und sei es nur aus dem einen Grund, daß der Westen heute, fünfzig Jahre nach Hitlers Selbstmord, nicht durch eine Gefährdung der »Kultur«, sondern durch schwere Gefahren für die »Zivilisation« bedroht ist.[49] Um es noch einmal zu wiederholen: Die Art von Zivilisation, die wir heute noch haben, ist das Produkt der sogenannten Neuzeit. Der Begriff »neu« ist sowohl ahistorisch als auch ungenau, da er impliziert, daß diese *Neu*zeit ewig dauern wird.[50] Es wäre richtiger, die letzten 500 Jahre als das Bürgerliche Zeitalter zu bezeichnen, geprägt durch das Nebeneinander von Adel und Bürgertum und den schrittweisen, keineswegs gradlinigen Aufstieg des letzteren. Daß Hitler ein Feind fast alles »Bürgerlichen« war, muß nicht mehr näher ausgeführt werden.[51] Er gehört zum Ende eines Zeitalters und wurde besiegt, und – vorerst – wurde die bürgerliche Zivilisation zumindest in Westeuropa und auch in Westdeutschland wiederhergestellt. Wenn jedoch die westliche Zivilisation dahinschwindet und zusammenzubrechen droht, birgt die Zukunft zwei Gefahren. Angesichts einer stärker werdenden Welle der Barbarei mag Hitlers Ansehen in den Augen ordentlicher Bürger wieder wachsen; er könnte in ihren Augen zu einer Art Diokletian werden, zum letzten starken Architekten einer Reichsordnung. Zugleich könnte er auch zumindest von einem Teil der neuen Barbaren verehrt werden. Aber dieses Buch ist das Werk eines Historikers, nicht eines Propheten.

# ANMERKUNGEN

## I Historiographische Probleme

1 So Gerhard Schreiber (geb. 1940), der bedeutendste Bibliograph Hitlers, im Schlußsatz (S. 335) seiner Arbeit *Hitler. Interpretationen 1923–1983,* 2. erweiterte Aufl., Darmstadt 1988 (im folgenden: SCHRB). Rainer Zitelmann (geb. 1957) schreibt: »In manchen Bereichen steht die Forschung … sogar noch in ihren Anfängen« (*Adolf Hitler. Eine politische Biographie,* Göttingen 1989 (im folgenden: ZIT/B), S. 10).

2 Gegen Ende des Krieges bemerkte er gegenüber einer Sekretärin halb im Scherz, er werde im Ruhestand in Linz womöglich sogar noch seine Memoiren diktieren. Interview mit Traudl Junge, Typoskript im Institut für Zeitgeschichte (im folgenden: IfZ), Juni 1968.

3 Viele andere, »durchschnittliche« Deutsche waren bis lange nach dem Krieg eher der gegenteiligen Überzeugung. Für sie traf Hitler, verglichen mit anderen, kaum Schuld: »Wenn das der Führer wüßte.« Siehe unten, Kapitel VII.

4 Martin Broszat, »Plädoyer für eine Historisierung des Nationalsozialismus«, in: *Merkur* 39 (1985). Zur gleichen Frage siehe bereits Karl-Dietrich Bracher, »Probleme und Perspektiven der Hitler-Interpretation«, in: *Zeitgeschichtliche Kontroversen,* München 1976, S. 79–100.

5 SCHRB (siehe oben, Anm. 1). Schreiber geht selbst auf die unvermeidliche Unvollständigkeit von Bibliographien ein (S. 15); siehe auch seine Aufzählung von Bibliographien S. 341 ff. Dazu kommen die ausgezeichneten, regelmäßig erscheinenden Bibliographien der *Vierteljahreshefte für Zeitgeschichte* (im folgenden: VfZ).

6 Konrad Heiden, *Adolf Hitler* (im folgenden: HD). Bd. 1 Untertitel: *Das Zeitalter der Verantwortungslosigkeit,* Zürich 1936.

7 »… dem [Konrad Heiden] sich der Verfasser in mancher Hinsicht verpflichtet weiß; diese früheste historische Bemühung … ist durch die Kühnheit der Fragestellungen und die Freiheit des Urteils noch heute beispielhaft« ( F, S. 1045; zu F siehe unten). Ebenso Schreiber in SCHRB, S. 23, zehn Jahre später: »Seine [Heidens] Biographie über Hitler übt immer noch prägenden Einfluß auf die zeitgeschichtliche Forschung aus.«

8 Maser hebt in M/A (siehe unten), S. 17, hervor, daß Heidens Mutter Jüdin war; ein weiterer böswilliger Kommentar findet sich auf S. 75. Irving verwarf in I/W (siehe unten) Heidens Buch als »wertlos«. Mir fielen zwei fragwürdige Behauptungen in HD auf: daß Hitler in bezug auf seine Ziele durchaus offen gewesen sei (S. 30) und daß Hitler und

nicht Goebbels der Schöpfer der nationalsozialistischen Propaganda gewesen sei (S. 94). Heiden übernahm auch einige falsche Angaben über Hitlers Vorfahren.

9 Konrad Heiden, *Adolf Hitler. Ein Mann gegen Europa,* Zürich 1937; Rudolf Olden, *Hitler,* Amsterdam 1936. Beachtenswerter: James Murphy, *Adolf Hitler. The Drama of his Career,* London 1939.

10 Eine wichtige Ausnahme, wenn auch keine Biographie, sind die »Gespräche« mit Hitler, wie sie Hermann Rauschning in *Die Revolution des Nihilismus* beschreibt (Zürich, New York 1938). Zwei Jahre später erschienen die *Gespräche mit Hitler* (Zürich, Wien, New York 1940). In den sechziger und siebziger Jahren erschienen verschiedene deutschsprachige Werke, die Zweifel an der Authentizität einiger angeblich von Hitler stammenden Äußerungen anmeldeten. (Theodor Schieder, *Hermann Rauschnings »Gespräche mit Hitler« als Geschichtsquelle,* Opladen 1972; und Wolfgang Hänel, *Hermann Rauschnings »Gespräche mit Hitler«. Eine Geschichtsfälschung,* Ingolstadt 1984. Hänel übt dabei Kritik an Schieder. Schieders Kritik an Rauschning geht ihm nicht weit genug.) Während offene und heimliche Apologeten Hitlers Rauschning rundweg ablehnen, lassen Jäckel und Fest (siehe unten) ihm Gerechtigkeit widerfahren: GWU (siehe unten), S. 697: »[Rauschnings Bücher], so verdienstvoll sie zu ihrer Zeit gewesen sein mögen, gehören nicht in die Kategorie von Primärquellen, sondern in diejenige der [bedeutenden] Memoiren in der Form von ›Dialog als Kunstform‹ ...«

11 *Hitler. A Study in Tyranny,* London 1952, überarbeitete Fassung: 1962 (im folgenden: BU; dt.: Alan Bullock, *Hitler. Eine Studie über Tyrannei,* Düsseldorf 1953, überarbeitete Fassung: 1967).

12 BU, S. 806: »Das einzige Prinzip des Nazismus war Macht und Herrschaft um ihrer selbst willen.« Bullock vergleicht Hitler mit Robespierre und Lenin, für die sich »der Wille zur Macht ... mit dem Triumph eines Prinzips deckte«.

13 BU, S. 121: »*[Mein Kampf]* enthält sehr wenig Autobiographisches.« S. 40: »Nach seiner Ansicht geschah es mit Recht, wenn er [Hitler] sich zu den ›Herrenmenschen‹ zählte« – so einfach stimmt das nicht. Bullock irrt sich in Hitlers Verhältnis zu Frauen (S. 392 f.), in der Zahl von Hitlers öffentlichen Reden nach Stalingrad (S. 722) und bezüglich des Reichstagsbrandes von 1933 – eine Version, der auch Shirer folgt. BU, S. 313: »Eine ausgezeichnete Zusammenfassung der wichtigsten Daten [über das NS-Regime] findet der Leser in Kapitel 8 von *Rise and Fall of the Third Reich* von William R. Shirer.« Das reicht aber nicht aus. Siehe Jäckel zu BU in *Geschichte in Wissenschaft und Unterricht* (im folgenden: GWU), 1977, S. 708: »... ein Standardwerk, ist aber von der [späteren] Forschung überholt und hat übrigens die Frage nach Hitlers Platz in der Geschichte auch nur höchst unvollkommen beantwortet.« Dazu Kershaw, *Hitler. Profile in Power,* New York 1991 (im folgenden: KER; dt.: *Hitlers Macht. Das Profil der NS-Herrschaft,* München 1992), S. 149: »Bullocks Arbeit war 1952, als sie geschrieben wurde, ein Meisterwerk, doch zeigt sie allmählich Alterserscheinungen.«

14 Görlitz-Quint, *Adolf Hitler. Eine Biographie,* Stuttgart 1952 (im folgenden: GQ). Beide Autorennamen sind Pseudonyme: Görlitz: Otto Julius Frauendorf, Quint: Richard Freiherr von Frankenberg.

15 Eine Ungenauigkeit ist die Überbetonung der Rolle von Prinzessin Stephanie von Hohenlohe, GQ, S. 405 f., 503. Wertvoll ist im Gegensatz zu damals noch gängigen Vorstellungen die Beobachtung, daß Hitler *kein* begeisterter Zuschauer der Prozesse und Hinrichtungen der Verschwörer vom 20. Juli 1944 war und daß er dem schrecklichen Gerichtsvorsitzenden Roland Freisler kritisch gegenüberstand: »Er wollte … kein Theater«, GQ, S. 612. Wertvoll ferner S. 239 zu Hitlers Ablehnung einiger Thesen, die er in MK geschrieben hatte (über ein Jahrzehnt vor Masers Studie von *Mein Kampf*). Außerdem S. 575: »Niemals ließ er [Hitler] sich wirklich gehen oder sprach über Probleme wie den Gnadentod oder über die Endlösung der Judenfrage, die zu den sorgfältig gehüteten Geheimnissen rechnen« – eine zu diesem frühen Zeitpunkt noch nicht belegbare, aber zutreffende Feststellung.

16 Siehe dazu vor allem S. 18 ff., 31 und 44 in meinem Buch *The Last European War, September 1939 – December 1941,* New York 1976 (im folgenden: LEW; dt.: John Lukacs, *Die Entmachtung Europas. Der letzte europäische Krieg 1939–1941,* Stuttgart 1978).

17 Helmut Heiber, *Adolf Hitler. Eine Biographie,* Berlin 1960 (im folgenden: HB); Hans Bernd Gisevius, *Adolf Hitler. Versuch einer Deutung,* München 1963 (im folgenden: GI); Percy Ernst Schramm, *Hitler. The Man and Military Leader,* Hg. Donald Detwiler, Chicago 1971 (im folgenden: SCH), eine gelungene Kombination zweier Essays von Schramm aus den Jahren 1961 und 1962 (siehe unten).

18 Dazu vor allem die Einführung von GI, 6.

19 Aus Detwilers Einführung: »In den langen Jahren seiner wegweisenden detektivischen Arbeit in der Mediävistik hat Schramm seine Fähigkeit verfeinert, spärliche verbale und visuelle Originalquellen zu interpretieren. Dies ermöglicht ihm häufig, verkrustete falsche Vorstellungen von Volksmythos und historiographischer Überlieferung zu durchbrechen«, SCH, S. 8. Ebenso S. 6 f.: »Das Bild von Hitler, das Schramm mit geschickter Feder zeichnet, ist Welten entfernt von der hinlänglich bekannten Karikatur des Agitators mit Charlie-Chaplin-Schnurrbart … jeder Leser von Schramms Werk wird die Torheit der Trivialisierung erkennen …« Schramm selbst schreibt über die Kraft, mit der Hitler Menschen in seinen Bann zog: »Insofern hatte Hitler tatsächlich eine verblüffende ›Menschenkenntnis‹, als er sofort spürte, ob der vor ihm stehende für ihn war, sich gewinnen ließ oder für die von ihm ausstrahlende Wirkung unempfindlich blieb … Nur einen hat es wohl gegeben, der es vermochte, sich der Hitlerschen ›Durchleuchtung‹ zu entziehen, nämlich den Admiral Canaris …« So häufig diese seltsame Kraft Hitlers allerdings bezeugt worden sei, habe sie doch auf viele Menschen absolut keine Wirkung gehabt. Weiter auf S. 69: »So viel über Hitlers Verhältnis zu Kunst und Musik zu sagen ist, so dürftig bleibt die Bestandsaufnahme im Bereich seiner literarischen Bildung … ›Für Gedichte, insbesondere für Lyrik, hatte Hitler keinen Sinn.‹ (Prof. v. Hasselbach).« Dies widerspricht völlig Masers Aussage in M/A (siehe unten), S. 183 f., Hitler habe »sich bis 1913 um literarische Bildung bemüht, die deutschen Klassiker gelesen … und sich mit der deutschsprachigen Lyrik beschäftigt«. Ein weiterer – chronologischer – Widerspruch findet sich in Maser M/F (siehe unten), S. 88: »Bis Sommer 1921 (und dann besonders von Dezember 1923 bis Dezem-

ber 1924) hat er [Hitler] zweifellos mehr gelesen als die meisten Akademiker seines Alters.« In M/A, S. 229 und 231 kritisiert Maser Schramm für dessen kritische Untersuchung von Hitlers historischen Ansichten – meiner Ansicht nach zu Unrecht.

20 *Die Frühgeschichte der NSDAP. Hitlers Weg bis 1924,* Frankfurt/M. 1965 (im folgenden: M/F); *Hitlers Mein Kampf,* München 1966; *Adolf Hitler. Legende, Mythos, Wirklichkeit,* München 1971 (im folgenden: M/A – die ersten vier Kapitel sind jedoch Überarbeitungen von M/F); *Hitlers Briefe und Notizen,* Düsseldorf 1973 (im folgenden: M/HB).

21 So zum Beispiel im Vorwort zu M/A, S. 7: Nach der Veröffentlichung seiner ersten beiden Bücher, die sich mit Hitler befaßten, »taten sich – wie von selbst – Fundgruben auf: wichtige Zeugen meldeten sich, Mitschüler Hitlers, Jugendfreunde, Kriegskameraden, ›Kampfgenossen‹, Gegner und Feinde, Verwandte und Erben, die Nachlässe und andere Dokumente zur Verfügung stellten … nach denen Historiker und Biographen 50 Jahre vergeblich suchten. Zahlreiche handschriftliche Hitler-Briefe und Hitler-Notizen konnten erstmals ausgewertet werden, ebenso die als unauffindbar geltenden Aufzeichnungen und Aussagen der Ärzte, die Hitler behandelten.« In M/HB, S. 7 heißt es: »… daß mir die Dokumente und die Arbeit an diesem Buch Überraschungen bescherten, mit denen ich nicht gerechnet hatte.«

22 Andreas Hillgruber, *Hitlers Strategie, Politik und Kriegführung 1940–1941,* Frankfurt/M. 1965 (im folgenden: HST).

23 Siehe dazu mein Buch *Historical Consciousness,* New York 1968 (neue, erweiterte Ausgabe 1994; im folgenden: HC), oder Henri-Irénée Marrou (der französische Historiker des klassischen Altertums), *De la connaissance historique,* Paris 1956: »Die massive Einmischung der Persönlichkeit des Historikers – seiner Gedanken, Ziele, Neigungen – prägt seine historische Erkenntnis und gibt ihr Form und Ausdruck.« Das heißt: Die Erkenntnis des Historikers ist persönlich – persönlich eher als »subjektiv« – und teilnehmend.

24 Siehe dazu etwa Bullock (ein ganz anderer Historiker als Hillgruber) in seinem Vorwort zu BU, S. 16: »… habe ich bei der Niederschrift dieses Buches keine besonderen persönlichen Zwecke verfolgt oder gar die Absicht gehabt, in einen Streit einzugreifen … Es war zudem nicht meine Absicht, Adolf Hitler zu rehabilitieren oder anzuklagen … Mögen manche meiner Interpretationen anfechtbar sein, bestehen bleibt jedenfalls ein solider Tatsachenbestand – und die Tatsachen sind beredt genug.« Nein, Tatsachen sprechen aus mehreren Gründen nie für sich selbst – beispielsweise, weil sich keine »Tatsache« loslösen läßt von ihrer Darstellung. Der Historiker hat nicht die Aufgabe, zu definieren, sondern zu beschreiben; sein Werkzeug sind Wörter (und zwar die Wörter der Alltagssprache); und die Wahl eines Wortes ist nicht nur eine wissenschaftliche oder stilistische, sondern auch eine moralische Aufgabe.

25 Eine Ausnahme: LEW, S. 240, 343.

26 *Hitlers Weltanschauung. Entwurf einer Herrschaft,* Tübingen 1969 (im folgenden: JHW); neue, erweiterte Auflage Stuttgart 1981. Spätere Werke Jäckels sind *Hitlers Herrschaft. Vollzug einer Weltanschauung,* Stuttgart 1986 (im folgenden: JHH) und *Hitler in History,* Hannover, N. H. 1984 (im folgenden: JH).

27 An erster Stelle (für unsere Zwecke) zu nennen sind eine Sammlung früher Aufzeichnungen und Dokumente Hitlers, *Hitler. Sämtliche Aufzeichnungen 1905–1924* (mit Axel Kuhn), Stuttgart 1980, und JH.

28 »Wenn es historisch sich ausgewirkt hat, dann muß alles, auch und vielleicht sogar gerade das ganz Widerwärtige, nüchtern analysiert und verstanden werden. Das ist immer noch die erste Aufgabe der Geschichtsforschung.« (JHW S. 160).

29 Ernst Deuerlein, *Hitler. Eine politische Biographie,* München 1969 (im folgenden: D).

30 Friedrich Heer, *Gottes erste Liebe. 2000 Jahre Judentum und Christentum. Genesis des österreichischen Katholiken Adolf Hitler,* München 1967, und *Der Glaube des Adolf Hitler. Anatomie einer politischen Religiosität,* München 1968 (im folgenden: HR).

31 Eine strittige Behauptung findet sich in HR, S. 343: »Wir wissen heute, daß Hitlers [zeitweilige] Erblindung [nach einem Gasangriff an der Front im Oktober 1918] die Folge einer Hysterie war.«

32 Joachim Fest, *Das Gesicht des Dritten Reiches. Profile einer totalitären Herrschaft,* München 1963; *Adolf Hitler. Eine Biographie,* Berlin 1973 (im folgenden: F).

33 Dafür drei Beispiele: Jäckel in *Geschichte in Wissenschaft und Unterricht* (im folgenden: GWU) 1977, S. 706: »Niemand hat seit Thomas Mann über Hitler in so gutem Deutsch geschrieben.« Karl Dietrich Bracher in *Die Zeit,* 12. Oktober 1973: »Das Buch ist einerseits geschichtliche Darstellung und Biographie, andererseits aber eine intensive, immer wieder an neuen Anknüpfungspunkten einsetzende gedankliche Auseinandersetzung … diese [Deutungsversuche] übertreffend durch die Fähigkeit des Autors zu dichter und zugleich weitausgreifender Interpretation.« Schreiber (1983) spricht von einer »bislang nicht übertroffenen Biographie Hitlers«.

Zu Fests etwas merkwürdigem Vorwort zu seiner Neuauflage von 1995 siehe jedoch mein Vorwort (oben, S. 10) und unten, S. 186, ferner die kritische Rezension von Hermann Graml, »Probleme einer Hitler-Biographie. Kritische Bemerkungen zu Joachim C. Fest«, in: VfZ, Januar 1974, S. 91: »Es läßt sich gewiß darüber streiten, ob eine adäquate Darstellung und Deutung des Nationalsozialismus und der nationalsozialistischen Herrschaft im Rahmen einer Biographie Hitlers überhaupt geleistet werden kann. Es gibt gute Argumente pro und contra.«

34 Beispiele für Fests Umsicht: seine Verwendung der Bücher von Rauschning oder das offene Eingeständnis, daß Hitlers Verhältnis zu seiner Nichte Geli Raubal, die 1931 Selbstmord beging, ungeklärt geblieben sei (S. 446 f.). Die inzwischen in mehreren Bänden veröffentlichten Goebbels-Tagebücher haben beinahe nichts zutage gebracht, was eine Korrektur von Fests Hitler-Porträt notwendig gemacht hätte.

35 F, S. 25.

36 Albert Speer, *Erinnerungen,* Berlin 1969 (im folgenden: SP). Siehe auch: Gitta Sereny, *Albert Speer. His Battle with Truth,* New York 1995 (dt.: *Das Ringen mit der Wahrheit. Albert Speer und das deutsche Trauma,* München 1995). Speer gegenüber kritisch eingestellt sind: Adelbert Reif, Hg., *Albert Speer. Kontroversen um ein deutsches Phänomen,* München 1978; Matthias Schmidt, *Albert Speer. Das Ende eines Mythos,* Bern 1982, ferner Giesler und Breker, siehe unten, Kapitel VIII.

37 Ein Großteil von Speers *Erinnerungen* ist gut geschrieben, auch die psychologischen Einblicke sind bemerkenswert; sie spiegeln außerdem eine gewisse geistige Unabhängigkeit wider – alles in allem ein sehr menschliches Dokument. SP, S. 305: »Für den Historiker mag Hitler inzwischen Objekt kühler Studien sein; für mich besitzt er noch heute Stofflichkeit und Körperhaftigkeit, ist er immer noch leibhaftig existent.« Zum »leibhaftig existenten« Hitler siehe auch Hans Frank, *Im Angesicht des Galgens,* München 1953 (im folgenden: FR), etwa S. 17: »So wie ich Hitler sah, sahen ihn Millionen unseres Volkes nicht.« Die Qualitäten dieses Buches wie auch die seines – hingerichteten – Autors sind mit denen von SP allerdings nicht zu vergleichen.

38 Siehe dazu Jäckels ausgezeichneten Überblick: »Literaturbericht. Rückblick auf die sogenannte Hitler-Welle«, GWU, 1977, S. 695–711; außerdem Hillgruber, »Tendenzen, Ergebnisse und Perspektiven der gegenwärtigen Hitler-Forschung«, in: *Historische Zeitschrift* (im folgenden: HZ), 1978, S. 600–621. Einen wichtigen Überblick gibt Gregor Schöllgen, »Das Problem einer Hitler-Biographie«, in: *Neue Politische Literatur* (im folgenden: NPL), 1978, S. 421–434 (sehr gut zu Toland, Fest, Irving, Binion und Haffner). Der Artikel enthält die wichtige Beobachtung, daß die deutsche Übersetzung von TO (siehe unten) wichtige Stellen von Tolands amerikanischem Text geändert und gekürzt hat. (Dies trifft auch auf einige Ausgaben von Irving zu.)

39 John Toland, *Hitler,* New York 1977 (im folgenden: TO; dt.: *Adolf Hitler,* Bergisch Gladbach 1977). Weitere amerikanische Hitler-Biographen sind Robert Payne, *The Life and Death of Adolf Hitler,* New York 1973, und der vielgelesene Amateurhistoriker Eugene Davidson mit *The Making of Adolf Hitler,* New York 1977, und *The Unmaking of Adolf Hitler,* Columbia, Mo. 1996 (allerdings befaßt sich lediglich *ein Achtel* des letztgenannten Buches mit der zweiten Hälfte von Hitlers Herrschaft, obwohl doch der Krieg entscheidend zum Ende Hitlers beigetragen hat).

40 In seinem Vorwort (TO, S. 9 f.): »Ich konnte mehr als zweihundertfünfzig solcher Gespräche führen – mit seinen Adjutanten (Karl-Jesko von Puttkamer, Nicolaus von Below, Gerhard Engel, Otto Günsche, Max Wünsche und Richard Schulze-Kossens); seinen Sekretärinnen (Traudl Junge und Gerda Christian); seinem Fahrer (Erich Kempka); seinem Piloten (Hans Baur); seinen Ärzten (Erwin Giesing und Hans-Karl von Hasselbach); mit Soldaten, denen Hitler höchste Auszeichnungen verlieh (Otto Skorzeny und Hans Ulrich Rudel); und mit Architekten, die in seiner besonderen Gunst standen (Albert Speer und Hermann Giesler); mit Hitlers erstem Auslandspressechef (Ernst Hanfstaengl); seinen Militärs (Erich von Manstein, Erhard Milch, Karl Dönitz, Hasso von Manteuffel, Walter Warlimont). Und: Ich befragte Frauen, die Hitler sehr bewunderte (Leni Riefenstahl, Gerdy Troost, Helene Hanfstaengl). Bis auf ein Dutzend wurden diese Gespräche auf Tonbändern aufgezeichnet, die jetzt in der Kongreßbibliothek in Washington verwahrt werden.« Das ist eine beeindruckende, wenn auch selektive Liste. Weiter vorn im selben Abschnitt schreibt Toland, er habe »so viele wie möglich von denen befragt, die Hitler gut kannten – Gegner wie Gefolgsleute. Viele dieser Männer und Frauen waren bereit, offen und ausführlich über die unglückselige Vergangenheit zu sprechen.« Eine sorgfältige Prüfung der aufgezählten Gesprächspartner wird jedoch wenig »Gegner« zutage fördern, vielmehr

Menschen, die sich an die Hitler-Jahre keineswegs als »unglückselige Vergangenheit« erinnerten.

41 Beispiele: »Die Angst, sein Vater könnte zum Teil Jude gewesen sein« – möglich, aber dann folgt, »was womöglich ein wesentlicher Grund dafür war, daß er keine Kinder wollte« (S. 232) – eine haltlose Spekulation. In den Schützengräben im Ersten Weltkrieg ließ Hitler angeblich »im Gespräch mit Kameraden durchblicken: ›Ihr werdet noch viel von mir hören. Wartet nur ab, bis meine Zeit gekommen ist‹« (S. 64). Für diese Äußerung gibt es keinen Beleg. »Seine Darstellung der Massenbeeinflussung ließ erkennen, daß er Freuds *Massenpsychologie und Ich-Analyse*, das einige Jahre zuvor in Deutschland erschienen war, gelesen hatte« (S. 220 f.) – auch hierfür gibt es keinen Hinweis. Hinzu kommen noch Tolands Behauptungen zu Hitler als Schürzenjäger und wiederholte Bemerkungen zum Einfluß des Astrologen Hanussen und über Hitlers unkontrollierbare Flatulenz (S. 275) bereits 1932, also noch *vor* Hitlers Magenbeschwerden.

Allerdings finden sich auch einige interessante Details: Toland war womöglich der erste, der eine kleine, aber bedeutsame Angewohnheit Hitlers bemerkte: die wenig feine Angewohnheit, sich in Momenten der Zufriedenheit auf die Schenkel zu klatschen (S. 85 und 251; auch Irving bemerkt das). In diesem Zusammenhang hat Toland noch eine andere Entdeckung gemacht: Er hat als erster aufgedeckt, daß die berühmte Filmsequenz, die hunderte Male selbst in Geschichtsbüchern abgebildet wurde und zeigt, wie Hitler beim Eintreffen der Nachricht von der französischen Kapitulation im Juni 1940 einen Freudentanz aufführt, von einem kanadischen Filmemacher gefälscht wurde, der den Film einfach schneller laufen ließ. In Wirklichkeit hatte Hitler sich wieder auf die Schenkel geklatscht.

42 Ein Beispiel hierfür ist Tolands *Infamy*, New York 1981 – Toland macht für Pearl Harbor die verschwörerischen Machenschaften Franklin Roosevelts verantwortlich.

43 Walter C. Langer, *The Mind of Adolf Hitler. The Secret Wartime Report*, New York 1972 (dt.: *Das Adolf-Hitler-Psychogramm: eine Analyse seiner Person und seines Verhaltens, verfaßt 1943 für die psychologische Kriegführung der USA*, Molden 1975); Robert L. C. Waite, *The Psychopathic God. Adolf Hitler*, New York 1977; Rudolph Binion, *Hitler and the Germans*, New York 1976 (dt.: »… *daß ihr mich gefunden habt.« Hitler und die Deutschen*, Stuttgart 1978).

44 Nämlich, daß Hitler dieses persönliche Trauma verdrängt oder umgewandelt habe (und sich später Deutschland als Mutterersatz auserkor), obwohl Dr. Bloch einer der wenigen Juden war, von denen Hitler auch später in seinem Leben mit Anerkennung und Achtung sprach; siehe unten, S. 152 f. Es sei gestattet, dem eine in meinen Augen angemessene und erhellende psychologische Bewertung einiger Äußerungen Hitlers durch Heer in HR, S. 344 gegenüberzustellen: »Als *ipsissima verba* Hitlers dürfen wir Aussagen bezeichnen, die nicht einfach der wohlüberlegten Rede entsprechen, sondern in Momenten der Übermüdung oder der höchsten Spannung aus ihm ausbrechen und seine Wünsche, Hoffnungen und Ängste im Untergrund seiner Person an die Oberfläche befördern …« (Zum »Primat des Bewußtseins« siehe HC, Aufl. 1994, S. 344 ff.)

45 Im folgenden: I/H (dt.: *Hitlers Krieg*, 2 Bde., München, Berlin 1983/86). Von *Hitler's War* gibt es auch eine Übersetzung von 1975: *Hitler und seine Feldherren*, Darmstadt 1975. Allerdings war Irving mit den dort vorgenommenen Textänderungen nicht einverstanden und untersagte die Auslieferung. Ferner: *The War Path. Hitler's Germany 1933–1939*, London 1978 (im folgenden: I/W; dt.: *Hitlers Weg zum Krieg*, München, Berlin 1979).

46 Zumindest zwei seiner Bücher, darunter eine Rommel-Biographie, standen in Deutschland auf den Bestsellerlisten und waren Gegenstand einer intensiven Werbung; in Dresden etwa war 1990 auf Plakaten vom »Meisterhistoriker des Dritten Reiches« die Rede. Merkwürdigerweise hielt der New Yorker Verlag (Viking) von I/H es für angebracht, auf den Umschlag zu schreiben: »In keiner Weise entschuldigt, aber mit Sicherheit entdämonisiert, läßt David Irvings Hitler die Annalen NS-Deutschlands und des Zweiten Weltkrieges ab heute in einem neuen Licht erscheinen.«

47 In seinem Vorwort zu I/H, S. xii: »Beim Schreiben dieses Buches konnte ich auf eine Reihe wenig bekannter, aber authentischer Tagebücher von Menschen aus Hitlers Umgebung zurückgreifen« (es folgt eine Aufzählung). S. xiii: »Kein früherer Mitarbeiter Hitlers, bei dem ich anfragte, lehnte es ab, mir ein Interview zu geben.« S. vii: »Hitlers einstige Sekretärinnen und Adjutanten waren mir ausnahmslos überaus behilflich.« Dazu jedoch Jost Dülffer in GWU, 1979, Nr. 11, S. 689: »Man kann kein zutreffendes Hitler-Bild aus der Perspektive von dessen persönlicher Umgebung zeichnen. Welche Bedeutung hat es, den Kammerdiener Hitlers oder andere Personen seines persönlichen Umgangs zu befragen ...?«

48 I/H, S. xv; 25. Wie fast alle Quellenangaben Irvings, sind auch diese mit Vorsicht zu genießen.

49 I/W, S. ix: »Wie bei meiner Arbeit an *Hitler's War* habe ich soweit wie möglich die Inanspruchnahme von bereits veröffentlichten Werken zugunsten von verfügbaren Primärquellen aus jenen Tagen vermieden.« I/H, S. xxii: »Bei meiner Arbeit habe ich es vorgezogen, mich jeweils mehr an das Originalmanuskript denn an die veröffentlichte Fassung zu halten, da in den ersten Nachkriegsjahren furchtsame Verleger, vor allem die in Deutschland ›lizensierten‹, textliche Veränderungen vornahmen ...« Eine schwere Anklage, allerdings nicht ganz unberechtigt.

50 Es ist zumindest bemerkenswert, daß bestimmte Historiker wie Hillgruber, Zitelmann und der Engländer John Charmley (der meint, Irving werde zu Unrecht ignoriert) es nützlich finden, einige Quellen Irvings zu zitieren, und in ihren Anmerkungen halb mit Respekt auf ihn verweisen und ihm somit mehr Beachtung schenken als anderen Historikern, mit denen sie im Streit liegen oder Meinungsverschiedenheiten haben. Der englische (heute amerikanische) Militärhistoriker John Keegan zählt I/H in seinem kürzlich erschienenen Buch *The Second World War* zu den fünfzig wichtigsten Büchern über den Zweiten Weltkrieg. Mehr noch: »Es gehört zu dem halben Dutzend der wichtigsten Bücher über 1939–45.«

51 Ein Beispiel sind Irvings beharrlich vorgetragenen – und frisierten – »Beweise«, daß Rußland im Juni 1941 bereit gewesen sei, Deutschland anzugreifen.

52 Vgl. mein Buch *The Duel*, New York 1991 (im folgenden: DL; dt.: John Lukacs, *Chur-*

*chill und Hitler. Der Zweikampf,* Stuttgart 1992), S. 244: »Die eifrigen Forschungen des britischen Journalisten David Irving kann kein ernsthafter Historiker, der sich mit [Irvings] Themen befaßt, übergehen. In seinem Quellenmaterial finden sich bisweilen wertvolle Details, die er ausgegraben hat. Aber wir müssen zwei gewichtige Vorbehalte anmelden. Zum einen müssen die von Irving zusammengetragenen umfangreichen Dokumente mit besonderer Vorsicht behandelt werden; ich habe in seinen Fußnoten wiederholt Archivnachweise gefunden, die falsch oder gar nicht existent sind; wenn man sich auf seine Quellen bezieht, müssen sie sorgfältig verifiziert werden. Der zweite, bedeutsamere Vorbehalt betrifft das Ziel, das Irving mit seinen Schriften verfolgt. Er ist ein Bewunderer von Hitler; doch bei aller Energie, die er für seine unkonventionelle Geschichtsschreibung aufbringt, fehlt ihm gelegentlich der Mut, seine Überzeugungen klarzulegen. Seine Methode, Hitler zu rehabilitieren, besteht darin, dessen Gegner zu verunglimpfen – also in unserem Fall, Churchill mit allen Mitteln in einem schlechten Licht erscheinen zu lassen.«

53 *Anmerkungen zu Hitler,* München 1978 (im folgenden: HF/AN). Die englische Ausgabe unter dem Titel *The Meaning of Hitler,* New York 1979, wurde leider wenig beachtet und nicht einmal in der Bücherbeilage der *New York Times* besprochen; ebenfalls von Haffner: *Von Bismarck zu Hitler,* Berlin 1987 (im folgenden: HF/BH).

54 HF/BH, S. 219: »Hitler ist immer unterschätzt worden. Es war der größte Fehler seiner Gegner, ihn klein und lächerlich machen zu wollen. Er war nicht klein und lächerlich. Hitler war ein sehr böser Mann. Die großen Männer sind oft böse. Und Hitler war auch, daran läßt sich nichts deuteln, mit all seinen furchtbaren Eigenschaften ein sehr großer Mann, wie sich in der Kühnheit seiner Vision und der Schläue seines Instinkts in den folgenden zehn Jahren immer wieder zeigen sollte. Hitler hatte als Person eine magische Wirkung, die kein anderer der damaligen Politiker ausübte.« Zum Problem der »Größe« siehe unten, Kapitel IX.

55 Mehr dazu siehe unten, Kapitel V und VII. In HF/AN, S. 31 f. schreibt Haffner von Hitlers Neigung zum Selbstmord; darüber läßt sich streiten. Auf S. 4 schließt Haffner sich der Meinung an, Hitler habe 1917 in Frankreich einen unehelichen Sohn gezeugt; doch er hat recht mit seiner Feststellung: »Das Erlebnis der Vaterschaft fehlt in Hitlers Leben.«

56 Schon Speer schreibt in SP, S. 360: »Der Führer sei leider zu oft kein Mann von festen Entschlüssen gewesen.« Nach Mommsen hätte Hitlers Laufbahn 1923 geendet, wenn weniger günstige politische Rahmenbedingungen geherrscht hätten; siehe auch seinen früheren Einwand in Michael Bosch, Hg., *Persönlichkeit und Struktur in der Geschichte. Historische Bestandsaufnahme in didaktischen Interpretationen,* Düsseldorf 1977. Auf unterschiedliche Weise argumentierten ähnlich Maser in *Adolf Hitler. Das Ende der Führer-Legende,* München 1982, und Zitelmann in *Adolf Hitler. Selbstverständnis eines Revolutionärs,* Stuttgart 1991 (erste Auflage 1987, im folgenden: ZIT/A), S. 253: Hitler sei nicht allmächtig gewesen, nicht »der entscheidungsstarke Führer«. Die Bezeichnung »Funktionalist« wurde vermutlich zum ersten Mal von dem englischen Historiker Tim Mason im Jahr 1981 verwendet.

57 Sehr gut dargelegt von Albrecht Tyrell, dem besten Kenner der frühen NS-Zeit. Der

Nationalsozialismus war eine Massenbewegung mit eigener Dynamik, doch Hitler war in jedem Stadium der Entwicklung der NSDAP von 1921 bis 1945 die zentrale Figur; sowohl innerhalb der Partei als auch nach 1933 in Staatsangelegenheiten übte er in allen Fragen die Entscheidungsgewalt aus.

58 Vielleicht zufällig fand diese Debatte zur gleichen Zeit statt wie die Debatte zwischen Strukturalisten und Dekonstruktivisten in der Literaturtheorie. Allerdings war letztere eine unfruchtbare Spielerei mit Worten, häufig auf Kosten des gedanklichen Inhalts (tatsächlich ging es um die älteren und gewichtigen Fragen der Hermeneutik und Erkenntnistheorie). Die Debatte zwischen den Funktionalisten und den Intentionalisten war konstruktiver.

59 London 1978 (im folgenden: C; dt.: William Carr, *Adolf Hitler. Persönlichkeit und politisches Handeln,* Stuttgart 1980).

60 Ian Kershaws Buch *Hitler. Profile in Power* (im folgenden: KER; dt.: *Hitlers Macht. Das Profil der NS-Herrschaft*) beginnt bescheiden und zutreffend: »Dieser Band ist keine weitere Hitler-Biographie.« Die »Dämonisierung« Hitlers kritisierend, neigt Kershaw in diesem Werk den Funktionalisten zu, vgl. S. 6: »... selbst die besten Biographen laufen manchmal offenbar Gefahr, Hitlers persönliche Macht so sehr zu überhöhen, daß die Geschichte Deutschlands zwischen 1933 und 1945 im Grunde nur noch der Ausdruck seines diktatorischen Willens ist.«

61 Die beste deutsche Anthologie zum Historikerstreit ist die Ausgabe des Piper Verlags, München 1987 (im folgenden: HS).

62 Siehe dazu unten, Kapitel VIII. Im Fall der Historiographie lassen sich einige (aber auch nur einige) Wurzeln der Auseinandersetzung bis zu der Debatte zurückverfolgen, die Fritz Fischers *Griff nach der Weltmacht* 1961 ausgelöst hatte. In dem gewandt argumentierenden Buch legt der junge deutsche Historiker Beweise für die aggressiven Ziele der deutschen Regierung vor dem Ersten Weltkrieg und während des Krieges vor.

63 Vgl. meine Rezension in *The Catholic Historical Review,* Oktober 1968.

64 Die Wahl des Wortes »Zerschlagung« durch Hillgruber steht in Einklang mit seiner häufig geäußerten Verurteilung der britischen Politik gegenüber Deutschland während des Zweiten Weltkrieges.

65 Zur Verteidigung Hillgrubers sei gesagt, daß er, der in seinem frühen Werk den Juden wenig oder überhaupt keine Aufmerksamkeit gewidmet hat, das Thema später verstärkt beachtet hat. Ferner neigte Hillgruber in den fünfziger Jahren zwar dazu, Hitlers Invasion in Rußland 1941 zumindest bis zu einem gewissen Grad als Präventivschlag auf einen Angriff Stalins auszugeben, am Ende seiner Karriere aber verwahrte er sich gegen die Vorstellung, die Sowjetunion habe 1941 einen Angriff auf Deutschland vorbereitet, wie es dann in zahlreichen (und in der Regel schlecht geschriebenen) Büchern behauptet wurde.

66 In Hans-Ulrich Wehler, *Entsorgung der deutschen Vergangenheit? Ein polemischer Essay zum »Historikerstreit«,* München 1988 (im folgenden: HS/W). Hier zwei erhellende Kommentare zu Frontverlauf und Charakter des Historikerstreits: S. 8 f.: »Dieser Überblick richtet sich z. B. ... gegen den apologetischen Effekt der Interpreta-

tionsrichtung, noch einmal Hitler als den Hauptschuldigen des ›Holocaust‹ zu beschwören, damit aber die alten Machteliten und die Wehrmacht, die Verwaltung und die Justiz … und die stumme Masse der Mitwisser indirekt zu entlasten.« Und HS/W, S. 10: »Der ›Historikerstreit‹ ist nach alledem nur in engen Grenzen eine wissenschaftliche Auseinandersetzung …«

67 Siehe dazu auch Schreiber in SCHRB, 1988, S. 332: »Statt dessen sind die Fronten … erstarrt. In den Lagern der sich gegenüberstehenden Historiker gibt es keine konkreten Anzeichen dafür, daß es zu einer Bewegung – weg von der Konfrontation, hin zur Kooperation – kommen könnte.« Fest in HS, S. 112: »Denn Hitler und der Nationalsozialismus sind noch immer, aller jahrelangen Gedankenmühe zum Trotz, mehr Mythos als Geschichte, und die öffentliche Erörterung zielt nach wie vor mehr auf Beschwörung als Erkenntnis.« Hillgruber schrieb von einem »überwundenen klischeehaften ›Bild‹« vom Dritten Reich (zitiert nach HS/W, S. 162).

68 In: NPL, 1982, S. 47–69. Unter anderen wird Jäckel zitiert, der von der »verwirrenden Vielfalt der ernsthaften Erklärungen« spricht. »Man könnte leicht ein Buch füllen mit einem Verzeichnis der bisher vorgetragenen Erklärungen.«

69 Eine ausgezeichnete und lobenswerte Zusammenfassung von Zitelmanns Thesen hat Jost Dülffer in der FAZ vom 7. Juli 1987 veröffentlicht.

70 Rainer Zitelmann, *Adolf Hitler. Eine politische Biographie,* Göttingen 1989 (im folgenden: ZIT/B).

71 ZIT/B, S. 7. Siehe auch S. 8: »Biographen wie Joachim Fest, dessen Studie zweifelsohne ein Meilenstein für das Verständnis des Diktators darstellte, haben aber all diese fragwürdigen oder gefälschten Quellen sehr unkritisch zitiert.«

72 ZIT/B, S. 9, 10 und 11. Zitelmann fordert wiederholt und dringlich zur »Nüchternheit« auf. »Es mag sein, daß es vor fünfzehn Jahren, als Joachim Fests bahnbrechendes Werk veröffentlicht wurde, noch nicht möglich war, eine Hitler-Biographie anders zu schreiben.« (Warum eigentlich nicht?) Im Schlußsatz des Vorworts beharrt er nochmals auf einer »Nüchternheit der Sprache«, »die eher dem ›Verstehen‹ als dem ›Bewerten‹« entspreche. (Schön und gut, aber läßt sich »Verstehen« von »Bewerten« loslösen? Hier sei nochmals wiederholt: Die Wahl eines jeden Wortes ist nicht allein eine technische oder stilistische, sondern auch eine moralische Entscheidung.)

73 Siehe auch S. 9: »Dieses Buch ist kein Beitrag zum ›Historikerstreit‹. Es ist kein Plädoyer für einen biographischen oder für einen strukturgeschichtlichen Ansatz.«

74 Marlis Steinert, *Hitler,* Paris 1991 (im folgenden: ST, dt.: *Hitler,* München 1994). Bereits zwanzig Jahre zuvor hatte Steinert eine beachtenswerte wissenschaftliche Arbeit zum wichtigen und vielschichtigen Problem zur Haltung der Deutschen während des Zweiten Weltkrieges vorgelegt: *Hitlers Krieg und die Deutschen. Stimmung und Haltung der deutschen Bevölkerung im Zweiten Weltkrieg,* Düsseldorf 1970 (im folgenden: ST/HKD).

75 An dieser Stelle sei Frau Steinerts treffende Beschreibung von Hitlers Physiognomie als »wölfisch« erwähnt (meines Wissens von keinem anderen Biographen so gesehen oder gesagt) – eine scharfsichtige Beobachtung, ganz zu schweigen von der Tatsache, daß Hitler selbst es mochte, wenn seine Freunde ihn »Wolf« nannten. (Als die briti-

schen Besatzungsbehörden 1948 die Wiedereröffnung der Volkswagenwerke in dem in ihrer Zone gelegenen Wolfsburg gestatteten, wußten sie nicht, daß die 1938/39 gegründete Stadt zu Ehren von Hitler, dem Förderer des Volkswagens, so genannt worden war.)

76 ST, S. 336: »1936 scheint das Jahr gewesen zu sein, in welchem Hitler dem Größenwahn zu verfallen begann.« Zweifelhaft. Ähnlich S. 391: »Wollte Hitler größer sein als Friedrich der Große oder Bismarck oder Napoleon?« Fraglich.

77 Zitelmann hat das bereits zwei Jahre nach Erscheinen der Originalausgabe von ZIT/A deutlich gemacht, als die Neuauflage ein neues Vorwort zur »Forschung nach dem Historikerstreit« enthielt, das er im Oktober 1988 geschrieben hatte und das zum großen Teil eine scharfe Polemik gegen Noltes und Hillgrubers Kritiker ist.

78 Dazu siehe unten, S. 43 f., und Kapitel VIII.

79 Zwei beispielhafte amerikanische Arbeiten sind Harold J. Gordon, Jr., *Hitler and the Beer Hall Putsch*, Princeton 1972, und Bradley F. Smith, *Adolf Hitler – his Family, Childhood and Youth*, Stanford 1967; zusätzlich zum bereits erwähnten Albrecht Tyrell, *Vom »Trommler« zum »Führer«*, München 1975, auch der oben zitierte Deuerlein.

80 *-logie* bezeichnet Wissenschaft, die eigene Definitionen hervorbringt und auf ihnen beruht, Ziel der *-graphie* ist die rekonstruierende Beschreibung.

81 Eine Erörterung der Frage findet sich in SCHRB, S. 306: Unter anderem »muß sich der Biograph – rückblickend – als Integrator der Epoche [der Persönlichkeit] versuchen. Das bedeutet, daß er ungemein viele und in ihrer Aussage keineswegs einheitliche Forschungsergebnisse – darunter die der Teildisziplinen und Nachbarwissenschaften – zu gewichten, zu beurteilen und zuzuordnen hat. Jenseits aller [dieser] methodischen Implikationen des Ansatzes stellt sich vor diesem Hintergrund die Frage, ob das von einem einzigen Autor noch zu leisten ist.«

82 Ein (willkürlich ausgewähltes) Beispiel ist Fests Beschreibung des einstigen Hitler-Verbündeten Hugenberg in F, S. 369: »Klein und rundlich, mit Schnauzbart und Borstenhaarschnitt, wirkte er wie die martialisch stilisierte Erscheinung eines pensionierten Portiers, nicht dagegen wie der Mann von stolzen und erbitterten Grundsätzen, der er sein wollte.«

83 Schwieriger liegt der Fall bei »kriminell«, weil das Verbrechen im Gegensatz zum Bösen eine von der Gesellschaft festgelegte Kategorie ist; damit ist es auch an die Tat gebunden, während man das Böse schon an der Äußerung der entsprechenden Neigung erkennen kann. Dazu Haffner in HF/AN, S. 155: »Ohne Zweifel ist Hitler eine Figur der politischen Weltgeschichte; aber ebenso zweifellos gehört er auch in die Kriminalchronik ... Hitler ist [im Gegensatz zu anderen Eroberern] nicht deswegen ein Verbrecher, weil er ihnen nachgeeifert hat. Sondern aus einem ganz anderen Grunde. Hitler hat zahllose harmlose Menschen umbringen lassen, zu keinem militärischen oder politischen Zweck, sondern zu seiner persönlichen Befriedigung.« (Siehe auch S. 126: »... seine Mordlust [war] stärker als seine gewiß nicht geringe Fähigkeit zum politischen Kalkül.«) Hier muß ich diesem hervorragenden Autor widersprechen. »Persönliche Befriedigung« dürfte zu stark sein. Hitler war kein Sadist, nicht einmal in seinem Haß auf die Juden (siehe Kapitel VI). Auch das macht ihn nur *stärker* ver-

antwortlich, nicht weniger. Sadismus ist nämlich eine Art Lust, also Schwäche des Fleisches. Hitlers böse Neigungen waren mehr geistiger als körperlicher Natur.

84 Zitelmann in einem Interview mit dem schwedischen Historiker Alf W. Johansson in Berlin, November 1992, über die »Historisierung«: »Wir müssen die Dinge differenzierter sehen können, und vor allem im eigentlichen Sinne wissenschaftlich sehen können ...« (Siehe auch seine oben erwähnte Ablehnung »subjektiver Faktoren«.) »Diese Schwarz-Weiß-Bilder überzeugen nicht mehr.« Heißt dies etwa, daß ein zutreffendes Bild von Hitler grau sein muß – vor allem aus der Ferne? Doch Zitelmann scheint etwas anderes zu meinen: Vielleicht würde er mir zustimmen, wenn ich die menschliche Natur aufgrund des Nebeneinanders von Gut und Böse in ihrer Zusammensetzung mit dem schwarz-weiß-gestreiften Fell eines Zebras vergleiche. Aber entscheidend ist nicht die Zahl der schwarzen Streifen, ihre Quantität, sondern die Qualität, die Tiefe ihrer Schwärze. Und hier wird keine quantitative (oder »wissenschaftliche«, ohne Zitelmann nahe treten zu wollen) Analyse oder ein pedantischer Pointillismus Ergebnisse erzielen. Die Art der Schwärze – das übersteigt die wissenschaftliche, ja vielleicht selbst die künstlerische Analyse.

85 Maser schreibt in M/A, S. 327, »spätestens seit 1935«. Fraglich.

86 Siehe insbesondere Ernst Günther Schenck, *Patient Hitler. Eine medizinische Biographie*, Düsseldorf 1989 (im folgenden: PH). Schenck hat bereits 1970 ein eher bewunderndes Buch über Hitler verfaßt: *Ich sah Berlin sterben.* Er befand sich 1945 in Hitlers näherer Umgebung im Keller der Reichskanzlei.

87 Masers Behauptung in M/HB, S. 205, Hitler sei bereits 1943 ein gebrochener Mann gewesen, wird aus zeitgenössischen Aufnahmen nicht deutlich; ebenso fraglich Masers Feststellung einer fast vollständigen 180-Grad-Wende in M/A, S. 378, und S. 389: »Nicht die Ereignisse des Krieges haben Hitler umgeprägt, sondern der Verlauf seiner Krankheiten, die auf die Entwicklung des Krieges zurückwirkten, was er selbst auch wußte.« Haffner ist überzeugender in HF/AN, S. 65: »Die Schilderungen, die aus dem Hitler der letzten Kriegsjahre einen bloßen Schatten seiner selbst, ein bedauernswertes menschliches Wrack machen wollen, sind alle hoffnungslos überzeichnet. Mit körperlichem oder geistigem Verfall ist Hitlers katastrophaler Mißerfolg der Jahre 1941–1945 nach dem vorangegangenen Erfolgsjahrzwölft nicht zu erklären.«

88 Siehe dazu die detaillierte Diskussion in SCHRB, S. 160–222. Eine ausgewogene Zusammenfassung findet sich in D, S. 162 (Hervorhebung von Deuerlein): »*Nicht er hat sich geschaffen* – eine historische Situation hat ihn zwar nicht gerade hervorgebracht, wohl aber [seine Machtübernahme] ermöglicht. Die zweifelsfreie Beweisbarkeit dieser Behauptung enthebt jedoch nicht der Notwendigkeit, nach dem Menschen, der Adolf Hitler hieß, zu suchen.«

89 Dieser Zusammenhang wurde nicht immer erkannt. Plutarch dachte überhaupt nicht an die *Entwicklung* einer Person, und dasselbe galt bis vor relativ kurzer Zeit auch für fast alle Historiker und Biographen in der Geschichte der Biographie.

90 Doppeldeutigkeiten seines Verhaltens wurden von einigen ausländischen Beobachtern bemerkt, beispielsweise den französischen Botschaftern André François-Poncet und Robert Coulondre. Tiefer geht Fest, F, S. 664: »... jenes Element der Doppeldeu-

tigkeit, das zum innersten Wesen Hitlers gehörte, seine taktischen, politischen und ideologischen Konzeptionen unverwechselbar geprägt hat.« Am genauesten beobachtete und bemerkte Speer Hitlers Dualitäten. Ein hervorragendes Beispiel: die unterschiedlichen Reaktionen Hitlers gegenüber Speer am 23. und am 29. März 1945 im Zusammenhang mit seinem Befehl, hinter der sich zurückziehenden Armee alle Einrichtungen zu zerstören. Speer, SP, S. 483: »Oft habe ich mich seither gefragt, ob er nicht instinktiv immer gewußt habe, daß ich ihm in diesen letzten Monaten entgegengearbeitet und die Schlußfolgerungen aus meinen Denkschriften gezogen hatte; auch ob er nicht ... einen neuen Beweis für die Vielschichtigkeit seiner rätselhaften Natur lieferte. Ich werde es nie wissen.« Zu Hitlers Verschlossenheit und zu seiner Doppeldeutigkeit als Staatsmann siehe unten, Kapitel V.

91 Heer zitiert Hitlers Äußerung zu Admiral Raeder vom 23. Mai 1939 in HR, S. 376. Hitler sagte, er besitze »drei Arten der Geheimhaltung: die erste, wenn wir beide unter vier Augen sprechen; die zweite, die behalte ich für mich; die dritte, das sind Probleme der Zukunft, die ich nicht zu Ende denke«. Ebenso HR, S. 265, zu Hitlers allmählich sich entwickelnder, von ihm selbst erzwungener Einsamkeit.

92 Seine Reden: Max Domarus, Hg., *Hitler. Reden und Proklamationen 1932–1945,* München 1965, zwei in Halbbände unterteilte Bände. Sehr wertvoll, gelegentlich zu Unrecht kritisiert von Irving und auch von Zitelmann. Es gibt verschiedene Ausgaben der »Tischgespräche«. Die erste von seinem Stenograph Henry Picker (erste Auflage Bonn 1951) ist thematisch gegliedert; eine spätere Ausgabe mit sorgfältigem Anmerkungsapparat und Einführung von Schramm (1963) ist ausführlicher und chronologisch geordnet. Picker schrieb vom 21. März bis zum 2. August 1942 zahlreiche Tischgespräche Hitlers in seinen Hauptquartieren mit. Ausführlicher sind die Aufzeichnungen von Heinrich Heim, *Adolf Hitler. Monologe im Führerhauptquartier 1941–1944,* Hg. Werner Jochmann, Hamburg 1980 (im folgenden: HM), vor allem vom 21. Juli 1941 bis zum März 1942. Zumindest zwei weitere, handgeschriebene Aufzeichnungen solcher »Tischgespräche« existieren: eine von Werner Koeppen (Alfred Rosenbergs persönlichem Adjutanten) vom Juni bis November 1941 in den Archiven des IfZ, die Zitelmann benutzt hat, und die bereits erwähnten Notizen von Hewel, benutzt von Irving. Schließlich gibt es noch die sogenannten Bormann-Diktate (Stenograph unbekannt) – offenbar authentisch (obwohl dies angezweifelt worden ist) – für die letzten Monate von Hitlers Leben und deshalb sehr interessant. Sie wurden zunächst von Bormanns Frau nach Italien gebracht, dann von einem Italiener, einem Bewunderer Hitlers, dem Schweizer François Genoud übergeben und veröffentlicht als *Libres Propos sur la Guerre et la Paix,* Paris 1952 und als *The Testament of Adolf Hitler,* London 1959; in Deutschland erschienen sie erst über 20 Jahre später als *Hitlers politisches Testament. Die Bormann Diktate vom Februar und April 1945,* Hamburg 1981. Zu den Eigenarten (und zum Fehlen) des Originalmanuskriptes siehe die Diskussion, unter anderen mit dem ausweichenden Genoud, in einem Kolloquium des IfZ, ebenfalls veröffentlicht (München, Wien 1978, S. 44–53). In der Einführung zu HM werden einige Merkmale von Hitlers Doppeldeutigkeit und Verschlossenheit aufgezeigt. S. 22: »Die Aufzeichnungen Heims belegen die große Selbstbe-

herrschung, aber auch die mißtrauische Zurückhaltung Hitlers.« S. 24: »Auch bei den Gesprächen im engsten Kreis verlor er die psychologische Wirkung seiner Worte nicht aus dem Auge. Bemerkungen ... sollten an erster Stelle das Selbstvertrauen der Umgebung stärken.« (Insgesamt enthalten diese Abschriften keine Anhaltspunkte für den »privaten« Hitler.)

93 Bereits Heiden legte in HD, S. 332 f., eine sehr interessante Analyse von Hitlers rhetorischen Fähigkeiten und Sprechgewohnheiten vor. Zu Hitlers Sprachstil (und Sprechrhythmus) siehe Cornelius Schnauber, *Wie Hitler sprach und schrieb,* Frankfurt/M. 1972. Das Buch befaßt sich nicht mit *Mein Kampf,* sondern mit Themen wie Hitlers Rhythmus u. ä., S. 105: »Höchst ungewöhnlich ist die melodische Spannweite in Hitlers Sprechweise ...«

94 Vgl. die streitbare, aber interessante Autobiographie seiner Sekretärin Christa Schroeder, *Er war mein Chef,* München, Wien 1985. Niemand schrieb jedoch zutreffender über Hitlers Arbeitsgewohnheiten als Speer, vor allem in SP, Kapitel 9, wo er die Änderungen und Merkwürdigkeiten von Hitlers Arbeitsgewohnheiten mit der Doppeldeutigkeit seines Charakters verknüpft. Vgl. auch Philipp W. Fabry, *Mutmaßungen über Hitler. Urteile von Zeitgenossen,* Düsseldorf 1969.

95 Hitler erklärte *Mein Kampf* für »überholt«; SP, S. 511, auch 219. Ebenso Sereny-Speer (siehe oben), S. 361, wo Bormanns Sohn zitiert, was sein Vater zu ihm gesagt hatte: »... ich brauche es nicht zu lesen, es sei von den Ereignissen überholt. [Wie Speer mir [Sereny] erzählte, hatte Hitler zu ihm genau dasselbe gesagt.]«

96 Auch mit bildlichen Darstellungen seiner Person. Hitler stand seinem Fotografen Heinrich Hoffmann sehr nahe und pflegte sich lange in bestimmte Aufnahmen zu vertiefen, häufig Aufnahmen von ihm. Er gestattete Hoffmann, viele für Propagandazwecke zu retuschieren (zu Hoffmanns zahlreichen Bildbänden über Hitler und seinen Retuschen, die Hitler, »propagandistisch aufschminkten«, siehe SCHRB, S. 5 f.), obwohl er sich, wie oben erwähnt, zu seinen Lebzeiten nicht in einer Biographie verherrlichen lassen wollte.

97 Vor den entscheidenden Wahlkämpfen des Jahres 1932 nahm er Sprechunterricht bei dem Tenor Paul Devrient in München.

98 Bullock sagt in einem Interview in dem FAZ-Magazin *Woche* vom 6. Dezember 1991, Hitler sei stets sehr offen gewesen und habe insgesamt gesagt, was er zu tun gedenke. Falsch. Speer in SP, S. 121: »Wir saßen etwa im Jahre 1938 im Deutschen Hof in Nürnberg. Hitler sprach von der Pflicht, nur Dinge auszusprechen, die für die Ohren der Allgemeinheit bestimmt seien.« Fest zitiert Hitler in F, S. 710: Es sei »besonders wichtig ... und eine alte Lebenserfahrung eines politischen Führers: Alles das, was man besprechen kann, soll man niemals schreiben, nie!« »Es wird viel zuviel geschrieben ... Es ist immer irgend etwas Belastendes bei der Sache dabei.« Fests abschließende Bemerkung: »Er beobachtete sich ständig und sprach ... buchstäblich nie ein unbedachtes Wort ... das weitverbreitete Bild des emotional unkontrollierten, wild gestikulierenden Hitler verkehrt geradezu das Verhältnis von Regel und Ausnahme: er war die denkbar konzentrierteste Existenz, diszipliniert bis zur Verkrampfung.«

99 Schroeder, S. 225: »Er selbst hat sehr viel korrigiert.« Speer in SP, S. 179, zitiert Hitler im Sommer 1939: »Auch jetzt wieder sind die Entwürfe des Auswärtigen Amtes einfach unbrauchbar. Die Noten verfasse ich am besten selbst.« In SP noch viele andere Beispiele, z. B. S. 569: »Von Below erfuhr ich, daß Hitler diese und meine folgenden Denkschriften gründlich durchlas, sogar mit Randbemerkungen und Anstreichungen versah.« Maser hat dies in M/HB, S. 153, bemerkt und meint, Hitlers Stil habe sich nach 1933 verbessert. In M/A, S. 178, schreibt Maser, Schramm habe die Gewohnheit des jungen Hitler, Bücher zu kaufen, unterschätzt.

100 Noch einmal der tiefgründige Heer in HR, S. 11: »In jedem Kern einer menschlichen Persönlichkeit steckt ein Rest, den kein Mensch – zumeist auch der Personenträger selbst – restlos erfassen, erforschen, aufhüllen kann. Adolf Hitler teilt diese Unberührbarkeit seines Personenkerns mit allen anderen Menschen.«

## II Die Kristallisation: Wien und/oder München

1 Der Ort hatte noch eine andere symbolische Bedeutung, die Hitlers späteren Biographen entging: Seine Braut, Eva Braun, kam aus einer einfachen Familie in Bayern und lebte einige Jahre lang in Simbach, dem bayerischen Städtchen auf der anderen Seite des Inns gegenüber von Braunau, und ging dort zur Schule.

2 Zu Glaise-Horstenau sagte er im April 1939, er habe seinen Vater gefürchtet, aber überhaupt nicht geliebt. Und zu Speer, SP, S. 138: »Ich habe oft schwere Schläge von meinem Vater bekommen …«

3 Siehe oben Georges Bernanos. In GQ, S. 29, heißt es: »Das Kindheitserlebnis muß sich tief in seiner Seele eingeprägt haben. Aber es ist auch charakteristisch für ihn, daß er diesen Eindruck im allgemeinen sorgfältig vor anderen verbirgt.«

4 »Das ›harte Schicksal‹«, heißt es zusammenfassend in M/A, S. 81, »von dem Hitler im Zusammenhang mit seiner Wiener Zeit gerne sprach, hatte mit wirtschaftlicher Not nichts zu tun.« Eine Übertreibung, aber nicht ohne wahren Kern.

5 Brigitte Hamanns Buch *Hitlers Wien. Lehrjahre eines Diktators* (München 1996) erschien erst nach Fertigstellung des vorliegenden Buches. Sein Inhalt scheint mit meiner Argumentation weitgehend übereinzustimmen. (S. 502: »Die entscheidende Frage aber, wann der Antisemitismus für Hitler zum Kern- und Angelpunkt wurde, kann aus seiner Linzer und Wiener Zeit nicht beantwortet werden. Diese Entwicklung ist späteren Jahren zuzuordnen.«)

6 Es ist unwahrscheinlich, daß er, wie einige seiner Biographen schreiben, nur deshalb »von Wien nach München emigrierte, um sich dem österreichischen Militärdienst zu entziehen« (HF/AN, S. 10), obwohl das sicher *ein* Beweggrund war.

7 Wichtig zu dieser Frage ist A. Joachimsthaler, *Adolf Hitler 1908–1920. Korrektur einer Biographie*, München 1989 (im folgenden JO). Joachimsthaler steht Maser sehr kritisch gegenüber, während er von Deuerlein sehr viel hält.

8 JO, S. 191. Siehe auch S. 189: »Was unternahm Hitler in der Revolutionszeit in München? Nichts!«

9 Churchill erkannte, was für eine prägende Bedeutung die Erlebnisse im Lazarett für Hitler hatten und daß sie eine Wende in dessen innerer Entwicklung darstellten. Im ersten Band seiner Memoiren über den Zweiten Weltkrieg beginnt er ein Kapitel mit einer Beschreibung Hitlers im Lazarett. Der 1948 geschriebene Text ist bis heute eine äußerst treffende Zusammenfassung von Hitlers Zustand. »Auf der ersten Seite dieses kurzen Kapitels«, so schrieb ich in DL, S. 41, »das er [Churchill] diktierte, während er in seinem Arbeitszimmer in Chartwell auf und ab ging, beschreibt er Hitlers Laufbahn und Persönlichkeit erstaunlich scharfsichtig. Die bemerkenswerte Qualität dieser Passagen ist nicht nur auf Churchills rhetorische und literarische Begabung zurückzuführen, sondern entspringt seinem tiefen inneren Verständnis. So erkennt er zum Beispiel zutreffend, daß die Ausformung von Hitlers Weltsicht – und nicht nur seine Laufbahn – den entscheidenden Anstoß in den Jahren 1918–1919, und nicht etwa schon vor dem Krieg erfahren hatte – in München, nicht in Wien. Im Gegensatz dazu hatte Hitler in *Mein Kampf* betont, daß sich seine politische Weltanschauung bereits in den Wiener Jahren herausgebildet und sich nur seine äußeren Lebensumstände im Winter 1918 und später in München schlagartig verändert hätten. Die meisten Historiker sind dieser Darstellung gefolgt. Berufshistoriker, die sich nur mit Fachkollegen auseinandersetzen wollen, nehmen oft Churchill als Historiker entweder gar nicht oder nur unzureichend zur Kenntnis. Doch auf diesen Seiten seiner Memoiren beweist er ein phänomenales Verständnis Hitlers.«

10 Nur ein Beispiel: Carl Freiherr von Bardolff, ein Konservativer und vor 1914 enger Berater von Erzherzog Franz Ferdinand, hieß Hitler im März 1938 begeistert willkommen (dasselbe galt auch für andere hohe Offiziere der alten österreichischen Armee). In seinem kurze Zeit später erschienenen Buch *Soldat im alten Österreich* sah er den Ersten Weltkrieg als den großen Krieg der Welt gegen das Deutschtum. Der Erzherzog und seine engen Berater, so schreibt er weiter, hätten nie Vertreter der jüdischen Presse in den Belvedere (den Palast des Erzherzogs) gelassen. Franz Ferdinand habe Freimaurertum, Materialismus, Liberalismus, Marxismus und das jüdische Weltkapital unerschütterlich als Feinde betrachtet. Bardolff beendet sein Buch mit dem Satz: »Ein herzhaft dankbares Heil dem Führer des deutschen Volkes und des Großdeutschen Reiches!«

11 In einem anderen Buch (*Land im Strom der Zeit*, Wien 1958, S. 266) schreibt Heer: »Adolf Hitler, hoch begabt mit manchen Begabungen, besaß eine vorzügliche Begabung, die ihm zufloß aus dem Boden der österreichischen Heimat: Menschenkenntnis. Es gibt zwei Arten von Menschenkenntnis … Adolf Hitlers Genie sieht vom Untergrund her die Menschen ein.« Seine Begabung war das Verständnis menschlicher Schwächen.

Ebenfalls interessant ist die von Heer in HR vertretene Ansicht, Hitler sei mindestens ebenso stark vom österreichischen Kaiser Joseph II. beeinflußt gewesen wie von dem Preußen Friedrich dem Großen.

Aufschlußreich ist auch Hitlers Entschluß, am letzten Tag seines Lebens den österreichischen Katholiken und Nazi Arthur Seyß-Inquart zum Außenminister der letzten

Reichsregierung zu ernennen: »Auch das ist eine – die letzte – Heimkehr des verlorenen Sohns Adolf Hitler in sein Österreich« (HR, S. 339).

12 Brief an Ernst Hepp, zitiert in: MH/B, S. 100; ebenfalls abgedruckt in Jäckel/Kuhn: »... jeder von uns hat nur den einen Wunsch ... daß die, die von uns das Glück besitzen werden, die Heimat wiederzusehn, sie reiner und von der Fremdländerei gereinigter finden werden. daß durch die Opfer und Leiden die nun täglich so viele Hunderttausende von uns bringen daß durch den Strom von Blut der hier Tag für Tag fließt gegen eine internationale Welt von Feinden, nicht nur Deutschlands Feinde im Außeren zerschmettert werden, sondern daß auch unser innerer Internationalismuß zerbricht. das wäre mehr wert als aller Ländergewinn.« Diese Ansichten stimmen völlig mit Hitlers Überzeugungen im Jahr 1919 und danach überein.

13 GQ, S. 43 und S. 52. Zu »Weltbild« und »Weltanschauung« schreibt Jäckel in JHW, die beiden Begriffe seien nicht unbedingt identisch, obwohl sie sich überlappten: eine ähnliche Ansicht wird auch in GQ vertreten. Jäckel verfolgt die Unterscheidung nicht weiter. Für unsere Zwecke ist sie unerheblich.

14 F, S. 292 f., aber auch S. 58. Es ist sehr fraglich, ob Hitler in Wien tatsächlich den oben erwähnten Lanz von Liebenfels kennenlernte (vgl. F, S. 60 f. und die Anmerkung S. 1051) oder sich einem Antisemitenbund anschloß.

15 JHW, S. 147, 131, 148. Meiner Ansicht nach datiert er die »Kristallisation« auf einen zu späten Zeitpunkt.

16 KER, S. 21, Anmerkung 14. Kershaw zitiert M/A, S. 194. Maser beruft sich auf die über fünfzig Jahre nach dem Ereignis gemachte Aussage eines Kriegskameraden Hitlers.

17 GQ, S. 65, 103; Ferner heißt es dort, Hitlers Entscheidung, Politiker zu werden, sei nicht schon in Pasewalk gefallen, sondern erst, als er im Herbst 1919 als Redner hervortrat. (Meiner Ansicht nach etwas zu spät datiert.)

18 SP, S. 134.

19 Dagegen TO, S. 55: »In solchen Arenen und gegen solchen Widerstand gewannen Hitlers Ideen und Theorien an Schärfe ...«

20 Möglicherweise die erste von Erfolg gekrönte Rede waren die flammenden Worte, mit denen Hitler seine Kameraden in der Kaserne davon abzuhalten versuchte, dem roten Führer Eglhofer auf die Straße zu folgen (so geschehen am 29. oder am 30. April 1919, dem Tag, an dem Hitler 26 Jahre später Selbstmord beging ...).

21 Ein Vergnügen nicht ohne ein Element von Brutalität. Fest (F, S. 212) bringt die Atmosphäre sehr genau auf den Punkt: »... die Hitlerpartei [konnte] sich auch den spezifisch bayerischen Grobianismus zunutze machen, zu dessen politischer Spielart sie sich geradezu entwickelte. Die Saalschlachten mit den niedersausenden Stuhlbeinen und wirbelnden Maßkrügen, die ›Massakres‹, die mörderischen Gesänge, die ›Großprügelei‹: es war alles ein gewaltiges Gaudi.« Er fügt hinzu, daß damals das Wort »Nazi« erstmals gebraucht worden sei, ein Wort, das »in bayerischen Ohren ... als Koseform des Namens Ignaz einen vertraut-familiären Klang besaß und deutlich machte, daß die Partei im breiten Bewußtsein durchgesetzt war«.

22 »Ich wollte es wäre mein Sohn«, sagte Helene Bechstein einmal, und Hitler schrieb unter ein Bild von sich, das er Weihnachten 1925 (ein relativ spätes Datum) an Frau

Carola Hoffmann schickte: »Meinem lieben treuen Mütterchen, Weihnachten 1925, in Verehrung Adolf Hitler.« HD, S. 112.

23 Die Bewunderung, die so viele deutsche Frauen für ihn empfanden, hatte eine gewisse sexuelle Komponente. Daß er unverheiratet war, spielte dabei eine Rolle. (Ähnlich war es bei dem unverheirateten Karl Lueger, der von vielen Wienerinnen hysterisch verehrt wurde und für Hitler Vorbild und Inspiration zugleich war.) Doch sprach immer ein Element der Mütterlichkeit aus dem Vertrauen und der Hoffnung, wenn sie bei schlimmen und unangenehmen Nachrichten sagten: »Wenn das der Führer wüßte.«

24 »... der Weg von Menschen, die berufen seien, einmal Großes in ihrem Leben zu leisten, sei doch recht seltsam. Daß ein solcher Mensch schon als Kind als besonderes Talent erkannt worden sei, sei wohl nur bei Mozart der Fall gewesen. Irgendwann auf ihrem Lebensweg schlage das Schicksal plötzlich diese Menschen an und lasse sie ihre besondere Stärke erkennen.« *Tischgespräche*, 10. Mai 1942.

25 Es ist nicht sicher, ob das berühmte vergrößerte Bild des Mannes, der am 2. August 1914 in einer Menschenmenge auf einem Münchner Platz die Kriegserklärung feiert, wirklich Adolf Hitler zeigt.

26 Peter Kleist, *Die europäische Tragödie*, Göttingen 1952, S. 199. Zu Hitlers physischer Erscheinung siehe Günther Scholdt, *Autoren über Hitler*, Bonn 1993 (im weiteren SCHO), S. 199–209.

27 SP, 314. Eine Ausnahme von seinen asketischen Gewohnheiten: seine Begeisterung für Wiener Sahnetorten.

28 SCH, S. 17, 18. Ein wichtiger, aber selten bemerkter Bestandteil von Hitlers Physiognomie – Hitlers Markenzeichen waren der berühmte Schnurrbart und die Strähne in der Stirn – war seine Nase. Sie war sehr groß, geradezu brutal, ein makelloses Dreieck, wirkte jedoch dank des Schnurrbarts etwas kleiner. Ob Hitler den Schnurrbart kultivierte, *weil* er sich seiner Nase bewußt war, ist fraglich; erwiesen ist, *daß* er sich ihrer bewußt war. In Irving, I/W, S. 71, findet sich ein Selbstporträt Hitlers aus den zwanziger Jahren; die Betonung liegt auf der großen, dreieckigen Nase, nicht auf dem entschlossenen Kinn. (»Original im Besitz des Autors [also Irvings].«)

29 SCH, S. 24.

30 M/A, S. 96.

31 SP, S. 157.

32 SP, S. 145.

33 DL, S. 156.

34 M/F, S. 83; die Rede von 1921 zitiert in: F, S. 221; außerdem GQ, S. 72.

35 Ein Indiz: seine häufige, oft laut gerufene Behauptung: »Ich habe nie Minderwertigkeitsgefühle gehabt« (DL, S. 41 f.). In den zwanziger Jahren trug Hitler gerne eine Reitpeitsche aus Wasserbüffelleder mit sich herum. Als Junge war er bei wilden Kriegsspielen der Anführer. Doch griff er nur einmal, 1927, einen Menschen körperlich an (einen Redakteur des Parteiorgans).

36 SCH, S. 125. Außerdem: »Hitler brach aus der sozialen Schicht aus, der er entstammte, ohne in einer anderen heimisch zu werden. Er gehörte zu keiner ›Klasse‹ und keinem ›Stand‹. Die Sozialgeschichte kann uns deshalb nicht die zentralen Einsichten

liefern, die wir brauchen würden, um Hitler zu verstehen.« Dagegen der Katholik Heer, HR, S. 406: »Gerade der Zerfallsprozeß seines Christentums zeigt, von Dekade zu Dekade, spezifisch die katholischen Strukturen seiner psychischen Mentalität auf, so wie auch sein Antiklerikalismus spezifisch katholischer Herkunft und Artung ist.«

37 Dem würde ich gerne folgendes hinzufügen: »Der erste dieser beiden Prozesse wurde von Dostojewski und vielen modernen Intellektuellen weitgehend ignoriert.« Siehe auch Heidens verblüffende Definition des Unterschieds von Talent und Genie, HD, S. 44: Das Talent fügt sich brauchbar in die Welt ein, das Genie verändert sie nach seinen Bedürfnissen – oder Ideen, wie ich sagen würde.

38 In diesem Zusammenhang sei aus dem Schluß des von dem amerikanischen Historiker Harold J. Gordon verfaßten ausgezeichneten Buches über den Hitlerputsch (siehe oben S. 40) zitiert (S. 618 f.): »Entschlossen und erfüllt von seinem Sendungsbewußtsein verwandelte sich Hitler aus einem frenetischen Revolutionär, der beim Putsch eine niederschmetternde Abfuhr hatte einstecken müssen und zum Schweigen gebracht worden war, in einen politischen Führer, der bereit war, sorgfältige Aufbauarbeit zu leisten und schwer zu ringen, bis er an die Macht kam. Roßbach, Ehrhardt und Ludendorff versagten in dieser entscheidenden Phase und scheiterten politisch. Hitler überwand diese Schwierigkeiten und ließ seine Rivalen weit hinter sich. Aus dem Putsch war ein neuer Hitler hervorgegangen, ebenso wie der Erste Weltkrieg und die Revolution den in Wien und München um seine Existenz ringenden Bohemien und unbedeutenden Maler in den Führer einer revolutionären Bewegung verwandelt hatten, und das war vielleicht die größere der beiden Verwandlungen gewesen. [Darüber kann man streiten.] Hitlers erste Krise hatte ihn zum Revolutionär werden lassen. Die zweite machte aus ihm den unangefochtenen Führer einer großen politischen Bewegung. Die dritte Krise brachte ihn in Deutschland ans Ruder, und die vierte führte ihn zu Eroberungen, zur Niederlage und in den Tod.«

39 Wir kennen viele wichtige Details seiner Krankengeschichte (siehe oben, PH; außerdem M/A, Kapitel 8). »Die Vorstellung, krank zu sein und nur noch wenig Zeit zu haben, beherrscht alles, was Hitler seitdem denkt, plant und tut« (M/A, S. 331). Vielleicht sollte man statt »beherrscht« besser »beeinflußt« sagen. Deuerlein und Fest erkannten diesen Sachverhalt sogar noch früher, siehe F, S. 536, wo von einer »Wesensänderung« die Rede ist. Auch Speer erinnerte sich an die Veränderung in Hitler, dem er damals sehr nahestand. Ein wichtiges Beispiel: Im Januar 1938 befahl Hitler plötzlich Speer, die neue Reichskanzlei zu bauen. Sie sollte ein Jahr später fertig sein, rechtzeitig für den Jahresempfang des diplomatischen Korps am 9. Januar 1939 – tatsächlich war sie zwei Tage vorher fertig. SP, S. 117: »Die Hast, mit der Hitler die Errichtung der neuen Reichskanzlei vorantrieb, hatte ihren tieferen Grund in der Sorge um seine Gesundheit. Er fürchtete ernsthaft, nicht mehr lange zu leben.« (Die 1945 zerstörte, häufig zu Unrecht geschmähte neue Reichskanzlei war Speers bestes Bauwerk.) Siehe auch Leon Krier, *Albert Speer – Architecture 1932–1942,* Brüssel 1985 (im folgenden K).

40 Zumindest bis 1944, als sich sein Zustand durch die Parkinsonsche Krankheit wirklich verschlechterte.

41 Siehe auch Speers Bemerkungen über die letzten Jahre Hitlers: »Dazu war er wieder liebenswürdiger und privater geworden. In manchem erinnerte er mich an den Hitler, den ich zu Beginn unserer Zusammenarbeit vor zwölf Jahren kennengelernt hatte, nur daß er nun schattenhafter wirkte. Seine Liebenswürdigkeit konzentrierte sich auf die wenigen Frauen, die seit Jahren um ihn waren.« SP, S. 475.

## III Reaktionär und/oder revolutionär

1 Erst nachdem ich obiges geschrieben hatte, stellte ich in JHH, S. 171, Anmerkung 28 fest, daß Hitler sich 1931 derselben Metapher bedient hatte: »... Sollte es trotz unseres gerechten Vorgehens zu kriegerischen Auseinandersetzungen kommen, weil das Weltjudentum das Rad der Geschichte zurückdrehen möchte, dann wird es von diesem Rad zermalmt.«

2 SCHRB, S. 250 f., 252 f., 260, 263: »Das definitorische Dilemma scheint unüberwindlich zu sein.«

3 Etwa F, S. 238.

4 Es gab, wie wir noch sehen werden, vor allem bis zum Jahr 1933 deutsche Konservative, die teils vorsichtig, teils ganz offen Hitlers Bewegung als »konterrevolutionär« begrüßten. Nach 1945 sah (mit der selbstverständlichen Ausnahme einiger marxistischer DDR-Historiker) praktisch niemand mehr den Konterrevolutionär in Hitler, auch nicht versteckte Apologeten Hitlers. Eine – keineswegs apologetische – Ausnahme ist das Buch von Christian Graf von Krockow, *Scheiterhaufen, Größe und Elend des deutschen Geistes* (Berlin 1983). Krockow betont das konterrevolutionäre, antiegalitäre Element bei Hitler, das zu den Idealen der Französischen Revolution in Gegensatz stehe.

5 Ähnliche Beobachtungen sind (allerdings selten explizit definiert oder formuliert) in einer Vielzahl von Monographien und Spezialstudien enthalten, insbesondere seit etwa 1970. Ein gutes Beispiel ist Horst Möller, »Die nationalsozialistische Machtergreifung. Konterrevolution oder Revolution?«, VfZ, Januar 1983. Möller argumentiert nüchtern und überzeugend für letzteres.

6 Laut SCHRB, S. 250, Fußnote 290, »eine vorzügliche Staatsexamensarbeit«. Zitelmann, *Soziale Zielsetzungen und revolutionäre Motive in Hitlers Weltanschauung als Forschungsdesiderat*, Darmstadt 1983. Wie schon aus dem Titel ersichtlich, betont der Autor, daß das Thema weiter erforscht werden sollte.

7 Im folgenden ZIT/PR.

8 Siehe unten, insbesondere Kapitel IX.

9 Nur daß er sich erst ab 1921/22 als Führer einer Bewegung betrachtete.

10 In Deutschland (und Österreich) verlor das Wort »konterrevolutionär« nach 1933 weitgehend seine positive Bedeutung; in einigen anderen europäischen Ländern (Ungarn, Spanien, den baltischen Staaten) blieb sie bis etwa 1938 erhalten. Auch dort fand jedoch wie in Österreich nach 1930 die zentrale Auseinandersetzung zwischen zwei Flügeln der Rechten statt, der konservativen, traditionalistischen und der populistischen, radikalen Rechten.

11 Hier muß ich die Aufmerksamkeit auf ein weiteres terminologisches Problem lenken, das heutzutage leider Verwirrung verursacht: die noch immer häufige, doch inzwischen etwas seltener gewordene Gleichsetzung von »Bürgertum« mit »Mittelschicht«. Beide Begriffe sind nicht dasselbe, insbesondere nicht im 20. Jahrhundert. Einerseits wird »Mittelschicht« inzwischen in einem so allgemeinen Sinn verwendet, daß es seine einstige Bedeutung immer mehr verloren hat; andererseits beginnt »Bürgertum« in letzter Zeit jene pejorative Bedeutung zu verlieren, die ihm im 19. Jahrhundert nicht nur von Marxisten, sondern auch von Bohemiens, Künstlern und Adligen (oder deren Bewunderern) verliehen wurde. (Siehe darüber meinen Aufsatz »The Bourgeois Interior« in: *The American Scholar,* September 1970, und auch *The Passing of the Modern Age,* New York 1970.) Dem ist hinzuzufügen, daß die spezifisch deutsche Bedeutung von »Bürger« nicht nur »zur Mittelschicht gehörig« oder »bourgeois«, sondern auch »Staatsbürger«, »Stadtbewohner« oder (mit patrizischer Konnotation) »freier Bürger einer Stadt« suggeriert. Hitlers Vorstellungen waren »völkisch« geprägt, richteten sich an das Volk. Er träumte von einem weitgehend (wenn auch vielleicht nicht völlig) klassenlosen Deutschland, das auf der Stärke seines Volkes und dessen nationalsozialistischen Überzeugungen beruhen sollte. Daß das deutsche Bürgertum der völkischen Ideologie wenigstens teilweise ebenfalls anhing, bedeutete nicht, daß es in Hitlers Sinn »populistisch« gewesen wäre.

12 SCHO, S. 734.

13 Koeppen-Vermerke, S. 2 des MS im IfZ.

14 ZIT/A, S. 146. Man vergleiche dies mit Heidens in diesem Punkt falscher Ansicht, Hitlers ganzes Leben sei von seiner einzigartigen und unglücklichen Liebe zur gutbürgerlichen Gesellschaft geprägt gewesen. HD, S. 11.

15 ZIT/A, S. 84.

16 So erklärt sich beispielsweise, daß die Arbeiterklasse in vielen Teilen der Welt oft antimarxistisch ist – eine gründliche Widerlegung von Marx. Interessant ist außerdem, daß der Antikommunismus oft gerade dort relativ unpopulär war, wo die Macht der Sowjetunion am größten oder die lokalen Kommunisten und Marxisten am stärksten waren; dagegen war er populär, wo die Kommunisten schwach waren. Letzteres trifft für viele europäische Länder in den dreißiger und für die USA in den fünfziger Jahren zu (etwa in der Ära McCarthy).

17 Zitiert in Klaus Scholder, *Die Kirchen und das Dritte Reich,* Berlin 1985, Bd. 1, S. 246. Nach dem Einmarsch in die Sowjetunion im Juni 1941 sollte Hitler sich natürlich wieder solcher Argumente bedienen, diesmal jedoch nicht mehr aus innenpolitischen Gründen, sondern aus allgemein politischem Kalkül – gleichzeitig brachte er jedoch (ebenfalls privat) häufig seine Bewunderung für Stalin und seinen verächtlichen Haß für die Kapitalisten Churchill und Roosevelt zum Ausdruck. Mehr dazu in Kapitel V.

18 Zitiert in Heiden, HD, S. 228. Dem sei folgende bemerkenswerte Einsicht Heidens hinzugefügt: »Sicher ist: der Redner Hitler lebt sich selbst einen ehrlichen Mann vor. Er ist auf den Höhepunkten seiner Rede ein von sich selbst Verführter, und mag er lautere Wahrheit oder die dickste Lüge sagen, so ist jedenfalls das, was er gerade sagt, in dem betreffenden Augenblick ... vollständig der Ausdruck seines Wesens ... Die Ein-

heit von Mann und Wort ist das zweite Geheimnis seines Erfolgs.« HD, S. 100 f. Derselbe: »... mag moralisch die Lehre Hitlers noch so verurteilenswert sein, seine Leistung ist eine Bestätigung des alten Satzes, daß Genie Fleiß ist. Durch seine Unermüdlichkeit hat er seine Gegner geschlagen.« HD, 103.

19 Zitiert in: Heer, HR, S. 273.

20 HR, S. 235. Vgl. auch S. 220 f.: »Heute, 1968, tritt mir in dem Phänomen *Mein Kampf* etwas anderes, sehr Bedeutsames in den Vordergrund der Beachtung: Adolf Hitler nimmt hier überaus sorgfältig Rücksicht auf seine christlichen, katholischen, kirchlichen, bayerischen, konservativen Gläubigen. Das ist die harte Wahrheit: In *Mein Kampf* kann sehr viel von dem, was er da verkündet, von ebendiesen christlichen, evangelischen, katholischen und konservativen Gläubigen Adolf Hitlers so gut wie vorbehaltlos angenommen werden: die Angriffe gegen die Juden, die Freimaurer, die Demokratie, die Verheißung der Zerschlagung der Sowjetunion, der »notwendige« Kampf gegen Frankreich.« »Hitler distanziert sich in *Mein Kampf* nachdrücklich von all diesen völkischen, germanischen, neuheidnischen Bewegungen. Auf weite Strekken hin erweckt heute die Lesung von *Mein Kampf* den Eindruck, als sei dieses Werk vor allem gegen diese Kreise geschrieben – nicht zuletzt zur Beruhigung seiner christlichen Anhängerscharen.«

21 SP, S. 109. Speer zitiert weiter: »Zweifellos würde es die Kirche verstehen, im Laufe eines langen Zeitraums sich den politischen Zielen des Nationalsozialismus anzupassen, sie habe das in der Geschichte weiß Gott immer getan. Eine neue Parteireligion würde nur einen Rückfall in den Mystizismus des Mittelalters bringen. Das zeige der SS-Mythos und Rosenbergs unlesbarer *Mythos des Zwanzigsten Jahrhunderts.*«

22 Hitler in einem Tischgespräch am 18. September 1941 (Koeppen-Vermerke, S. 13): »Der gefährlichste Gegner, der auch wirklich eine Reihe von Männern von Format hervorgebracht habe, sei ohne Zweifel das Zentrum gewesen.«

23 Zitiert in: ZIT/PR, S. 13.

24 Zitiert in: HR, S. 249, 262.

25 D, S. 119. In seiner Neujahrspredigt von 1938 pries Kardinal Faulhaber Hitler als »das Vorbild einer einfachen und nüchternen, alkohol- und nikotinfreien Lebensführung«. Zitiert in: Lothar Gruchmann, »Korruption im Dritten Reich«, VfZ, Oktober 1994, S. 577.

26 FR, S. 333.

27 SCHRB, S. 152.

28 Dahinter steht Rankes (und auch Hegels) Überzeugung von der zentralen Rolle des Staates; für Hitler gibt es statt dessen ein Primat der Nation. Siehe dazu Kapitel IV.

29 Bullock erkennt in BU, S. 312, daß Hitler sich 1923 realistisch verhielt, als er verkündete, »daß die erste politische Aufgabe nicht darin bestehe, die Kraft des deutschen Volkes in einem Kampf mit Frankreich zu vergeuden, da es ihn ohnehin verlieren müsse, sondern darin, die Republik zu stürzen«; Bullock irrt jedoch, wenn er (S. 90, Fußnote 1) eine Parallele zwischen Hitler und Lenin zieht und meint, Lenin habe wie Hitler »die politische Aufgabe, nämlich die Durchführung der Revolution in Rußland, über die nationale [gestellt]«. Fest erkennt in F, S. 430, den Primat der Innenpolitik,

betont jedoch nicht genügend Hitlers erfolgreiche antikommunistische Propaganda.

30 Koeppen, 18. September 1941, S. 13.

31 Erstes Zitat in: Heer, HR, S. 247; zweites von Zitelmann, ZIT/A, S. 118.

32 I/W, S. 21.

33 Haffner, HF/AN, S. 25: »War das deutsche Wirtschaftswunder der dreißiger Jahre wirklich eine Leistung Hitlers? Man wird die Frage trotz denkbarer Einwände wohl bejahen müssen. Es ist vollkommen richtig: ... in seinen Plänen und politischen Gedankengebäuden hatte das Wirtschaftliche bis 1933 kaum eine Rolle gespielt.« Und das Wirtschaftswunder war nicht einfach der Wiederaufrüstung zu verdanken. HF/AN, S. 30: »In Wirklichkeit produzierte das Dritte Reich Kanonen *und* Butter und noch vieles andere mehr.«

34 Zitiert in: Simone Petrément, *Simone Weil, A Life,* New York 1976, S. 510 f.

35 »Ich bin kein Diktator und werde nie einer sein ... [als Diktator kann] jeder Hanswurst regieren.« Zitiert in: Fest, F, S. 572.

36 ZIT/A gibt viele Beispiele für solche Äußerungen: S. 569, Anmerkung 189. Siehe auch Hitlers »offenen Brief« an Brüning vom 13. Dezember 1931, BU, S. 191: »Sie weigern sich, als ›Staatsmann‹ zuzugeben, daß, wenn wir auf legalem Wege zur Macht kommen, wir dann mit der Legalität brechen können. Herr Reichskanzler, die grundlegende These der Demokratie lautet: ›Alle Macht kommt vom Volke.‹«

37 HR, S. 417 und andere Quellen. I/W, S. 65, zitiert Hitler mit einer Äußerung vom 23. November 1937: »Monarchien sind höchstens geeignet, Erobertes zu bewahren. Weltreiche werden nur aus revolutionären Kräften geboren.«

38 Hermann Giesler, *Ein anderer Hitler,* Leoni am Starnberger See 1977 (im folgenden CR), S. 393.

39 F, S. 25.

40 Insbesondere die Generation von Deutschen, an die Fests *Hitler* hauptsächlich gerichtet war, aber auch von vielen Biographen vor ihm (Heiber, Deuerlein usw.), später Haffner und in jüngerer Zeit insbesondere Zitelmann.

41 FR, S. 320.

42 Fest, F, S. 370: »Hitlers ungewöhnliche Fähigkeit, Situationen zu erkennen, Interessenlagen zu durchschauen, Schwächen ausfindig zu machen ... sein taktisches Sensorium ... hat seinen Aufstieg mindestens ebenso begründet wie seine rhetorische Macht.« Ich finde dies überzeugender als den sonst so gut urteilenden Kershaw, KER, S. 37 [über den Zeitraum 1930–1933]: »Die persönliche Rolle Hitlers wird stark überschattet von Angelegenheiten und Ereignissen, die außerhalb seiner Kontrolle standen.« Dazu auch KER, S. 38, 45, 52: »Äußere Ereignisse – der Young-Plan zur Anpassung der Reparationszahlungen, der Börsenkrach in der Wall Street und Brünings unnötige Entscheidung, im Sommer 1930 Wahlen abzuhalten – brachten die Nazis auf die politische Landkarte.« »... ohne das Einsetzen der Weltwirtschaftskrise im Jahr 1929« wäre die extreme Rechte »wahrscheinlich auf einen kleinen Rumpfwählerstamm beschränkt geblieben.« »Ohne die Depression wäre [Hitler der Führer] einer unbedeutenden Minderheit von Verrückten geblieben.« Das glaube ich nicht. Richtig dagegen KER, S. 46 f.: »Hitler kombinierte einige dogmatisch festgelegte Grundsätze

mit einem Maximum an Pragmatismus in seinen politischen Manövern ...« Und S. 112: »... weit davon entfernt, sich als naiv und unfähig zu erweisen, was ihn zu Wachs in den Händen der traditionellen Machtgruppen und schnell entbehrlich gemacht hätte, bewies er ein schnelles und scharfes Verständnis für die Realitäten der Regierungsmacht.«

43 ZIT/A, S. 87, 122. Umstritten bleibt: »Leider ist das Gebiet der Sozialpolitik noch nicht so gut erforscht wie z. B. die nationalsozialistische Außenpolitik.« Ein Satz, der wie auch andere Äußerungen Zitelmanns zumindest etwas spitzfindig wirkt, doch nicht wie etwa Toland in TO, S. 405: »Tuberkulose und andere Krankheiten sind merklich zurückgegangen. Die Kriminaljustiz hatte noch nie so wenig zu tun, und es hat noch nie so wenige Gefängnisinsassen gegeben. Es ist eine Freude, die körperliche Leistungsfähigkeit der deutschen Jugend zu beobachten. Selbst die Ärmsten sind besser gekleidet als früher, und an ihren fröhlichen Gesichtern erkennt man den positiven psychologischen Einfluß, dem sie ausgesetzt sind.« Nicht ganz unwahr, doch Toland zitiert hier aus einem deutschen Propagandawerk von 1938, das von »Sir Arnold Wilson, Mitglied des britischen Parlaments«, verwendet wurde. Toland versäumt, dem Leser mitzuteilen, daß Wilson ein berüchtigter britischer Nazi-Freund war.

44 LEW, S. 175 ff. Ebenso S. 177, Fußnote 5: »Bedeutsam ist vielleicht auch, daß 1939 von allen deutschen Städten Danzig und Gleiwitz, an der polnischen Grenze, außergewöhnlich hohe Geburtenziffern aufwiesen – über 24 pro Tausend (vergleichbare deutsche Städte ähnlicher Größe erreichten 17,5 pro Tausend); noch erstaunlicher war die Zahl der Eheschließungen in Linz, dieser damals prototypisch nationalsozialistischen Stadt: 28,5 Eheschließungen pro 1000 Einwohner, mehr als 100 Prozent über dem nationalen Durchschnitt.«

45 Gute allgemeine Zusammenfassung in: Heiber, HB, S. 96 f.

46 SCH, S. 86; Koeppen-Vermerke, S. 41; TO, S. 403.

47 ZIT/PR, S. 214 (Schäfer); S. 16 (Zitelmann); S. 210 f. (Schäfer). Letzterer zitiert ein 1939 in Berlin publiziertes Buch über Werbung: »... um der Werbung eine totale Wirkung zu geben ... ist es notwendig, die Menschen *total* zu erfassen« (Hervorhebung im Original). Schon Victor Klemperer hat jedoch in *LTI: Notizbuch eines Philologen,* Leipzig 1960, viele nazifizierte Amerikanismen in der Sprache des Dritten Reiches festgestellt.

48 F, S. 399, 410.

49 Klemperer, *LTI,* S. 126, 191.

50 Über Hitler und den amerikanischen Wilden Westen siehe oben, S. 127.

51 Zitiert in: Scholdt, SCHO, S. 660.

52 Siehe weiter unten; dazu auch: Gert Kalow, *Hitler, das deutsche Trauma,* München 1976.

53 Das Thema ist natürlich untrennbar mit den Memoiren und den noch erhaltenen Materialien von Speer (und Troost) verbunden und mit der komplizierten Beziehung zwischen Speer und Hitler; siehe dazu SP und auch Gitta Sereny, *Das Ringen um die Wahrheit. Albert Speer und das deutsche Trauma* (im folgenden: Sereny-Speer).

54 Brenner, Hildegard, *Die Kunstpolitik des Nationalsozialismus,* Hamburg 1963, S. 118.

55 I/W, S. 22 f.: »Der Straßenbau sei von den Römern und Inkas bis zu Napoleon immer ein Kennzeichen mächtiger Regierungen gewesen.«

56 Krier, K, S. 213, Speer zitierend. Zu den Autobahnen als Parthenon siehe Fest, F, S. 526 ff. Vgl. auch Hitlers Bemerkung zu seinem Bewunderer Abel Bonnard, einem französischen Intellektuellen: »Kurz, ich sage, der Mensch soll sowohl in seiner Seele als auch in seinem Beruf wieder erfaßt werden … Es handelt sich nicht nur darum, ihm ein Haus zu bauen, sondern man muß darin auch ein Licht erstrahlen lassen.« HR, S. 318.

57 K, S. 226.

58 GR, S. 181.

59 M/A, S. 103.

60 Wolfgang Wippermann, »Nationalismus und Preußentum«, *Das Parlament* (26. Dezember 1981), S. 127. »Dies unterscheidet ihn wesentlich von vielen preußisch-protestantischen Konservativen in der Weimarer Republik.«

61 So hat er 1944 nie die berüchtigte Frage »Brennt Paris?« gestellt, sondern nicht befohlen, Paris zu zerstören. Auch als sich die Deutschen im selben Jahr aus Rom zurückzogen, ordnete er an, Rom unversehrt zu lassen. Dieser Befehl wurde allerdings zu Propagandazwecken veröffentlicht, um weltweit insbesondere katholische Kreise zu beeindrucken. Dagegen war ihm die Zerstörung von Leningrad oder Budapest völlig gleichgültig. Natürlich befahl er nie, die deutschen Großstädte zu zerstören, das besorgten die Luftangriffe seiner »barbarischen« anglo-amerikanischen Gegner. Doch er weigerte sich standhaft, die zerstörten Städte zu besuchen oder auch nur anzusehen. Er sympathisierte mit Goebbels' Ansicht, die Zerstörungen könnten auch eine positive Seite haben, nämlich die Zerstörung der letzten Überreste der alten bürgerlichen Welt. Bei einer Gelegenheit sagte er auch, die zerstörten Städte würden in weniger als dreißig Jahren wieder aufgebaut sein.

62 Dazu siehe unten, Kapitel IX, und meinen Artikel »American History: The Terminological Problem« in: *The American Scholar,* Winter 1992. Im Gegensatz zu Hitler gründete Mussolini seine »faschistische« Bewegung 1919 selbst; er hatte schon 1911/12 entdeckt, daß er ein *nationalistischer* Sozialist war. *Mutatis mutandis* trifft dies auch auf Stalin zu, einer der Gründe, warum Stalin um 1932 die Verwendung des Begriffs »Nationalsozialismus« verbot; die Kommunisten mußten statt dessen »Faschisten« oder »Hitleristen« sagen und schreiben.

63 »Der Arbeiter ist auch ein Frontsoldat. Auf über ein Jahrhundert deutscher Geschichte zurückblickend, dürfen wir mit Stolz gestehen, daß wir *schlechte Bürger* gewesen sind.« (Abgedruckt in Jünger, *Essays,* Bd. 2, S. 17, Stuttgart 1965). Siehe auch das intelligente und nützliche Handbuch von Armin Mohler, *Die konservative Revolution in Deutschland 1918–1932,* Stuttgart 1950.

64 Die sonst so ausgewogene Marlis Steinert hat nicht recht, wenn sie in ST, S. 174, urteilt: »Verglichen mit der Prägnanz eines Karl Marx, wirken Hitlers Ausführungen reichlich verschwommen.« Siehe auch: Klaus-Dietmar Henke, *Die amerikanische Besetzung Deutschlands,* München 1995, S. 625: »Durch Hitlers Propaganda sei der naturgegebene Gegensatz zwischen Kapital und Proletariat so verwaschen, daß die Mas-

se ihn nicht mehr empfinde«; viele Dinge hätten zu einer »grundsätzlichen Akzeptanz des Hitler-Regimes auch in der Arbeiterschaft geführt«.

65 HF/AN, S. 58: »Die einzigen innenpolitischen Gegner oder Konkurrenten, mit denen Hitler in den Jahren 1930–1934 ernsthaft zu rechnen und zeitweise zu kämpfen hatte, waren die Konservativen. Die Liberalen, Zentrumsleute und Sozialdemokraten haben ihm nie im geringsten zu schaffen gemacht, ebensowenig die Kommunisten.« (Und das war ein weltweites Phänomen, denn dasselbe gilt auch für Franklin Roosevelt in den dreißiger Jahren; seine gefährlichsten Rivalen waren Huey Long und vielleicht Father Coughlin. Siehe auch: »The Two Rights« (dt.: »Die gespaltene Rechte«, in: LEW, S. 286–296).

66 Bullock schreibt in BU, S. 123, Fußnote 1, *Volk* sei »schwer [ins Englische] zu übersetzen: Es verbindet den Gedanken des Nationalismus mit dem der Rasse und des Antisemitismus« – und mit dem populistischen Gedanken und Element, könnte man hinzufügen.

67 In den romanischen Sprachen existiert das Wort *Volk* als solches nicht. Ebenfalls interessant ist das vor allem im 19. Jahrhundert gebrauchte pejorative »Pöbel«, das vom französischen *»peuple«* abgeleitet ist.

68 *L'ami du peuple* war 1791 das aufrührerische, radikale Blatt Marats, 1934 dagegen der Titel eines französischen faschistischen Wochenblatts.

69 Die Kommunisten behielten den Begriff »Volk« in seiner linken Bedeutung noch eine Zeitlang bei, etwa in »Volksdemokratie« im Unterschied zur »kapitalistischen Demokratie«; doch waren das häufig nur noch letzte Überbleibsel einer früheren politischen Terminologie.

70 Siehe dazu HC, S. 69 f.

71 Dies wird in der politischen Geschichte der Vereinigten Staaten im 20. Jahrhundert sehr deutlich, auch wenn es leider nur selten bemerkt wird. Populismus *ist* Nationalismus in mehr als einer Hinsicht, während Populismus und (echter) Konservatismus (egal, was unsere neuen »Konservativen« sagen) völlig unvereinbar sind. Ein konservativer und antidemokratischer Nationalist wie Ernst Jünger erkannte dies, allerdings erst, als er vom Dritten Reich desillusioniert war. Er sieht in »Demos« und »Demokratie« den eigentlichen Nährboden nazistischer Herrschaft und »spricht in den *Strahlungen* von einer gemeinsamen gesellschaftlichen Schuld, die den dämonischen Kräften erst die Basis ihrer Wirksamkeit schuf« (SCHO, S. 542). Ebenso in *Auf den Marmorklippen* (bereits 1939 in Berlin veröffentlicht!): »Wie aber, wenn die Schwachen das Gesetz [der Geschichte] verkennen, und so in der Verblendung mit eigener Hand die Riegel öffnen, die zu ihrem Schutze geschlossen sind?«

72 Lothar Kettenacker, »Sozialpsychologische Aspekte der Führer-Herrschaft«, in: *Der Führerstaat: Mythos und Realität. Studien zur Struktur und Politik des Dritten Reiches*, Stuttgart 1981, S. 124, 130.

73 F, S. 1035, 1037.

74 M. Rainer Lepsius, *Extremer Nationalismus. Strukturbedingungen vor der nationalsozialistischen Machtergreifung*, Stuttgart 1966, S. 11.

75 Koeppen, S. 23 f.

76 HR zitiert auf S. 343 Frank zu Hitlers Glauben an die Vorsehung: »Zwei Sätze dazu sind mir aus seinem Munde in Erinnerung: ›Als ich damals blind im Lazarett lag, sagte ich zur Vorsehung: Wenn ich wieder gesund werde, will ich es als Zeichen nehmen, daß ich Politiker werden soll. Und als ich dann sehend wurde, einige Zeit darauf, war ich geradezu erschüttert und nahm es als einen Berufungsakt für mich.‹« Speer zitiert in SP, S. 579, Fußnote 19, Hitlers Rede vor Industriellen am 26. Juni 1944: »Oft kommt es mir so vor, als wenn wir durch alle Prüfungen des Teufels und des Satans und der Hölle durchmüssen, bis wir endlich dann doch den endgültigen Sieg erringen ... Ich bin vielleicht kein sogenannter Kirchenfrömmling, das bin ich nicht. Aber im tiefen Innern bin ich doch ein frommer Mensch, das heißt, ich glaube, daß wer den Naturgesetzen, die ein Gott geschaffen hat, entsprechend auf dieser Welt tapfer kämpft und nie kapituliert, sondern immer wieder sich aufrafft und immer wieder vorwärtsgeht, daß er dann auch von dem Gesetzgeber nicht im Stich gelassen wird, sondern daß er am Ende ja doch den Segen der Vorsehung bekommt. Und das ist allen großen Geistern auf dieser Erde noch zuteil geworden.«
Maser schreibt in M/A, S. 279 und Anmerkung 401 unter Berufung auf ein 1971 geführtes Interview mit Eva Brauns Schwester, Hitler und Eva Braun hätten zusammen gebetet, bevor sie Selbstmord begingen. Der ansonsten so scharfsichtige Haffner hat zumindest teilweise unrecht, wenn er in HF/AN, S. 119, schreibt: Hitler »war, trotz seiner gewohnheitsmäßigen rhetorischen Anrufung der ›Vorsehung‹ und des ›Allmächtigen‹, nicht nur selbst irreligiös [richtig], sondern hatte auch kein Organ dafür, was Religion für andere bedeuten kann [falsch]«. (Zu Stalin siehe seine Erwähnung Gottes im Gespräch mit Churchill im August 1942, außerdem seinen späteren Umgang mit der russisch-orthodoxen Kirche.) Hitler war kein Atheist. Auch dies ist ein Beispiel für die besondere Gefahr von Halbwahrheiten und vielleicht auch für die Prophezeiung des Apostels Johannes, daß der Antichrist nicht als Satan oder Luzifer erscheinen werde, nicht als Atheist also, sondern als jemand, der in vielem wie ein gläubiger Christ auftritt und handelt. Siehe unten, Kapitel IX.

77 Harold J. Gordon, *Hitler and the Beer Hall Putsch*, Princeton 1972, S. 407 f.; siehe auch S. 449.

78 Chesterton: »Die alten Tyrannen beschworen die Vergangenheit. Die neuen Tyrannen werden die Zukunft beschwören.«

79 Eine allgemeine Tendenz der meisten Historiker und vielleicht insbesondere deutscher Historiker besteht darin, Hitler als ein Kapitel in der deutschen Geschichte zu betrachten, das zwar schrecklich, aber nur ein Übergangsstadium sei: ein Übergang zwischen alt und neu oder auch eine Mischung von beidem, zum Teil auch aufgrund der offensichtlichen Gespaltenheit von Hitlers Charakter und seinen Ideen. Diese Sicht *hat* einen wahren Kern, greift jedoch meiner Ansicht nach zu kurz.

## IV Staat, Volk, Rasse, Nation

1 Ein bekanntes Beispiel für die Verwendung des Begriffs durch Intellektuelle ist Hannah Arendts *The Origins of Totalitarism,* veröffentlicht 1951 (dt.: *Elemente und Ursprünge totaler Herrschaft,* Frankfurt/M. 1962); es hatte beachtlichen Einfluß auf die Intellektuellen vor allem New Yorks, von denen damals viele zum ersten Mal (und verspätet) bereit waren, die totalitären Züge von Stalins Herrschaft zur Kenntnis zu nehmen. Das fehlerhafte und unredliche Buch (siehe meinen Rezensionsbericht in der *New Oxford Review,* »Vital Works Reconsidered«, vom April 1990) war von seiner Autorin Mitte der vierziger Jahre verfaßt worden und bezog sich ursprünglich nur auf die Wurzeln und Praktiken des Nationalsozialismus – unhistorisch und viel zu langatmig, die Thesen werden mit Zitaten belegt, die einer wahllosen Vielzahl von Büchern entnommen sind. Nachdem das Manuskript von mehreren New Yorker Verlegern abgelehnt worden war, hielt Arendt es für angebracht, zwei weitere, überaus oberflächliche Kapitel anzufügen, in denen die totalitären Züge des Stalinismus erläutert werden. Als Belege dienen Zitate aus lediglich zwei, damals neu erschienenen Büchern über Stalins Verbrechen.

2 Dazu siehe Schramm, SCH, S. 95: »Darf man deshalb Hitler als einen durch kein Gesetz mehr gehemmten Übermachiavellisten bezeichnen? Ein solcher Schluß wäre vorschnell ... Hitler [leitete] seine Rechtsbegriffe aus den ›ewigen Gesetzen des Naturgeschehens‹ ab ...« Und Kershaw, KER, S. 194: »Hitler war Deutschland nicht als Tyrann aufgezwungen worden. Bis weit in den Krieg hinein war er ein äußerst populärer Volksführer.« Gleichzeitig Speer, SP, S. 370, mit einem Zitat Hitlers zu dessen Pragmatismus: »... denn es kann nur ein einziges Dogma geben und dieses Dogma lautet ganz kurz: Das Richtige ist das, was an sich nützlich ist.«

3 Siehe dazu LEW, S. 324 f. Bemerkenswert ist auch der Unterschied zu Spengler in *Der Untergang des Abendlandes:* Der Staat sei die Gestalt eines Volkes. Der »elitäre« Spengler hielt den »Staat« immer noch für dem »Volk« übergeordnet, Schmitt glaubte das nur manchmal, Hitler nie – außer wenn die Umstände ihn dazu zwangen (dazu siehe Kapitel V).

4 So die Quintessenz des wichtigen Werkes von Edward N. Peterson, *The Limits of Hitler's Power,* Chicago 1968.

5 BU, S. 404.

6 F, S. 571; vgl. auch S. 572.

7 KER, S. 62.

8 Zitelmann zitiert in ZIT/B, S. 85, Haffner: Im Jahr 1933 habe unter der deutschen Mehrheit »ein sehr verbreitetes Gefühl der Erlösung und Befreiung von der [parlamentarischen] Demokratie« geherrscht. Er fügt hinzu: »Es verbanden sich Hoffnungen nach Wiedergewinnung nationaler Größe und Utopien einer besseren, auch sozialeren Gesellschaft. So paradox es klingen mag: das Ende der [parlamentarischen] Demokratie schien für viele gleichbedeutend mit dem Beginn einer wirklichen Volksherrschaft.«

9 Der Staat, ursprünglich nicht nur Marx verhaßt, sondern auch Lenin, war 1939 in der

Sowjetunion ein sakrosankter Begriff. (Man könnte sogar sagen, daß ein Großteil der Säuberungen Stalins in den Jahren 1936 bis 1939 der Umwandlung einer Parteibürokratie in eine Staatsbürokratie diente.) Jedenfalls entdeckte Stalin, der im Gegensatz zu Lenin kein Revolutionär war, sondern ein Staatsmann, das Primat des Staates zu einer Zeit, als Hitler feststellte, daß dieses Primat überholt sei - ein weiteres Beispiel für die Rückständigkeit von Stalins Kommunismus im Vergleich zu Hitlers Nationalsozialismus.

10 Jäckel zitiert in JHW, S. 99, ebenfalls aus MK: »Die Frage der äußeren Form des Staates ... ist nicht von grundsätzlicher Bedeutung, sondern wird nur bedingt durch Fragen praktischer Zweckmäßigkeit.« Haffner geht - meiner Ansicht zu Recht - noch weiter in HF/AN, S. 110, wo er erkennt, daß »der Staat in Hitlers politischer Systematik eine ganz untergeordnete Rolle spielt«.

11 Zitiert nach einer Studie von Horst Zimmermann in Manfred Funke, Hg., *Deutschland und die Mächte. Materialien zur Außenpolitik des III. Reiches,* Düsseldorf 1977, S. 817.

12 Haffner in HF/AN, S. 77: »Nichts ist irreführender, als Hitler einen Faschisten zu nennen.« Fest, der Nolte wohlgesonnen war, benutzt in seiner Biographie zwar den Begriff »Faschist«, allerdings, wie Bracher in seiner lobenden Rezension schreibt, nur selten und ohne Auswirkung auf seine Deutung Hitlers als jemand, der sich im Gegensatz zu anderen »Faschisten« nicht auf historische Anklänge stützte, sondern auf revolutionäre Veränderungen hinarbeitete.

13 Zitiert bei Fest, F, S. 644. Zuvor hat Fest angemerkt (S. 641): »So abstoßend die Umstände wirken, die diesem Freundesmord das Gepräge geben, muß man doch fragen, ob Hitler überhaupt eine andere Wahl besaß ...« Hitlers Nachfolger Dönitz hat das nicht voll erfaßt. Er sagte 1945, schon als Gefangener, Hitler habe im Juni 1934 zwischen zwei Gegensätzen lavieren müssen: Den radikalen Nazis [Röhm] sei die nationalsozialistische Revolution nicht weit genug gegangen, den Konservativen [Papen] bereits zu weit. Doch für Hitler ging es um mehr als dieses berechnende Lavieren. Solange Röhm lebte, konnte Hitler nicht auf den bedingungslosen Gehorsam der Führer der Wehrmacht zählen, dem einzigen starken Element im Staat, das ihm nicht *völlig* untergeordnet war.

14 BU, S. 257.

15 Ernst Jünger, *Der Arbeiter,* Berlin 1932, S. 270.

16 SP, S. 436 und 581, Anm. 14; die Zitate entstammen der Ausgabe von 1935 von MK, II, S. 603, 104.

17 Erwähnenswert - und ermutigend - sind die Erinnerungen von Heinz Krekeler, die er auf einem Kolloquium des IfZ äußerte (*Deutscher Sonderweg - Mythos oder Realität?,* München, Wien 1982, S. 65). Krekeler war Mitglied des Bundestages und des Verfassungsausschusses des Landtages von Nordrhein-Westfalen (1946–1950). Er widersprach dem Verfassungsgrundsatz »Alle Staatsmacht geht vom Volke aus« heftig und setzte sich durch. »Und zwar mit einer sehr einfachen und meinen Kollegen sehr einleuchtenden Begründung. Wenn man die Volkssouveränität verabsolutiert - das wollte interessanterweise nur die kommunistische Fraktion ... -, dann kann das sou-

veräne Volk ja auch die Demokratie wieder außer Kraft setzen und die Diktatur wieder einführen. Es muß doch etwas geben, was auch diese Volkssouveränität einschränkt, und das sind eben die Grundwerte, wie sie ja auch der Grundrechtekatalog des Grundgesetzes beinhaltet.« Ein wirklich erfrischendes Beispiel eines wahren Konservatismus, angeregt von der noch frischen Erinnerung an Hitler und das Dritte Reich.

18 HF/AN, S. 102, 105. Dies ist solider als Fests Zitat des häufig unzuverlässigen Rauschning in F, S. 939 f. Hitler hatte angeblich zu Rauschning gesagt, die Rasse sei der »höhere Begriff« als die Nation. »Mit dem Begriff der Nation hat Frankreich seine große Revolution über seine Grenzen geführt. Mit dem Begriff der Rasse wird der Nationalsozialismus seine Revolution bis zur Neuordnung der Welt durchführen.«

19 SCH, S. 77.

20 SP, S. 108, 110.

21 HR, S. 406.

22 LEW, S. 397.

23 Rede vom 26. Mai 1944, veröffentlicht und kommentiert von Hans-Heinrich Wilhelm, in: *Militärgeschichtliche Mitteilungen* (1976), Nr. 2, S. 148 f. Hitler beharrte in seiner Rede nicht auf der Überlegenheit des nordischen Rassekerns: »Der stärkste dieser Rassekerne, der eine kommerzielle Begabung ohne schöpferische Tätigkeit besaß, wäre bei uns bei längerer Dauer das Judentum geworden, nur mit dem Unterschied, daß dieses Judentum nicht als Rassekern im deutschen Volk aufgegangen wäre, sondern daß er das deutsche Volk allmählich völlig zersetzt haben würde.«

24 *Hitlers politisches Testament. Die Bormann-Diktate vom Februar und April 1945,* Hamburg 1981, S. 67 f. (Im folgenden: AH/B. In diesen letzten aufgezeichneten Tischgesprächen bezeichnet Hitler die Juden auch als »geistige Rasse«.)

25 Wenige ansonsten rassistisch gesinnte Menschen im Süden der USA würden leugnen, daß in Amerika geborene Schwarze Amerikaner seien; viele deutsche Nazis dagegen leugneten, daß in Deutschland geborene Juden Deutsche seien. (Weitere Beispiele wären etwa Ulster oder das ehemalige Jugoslawien.)

26 Die Untertitel des von Hitler selbst redigierten Leitartikels geben eine Zusammenfassung der Rede: »Der Fluch der deutschen Kleinstaaterei – Der dynastische Patriotismus – Die Schuld des Bürgertums – Der internationale Kosmopolitismus der oberen Zehntausend – Der nationalistische Staat.«

27 Ein Beispiel: Im stark katholischen Saargebiet erhielten die Nazis 1932 lediglich 7 Prozent der Stimmen, während 1935 mit Unterstützung der Geistlichkeit 91 Prozent für die Vereinigung mit dem Dritten Reich stimmten. In Österreich identifizierten sich die besonders grausamen und brutalen SS-Führer Eichmann, Globocnik und Kaltenbrunner mit Deutschland, während der *österreichische* Nationalsozialist Leopold 1938/39 von Hitler fallengelassen wurde. Bezeichnend ist vielleicht auch, daß Hitler 1940 die »Isolationisten« des rechten Flügels der amerikanischen Republikaner »radikale Nationalisten« nannte – eine weit treffendere Beschreibung als »Isolationisten«.

28 Zu seiner Duldung und Kultivierung des »Hasses« siehe oben, Kapitel II.

29 GQ, S. 126 f.

30 HD, S. 88.

31 In einigen Äußerungen von Hitler finden sich auch Hinweise auf gelegentliche Minderwertigkeitsgefühle, genauer auf die Kompensation solcher Gefühle (Churchill erkannte einige von ihnen sehr genau, siehe DL, S. 41 f.). Siehe auch Hitlers Rede in Kassel am 4. Juni 1939: »Als Führer ... kann ich daher als ehemaliger Kämpfer in keiner Sekunde zugeben, daß irgend jemand in den Reihen unserer westlichen Gegner das Recht haben könnte, sich als etwas Besseres zu dünken ... Ich leide daher auch nicht im geringsten unter irgendeinem Minderwertigkeitskomplex!« LEW, S. 390. Dazu außerdem seine Äußerung am 9. Januar 1939 vor den versammelten Bauarbeitern und Architekten der Neuen Reichskanzlei, zitiert von Speer, SP, S. 82: »Warum immer das Größte? Ich tue es, um dem einzelnen Deutschen wieder das Selbstbewußtsein zurückzugeben. Um auf hundert Gebieten dem Einzelnen zu sagen: Wir sind gar nicht unterlegen, sondern im Gegenteil, wir sind jedem andern Volk absolut ebenbürtig.« Krier meint dazu in K, S. 214: »Hitlers gigantische Bauwerke hatten den Zweck, das Volk durch deren Macht zu beeindrucken.«

32 Zitelmann und auch andere überbewerten Hitlers »Sozialdarwinismus«. Hitler berief sich häufig auf Marx, aber selten, wenn überhaupt, auf Darwin.

33 Im Februar 1924 sagte er vor Gericht, die Psyche des Menschen sei dergestalt, daß er an erster Stelle die Existenz der Macht respektiere. Zitiert in ZIT/A, S. 472.

34 Die Vorstellung von der Würde des menschlichen Lebens beinhaltet deshalb eine Ablehnung des Darwinismus und die Erkenntnis, daß ein Unterschied zwischen Mensch und allem anderen Leben besteht, so gering er auch sein mag. Das Christentum und die abendländische Zivilisation sind in dem Sinne humanistisch, als sie konsequenterweise das Überleben des Stärkeren als die Menschheit beherrschenden Grundsatz ablehnen.

35 Man darf jedoch eines nicht vergessen: Haß ist wie die Liebe ein menschliches Gefühl. Ebenso wie die menschliche Liebe stärker und anders ist als die instinktiven Gefühle der Tiere, ist auch Haß etwas anderes als das »Kratzen und Beißen« der Natur. Während die menschliche Liebe stets die Liebe zum anderen ist, ist der Haß unweigerlich egozentrisch; denn wir hassen an anderen oft das, was wir an uns selbst hassen. (Auch das gilt weniger für den Rassismus als für den Nationalismus.) Und was haßte Hitler in sich selbst? Dieses Geheimnis hat er mit ins Grab genommen.

## V Staatsmann und Stratege

1 Maser beispielsweise widmet ihnen in M/A nur ein kurzes Kapitel (Nr. 9: »Der Feldherr und Stratege«); Jäckel kommt in JHH und JH nicht über das Jahr 1941 hinaus; Görlitz-Quint sind, auch wenn sie in anderen Bereichen vieles scharfsichtig erkennen, zu Hitlers Außenpolitik wenig erhellend; Zitelmann ist sowohl in ZIT/A wie in ZIT/B weit ausführlicher und überzeugender zu Hitlers Innenpolitik als zu seiner Außenpolitik (im Abschnitt über Hitlers Entscheidung, Rußland anzugreifen, stützt er sich fast ausschließlich auf die Goebbels-Tagebücher, obwohl Goebbels mit Hitlers Plänen da-

mals *nicht* gut vertraut war). In ZIT/A, S. 103, fragt Zitelmann, ob Hitler die Welt beherrschen wollte, aber er sagt anschließend nichts über die Reichweite von Hitlers Streben und praktischen Zielen. Fest warnt in F, S. 186, zu Recht: »... die bis heute verbreitete Vorstellung vom Instinktmenschen Hitler ... übersieht die Rationalität und planvolle Kälte, die seinen Verhaltensweisen zugrunde gelegen und seinen Aufstieg in nicht geringerem Maße bedingt hat als alle augenscheinlich medialen Fähigkeiten« – vollkommen richtig, doch kommt Fest später, in den Kapiteln über die Kriegsjahre und Hitlers Außenpolitik, *nicht* zu diesem Urteil. Dort finden sich auch die wenigen Fehler dieses sonst ausgezeichneten Buches. Steinert schildert in ihrem Buch ST/HKD sehr gut das deutsche Volk während des Krieges, ist aber in ST schwach zu Hitlers staatsmännischem Handeln und Strategie; ihre Darstellung enthält einige kleinere Fehler, da auch sie sich unangebracht stark auf Goebbels stützt. Das ärgste Mißverhältnis zwischen Länge und Ausführlichkeit der Darstellung des Krieges und der Vorkriegsjahre findet sich in Davidson, *The Unmaking of Hitler,* siehe oben, Kapitel I.

2 Zum Beispiel Kershaw in KER, S. 121: »... liefen auf eine zunehmende Selbstüberschätzung, eine Hybris der Macht hinaus, die schließlich in eine völlige Realitätsferne und einen katastrophalen Größenwahn mündete.« (Nicht ganz falsch, aber über die »Realitätsferne« läßt sich streiten.) In KER wird auch in einigen Fällen Ribbentrops Einfluß auf Hitler überbewertet, siehe S. 144 und 146; ferner übergeht Kershaw Hitlers Ziel und Bestreben nach 1941, seine Feinde zu spalten. Aber er mahnt auf S. 177 zu Recht zur Zurückhaltung: »Auf militärischem Gebiet waren Hitlers Entscheidungen keineswegs alle so absurd, wie sie im nachhinein manchmal hingestellt worden sind.«

3 Schramm in SCH, S. 31: »... kaum je verlor Hitler völlig die ›Contenance‹, obwohl mit der Zeit seine Nerven in einer Weise strapaziert waren, daß die meisten in ähnlicher Lage schon physisch solcher Spannung nicht gewachsen gewesen wären. Deshalb ist es so schwer, an das heranzukommen, was Hitler wirklich dachte und empfand, so schwer zu klären, wie weit er sich durch Logik, wie weit durch Triebe leiten ließ.«

4 *Hitlers Zweites Buch. Ein Dokument aus dem Jahr 1928,* eingeleitet und kommentiert von Gerhard L. Weinberg, Stuttgart 1961 (im folgenden: H2 B). Deuerlein schreibt in D, S. 76, zutreffend: »... ›Mein Kampf‹, das weder historische Quelle noch ›Fahrplan eines Welteroberers‹ ist, sondern die Zusammenfassung von, wie Hitler selbst sagte, Leitartikeln für den ›Völkischen Beobachter‹.«

5 Gerald Fleming zitiert in *Hitler and the Final Solution,* Berkeley 1982 (im folgenden: FL; dt.: *Hitler und die Endlösung. »Es ist des Führers Wunsch ...«*, Frankfurt/M., Berlin 1987), S. 18, Hitlers Worte zu General Halder anläßlich von dessen Ernennung zum Generalstabschef der Wehrmacht im September 1938: »Sie sollten als erstes eines wissen, daß Sie niemals meine Gedanken und Vorhaben entdecken können, bis ich sie als Befehl herausgebe ... Nein, die Dinge sind in der Politik ganz anders. Sie werden niemals erfahren, was ich denke ...« (Halder selbst bestätigte dies gegenüber Gräfin Schall-Riaucour, auf deren Buch *Aufstand und Gehorsam* sich Fleming beruft.) Siehe dazu auch Heer, HR, S. 376, Hitler zu Admiral Raeder über seine »drei Arten der Geheimhaltung«.

6 »Der Mensch denkt, Gott lenkt.« Paradoxerweise wurde dieses Ziel durch Hitlers Tod

und die Niederlage erreicht (von Österreich und Südtirol abgesehen). Im letzten Kriegsjahr flohen Millionen Deutsche nach Westen in das verbliebene Deutschland; nach dem Krieg wurden weitere Millionen aus Polen, der Tschechoslowakei, Ungarn, Rumänien und Jugoslawien vertrieben. Zum ersten Mal seit 800 Jahren gab es damit in Osteuropa nur noch wenige Deutsche – vielleicht die dauerhafteste und historisch bedeutendste Folge von Hitlers Krieg.

7 Schreiber sagt in SCHRB, S. 65, Hitler gebrauche den Begriff »Lebensraum« in MK nur zweimal. (Der Begriff geht auf den deutschen Geographen Ratzel und andere zurück und taucht bereits 1897 auf.)

8 Sowohl in I/W als auch in I/H gibt es dafür zahllose Beispiele. Ein bezeichnendes Beispiel ist ein wörtliches Zitat einer Geheimrede Stalins vom 5. Mai 1941 mit einem Trinkspruch: »Trinkt deshalb auf die neue Ära der Entwicklung und territorialen Expansion, die jetzt begonnen hat! Es lebe die aktive Angriffspolitik des Sowjetstaates!« Dafür gibt es absolut keinen Beleg. Oder in I/W, S. 147, über den britischen Botschafter in Washington im Juli 1940: »[Er] räumte ein, daß Großbritannien geschlagen sei und darauf gefaßt sein müsse, die Rechnung zu begleichen.« Eine krasse und willkürliche Mißdeutung von Lord Lothians vorsichtigen damaligen Äußerungen.

9 Ein wichtiges Beispiel: In I/W schenkt Irving dem entscheidenden Sinneswandel Hitlers und der Veränderung seiner persönlichen Gewohnheiten im Winter 1937/38 praktisch keine Beachtung.

10 In den vierzig Jahren von Hillgrubers Arbeit als Historiker läßt sich auch eine Entwicklung ausmachen: von einer gelegentlichen – bewußten oder unbewußten – unterschwelligen Wertschätzung Hitlers als Staatsmann (die hier und da in HST durchscheint) bis zu einer kategorischen Verurteilung einiger Verbrechen Hitlers.

11 Jäckel neigt in JHW zu einem ähnlichen »Stufenplan« (»... In der dritten und letzten Phase könnte dann der große Eroberungskrieg gegen Rußland stattfinden ...«, S. 48), allerdings weniger in dem 20 Jahre später geschriebenen JHH.

12 Eine weitere Meinungsverschiedenheit mit Hillgruber sei hier festgehalten. Hillgruber ist ein Verfechter der für viele Deutsche bis heute attraktiven Theorie von den zwei Kriegen: Danach war zwar der Krieg im Westen (ein sogenannter »europäischer Normalkrieg«) zu bedauern als tragische Entwicklung, zu der Hitler entscheidend beigetragen hat, doch der Krieg mit Rußland war zumindest in seiner Schlußphase eine heldenhafte Verteidigung deutschen Bodens, des deutschen Volkes und des ganzen Abendlandes. Bei allem Verständnis für die Gefühle des gebürtigen Ostpreußen halte ich mich doch an die Antwort, die Feldmarschall Montgomery im Mai 1945 den deutschen Generälen erteilt hatte, als diese mit dem Hinweis auf die Russen als »Barbaren« eine nur teilweise Kapitulation hatten erreichen wollen. Darauf Montgomery: »Das hätten Sie sich im Juni 1941 überlegen sollen.«

13 Dazu Fest, F, S. 203: »Und mit einer Mischung von Kaltblütigkeit, List und Entschlußkraft sowie jener Bereitschaft zum großen Risiko auch angesichts begrenzter Ziele, die er in Krisensituationen immer wieder bewiesen hat, gelang es ihm, die Macht über die NSDAP an sich zu reißen ...« Auf S. 206 heißt es, zu Hitlers später gezeigten Fer-

tigkeit, Krisensituationen zu meistern, komme die anhaltende Neigung, »errungene Triumphe durch Übertreibung zu ruinieren«.

14 Einige Biographen Hitlers scheuen sich, ihn als »Staatsmann« zu bezeichnen, vor allem wegen der positiven Bedeutung des Wortes. So Heiber in HB, S. 117: »Die Frage stellen heißt sie verneinen. Hitler war ein überaus geschickter Parteiführer, ein gerissener Demagoge, ein begeisternder Redner, und selbst über den Feldherrn Hitler wird weiter unten noch einiges zu sagen sein: ein *Staatsmann* aber war er nicht.«

15 Zum Beispiel Churchill. Dazu kam, daß Hitler, der kein Optimist war, von seinen Feinden in der Regel das Schlimmste erwartete. Dies ging über das bloße Zuschreiben von Schwächen hinaus.

16 Schramm zitiert in SCH, S. 32, Anm. 2, Professor von Hasselbach, den kritischsten und zuverlässigsten Arzt Hitlers: »Hitler behauptete wiederholt, eine seiner wesentlichen Fähigkeiten sei eine gute Menschenkenntnis, auf die er sich unbedingt verlassen könne. Ein kurzer Eindruck sei bereits ausreichend, um ihm sagen zu können, wes Geistes Kind ein Mensch sei und wie er ihn am besten verwenden könne.«

17 In Görlitz-Quint wird folgende Äußerung Hitlers zitiert (GQ, S. 482): »Die Strategie sei keine Geheimwissenschaft, sie sei die Anwendung des gesunden Menschenverstands, ihre Grundformen könne man an jedem Boxkampf studieren, Armeen seien nichts als ›Riesenkörper‹.« Dies entspricht Hegels Vorstellung vom Staat als Menschen im großen, als »Makroanthropos«.

18 Laut Fest nannte Hitler die britischen Politiker des Appeasement »meine Hugenberger« nach dem deutschkonservativen Nationalisten Hugenberg, der Hitler zunächst unterstützte in der Hoffnung, seine eigenen Ziele durchzusetzen, und später ohne Schwierigkeiten ausgebootet wurde.

19 Er war wie alle erfolgreichen Feldherrn ein Neuerer, hielt aber im Einklang mit seinen sonstigen Überzeugungen die Kampfmoral für wichtiger als neue Waffen. In dieser Hinsicht besteht wiederum ein Unterschied zwischen seinen öffentlichen Äußerungen und seinen privaten Überzeugungen. Anderen gegenüber sprach er gelegentlich von der entscheidenden Bedeutung neuer Wunderwaffen, doch spricht nicht viel dafür, daß er die in sie gesetzten atemberaubenden Erwartungen auch privat teilte. Steinert übertreibt in ST, S. 538, Hitlers Glauben an neue Waffen (sie spricht von »kindischen Illusionen«). Jäckel zitiert in JHW, S. 149, Hitler aus *Mein Kampf* mit den Worten, es komme eine Zeit, in der ein Mann »nicht mehr an das von ihm selbst Gesagte glaubt«, doch bezieht Jäckel dies nicht auf die Jahre 1943 bis 1945.

20 Einige Beispiele: LEW, S. 371, Anm. 95: »Hitler las zwar selten die Noten seiner Botschafter, war aber sehr interessiert an den geheimen Informationen seiner Spione. Anfang Juli 1940 wollte er *sämtliche* Berichte aller möglichen Agenten lesen sowie die Abschriften der mitgehörten Telefongespräche von London. Im Frühjahr 1941 forderte er eine Reihe vertraulicher Berichte von Agenten an, die in der sowjetischen Botschaft in Berlin arbeiteten. Dabei ging es oft um Bagatellen, aber Hitler zeigte lebhaftes Interesse.« Er las zahlreiche Berichte und Artikel über die Gegner Roosevelts in den USA während des Krieges. Im Jahr 1944 kommentierte er ausführlich einen Artikel der Märzausgabe von 1944 der britischen *Contemporary Review.* Irving nennt

die Berichte des »Forschungsamtes« den Schlüssel für Hitlers politische Erfolge, doch ist das eine Übertreibung.

21 Schramm zitiert in SCH, S. 104, Jodl zu Hitlers erstaunlichem Gedächtnis für technische Details: »Sein Verdienst ist es, daß rechtzeitig die 7,5-cm-Panzer-Abwehr-Kanone an die Stelle der 3,7- und 5-cm-Kanone trat, daß die kurzen Kanonen aus den Panzerkampfwagen verschwanden und der langen 7,5- und 8,8-cm-Kanone Platz machten. Panther, Tiger und Königstiger entstanden als moderne Tanks aus Hitlers Initiative.« S. 106: »Diese Fähigkeiten sind um so erstaunlicher, als Hitler ja nie einen technischen Unterricht genossen oder in einem Industriebetrieb Gelegenheit gefunden hatte, praktische Erfahrung zu sammeln.« S. 70: »Dieses Gedächtnis sowie eiserner Fleiß und eine starke Konzentrationsfähigkeit ...« (Diese Form der Selbstdisziplin legte sich Hitler allerdings erst ab Dezember 1941 auf.) Ebenso Carr, C, S. 78: »Hitler war ganz offensichtlich kein Ignorant, der von militärischen Dingen nichts verstand, sich aber für unfehlbar hielt. Im Gegenteil, er hatte in Wahrheit ein erstaunliches Verständnis für militärische Strategie und ein Auge für die Taktik der offensiven Kriegführung, das man bei einem Laien nicht erwartet hätte ...« Der sonst so scharf urteilende Kershaw dagegen schreibt in KER, S. 171, weniger überzeugend: »In vielerlei Hinsicht fußte seine Rüstungskonzeption auf den technischen Entwicklungen des Ersten Weltkriegs und der zwanziger Jahre. Außerdem brachte er kaum die nötigen Voraussetzungen mit, um die komplizierten wissenschaftlichen und technologischen Zusammenhänge moderner Waffensysteme zu verstehen.« Siehe auch Speer, SP, passim, zu vielen Beispielen, darunter Hitlers Pläne für die Bunkeranlagen des Atlantikwalls, die Hitler bis ins letzte Detail selbst entwarf. »Sie waren skizzenhaft, aber präzis ausgeführt ...«

22 Schramm, SCH, S. 147: »Es wäre verfehlt, Hitler als Strategen zu verkleinern. Es ist nicht zu bestreiten, daß er in der ersten Hälfte des Krieges bestimmte Konzeptionen hatte, die auch von den skeptischsten Experten anerkannt wurden ...« S. 190: Zweifellos sei Hitler mit Hilfe seiner Methoden in der Lage gewesen, weit mehr aus der deutschen Wehrmacht herauszuholen, als selbst die größten Optimisten für möglich gehalten hätten. Dazu auch Bullock, BU, S. 588: »Der Außenseiter Hitler, der niemals eine Universität oder eine Akademie des Generalstabs besucht hatte, hatte Auswärtiges Amt und Generalstab auf deren eigenem Gebiet geschlagen. Diese Leistung wird in der Regel herabgesetzt ... [Aber] wenn Hitler ... zu Recht für die späteren Katastrophen der deutschen Wehrmacht verantwortlich gemacht wurde, so gebührt ihm auch das größte Verdienst für die Siege ... die deutschen Generäle können nicht beides beanspruchen.«

23 Dennoch studierte Hitler sehr sorgfältig Handbücher der Marine. Er kannte zahlreiche Daten zur Geschwindigkeit, Panzerung, Tonnage und Bestückung feindlicher Kriegsschiffe auswendig. Fest hat Hitlers Erkenntnis vom nahen Ende der Epoche der Seemächte festgestellt (F, S. 306).

24 Bei einer Gelegenheit übte Goebbels Kritik an Hitlers Außenminister Neurath: Er sei kein richtiger Nazi, »er gehört einer ganz anderen Welt an«. Hitler darauf: Nein, »[Neurath] gilt in der angelsächsischen Welt als vornehmer Mann«. SP, S. 162. Dazu auch S. 217: »Gentleman ... ein für Hitler ungewöhnliches Wort.«

25 Das Wort »Realpolitik« wurde von dem Heidelberger Autor A. L. von Rochau in seinem Buch *Grundsätze der Realpolitik* vom Jahr 1853 geprägt.

26 So sollte er denselben Papen, von dessen politischen Ideen und Taktik innerhalb Deutschlands er nichts hielt, auf bedeutende Posten im Ausland in Wien und Ankara berufen, wo Papens Geschick ihm zumindest bis 1944 gute Dienste leistete. Tatsächlich gab es einige wichtige Gelegenheiten (wie im Juli 1940), bei denen Hitler Papen zu sich rief, allerdings weniger um sich zu beraten, als um ihn anzuhören. LEW, S. 334, Anm. 15: »In einem Fall 1939 untersagte Ribbentrop Mitgliedern des Ministeriums, direkt mit Papen zu verkehren [GD, D, VIII, S. 330] – doch Papen setzte mit Hitlers Protektion seine Arbeit fort.«

27 Dagegen bei Görlitz-Quint, GQ, S. 513: »Das Bild der Weimarer Republik, das Bild des Parteienkampfes wurde wortgetreu auf die Außenpolitik übertragen. Er wurde niemals gewahr, daß Innen- und Außenpolitik zwei völlig verschiedene Dinge sind.« Sind sie das aber wirklich? In dieser Hinsicht ist einmal Irvings Zusammenfassung treffender (I/W, S. xxiii): »Hitlers Ansicht nach hatten die seinerzeitigen Staatsmänner in Deutschland die innenpolitische Stärke in ihren Prioritäten zu niedrig angesetzt ... Zuerst stellte er Deutschlands innere Geschlossenheit wieder her; auf diesem festen Fundament baute er Deutschlands wirtschaftliche Macht wieder auf; und auf dieser Basis wiederum schuf er ein Heer, mit dem er eine aktive Außenpolitik erzwingen konnte.«

28 So bei Fest, F, S. 836: »Die folgenden Jahre [nach 1939] haben offenbart, daß Hitlers Abkehr von der Politik keiner vergänglichen Laune entstammte; denn im Grunde ist er nie mehr in die Politik zurückgekehrt.« Das ist sehr fraglich.

29 Fest schätzt Mussolini falsch ein, wenn er schreibt, dieser habe auf der Konferenz von Stresa 1935 »vor allem« darauf gedrängt, »dem weiteren Vordringen Deutschlands Einhalt zu gebieten«. F, S. 673. Er überschätzt auch Hitlers »Realpolitik« während des Spanischen Bürgerkriegs, F, S. 685: »... daß Hitler auch hier wiederum vor allem taktisch agierte und eine gänzlich ideologiefreie [?], rationale Kühle bewies; jahrelang unternahm er fast nichts, um den Sieg Francos herbeizuführen, aber alles, um den Konflikt am Leben zu erhalten.«

30 Toland, TO, S. 401, zu den Gründen, aus denen Hitler Japan 1936 zur Unterzeichnung des »Antikominternpaktes« überredete: »Zugegebenermaßen war es ein unverbindlicher Vertrag, aber er hatte seine Bedeutung als Propagandamittel zur Rechtfertigung der deutschen Wiederaufrüstung.« Der Pakt hatte aber nichts mit der Wiederaufrüstung zu tun, um so mehr dafür mit Hitlers Absicht, aus dem Antikommunismus Vorteile zu schlagen.

31 Auch Zitelmann irrt sich vor allem in ZIT/A bezüglich Hitlers Außenpolitik. Er betont Hitlers Begeisterung für England zu stark (und deutet zugleich an, die Briten hätten darauf nicht angemessen reagiert). Auch andere Historiker neigen dazu, etwa Hillgruber, der Chamberlain schätzt, Churchill dagegen nicht. Ferner erklärt Zitelmann Hitlers Entscheidung, im März 1936 ins Rheinland einzumarschieren, als Reaktion auf die Ratifizierung des französisch-sowjetischen Beistandspaktes von 1935 durch das französische Parlament; Deutschland habe darin einen Verstoß gegen die Verträge

von Locarno gesehen. Doch nicht Deutschland sah das so, sondern Hitler, und er benutzte es nur als Vorwand.

32 A. J. P. Taylor, *The Origins of the Second World War*, New York 1961. Für Taylor ist die Konferenz »ein Manöver der Innenpolitik«. Bullock hat in späteren Ausgaben von BU, S. 367–370, sein früheres Urteil zur Hoßbach-Konferenz mit Blick auf Taylor berichtigt: »Die Bedeutung des Treffens im November 1937 ist Gegenstand beträchtlicher Auseinandersetzungen gewesen.« Die Hoßbach-Niederschrift ist wie die Aufzeichnung einer anderen wichtigen Rede Hitlers an seine Generäle vom 22. August 1939 keine exakte wörtliche Mitschrift.

33 Ein wichtiges Argument *gegen* das Münchner Abkommen ist der Plan einiger deutscher Generäle, darunter General Beck, im Fall eines Krieges gegen die Tschechoslowakei gegen Hitler zu putschen. Die Nachricht von Chamberlains Besuchen bei Hitler und vom Münchner Abkommen setzte diesem Plan ein Ende. Allerdings spricht wenig dafür, daß eine solche Verschwörung gegen Hitler damals Erfolg gehabt hätte. Die Partei, die SS und vor allem die Gefühle des deutschen Volkes standen zumindest ebenso stark hinter Hitler wie im Juli 1944. Fest irrt, wenn er schreibt (F, S. 777): »... denn heute ist unbestritten, daß er im Herbst 1938 eine bewaffnete Auseinandersetzung nur wenige Tage überstanden hätte.«

34 Stalin hielt am 10. März 1939 eine vorsichtige Rede, in der er – wenngleich indirekt – eine Übereinstimmung mit Deutschland andeutete. Toland liegt freilich völlig falsch mit seiner Darstellung, daß deutsche Journalisten sich auf die Rede gestürzt hätten und »darin ein Angebot an das Reich [sahen]« und daß ihre sowjetischen Kollegen sie zu ihrem Scharfsinn beglückwünscht hätten (TO, S. 526). Auch seine Darstellung vom Verlauf der deutsch-polnischen Verhandlungen im Winter 1938/39 (S. 522 f.) ist falsch, und er irrt, wenn er meint, das britische Foreign Office sei im März vom rumänischen Botschafter gewarnt worden, »aus geheimen Quellen sei zu hören, daß Hitler in den kommenden Monaten Ungarn und Rumänien annektieren wolle« (S. 521). Viorel Tilea war kein Botschafter, sondern Gesandter, und die Briten glaubten ihm nicht.

35 Der englische Witzbold, der auf die Nachricht vom Hitler-Stalin-Pakt angeblich gesagt hatte: *»All the Isms are Wasms«*, hatte natürlich im wesentlichen recht; doch während der internationale Kommunismus ganz sicher der Vergangenheit angehörte, galt dies nicht für den deutschen Nationalsozialismus.

36 Hitlers Fähigkeit, das Prinzip *divide et impera* anzuwenden, also sich selbst nie für die eine Seite oder die andere zu verpflichten, zeigte sich bereits 1921/22 und 1924/25 angesichts der Widersprüche innerhalb der Partei und vielleicht auch 1933/34 bei den Rivalitäten zwischen Reichswehr und SA.

37 HST, S. 28 f. Dazu auch Fest, F, S. 801, und Haffner, HF/BH, S. 287.

38 Seine barbarische Mißhandlung der Polen hatte viel mit seinem Haß auf sie zu tun, weil sie es gewagt hatten, sich ihm zu widersetzen, und somit einen Weltkrieg herbeigeführt hatten. Haffner bemerkt in HF/AN, S. 200 f., scharfsinnig, »daß Hitler den Krieg gegen Polen, nachdem er ihn militärisch gewonnen hatte, keineswegs dazu benutzte, sein ursprüngliches Ziel zu verwirklichen, also den Polen das von ihnen verweigerte Bündnisverhältnis aufzunötigen«. Gleichzeitig gibt es zahlreiche Hinweise

auf Hitlers potentiell selbstmörderische Hybris; Fest zitiert seine Äußerung vom 23. November 1939: »Ich werde in diesem Kampf stehen oder fallen. Ich werde die Niederlage meines Volkes nicht überleben. Nach außen keine Kapitulation, nach innen keine Revolution.« (F, S. 856) Genau so sollte es auch kommen.

39 Hillgruber und andere betonen das. Doch bereits am 5. Dezember 1940 hatte Hitler es abgelehnt, Moskau zum Hauptangriffsziel zu erklären.

40 »Seine ›Weltanschauung‹ dominierte über die ›Realpolitik‹.« Görlitz-Quint, GQ, S. 240.

41 Eine entsprechende Diskussion hat stattgefunden und ist auch notwendig. Hillgruber schreibt in HST mehrmals, der Krieg gegen England sei nach dem Juli 1940 für Hitler lediglich zweitrangig gewesen. Diese These läßt sich nicht halten. (Siehe dazu meine Bücher DL und LEW, *passim.*) Der deutsche Historiker Bernd Stegemann widerlegte sie überzeugend in GWU, 1982, S. 206–213 (noch einmal 1987); dazu auch Hartmut Schustereit, *Vabanque. Hitlers Angriff auf die Sowjetunion 1941 als Versuch, durch den Sieg im Osten den Westen zu bezwingen,* Herford/Bonn 1988. In Manfred Funke, Hg., *Hitlerdeutschland und die Mächte. Materialien zur Außenpolitik des III. Reiches,* Düsseldorf 1977, kritisiert Hillgruber auf S. 100, Anm. 18, Broszats Aufsatz in den VfZ von 1970. Broszat schreibt dort, Hitlers Entscheidung, Rußland anzugreifen, sei kein »kalkulierter Plan zur Verwirklichung der Ostraum-Idee, sondern Zugzwang gewesen, um aus dem Abwartekrieg des Sommers 1940 herauszukommen und zu einem kriegsentscheidenden Abschluß zu gelangen«. Er hat recht, Hillgrubers Einwand dagegen ist schwach: »Tatsächlich erfolgte Hitlers Entscheidung zum Ostkrieg [es war noch keine Entscheidung] im Juli 1940 in einer Zeit, in der er überzeugt war, mit Großbritannien zu einem ›Ausgleich‹ gelangen zu können.« Davon war Hitler damals keineswegs überzeugt. Gisevius schreibt dazu in seinem häufig oberflächlichen, in diesem Fall aber aufschlußreichen Buch (GI, S. 516), Hitler habe »1941 den ›Umweg‹ über Moskau« angetreten, »um England zu besiegen ...« Bullock legt sich nicht eindeutig fest; BU, S. 598: Am 31. Juli 1940 »stellte Hitler zwar noch die Invasion von England in den Vordergrund, doch er hatte bereits den Angriff auf Rußland 1941 im Blick, unabhängig davon, ob die Engänder vorher kapitulierten oder nicht«. Jäckel schwankt zwischen zwei Möglichkeiten (JHH, S. 86): »Hitler wollte seit den zwanziger Jahren Lebensraum in Rußland erobern. Das war immer sein Hauptziel gewesen. Doch hatte er dies nicht in den Vordergrund rücken können, als er seine Umgebung für seinen Plan zu gewinnen versuchte.« Klarer ist S. 80: »Alles spricht dafür, daß er sie [die Lebensraumziele] immer im Blick gehabt hatte. Ob er die neue strategische Begründung, die er im Juli 1940 vortrug, selbst glaubte oder nur einführte, um seine Führungsgehilfen für den Eroberungskrieg zu gewinnen, ist natürlich kaum zu entscheiden. Vermutlich war beides zugleich der Fall.«

42 So unter anderem am 27. Dezember 1940 zu Admiral Raeder, der auf einer Konzentration aller deutschen Kräfte gegen England beharrte. Hitler: Dies sei nicht möglich, solange Englands letzte Hoffnung auf dem Kontinent nicht zerschlagen sei. Zu Hewel am 29. Mai 1941: Sobald Rußland geschlagen sei, werde dies England zwingen, Frieden zu schließen. Er hoffe, noch dieses Jahr. In Halders Kriegstagebuch heißt es am

14. Juni 1941: »Nach dem Mittagstisch umfassende politische Rede des Führers mit Begründung seiner Angriffsabsicht gegen Rußland und die Entwicklung seiner Berechnung, daß das Zerfallen Rußlands England veranlassen würde, den Kampf aufzugeben.« Am selben Tag: »Hauptgegner bleibt England.« (Zitiert in Irving, I/H, S. 266, nach der »bisher nicht veröffentlichten Aufzeichnung eines Luftwaffengenerals«, ohne weitere Quellenangabe.) Hewels Tagebuch, 20. Juni 1941: »Langes Gespräch mit dem Führer. Verspricht sich viel von dem Rußlandfeldzug ... er meint, England werde aufgeben müssen.« Zu Keitel am 18. August 1941, ADAP D, Bd. 13,1, S. 348: »Das Ziel bleibt, England niederzuwerfen und zum Frieden zu zwingen.« Am 22. August 1941 – Hitlers Armeen standen vor Leningrad, rückten auf Kiew vor und näherten sich Moskau – schrieb Halder ins Kriegstagebuch, Hitlers Ziel sei es, Rußland endgültig als Englands Bündnispartner auf dem Kontinent auszuschalten und dadurch England jeglicher Hoffnung auf eine Wendung des Kriegsglücks mit Hilfe der letzten verbliebenen Großmacht zu berauben. Hitler zu Admiral Fricke (KTB/SKL, 28. Oktober 1941): Der Fall Moskaus könnte selbst England zwingen, sofort Frieden zu schließen.

43 AH/B, 15. Februar 1945, S. 79.

44 Barry A. Leach, *German Strategy against Russia 1939–1941,* Oxford 1973, S. 100: »... dieser Versuch, den Operationen im Osten einige Bedeutung für den Krieg, der im Westen bereits geführt worden war, zu verleihen, war eine Erklärung für die Ohren der Generäle. Das eigentliche Ziel des Feldzugs war die Vollendung von Hitlers *Lebensraumpolitik.*« Das ist falsch. Haffner ist ausgewogener, doch seine Folgerung fraglich; HF/AN, S. 145: »Diese Rationalisierungsversuche Hitlers darf man nicht zu ernst nehmen. Der Angriff auf Rußland erfolgte nicht *wegen,* sondern *trotz* des andauernden Krieges gegen England ...« (Hervorhebungen von Haffner).

45 Bereits am 9. Januar 1941, KTB/OKW: »Trotzdem dürfe der Russe auch jetzt nicht unterschätzt werden.« Am 21. Juni 1941 Himmler zu Heydrich: Der Führer sei nicht so optimistisch wie seine Militärberater. Leach, s. o., S. 156. Am Abend vor dem 22. Juni bezeichnete jemand aus Hitlers Kreis Rußland als »große Seifenblase«. Die Generäle waren ausnahmslos siegessicher. Nur Hitler wurde plötzlich nachdenklich: Er sagte, Rußland gleiche eher dem Schiff im »Fliegenden Holländer«. »Der Beginn eines jeden Krieges ist wie das Aufstoßen eines großen Tors in einen dunklen Raum. Man weiß nicht, was hinter dem Dunkel verborgen ist.« LEW, S. 139.

46 Äußerungen von Historikern zur Dualität: Jäckel in JHW, S. 68 und auch 56: »... weil er damit in einer fast idealen Kombination seine beiden letzten Kriegsziele mit einem Streich zu erreichen hoffte, nämlich einerseits die endgültige Entmutigung Großbritanniens ... und andererseits die Verwirklichung seines Lebensraumkonzepts.« Demgegenüber Haffner, HF/AN, S. 127: »Es ist in der Politik immer ein Fehler, zwei Ziele zugleich zu verfolgen.« Vielleicht. Zitelmann schreibt in ZIT/A, S. 147, Hitlers Ziele seien nicht klar gewesen; er spricht nicht von einer Dualität, führt aber Hitlers Angewohnheit an, zur Rechtfertigung seiner Entscheidungen alle möglichen Argumente zusammenzutragen.

47 Man bedenke auch, daß Hitler *vor* Beginn des Feldzuges kaum vom Lebensraum sprach, im August und September 1941 aber zu einigen Vertrauten ständig. Das legt

zumindest die Vermutung nahe, das Konzept habe ihm von nun an zur Rechtfertigung gedient. Dazu kommt, daß abgesehen von allgemeinen Erörterungen in den Tischgesprächen detaillierte Pläne zur deutschen Besiedelung des Ostens nicht von Hitler, sondern von Himmler und anderen kamen. 1943 wurden diese Pläne durch einen Führerbefehl gestoppt. Zitelmann schreibt dazu in ZIT/A: »Wir wollen zeigen, daß die These, Hitler sei ein Gegner der modernen Industriegesellschaft gewesen und habe die anti-modernistische Utopie einer ›Re-Agrarisierung‹ der deutschen Gesellschaft verfolgt, ... nicht aufrechterhalten werden kann.«

48 Nachdrücklich – und falsch – behauptet von A. J. P. Taylor. Bullock in BU, S. 662: »Hitler hat sicher niemals angenommen – so wenig wie Hindenburg und Ludendorff im Jahre 1917 –, daß er mit einer größeren amerikanischen Intervention im europäischen Krieg zu rechnen haben würde.« Auch falsch, wie aus einer Bemerkung Hitlers zu Jodl am 17. Dezember 1940, also am Tag vor Ausgabe der endgültigen Weisung »Barbarossa«, hervorgeht; KTB/OKW, Bd. I, S. 996: »Hierbei betonte er, daß wir 1941 alle kontinentaleuropäischen Probleme lösen müßten, da ab 1942 die USA in der Lage wäre, einzugreifen.« Haffner schreibt dazu in HF/BH, S. 293: »Das ist der rätselhafteste seiner Entschlüsse im Zweiten Weltkrieg, und auch ich habe keine wirkliche Erklärung dafür.« Und in HF/AN, S. 148 ff.: »Es gibt bis heute keine rational einleuchtende Erklärung für diesen – man ist versucht zu sagen: Wahnsinnsakt Hitlers ... Nein, was Hitler veranlaßte, den Eintritt Amerikas in den deutschen Krieg ... nun selbst herbeizuführen, war nicht der japanische Angriff auf Pearl Harbor, sondern die erfolgreiche russische Gegenoffensive vor Moskau ...« – eine unzureichende Erklärung.

49 Jäckel hat im großen und ganzen recht, wenn er in JH, S. 74, schreibt, vor Pearl Harbor seien die Furcht vor einer amerikanischen Intervention und das Bestreben, Amerika aus dem Krieg herauszuhalten, immer noch die Eckpfeiler der deutschen Japanpolitik gewesen.

50 Nicht Hitler war der Ignorant, sondern Historiker wie Ernst Nolte, etwa in seiner absurden Äußerung in *Deutschland und der Kalte Krieg*, München 1974, S. 160: »Wie kann man ernstlich daran zweifeln, daß auch Hopkins und Roosevelt einer antikommunistischen und antisemitischen Bewegung in den USA mindestens mit Sympathie gegenübergestanden hätten, wenn die Partei, die sie auf so negative Weise charakterisierten, in der amerikanischen Politik eine ähnliche Rolle gespielt hätte wie die KPD in Deutschland?«

51 Siehe Koeppen-Vermerke, IfZ, 5. Oktober 1941: »Der Führer teilte uns dann mit, daß er sich den größten Teil seiner Kenntnis der [amerikanischen] Geographie durch die Lektüre Karl Mays angeeignet habe.« Andreas Dorpalen schreibt in seinem ausgezeichneten Artikel »Hitler, the Nazi Party, and the Wehrmacht in World War II« in Harry L. Coles, Hg., *Total War and Cold War*, Columbus 1962, S. 72, Hitler habe sich beklagt, seinen Generälen mangle es an Erfindungsreichtum und Phantasie, sie seien zu korrekt, ihr Denken zu konventionell und sie hätten mehr Wild-West-Romane lesen sollen. Steinert spricht in ST/HKD, S. 545, von der »falschen Romantik und Zivilisationsfeindlichkeit eines Karl May, dessen Lektüre Hitler immer wieder empfahl«.

(Als Kanzler las Hitler die meisten Bücher Mays ein zweites Mal. 1943 ließ er 300 000 Exemplare von Winnetou als Feldlektüre für Soldaten drucken.) Ähnlich Klaus-Dietmar Henke in *Die amerikanische Besetzung Deutschlands*, München 1995, S. 133: »Im November [1944] übermittelte Himmlers Stabsführer den Gauleitern gar die von Guderian stammende Forderung nach einer listenreichen Kampfführung und ›indianermäßigem‹ Verhalten. Er setzte hinzu: ›Karl-May-Bücher als Ausbildungslektüre haben sich bewährt.‹« In Scholdt, SCHO, sind fünf volle Seiten diesem Thema gewidmet (S. 296–300); dazu auch Vappu Tallgren, oben zitiert. Interessant zu dem Thema ist auch Gertrud Willenborg, *Von deutschen Helden. Eine Inhaltsanalyse der Karl-May-Romane*, Diss. Köln 1967. Karl Mays berühmtester Held »Old Shatterhand« war Deutsch-Amerikaner. Zugleich war May *kein* Verfechter von Brutalität. Viele Deutsche mochten seine Romane, beispielsweise der radikale Maler und Graphiker George Grosz.

52 Siehe dazu seine Äußerung in H2 B, zu einem Konflikt mit Amerika werde es vielleicht erst nach seinem Tod kommen. Danach waren solche Äußerungen selten, bis sie sich in den Tischgesprächen im Herbst 1941 häuften – vermutlich weil er ahnte, daß es bald zum Krieg mit Amerika kommen würde. Einige Beispiele bieten das Tischgespräch am 10. September 1941, seine Äußerungen zu Ciano am 25. Oktober und zu dem bulgarischen Außenminister Popow am 27. November.

53 Halders Kriegstagebuch, 18. November 1941. Jodls Äußerungen werden von Schramm zitiert, SCH, S. 26 f. und S. 204. Es gibt Anzeichen, daß Hitler bereits Mitte August so dachte. (Goebbels-Tagebücher, 18. August 1941: »Separatfrieden mit Stalin? Wird Churchill fallen?«) Hitler hielt den Eintritt der Amerikaner in den Krieg für praktisch unvermeidlich.

54 Hitler am 23. Mai 1939 zu seinen Generälen: »Es darf nicht der Grundsatz gelten, sich durch Anpassung an die Umstände einer Lösung der Probleme zu entziehen. Es heißt vielmehr, die Umstände den Forderungen anzupassen.« IMT, Bd. 37, 079-L, S. 548.

55 Eine gute Zusammenfassung der Kommentare von Historikern dazu gibt Schreiber, SCHRB, S. 133, Anm. 252.

56 Am Abend des 12. April 1945 eilte Goebbels mit der Nachricht von Roosevelts Tod in den Bunker der Reichskanzlei. Er brachte Sekt mit: »Die Zarin ist tot!« (Der plötzliche Tod der russischen Zarin Elisabeth 1762 hatte zur sofortigen Auflösung der antipreußischen Koalition und zum endgültigen Sieg Friedrichs geführt.) Diese Episode wurde von Historikern häufig falsch interpretiert, etwa von Bullock, BU, S. 781: »Hitler teilte Goebbels' Stimmung vollauf ...« Es war Goebbels, und nicht Hitler, der sich an diesem Abend von seiner Begeisterung hinreißen ließ. Hitler mochte im übrigen keinen Sekt.

57 Der amerikanische Diplomatiehistoriker Paul Schroeder schreibt in seinem ausgezeichneten Buch *The Transformation of European Politics 1763–1848*, Oxford 1994, S. 477, über die große Koalition von 1813/14 gegen Napoleon: »Der militärische Sieg war nie das vorrangige Ziel der Koalition insgesamt, nicht einmal in den Endstadien des Krieges. Die Verbündeten trachteten, auch wenn sie gelegentlich heftig über die

Bedingungen stritten, nach einem Verhandlungsfrieden in irgendeiner Form und waren sich einig, daß der Krieg beendet werden sollte, sobald die angestrebten Bedingungen erreicht waren. Der Grund, weshalb der Krieg bis zu einer militärischen Entscheidung, wenn auch nicht zu einem totalen Sieg andauerte, lag in Napoleons hartnäckiger Weigerung, ernsthaft zu verhandeln. Sobald eine französische Regierung Verhandlungen zugestimmt hatte, wurde der Krieg beendet, obwohl die französische Armee zu der Zeit immer noch kämpfen konnte und den größten Teil Frankreichs sowie wichtige Gebiete außerhalb kontrollierte.« Dies gilt nicht für Hitler und den Zweiten Weltkrieg, mit Sicherheit nicht nach 1941.

58 An Hitler selbst war eine Erholung zu bemerken. Im November 1941 hatte er manchmal einen niedergeschlagenen Eindruck gemacht. Im Dezember änderte er seine langjährigen Arbeitsgewohnheiten. Dazu hatte ein mehr der Boheme zugehörendes Element gezählt: ein häufig unorganisierter Tagesrhythmus. Doch von nun an verschwand seine Abneigung gegenüber regelmäßiger und kontinuierlicher Arbeit. Speer bemerkte das als einer der ersten. SP, S. 306: »Seit dem Beginn des Rußland-Feldzuges war an die Stelle der früher üblichen stoßweisen Erledigung der Geschäfte mit dazwischenliegenden Trägheitsphasen ein umfangreiches tägliches Arbeitspensum getreten. Wo er es früher ausgezeichnet verstanden hatte, andere für sich arbeiten zu lassen, nahm er sich jetzt, mit zunehmenden Sorgen, immer mehr der Einzelheiten an. Er machte sich zum streng disziplinierten Arbeiter, und da das seinem Wesen widersprach, konnte es seinen Entscheidungen nicht dienlich sein.« Fest spricht in F, S. 917, von einem »Akt großer, verzweifelter Selbstdisziplin«. Maser schreibt in M/A, S. 254, insgeheim habe Hitler sich bereits 1941/42 keine Illusionen mehr über einen [endgültigen] Sieg gemacht; das »hielt ihn vom Besuch der vorderen Linien ab. [Aber] persönliche Furcht um sein eigenes Leben war es nicht.« Zwei andere Elemente seines Lebens veränderten sich dagegen nicht: seine Gewohnheit, morgens spät aufzustehen und erst spätabends schlafen zu gehen, und seine zunehmende Abhängigkeit von einer Vielzahl an Medikamenten.

59 Der sonst so scharfsichtige Haffner dazu in HF/AN, S. 62: »Nach 1941 – sogar schon vom Herbst 1941 an – gab es ebenfalls keine Erfolge mehr.« Das stimmt nicht. Kershaw schreibt in KER, S. 189: »Von Ende 1941 an konnte das Endergebnis nur noch in Niederlage und Zerstörung bestehen.« Das ist fraglich.

60 Natürlich würdigte und unterstützte er einige von ihnen 1944, als seine ehemaligen Satelliten oder Juniorpartner ihn verließen, doch war das nicht mehr von Bedeutung.

61 Im August 1939 beauftragte er seinen Fotografen Heinrich Hoffmann (dem er auch eine persönliche Botschaft an Stalin anvertraute), eine Aufnahme zu retuschieren, die Stalin mit einer Zigarette in der linken Hand zeigte. Gisevius zitiert Hoffmann, der sich an Hitlers Worte erinnerte; GI, S. 449: »Die Unterzeichnung eines Paktes zwischen zwei großen Nationen ist ein feierlicher Akt; den schließt man nicht mit einer Zigarette zwischen den Fingern! Ein derartiges Bild wirkt nicht seriös!«

62 Im März 1940 schrieb Hitler an Mussolini: »Rußland erlebt seit dem endgültigen Sieg Stalins ohne Zweifel eine Wandlung des bolschewistischen Prinzips in Richtung auf eine nationale russische Lebensform.« Umgekehrt ist auch Stalins Bewunderung für

Hitler belegt (noch im Dezember 1944 äußerte er sich gegenüber de Gaulle positiv über Hitler). Ferner haben wir Grund zu der Annahme, daß Stalins Säuberungen unter seinen Anhängern ab 1935 von Hitlers Liquidierung Röhms 1934 beeinflußt waren.

63 Dazu Speer, SP, S. 319: Je länger der Krieg dauerte, desto mehr sprach Hitler von Stalin »voller Anerkennung, wobei er besonders die Parallele seines Aushaltens hervorhob: die Gefahr, in der Moskau im Winter 1941 schwebte, schien ihm Ähnlichkeit mit seiner jetzigen Lage zu haben [1943]. Kam eine Welle der Siegeszuversicht, dann meinte er wohl gelegentlich mit spaßhaftem Unterton, daß es am besten wäre, bei einem Sieg über Rußland Stalin die Verwaltung des Landes, natürlich unter deutscher Hoheit, anzuvertrauen, da er für die Behandlung der Russen der denkbar beste Mann sei. Überhaupt sah er in Stalin so etwas wie einen Kollegen.« Noch Ende Juli 1944 (SP, S. 399) überlegte Hitler, ob Stalin mit seinen Säuberungen nicht doch recht gehabt habe; vielleicht sei der Moskauer Prozeß gegen General Tuchatschewski doch kein Scheinprozeß gewesen. Zitelmann schreibt zu Hitlers Verhältnis zu Stalin in ZIT/B, S. 161: »An die von der deutschen Propaganda stereotyp wiederholte These vom ›jüdischen Bolschewismus‹ glaubte Hitler selbst nicht mehr, was ihn nicht hinderte, diese abstruse Behauptung weiter für propagandistische Zwecke einzusetzen.« Zitelmann schreibt weiter: »Wann Hitler … zu der später von ihm konstant vertretenen Ansicht gelangte, Stalin habe sich von den Juden emanzipiert und betreibe eine nationale antijüdische Politik, ist schwer zu sagen.« Noch in Hitlers öffentlichen Reden ist Stalin weiterhin nichts anderes »als ein Instrument in der Hand dieses allmächtigen Judentums«; hinter ihm standen angeblich Kaganowitsch und »Juden nur Juden« – »die Träger dieses Staates«.

64 AH/B, 26. Februar 1945: »Die Brutalität, mit welcher die jüdische Intelligenz liquidiert wurde, nachdem sie den Zweck, das zaristische Reich zu zersetzen, erfüllt hatte, schien diese Annahme zu unterstreichen. Ich mußte annehmen, daß Stalin rechtzeitig Vorsorge dafür hatte tragen wollen, daß diese jüdischen Intellektuellen nicht auch das ihm vorschwebende großrussische Reich ansteckten – jenes panslawistische Ziel, das ja im Grunde nur die Erbfolge Peters des Großen antritt …« Und am 2. April 1945: »Die Russen sind fähig, sich unter dem Druck der Verhältnisse einmal völlig vom jüdischen Marxismus zu lösen, um nur noch dem Panslawismus in seiner grausamsten und wildesten Entartung zu leben …«

65 Natürlich stand Hitler unter dem Eindruck von Speers Leistung in der Rüstungsproduktion. Die deutsche Rüstungsproduktion hatte sich von 1942 bis 1944 *verdreifacht.* Speer, SP, S. 299: »In der Rüstung schien sich jedenfalls Hitlers These, daß das Unmögliche möglich gemacht werden könne, daß alle Prognosen und Befürchtungen zu pessimistisch seien, zu bewahrheiten.«

66 Carr zitiert in C, S. 105 (ebenso Schramm, SCH, S. 165) Hitler im Gespräch mit zwei Generälen am 31. August 1944: »… für eine politische Entscheidung ist das noch nicht reif … Daß ich eine solche Gelegenheit nicht vorübergehen lassen werde, brauche ich niemand zu erklären. Aber im Moment schwerer militärischer Niederlagen auf einen günstigen politischen Moment zu hoffen, um irgend etwas zu machen, ist

natürlich kindlich und naiv.« Die Spannungen unter den Alliierten würden mit der Zeit so stark werden, daß es trotz allem zum Bruch komme würde. Die Geschichte lehre, daß alle Koalitionen auseinanderfallen, man müsse nur den richtigen Moment abwarten, so schwer das Warten fallen möge. Er werde weiterkämpfen, bis ein anständiger Friede möglich sei, und dann werde er ihn schließen. Was immer geschehe, man müsse weiterkämpfen, bis, wie Friedrich der Große sagte, einer unserer verdammten Feinde verzweifelt aufgebe.
Hitler war damals sehr krank. Er sagte zu seinem Leibarzt Morell, »für ihn seien die Wochen nach dem 20. Juli die schlimmsten seines Lebens gewesen«. Niemand könne sich vorstellen, was er durchzustehen gehabt habe. Weiter heißt es bei Schenck, PH, S. 131: »Trotz größter Beschwerden, stundenlangen Schwindels und üblen Befindens (worüber er auch trotz Befragens nie etwas mitteilte) habe er sich aufrecht gehalten und mit eiserner Energie gegen all dies angekämpft. Häufig hätte die Gefahr des Zusammenbruchs bestanden, doch er habe durch seinen Willen den Zustand stets beherrscht.« Im September und Oktober 1944 gab es Tage, an denen er die täglichen Lagebesprechungen absagen mußte; beinahe zwei Wochen lang war er bettlägerig. Mitte November mußte er das Bett hüten, »bleich und abgezehrt« (so Schenck, S. 396, der zum Teil aus dem Tagebuch von Goebbels zitiert). Man riet ihm, die Generäle im Schlafzimmer zu versammeln und die Lagebesprechung dort abzuhalten. Er wollte nicht. Er »quälte sich aus dem Bett hoch, saß eine Weile heftig atmend auf dem Bettrand, lehnte jede Hilfe … ab, zog sich vollständig an, tastete sich an der Wand bis zum Kartentisch, setzte sich schwer auf den Stuhl, wischte sich mit der Hand den Schweiß fort, den ihm die Anstrengung auf die Stirn getrieben hatte, und ließ die Herren bitten«. Nach dem Krieg sagte Walther Funk im Spandauer Gefängnis zu Speer, Hitler habe den Ärzten nicht gesagt, wie ihm wirklich zumute gewesen sei, er habe seinen Lügen selbst geglaubt. Plausibler ist Speer in SP, S. 367: »Seine Umgebung bewunderte die Fassung, die er in kritischen Momenten bewahrte … Diese Selbstbeherrschung war eine außerordentliche Willensleistung bis zuletzt: sich selber abgerungen trotz Alterns, trotz Krankheit, trotz Morellscher Experimente und unablässig wachsender Belastungen. Sein Wille schien mir oft zügellos und ungeschliffen wie der eines sechsjährigen Kindes, das nichts entmutigen oder gar ermüden kann; aber lächerlich, wie es zum Teil war, war es auch respektgebietend.«

67 Dazu Haffner, HF/AN, S. 192: »… er bestand auf ihrer Durchführung [der Ardennen-Offensive] mit aller Verbissenheit. Warum? Darüber wird heute noch gerätselt.« Nein. Henke zitiert auf S. 314 Hitlers Ansprache an die Divisionskommandeure in seinem Hauptquartier in Ziegenberg, vier Tage vor der Offensive: »Wenn hier noch ein paar ganz schwere Schläge erfolgen, so kann es jeden Augenblick passieren, daß diese künstlich aufrechterhaltene [Allianz] plötzlich mit einem riesigen Donnerschlag zusammenfällt.« (Aus Helmut Heiber, Hg., *Hitlers Lagebesprechungen. Die Protokollfragmente seiner militärischen Konferenzen 1942–1945,* Stuttgart 1962, S. 713 f.) Henke schreibt dazu: »… das strategische Kalkül, das hinter seinem Befehl zum Großangriff im Westen stand, [war] keineswegs so abwegig oder irrational, wie häufig gesagt wurde.«

68 Haffner übersieht dies in HF/AN, S. 67: »Im Kampf gegen die alliierte Koalition der Jahre 1942–1945 gibt es bei ihm nie auch nur den Ansatz eines Gedankens, wie sich die inneren Spannungen dieser Koalition ausnutzen ließen, um sie zu sprengen ...« Zu anderen Zeiten sah Hitler seine größte Chance im Kontakt zu Stalin (Goebbels-Tagebücher, 5. März 1945), doch war das nicht seine hauptsächliche Ausrichtung.

69 Auf seine Weise: Einige Stunden später teilte er ihm nämlich mit, mit der Unterzeichnung eines Waffenstillstands noch etwas zu warten. Henke, S. 676: Hitler wußte seit Monaten von Wolffs Verhandlungen mit den Amerikanern; er billigte sie, »weil er darin ein gutes Mittel erblickte, Zwietracht in der Anti-Hitler-Koalition zu säen«. Zu dieser Episode siehe Allen Dulles, *The Secret Surrender,* New York 1966 (dt.: *Unternehmen Sunrise. Die geheime Geschichte des Kriegsendes in Italien,* Berlin 1969); Bradley F. Smith und Elena Agarossi, *Operation Sunrise,* New York 1979 (dt.: *Unternehmen »Sonnenaufgang«,* Köln 1981); vor allem aber die Memoiren eines wichtigen Vermittlers des Waffenstillstands, des Schweizers Max Waibel, *1945. Kapitulation in Norditalien,* Basel 1981. Die Gespräche begannen bereits im Februar.

70 Stalin beschwerte sich mit gutem Grund. Laut Waibel, S. 28, glaubte Parilli, der italienische Vermittler, daß gewisse Deutsche »die Hoffnung hätten, eventuell mit [den Amerikanern] zusammen gegen die Russen weiterkämpfen zu können«. Und S. 31: »... der Gedanke einer Trennung der Westmächte von Rußland war die letzte große Hoffnung der deutschen Führung und zog sich wie ein roter Faden durch alle Verhandlungen bis zur Kapitulation des Reiches.« Somit saßen zwei Monate vor Hitlers Selbstmord amerikanische Generäle und ein SS-Offizier an einem Verhandlungstisch in der Schweiz. Am 15. April kondolierte Wolff Dulles in einem Brief zum Tod Präsident Roosevelts. Am folgenden Tag beorderten Himmler – und Hitler – Wolff nach Berlin (der Befehl wurde gleich dreimal wiederholt). Vor seinem Treffen mit Hitler verbrachte Wolff über zehn Stunden mit Himmler und Kaltenbrunner. Waibel, S. 106: »... weil auf diesem Weg allein eine Trennung der Alliierten von den Russen erreicht werden könne«. S. 107 f. zitiert er Hitlers Worte zu Wolff: Im Osten und in Italien könnten die deutschen Truppen vielleicht noch zwei Monate kämpfen. »Während dieser zwei entscheidenden Monate des Krieges werde es zu einem Bruch der Allianz zwischen den Russen und den Angelsachsen kommen, und wer von den beiden zuerst an ihn gelange, mit dem werde er sich gegen den anderen verbünden.«
Patricia Meehan zitiert in *The Unnecessary War. Whitehall and the German Resistance to Hitler,* London 1995, S. 327, eine vielsagende Passage einer Eilbotschaft von Dulles nach Washington Ende 1944, die im amerikanischen Nationalarchiv aufbewahrt wird (NA, RG, 226, OSS Entry 138, Box 2, Folder 83): »Meiner Meinung sollten wir heimlich und inoffiziell in der Schweiz, in Frankreich und anderswo bestimmte Deutsche vorbereiten ... Wenn wir nichts dergleichen tun, besteht die Gefahr, daß das bereits einsatzfertige russisch-deutsche Komitee das Feld monopolisiert.« Sowohl Allen Dulles als auch sein Bruder John Foster Dulles haben zumindest indirekt zur Akzeptanz der deutschen Zwei-Kriegs-Theorie nach dem Krieg beigetragen.

71 Fest urteilt zu optimistisch in F, S. 948: »Im Dezember 1942 und noch einmal im Sommer 1943 [in Wahrheit wurden die wichtigsten Kontakte im September angeregt]

hatte die Sowjetunion über ihre Stockholmer Vertretung die Bereitschaft erkennen lassen, mit Hitler über einen Sonderfrieden zu verhandeln …«

72 Zu den Feinden zählte auch in der SS der kaltblütige und brutale Kaltenbrunner; dazu siehe auch Fleming, FL, S. 169 f. Maser macht in M/A, S. 349, zu viel Aufhebens um Himmlers Verschwörungen; er spricht, meiner Meinung nach zu Unrecht, von der Möglichkeit, Himmler habe Hitler den Arzt Dr. Stumpfegger mit der Absicht empfohlen, Hitler später zu vergiften.

73 In Goebbels Tagebüchern wird Hitler am 22. März 1945 zitiert: »Die feindliche Koalition wird unter allen Umständen zerbrechen; es handelt sich nur darum, ob sie zerbricht, bevor wir an der Erde liegen, oder erst dann, wenn wir schon an der Erde liegen.« 28. März 1945: »Man hat manchmal den Eindruck, als lebte er [Hitler] in den Wolken. Aber er ist ja schon so oft wie ein Deus ex machina aus den Wolken herniedergestiegen. Er ist nach wie vor überzeugt, daß die politische Krise im Feindlager uns zu den größten Hoffnungen berechtigt …« Dazu auch Speer, SP, S. 433: »Ab den Februar- und Märzwochen des Jahres 1945 deutete Hitler zwar gelegentlich an, daß er auf verschiedenen Wegen Fühlung mit dem Gegner habe aufnehmen lassen, ohne sich jedoch im einzelnen zu erklären.«

74 Speers Bericht findet sich in SP, S. 457 f. Wie zu erwarten, fällt Irvings Darstellung dieses Gesprächs sehr negativ für Speer aus (I/H, S. 785). Haffner meint, Hitlers Nero-Befehl, sämtliche Einrichtungen in deutschen Städten vor und während des Rückzuges der Wehrmacht zu zerstören, sei einer festen Absicht entsprungen und damit der endgültige Beweis für Hitlers verbrecherische Absichten. Im Gegensatz dazu Speer, SP, S. 461: »Ich glaube, Hitler ist klar gewesen, daß damit ein Teil seiner Zerstörungsabsichten nicht mehr durchgeführt werden würde.« Doch derselbe Hitler möchte bei seinem Volk immer noch Glauben wecken. Irving zitiert Hitler in einem Gespräch mit Kaltenbrunner, nachdem Giesler Hitler sein Modell von Linz gezeigt hatte (I/H, S. 768): »Mein lieber Kaltenbrunner, glauben Sie, daß ich Ihnen so von diesen Plänen sprechen könnte, wenn ich nicht im tiefsten Herzen felsenfest überzeugt wäre, daß wir den Krieg gewinnen!« (Wie so oft bei Irving wird keine Quelle angegeben, das Zitat ist aber möglicherweise authentisch.) Bezeichnend ist auch Hitlers Äußerung zu Speer anläßlich der Nachricht vom Tod Roosevelts, zwei Wochen nach der Auseinandersetzung vom 28. März (SP, S. 467): »Hier, lesen Sie! Hier! Sie wollten es nie glauben … Der Krieg ist nicht verloren …«

75 Schramm, SCH, S. 180 f. Haffner schreibt über Hitlers letzte Tage in HF/BH, S. 299 f.: »Denn bewiesen ist ja nicht, daß Hitler an den bis zum letzten versprochenen Endsieg selber wirklich glaubte.« Von einer ähnlichen Dualität spricht Maser in M/A, S. 426: Hitler habe nicht mehr an den Sieg geglaubt, »aber angesichts der … längst eingestandenen Absicht Hitlers, sein eigenes Ende hinauszögern zu wollen, wurden alle strategischen, operativen und taktischen Maßnahmen seit 1941/42 zu Stationen eines ungeheuerlichen Verbrechens«; ebenso S. 428. Bullock vereinfacht zu sehr; BU, S. 397: »Bis in die letzten Jahre seines Lebens war er abgeschnitten von jedem menschlichen Kontakt, lebte er verloren in einer Welt unmenschlicher Phantasie …«; ebenso S. 783 und 797: »All das hochtrabende Gerede vom Ausharren und Sterben in Berlin kann

nicht die Tatsache verschleiern, daß der schmähliche Entschluß eine grobe Verletzung der Pflicht gegen seine Truppen bedeutete, die immer noch unter seinem Befehl kämpften. Es war ein Verhalten, das völlig von der elementarsten militärischen Tradition abwich.« »Sein Tod war alles andere als das Ende eines Helden; indem er Selbstmord beging, entzog er sich bewußt der Verantwortung und wählte einen Ausweg, den er in früheren Jahren als feige scharf verurteilt hätte.« Das stimmt nicht, Hitler griff Generalfeldmarschall Paulus heftig an, weil dieser am Ende von Stalingrad *nicht* Selbstmord begangen hatte.

76 Hitler hatte seit 1934 beide Ämter und Titel inne, doch in einer Weisung von 1943 wurde angeordnet, daß aus der üblichen Anrede »Führer und Reichskanzler« die zweite Bezeichnung entfallen sollte.

77 Bemerkenswert ist der Wortlaut von Hitlers letztem Tagesbefehl für die Soldaten an der Ostfront vom 16. April 1945. Dort heißt es, die Massen des jüdisch-bolschewistischen Todfeindes hätten zum letzten Angriff geblasen. Glaubte Hitler selbst noch an ihr »jüdisch-bolschewistisches« Wesen?

78 Das klang auch im »Historikerstreit« hier und da an, nicht nur in den Thesen Hillgrubers zur Theorie von den zwei Kriegen, sondern auch bei Klaus Hildebrand, HS, S. 90, der den Alliierten ebenso wie Hitler vorwirft, sie hätten während des Krieges die praktische Politik der Ideologie untergeordnet.

79 Jäckel hat recht, wenn er in JH, S. 32, schreibt, man müsse der funktionalistischen Deutung entgegenhalten, die innere Opposition habe Hitler zwar von manchem abhalten, jedoch nie zu etwas zwingen können. Nach Jäckel war das Hitler-Regime sowohl »monokratisch« als auch »polykratisch«. Eine gute Zusammenfassung der Literatur bis 1988 zum »polykratischen« Charakter findet sich bei Schreiber, SCHRB, S. 284 f.

80 In den letzten Jahren seines Lebens gibt es bei Hitler einige (wenngleich sehr begrenzte) Anzeichen für ein gewisses Verständnis – wenn auch keine Wertschätzung – der »realpolitischen« Absichten einiger seiner Gegner. Dazu gehören die relativ – die Betonung liegt auf relativ – mäßigen Vergeltungsmaßnahmen gegen ausländische Staatschefs und ehemalige Verbündete, die sich zur Rettung ihres Landes 1944 entschlossen, aus der Allianz mit Deutschland auszutreten. Zu diesen zählten etwa Feldmarschall Mannerheim von Finnland, Admiral Horthy von Ungarn (dessen Waffenstillstandsangebot Hitlers SS-Truppen brutal zerschlugen und der nach seiner Verhaftung mit seiner Familie nach Deutschland gebracht und in einer Burg gefangengehalten wurde) oder General Antonescu von Rumänien, von dessen Kontakten zu den Alliierten Hitler wußte, ohne allerdings bei ihrem letzten Treffen davon zu sprechen. Hitlers Verachtung für die Verschwörer des 20. Juli 1944 galt genauso ihrer »Unfähigkeit« wie ihrer »Treulosigkeit«; was hätten sie im Fall eines Erfolges tun wollen? Heer zitiert Hitler in einem Gespräch mit General Bodenschatz in HR, S. 452: »Ich weiß, Stauffenberg, Goerdeler und Witzleben haben geglaubt, das deutsche Volk durch meinen Tod zu retten. Aber bisher hat man nur das eine ermitteln können: diese Leute hatten überhaupt keinen festen Plan darüber, was sie nachher tun wollten.« Fest schreibt in F, S. 973, Hitler habe sich die Filmaufnahme der Hinrichtung angese-

hen. Doch während Angehörige seines Kreises dies taten, ist unklar, ob er selbst sie sah. Allerdings tat oder befahl oder sagte er nichts, um selbst die größten Grausamkeiten seiner Handlanger zu unterbinden.

## VI Hitler und die Juden: Rätsel und Tragödie

1 Zu »Pathogenese« und »Ätiologie« der Ursprünge und Symptome des modernen Antisemitismus siehe LEW, 436 f.

2 Ich stieß in einem Artikel vom März 1944 von Julian Franklyn in der *Contemporary Review* auf die vielleicht erste Verwendung des Begriffes. (Aufgrund eines merkwürdigen Zufalls wurde Hitler auf einen Auszug aus einem Artikel derselben Ausgabe dieser nicht gerade vielgelesenen konservativen englischen Zeitschrift aufmerksam gemacht, ohne daß jedoch eine Verbindung zwischen diesem und dem Franklyn-Artikel bestanden hätte.)

3 Unter den ersten Hitlerbiographien schenken Görlitz-Quint dem Holocaust wenig Aufmerksamkeit. Bullock schreibt in BU, S. 40: »Hitlers Antisemitismus hatte nichts mit der Realität zu tun, er war reine Phantasie ...« Eine bedeutsame und wertvolle Ausnahme ist Karl A. Schleunes, *The Twisted Road to Auschwitz; Nazi Policy toward the German Jews 1933–1939*, Urbana, Ill., 1970. Das Buch stellt die allmähliche und in gewissem Ausmaß pragmatische Entwicklung der antijüdischen Politik sehr gut dar und ist vielleicht eines der ersten wichtigen Werke einer »funktionalistischen« Sicht, obwohl der Autor sich nicht zu einem funktionalistischen Ansatz bekennt.

4 LEW, »Bibliographical remarks«, S. 531; »The Problem of the Jews«, S. 429–453.

5 Siedler an Irving, 7. Mai 1974: In einem Verlag unter seiner Leitung werde kein Buch erscheinen, für das er nicht die politische und historische Verantwortung übernehmen könne. Sollte Irving anderer Ansicht sein, würden sich ihre Wege trennen. Irving akzeptierte die Kürzung, betonte jedoch danach wiederholt, man habe ihn »zensiert« und die Kürzungen und Veränderungen in der Ullstein-Ausgabe ohne seine Zustimmung vorgenommen. (Eine vollständige Ausgabe desselben Buches erschien 1983 unter dem Titel *Hitlers Krieg* in München.)

6 Beispiele für Irvings Argumentation: Bei seinem Prozeß in Jerusalem (1961) hatte Eichmann ausgesagt, Heydrich habe ihm mitgeteilt, der Führer habe die physische Vernichtung der Juden angeordnet. Dazu Irving: »Ein solcher Beweis würde vor einem englischen Gericht nicht ausreichen, um einen Landstreicher wegen Fahrraddiebstahls zu verurteilen, ganz zu schweigen einem Schuldspruch für den Massenmord an sechs Millionen Juden, zumal gewichtige [?] schriftliche Beweise dafür vorliegen, daß Hitler immer wieder [?] befohlen hat, das »Judenproblem« ruhen zu lassen, bis der Krieg gewonnen war.« Oder in I/W, S. xi: »... und wer sind diese gefühlsbetonten Historiker des jüdischen Holocaust ... Hitler zeigte in seinem Buch *[Mein Kampf]* nie die geringste Absicht, diese Feinde [die Begriffswahl ist bezeichnend] zu liquidieren ... – noch findet sich in den verschiedenen Protokollen der Wannseekonferenz der Hinweis auf eine solche Absicht ... die Konferenz wurde von

Hitler weder einberufen noch nahm er daran teil, und ich glaube nicht, daß er überhaupt von ihr wußte.«

7 Am aufschlußreichsten Martin Broszat, »Hitler und die Genesis der ›Endlösung‹. Aus Anlaß der Thesen von David Irving«, in: VfZ, Oktober 1977. Außerdem zwei scharfe Artikel von Eberhard Jäckel in der FAZ (25. August 1977 und 22. Juni 1978), die den wirklichen Kontext und Inhalt eines »Dokuments« aufzeigen, das Irving triumphierend als Beweis für seine These vorgelegt hatte. Siehe auch Jost Dülffer in GWU, 1979 (S. 686–690) und Gitta Sereny und Lewis Chester in der Londoner *Sunday Times* vom 10. Juli 1977.

8 Burrin (*Hitler et les Juifs*, S. 172) stellt die meiner Ansicht nach interessanteste Frage: »Hätte die Endlösung stattgefunden, wenn Hitler im Sommer 1942 gestorben wäre?« Laut Burrin vermutlich nicht. Zwar hätten die Juden »in einem von Göring, Goebbels oder Himmler geführten Europa gelitten«. Es hätte Ghettos gegeben und Lager, vielleicht sogar Massenmorde, doch nicht die massenhafte Vernichtung von Millionen von Juden. Auch Burrins Vermutung, Hitler habe sich wahrscheinlich im September 1941 für die »Endlösung« entschieden, überzeugt.

9 TO, S. 820.

10 Beispiele zitiert Wehler, HS/W, S. 42 und S. 44: »... man dürfe nicht nur auf den braunen Massenmord starren, während man den roten ›nicht zur Kenntnis nehmen‹ wolle – ›obwohl ein kausaler Nexus wahrscheinlich‹ ist.« HS, S. 32: »Auschwitz resultiert nicht in erster Linie aus dem überlieferten Antisemitismus und war im Kern nicht ein bloßer ›Völkermord‹, sondern es handelte sich vor allem um die aus Angst geborene Reaktion auf die Vernichtungsvorgänge der Russischen Revolution.« Und noch einmal Wehler, HS/W, S. 15: »›Die Vernichtung der europäischen Juden‹ sei, ›in der richtigen Perspektive gesehen‹ ... ›nichts anderes ... als der zweite und ohne den ersten (die bolschewistische Klassenfeind-Vernichtung seit 1917/18, H.-U. W.) nicht verständliche, dabei um vieles irrationalere und gleichwohl auf entsetzliche Weise modernere Versuch, Probleme ... durch die Beseitigung einer großen Menschengruppe zu lösen.‹« Nolte rechtfertigt Auschwitz nicht (»irrational«, »entsetzlich«). Doch in seinem Artikel »Zwischen Geschichtslegende und Revisionismus? Das Dritte Reich im Blickwinkel des Jahres 1980«, in: H. W. Koch, Hg., *Aspects of the Third Reich*, London 1985, S. 27 (auch in HS, S. 24), zieht er sehr weitreichende Schlüsse aus einem Brief des Präsidenten der Zionistischen Weltorganisation Chaim Weizmann an Neville Chamberlain, in dem es heißt, daß »die Juden in aller Welt in diesem Krieg auf der Seite Englands kämpfen würden«. Nolte datiert den Brief fälschlicherweise auf die ersten Septembertage (das heißt nach der Kriegserklärung Hitlers und vor der Großbritanniens); tatsächlich stammt er vom 29. August. Auch mag von Bedeutung sein, daß Nolte die Äußerung Weizmanns bei Irving (H/W) fand, der sie wiederum aus *Hitlers Tischgespräche* hat (Ausgabe von Picker, 24. Juli 1942). Außerdem war Weizmann als Präsident der Zionistischen Weltorganisation nicht Sprecher aller Juden Europas und der ganzen Welt. Und: Was hätte Hitler zu diesem späten Zeitpunkt von den Juden anderes erwarten können? Es gibt einen ironischen französischen Reim:

Cet animal est très méchant.
Ouand on l'attaque il se defend.
Böse ist dies' Tier gar sehr,
Bei Angriff setzt es sich zur Wehr.

11 In seiner Rezension von Irvings *Führer und Reichskanzler Adolf Hitler 1939–1945*, Herbig, 1989.

12 ZIT/B, S. 158. Ebenda, 158 f.: »Einen schriftlichen Befehl, ... in dem Hitler den Massenmord an den Juden anordnete, gibt es jedoch nicht. Auch für die Vermutung, Hitler habe aus Geheimhaltungsgründen nur einen mündlichen Befehl erteilt, gibt es keinen Beweis ... Die These des britischen Historikers David Irving, die ›Endlösung‹ sei das Werk von Himmler und Heydrich gewesen, ... hat eine heftige Kontroverse in der Geschichtsforschung ausgelöst. Zwar wurden Irvings Schlußfolgerungen abgelehnt, doch weisen auch Historiker wie Martin Broszat und Hans Mommsen ... darauf hin, daß Irving einen wunden Punkt angerührt hat.« (Man beachte die Wiederholung dieser Formulierung.) Über die Erklärungsansätze der »Funktionalisten« und der »Intentionalisten« sagt Zitelmann: »... beweisen läßt sich weder die eine noch die andere Theorie.« Vgl. auch ZIT/B, S. 124: »... der Massenmord an den Juden war nicht voraussehbar ...« Hitler habe ihn nicht von Anfang an geplant. Vermutlich richtig, nur heißt es S. 126: »... die Nürnberger Gesetze wurden unter anderem deshalb erlassen, um der Agitation der radikalen Antisemiten in der Partei ein Ende zu bereiten. Hitler verbot ausdrücklich weitere Ausschreitungen.« Das ist strittig. S. 19 f.: »Im Wien der Jahrhundertwende war der Antisemitismus wohl weiter verbreitet als in jeder anderen europäischen Stadt.« Falsch. Was war mit Bukarest, Warschau, Moskau? »So wie viele Zeitgenossen wurde auch Hitler Antisemit.« Dies ist zu einfach, insbesondere angesichts von Zitelmanns eigener Aussage in ZIT/B, S. 8 f.: »Das Hitler-Bild, das bisher oft gezeichnet wurde, war sehr einfach, zu einfach, um wahr zu sein.«

13 Andererseits: Kann die Vorgeschichte historischer Ereignisse (etwa des Amerikanischen Bürgerkrieges, des Ersten Weltkrieges oder von Hitlers Aufstieg zur Macht) überhaupt »endgültig« erklärt werden?

14 Schreiber in SCHRB, 296 f.: »Selbstverständlich existiert eine große Zahl ausgezeichneter Studien [über die »Endlösung«] ..., aber die Gesamtschau, die wirklich alle Gesichtspunkte angemessen berücksichtigt und auf dem letzten Stand der Einzelforschungen ist, sie steht noch aus.«
Eine gutes, zusammenfassendes Urteil findet sich bei Jäckel, JH, S. 46: »Es kann ausgeschlossen werden, daß nur ein einziger Tötungsbefehl erteilt wurde. Die Vernichtung hatte mehrere Phasen und wurde mit einer Vielfalt von Methoden an einer Vielfalt von Opfern verübt. Wir müssen deshalb von einer entsprechenden Vielfalt an Befehlen ausgehen, die über einen Zeitraum von mehreren Monaten gegeben wurden.«

15 HF/BH, S. 276.

16 In ZIT/B, S. 42 f. kommt Zitelmann der Ansicht sehr nahe, Hitlers Antisemitismus habe vor allem Propagandazwecken gedient – das ist äußerst fraglich. Er zitiert eine Hitlerrede vom 27. Februar 1925: Es sei »psychologisch falsch, mehrere Kampfziele

aufzustellen«, und es sei richtig, »nur einen Feind zu wählen, auf daß jeder sehen kann: dieser ist der Schuldige allein«. Und dieser Feind seien die Juden.

17 Genau andersherum gewichtet Zitelmann, der in einem Interview mit dem schwedischen Historiker Alf. W. Johansson im November 1992 äußerte, die Schaffung neuen Lebensraums im Osten sei Hitlers »zentrales Ziel« gewesen und es sei zumindest diskutabel, ob die Vernichtung der Juden wirklich sein Ziel gewesen sei, und wenn ja, dann sicher nicht lange.

18 Fest, S. 780: »Der unverkennbare Gegensatz, der schon immer zwischen einem rigorosen Judenwahn und dem lauen deutschen Antisemitismus bestanden hatte, wurde nun [im November 1938] immer deutlicher.« Der ansonsten so scharfsichtige Haffner hat unrecht, wenn er schreibt (HF/AN, S. 16): »Der Hitlersche Antisemitismus ist osteuropäisches Gewächs.« Das stimmt so nicht: Er war um die Jahrhundertwende eher österreichisch als deutsch (oder ungarisch). Doch S. 128: »Nirgends hatte dieser jüdische Patriotismus so glühende, tief emotionale Züge angenommen wie gerade in Deutschland.« Das stimmt im großen ganzen – eines der schrecklichsten Elemente der deutschen Tragödie.

19 Ein schrecklicher Zufall ist, daß Zyklon B, das in Auschwitz und anderen Vernichtungslagern verwendete Gas, in Mitteleuropa zuvor häufig von Kammerjägern zur Vertilgung von Insekten und anderen Schädlingen in Häusern und Wohnungen eingesetzt worden war.

20 Dazu Maser, M/A, S. 263: »Trotz aller Detailkenntnisse ist die Ursache für Hitlers Antisemitismus nicht restlos klärbar.«

21 Zitiert in Maser, M/A, S. 247 f., ebenfalls in M/F, S. 100. Heer meint in HR, S. 117, Hitler sei bereits vom Antisemitismus geprägt gewesen, als er Linz verließ (vielleicht, aber nur zum Teil, siehe seine Beziehung zu Dr. Bloch, unten, S. 152 f.).

22 Zum Fehlen antisemitischer Äußerungen Hitlers vor 1919 kommen weitere Dinge, die gegen einen ausgeprägten Antisemitismus sprechen, so Hitlers Freundschaft oder zumindest freundliche Beziehung zu einigen Juden im Wiener Männerheim (einer von ihnen lieh Hitler gelegentlich seinen Mantel); auch daß Hitler das Eiserne Kreuz auf Empfehlung des jüdischen Reserveoffiziers Gutmann verliehen wurde (von dem Hitler allerdings keine hohe Meinung hatte) und daß verschiedene Wiener Juden zwischen 1910 und 1913 Gemälde und Aquarelle bei ihm kauften. Eines seiner frühesten Aquarelle schenkte er Dr. Bloch, von dem weiter unten die Rede ist.

23 Schramm in SCH, S. 51: »Letztlich enden alle Versuche, die beispiellose und unermeßliche Intensität von Hitlers Antisemitismus zu erklären, im Unerklärlichen.«

24 D, S. 12; ST, S. 195.

25 Zu seiner Überhöhung der Macht des Hasses siehe oben, Kapitel II. Vgl. auch Schreiber, SCHRB, S. 120, der Irene Harands Buch *Sein Kampf. Antwort an Hitler,* Wien 1935, zitiert: »Ohne Judenhaß würde es heute keinen Hitler geben.« Ferner Edgar Alexander (eigentlich Alexander Emmerich, ein katholischer Priester), der in *Der Mythus Hitler,* Zürich 1937 (Nachdruck München 1980), schreibt, »daß der Haß im Nationalsozialismus System geworden sei«. Zitiert in: SCHRB, S. 124, Fußnote 233.

26 Vgl. HC, Kapitel IV, »Motives and purposes«.

27 »Ich will heute wieder ein Prophet sein: Wenn es dem internationalen Finanzjudentum *inner- und außerhalb Europas* gelingen sollte, die Völker noch einmal in einen Weltkrieg zu stürzen, dann wird das Ergebnis nicht die Bolschewisierung der Erde und damit der Sieg des Judentums sein, sondern die Vernichtung der jüdischen Rasse *in Europa*« (Hervorhebungen vom Autor).

28 Haffner, HF/AN, S. 108: Die Juden »müssen entfernt werden, aber nicht wie ein Möbelstück, das man entfernt, indem man es anderswohin schafft, sondern wie ein Fleck, den man entfernt, indem man ihn auslöscht«. Ja, aber erst nach 1941.

29 Die Konferenz sollte zunächst am 8. Dezember 1941 stattfinden. Ihre Verschiebung hatte vielleicht etwas mit dem Kriegseintritt der Amerikaner zu tun. Daß Hitler von den Beschlüssen der Konferenz wußte, läßt sich zumindest aus einem Tischgespräch vom 27. Januar 1942 schließen, das von Heim aufgezeichnet wurde (HM, S. 241): »Der Jude muß aus Europa hinaus! *Am besten, sie gehen nach Rußland.* Ich habe kein Mitleid mit den Juden. Sie werden immer ein Element bleiben, das die Völker gegeneinander hetzt. Sie machen es im Völkerleben genauso wie im privaten Dasein. *Aus der Schweiz und Schweden müssen sie herausgenommen werden.* Dort, wo sie wenige sind, sind sie am gefährlichsten. Fünftausend Juden sind in kurzer Zeit in allen schwedischen Stellungen. Um so leichter kann man sie herausziehen! Grund haben wir genug …« Meine Hervorhebungen sollen die Dualität Hitlers deutlich machen, von der weiter unten noch die Rede sein wird. Einerseits spricht er hier (und bei anderen Gelegenheiten) von der Deportation der Juden nach Sibirien und nicht von ihrer physischen Vernichtung. Andererseits stimmt seine Absicht, ganz Europa zu durchsuchen und überall die Juden »herauszuziehen«, völlig mit den im Protokoll der Wannseekonferenz formulierten Absichten überein.

30 Carr, C, S. 93: »Genau wie man den außenpolitischen ›Alternativen‹, die Hitlers eigene Vorstellungen in einem gewissen Ausmaß modifizierten, angemessene Beachtung schenken muß, sollte man auch bei der Erforschung des Holocaust die Möglichkeit in Betracht ziehen, daß es vor den Gaskammern noch andere alternative ›Endlösungen‹ gab.«

31 Zwischen den entscheidenden Wahlen vom September 1930 und vom März 1933 zeigen Hitlers Reden keine starke Betonung des Antisemitismus. Einmal sagte er, gutgesinnte Juden könnten in Deutschland bleiben, wenn sie »Wohlverhalten« zeigten. Heiden, HD, S. 347, zitiert eine Bemerkung Hitlers über den Komiker Felix Bressart: »Schad, daß der Bressart ein Jud is!« Laut Görlitz-Quint, GQ, S. 362 f., verlangte Papen am 27. Januar 1933 einen Kabinettsposten für den Stahlhelmführer Theodor Düsterberg, der einen jüdischen Großvater hatte, und fand Hitlers Zustimmung. Auch befahl Hitler mehrmals (sogar noch 1940) die Wiedereinberufung halbjüdischer Offiziere zum Militär (Beispiele in Admiral Erich Raeder, *Mein Leben,* Tübingen 1957, Bd. 2, S. 132). Auch heißt es in Gerhard Loeseners Aufzeichnungen von der Besprechung der Nürnberger Gesetze, Hitler sei mit den Plänen der Partei, Juden und Halbjuden gleichzustellen, nicht einverstanden gewesen. Schleunes schreibt in *The Twisted Road to Auschwitz,* S. 131: »Hitler hatte gelegentlich in entscheidenden Momenten die Hand im Spiel, aber es war in der Regel eine unsichere und unentschlossene

Hand. Weder delegierte er die Verantwortung für die Judenpolitik, noch hielt er diese unter scharfer Kontrolle.«

32 In *Germany 1866–1945*, New York 1980 (dt.: *Deutsche Geschichte 1866–1945*), wird dieser Sachverhalt von Gordon A. Craig gut auf den Punkt gebracht: Einer der psychologischen Grundsätze Hitlers sei es gewesen, »daß Argumente durch Einschränkungen oder Zugeständnisse an die andere Seite schwächer werden, so daß der kompromißlose und kategorische Stil tendenziell am überzeugendsten wirkt«. Craig bezieht sich auf Hitlers Reden in den frühen dreißiger Jahren, doch gilt dies auch für Äußerungen, die Hitler im privaten Kreis machte, einschließlich der Tischgespräche der Kriegszeit.

33 Speer erinnert sich in SP, S. 126, an »einige bedauernde Worte Hitlers, er habe diese Übergriffe nicht gewollt. Es schien, als geniere er sich.« Andere Quellen bestätigen dies.

34 Man darf nicht vergessen, daß wir die »Endlösung« nur rückblickend – und hauptsächlich wegen der Verwendung dieses Begriffs auf der Wannseekonferenz – mit Vernichtung gleichsetzen. Der Begriff wurde häufig verwendet, etwa (DL, S. 131, Fußnote) in Heydrichs Memorandum an Ribbentrop vom 24. Juni 1940 in bezug auf den Plan, alle europäischen Juden nach Madagaskar zu deportieren. Für Heydrich »konnte das Judenproblem nicht mehr durch Emigration gelöst werden, daher schien ihm eine territoriale Endlösung notwendig«. Meines Wissens taucht dieser ominöse Begriff bereits hier erstmals in einem deutschen Dokument auf – und nicht erst 1941, wie viele glauben. Wichtig ist auch, wie sich Hitler am 20. Juni und sogar noch am 2. Februar 1941 über den Madagaskar-Plan äußerte: »Auf [die] Frage ... wie die denn da hin kommen sollten, antwortete er, das müßte man überlegen ... Er dächte über manches jetzt anders, nicht gerade freundlicher.« Diese Äußerung ist aufgrund ihres Datums und Tonfalls sehr bedeutsam.

35 Jäckel, JH, S. 46: »Wir dürfen nicht einfach bloß fragen, ob Hitler den Holocaust befahl, sondern ob der Holocaust improvisiert oder geplant war. Die Klärung dieser Frage dürfte aufschlußreich sein, bedarf jedoch weiterer sorgfältiger Untersuchungen, da auch die Improvisationen geplant gewesen sein können.«

36 Laut Jäckel, JH, S. 52 f., ging ihr ein Befehl voraus, die russischen Juden zu töten, doch ist es auch wahrscheinlich, daß Hitler zwar »keinen formalen Befehl erließ ... im Mai 1941 jedoch den Wunsch zum Ausdruck brachte, mit der ›Endlösung‹ in absehbarer Zukunft zu beginnen«. Hitler gab jedoch nicht offiziell zu, daß »Endlösung« in Wirklichkeit Vernichtung bedeutete. JH, S. 53: »Laut Frank erklärte Hitler am 19. Juni, drei Tage vor Beginn des Rußlandfeldzugs, daß die Juden in absehbarer Zukunft aus Polen entfernt würden und daß Polen nur als Durchgangslager fungieren sollte. Diese Äußerung kann als eine zynische Metapher für den Durchgang zum Tod interpretiert werden, und tatsächlich wurden die Todeszentren manchmal Durchgangslager genannt. Sie kann auch wörtlich genommen werden. Am 21. Juli ließ Hitler eine Andeutung fallen, daß die Juden nach Sibirien geschickt werden könnten ...« (Er erwähnte dies auch später bei mehreren Gelegenheiten.) Vgl. auch JH, S. 113: »Im August und September 1941 zögerte er immer noch mit der Depor-

tation der in Deutschland verbliebenen Juden.« (Goebbels und Heydrich versuchten, ihn dazu zu drängen.) Uwe Dietrich Adam in *Judenpolitik im Dritten Reich*, Düsseldorf 1972, S. 357: »Die empirischen Tatsachen bestätigen vorerst nur einmal ... daß ... die Massentötung und Vernichtung von Hitler nicht a priori als politisches Ziel angestrebt wurde.« Adam datiert die Entscheidung auf die Zeit zwischen September und Dezember 1941. Siehe auch Hans-Heinrich Wilhelm, »Offene Fragen der Holocaustforschung«, in: Uwe Backes, Eckhardt Jesse und Rainer Zitelmann, Hg., *Die Schatten der Vergangenheit. Impulse zur Historisierung des Nationalsozialismus*, Berlin 1990.

37 Koeppen-Vermerke im IfZ, 20. September 1941, S. 21. Die Passage stimmt mit Goebbels' Tagebuch vom 19. August 1941 überein: »Wir reden auch über das Judenproblem. Der Führer ist der Überzeugung, daß seine damalige Prophezeiung im Reichstag, daß, wenn es dem Judentum gelänge noch einmal einen Weltkrieg zu provozieren, er mit der Vernichtung der Juden enden würde, sich bestätigt ... Im Osten müssen die Juden die Zeche bezahlen; in Deutschland haben sie sie zum Teil schon bezahlt und werden sie in Zukunft noch mehr bezahlen müssen. Ihre letzte Zuflucht bleibt Nordamerika; und dort werden sie über kurz oder lang auch einmal bezahlen müssen ... Jedenfalls werden die Juden in einer kommenden Welt nicht viel Grund zum Lachen haben ... Aber ich werde nicht ruhen und nicht rasten, bis auch wir dem Judentum gegenüber die letzten Konsequenzen gezogen haben.« Hitler erlaubte Goebbels und Heydrich an diesem Tag, die in Deutschland verbliebenen Juden zum Tragen des gelben Sterns zu zwingen.

Broszat (VfZ, Oktober 1977, S. 761) zieht in Erwägung, ob Hitlers Ablehnung der Massendeportation der Berliner Juden im November 1941 mit der Anwesenheit der in Berlin verbliebenen amerikanischen Journalisten zu tun gehabt haben könnte. Haffner datiert in HF/AN, S. 142, Hitlers Entscheidung, mit der Vernichtung zu beginnen, erst auf den Dezember 1941, nachdem »er alle Hoffnung auf einen Ausgleichsfrieden mit England (und die damit verbundene Hoffnung, den Kriegseintritt Amerikas zu vermeiden) aufgegeben hatte«. Das ist meiner Meinung nach zu spät datiert. (Es gibt jedoch eine symbolträchtige zufällige Übereinstimmung: Die erste Vergasung polnischer Juden fand am 8. Dezember in Chelmno statt.)

38 In einer Rede vor Offizieren am 26. Mai 1944 stellt Hitler die Frage, ob es auch eine menschlichere Alternative gegeben hätte. Zitiert in Broszat, s. o., S. 759.

39 Görlitz-Quint in GQ, S. 552 f.: Hitler habe die Juden ursprünglich in Ghettos ansiedeln wollen, habe die Vergasungspläne »als Staatsoberhaupt« dann jedoch bewußt mitgetragen. »Diese Nachtseite der Kriegführung wurde noch peinlicher geheimgehalten als die Tötung der Geisteskranken.« (Für diese existierte ein schriftlicher Befehl Hitlers – und sei es nur, weil man die deutschen Ärzte von ihrer Pflicht, Leben zu erhalten, befreien mußte.) Fleming in FL, S. 32: »Schon zu Anfang der Euthanasie-Aktion hatte Hitler ... erklärt: ›Nach außen hin darf die Kanzlei des Führers unter keinen Umständen in Erscheinung treten.‹« In FL, S. 35, wird Jodl in Nürnberg wie folgt zitiert: »Die ›Endlösung‹ der Judenfrage war ein ›Meisterstück der Geheimhaltung‹« (Fleming nennt diese Geheimhaltung S. 68 »Hitlers List«, eine etwas unglückliche Be-

griffswahl). Deuerlein in D, S. 152: »Hitler sprach nicht über alle Probleme. Er verschwieg, um nur ein überzeugendes Beispiel zu nennen, die sogenannte Endlösung der Judenfrage ... Hitler war nicht Mörder im hergebrachten Sinn des Strafgesetzbuchs; er beging selbst weder Mord noch Totschlag, ist jedoch Ursache und Urheber aller Morde, die von Angehörigen des deutschen Volkes begangen wurden.« Schließlich gab es auch noch Bormanns vertrauliche Anweisung aus der Kanzlei des Führers vom 11. Juli 1943: Er verbot die Erwähnung der Worte »Endlösung« und sogar »Sonderbehandlung« und erlaubte nur den Sprachgebrauch, daß die Juden zum Arbeitseinsatz kämen.

40 Noch in seiner Rede zum 30. Januar 1944 äußerte er die Hoffnung, auch andere Nationen würden zu »einer wissenschaftlichen Erkenntnis und sachlichen Lösung« der Judenfrage gelangen. (Vgl. das Zitat in Heer, HR, S. 446 f., ebenfalls aus dem Jahr 1944: »Es sei denn, der englische Staat rafft sich in letzter Minute auf und entfernt mit Gewalt diese Bakterien aus seinem Körper.«

41 Auch in den Beschlüssen der Wannseekonferenz ist nur von der Liquidierung arbeitsunfähiger Juden die Rede. Das ist merkwürdig. War es nicht das Ziel Himmlers und anderer, die biologische Kraft der jüdischen Rasse zu vernichten? Warum wurden dann gerade die schwächsten Menschen für die Gaskammern selektiert, während man den stärkeren erlaubte, wenigstens noch eine Zeitlang zu leben? Vermutlich, weil die Alternative der »Arbeit« erhalten bleiben sollte – auch für Hitler selbst. Dieter Pohl: »Die Holocaust-Forschung und Goldhagens Thesen« in VfZ, Januar 1997, S. 11: »So ist immer noch nicht völlig geklärt, ob ökonomische Motive, also der Erhalt der Arbeitskraft der Juden, in gewissen Phasen nicht doch einen erheblichen Einfluß auf den Verlauf der Massenmorde hatten.« Während des ganzen Krieges hörte Hitler nicht auf, davon zu sprechen, daß die Juden zum Arbeitseinsatz nach Osten deportiert würden. So sagte er am 17. Juli 1941 gegenüber dem kroatischen Außenminister Kvaternik, ob die Juden nach Sibierien oder Madagaskar geschickt würden, sei für sie dasselbe. Noch im Juli 1942 sprach er in seinem Kreis von Madagaskar – und von Sibirien. Als er im April 1943 den ungarischen Regenten Horthy tadelte, weil dieser ihm nicht hart genug gegen die ungarischen Juden vorging, antwortete Horthy traurig, daß er sie doch nicht einfach totschlagen könne. Daraufhin sagte Hitler etwas von »jüdischen Bazillen«, während Ribbentrop erklärte, man werde sie vernichten oder in Konzentrationslager stecken müssen, eine andere Alternative gebe es nicht. Goebbels schrieb am 27. März 1942 in sein Tagebuch: »Es wird ein ziemlich barbarisches und nicht näher zu beschreibendes Verfahren angewandt, und von den Juden selbst bleibt nicht mehr viel übrig. Im großen kann man wohl feststellen, daß 60 % davon liquidiert werden müssen, während nur noch 40 % in die Arbeit eingesetzt werden können.« Im Jahr 1944 forderte Hitler Horthy auf, ihm 100 000 Juden für die Arbeit in deutschen Fabriken zu schicken. Speer bestätigte 1981 in einem Brief an Fleming (Fl, S. 176, Anmerkung 353), Hitler habe gewünscht, daß Speer ungarische Juden zum Bau riesiger unterirdischer Fabriken einsetze. Im März 1943 erhielt der Statistiker Dr. Korherr von Himmler den Auftrag, für die SS eine genaue Statistik über die noch im Osten verbliebenen Juden zu erstellen; die fertige Statistik wurde zusammengefaßt,

auf einer speziellen »Führerschreibmaschine« in großen Lettern getippt und Hitler vorgelegt. Laut Eichmann (FL, S. 152) las Hitler das Dokument und ließ es anschließend vernichten.

42 Maser, M/A, S. 255, macht eine interessante Bemerkung über Hitlers Weigerung, Frau Manzialy, einer seiner letzten Köchinnen, gegenüberzutreten, als diese aufgrund ihrer jüdischen Abstammung entlassen wurde. Dies lasse vermuten, »daß er selbst auch im Zusammenhang mit der Ermordung von Juden ›nur‹ unmenschlich war, solange er seinen Opfern nicht Aug' in Aug' gegenüberstand«.

43 Möglicherweise bestand auch eine Verbindung zwischen der »Endlösung« und Hitlers persönlicher Erkenntnis, daß der Krieg nicht mehr gewonnen werden konnte: Er wußte nicht nur, daß er den Krieg verlieren würde, sondern auch, daß die Juden auf der ganzen Welt das wußten. »Als er Mitte September 1941 beschloß, die Juden zu töten«, schreibt dazu der hellsichtige Burrin S. 169, »hielt er seine Niederlage sicherlich noch nicht für unabwendbar. Aber er spürte, daß er viel Glück brauchte, um in dieser Lage noch zu siegen, und er sah ganz gewiß, welchen Preis er würde zahlen müssen, um nicht besiegt zu werden. Der Tod der Juden stellte demnach gleichermaßen eine Opfergabe und einen Racheakt dar. Indem er diejenigen tötete, die er für seine eigentlichen Feinde hielt – wobei es bei seiner Besessenheit wenig ausmachte, daß seine Feinde unbewaffnete und ohnmächtige Menschen waren –, zeigte er seine Entschlossenheit zum Kampf bis zum bitteren Ende; mit dieser Art Opfertod der Juden legte er sich fanatisch fest, um den Sieg zu erringen oder bis zum Tod zu kämpfen. Gleichzeitig und vor allem sühnte er für das vergossene deutsche Blut, er rächte sich im voraus für die sich abzeichnende deutsche Niederlage an jenen, die er in seinem antisemitischen Wahn für die Schuldigen hielt; und dieses Rachewerk führte er dann um so erbitterter durch, je mehr sich seine Lage verschlechterte und er sich einem apokalyptischen Ende näherte.«

44 GR, S. 520; zu Giesler siehe unten, Kapitel VIII.

45 *Hitlers Tischgespräche im Führerhauptquartier,* Henry Picker und Andreas Hillgruber, Hg., München 1968, S. 36. Hitlers früher Mentor Dietrich Eckhart hatte Hitler von diesem *einzigen* anständigen Juden erzählt. LEW, S. 452 f.: »Weininger schrieb 1902 ein außergewöhnliches Buch mit dem Titel *Geschlecht und Charakter* über Frauen und Männer, Juden und Christen, deren problematisches Verhältnis zueinander seinen feurigen Geist beschäftigte. [Er] … hatte vermutlich recht, als er die Entstehung einer gewaltigen antisemitischen Bewegung voraussah. Er täuschte sich jedoch, als er glaubte, sie werde durch ein neues, aufstrebendes Christentum verursacht werden: ›Aber dem neuen Judentum entgegen drängt ein neues Christentum zum Lichte; die Menschheit harrt eines neuen Religionsstifters, und der Kampf drängt zur Entscheidung wie im Jahre eins. Zwischen Judentum und Christentum, zwischen Gattung und Persönlichkeit, zwischen Unwert und Wert, zwischen irdischem und höherem Leben, zwischen dem Nichts und der Gottheit hat abermals die Menschheit die Wahl. Das sind die beiden Pole: es gibt kein drittes Reich.‹ Aber es sollte doch ein Drittes Reich geben: ein Drittes Reich, in dem nicht die Religion des Christentums, sondern die Religion des Völkischen herrschte.«

46 Schenck, PH, S. 530 f. Dem waren unter der Überschrift »Erinnerungen an den Führer und dessen verewigte Mutter« zwei weitere vom 7. November 1938 datierte Seiten hinzugefügt. Ebenfalls abgedruckt in Schenck, PH, S. 531 ff. Schencks Dokumentation S. 523–529 widerlegt vollkommen Binions Thesen zu Blochs medizinischen Fehlern und seiner – finanziellen – Verantwortungslosigkeit. Siehe auch Blochs Artikel über Hitler in *Collier's*, 15. und 22. März 1941.

## VII Hitler und die Deutschen: Kapitel oder Episode?

1 Dies sind die ersten zwei Sätze von JH, S. 1.
2 D, S. 158. Siehe auch D, S. 159: »Lange anhaltende Entwicklungen der deutschen Geschichte wurden durch Vorgänge während und nach dem Ersten Weltkrieg aktualisiert, die eine massenpsychologische Situation schufen, die den Aufstieg Hitlers nicht nur zuließ, sondern hervorrief.«
3 HR, S. 11.
4 F, S. 517 f. und 1024.
5 (Im Alter von 24): »Hitlers Erfolge – Erklärungsversuche in der Hitler-Forschung« in: *Neue Politische Literatur* (im folgenden: NPL) 1, (1982), S. 47–69.
6 Im *Merkur*, 8. Mai 1985.
7 HF/BH, S. 270 f.
8 Haffner, HF/BH, S. 219 f., zitiert ausführlich den Dichter Stefan George, der »1921 eine Zeit prophezeite, die
›Den einzigen, der hilft den Mann gebiert ...
Der sprengt die ketten, fegt auf trümmerstätten
Die ordnung, geisselt die verlaufnen heim
Ins ewige recht, wo grosses wiederum gross ist,
Herr wiederum herr, zucht wiederum zucht.
Er heftet Das wahre sinnbild auf das völkische banner.
Er führt durch sturm und grausige signale
Des frührots seiner treuen schar zum werk
Des wachen tags und pflanzt das Neue Reich.‹«
George war wie einige andere der Prophet *eines* Dritten Reiches; er verabscheute Hitler jedoch und emigrierte 1933 in die Schweiz, wo er starb. Einer seiner letzten Jünger war Claus Graf Schenk von Stauffenberg, der 1944 versuchte, Hitler zu töten. »Das Kapitel deutscher Geistesgeschichte, das ›George-Hitler-Stauffenberg‹ heißt, wartet noch darauf, geschrieben zu werden.« HF/AN, S. 25 f. und Fußnote S. 26.
9 *Deutscher Sonderweg – Mythos oder Realität*, Kolloquien des Instituts für Zeitgeschichte, München/Wien 1982. Siehe auch den Überblick über die Literatur zum Thema Sonderweg in: SCHRB, S. 326 f.
10 »Bewußtsein« kann »Mentalität«, »Denkart« und in diesem Fall vielleicht sogar »Weltanschauung« bedeuten. Zum Unterschied zwischen Mentalität und Ideologie siehe weiter unten.

11 Sontheimer in *Deutscher Sonderweg*, S. 32; Bracher, S. 53.

12 In VfZ, Oktober 1977, S. 745. Vgl. auch Gisevius, GI, S. 7: »Besonders wir Deutschen müssen uns klarmachen, daß dieser Mann allein niemals er selber ist. Wir haben das Phänomen Hitler nicht nur ertragen – wir haben es mitgestaltet.«

13 LEW, S. 166.

14 Einerseits Hans Frank: Führer und Volk seien wie Verlobte gewesen, die einander suchten und verlangten und die einander vertrauten. Andererseits Haffner: »Liebte er die Deutschen? ... Nur als Machtinstrument haben sie [die Deutschen] ihn je wirklich interessiert. Er hatte großen Ehrgeiz für Deutschland, und darin traf er sich mit den Deutschen seiner Generation.« HF/AN, S. 203. Laut Haffner verachtete Hitler die Deutschen in den letzten Kriegsjahren zunehmend. (Falsch.) »Er suchte keinen Kontakt mehr mit den Massen.« (Richtig.) HF/AN, S. 153 f.

15 Die Quellenlage ist widersprüchlich. Bei einem Tischgespräch am 5. Juli 1942 sagte Hitler, »er sei ein glühender Anhänger des Glaubens, daß im Kampf der Völker immer der bessere Durchschnitt den Sieg davontrage. Seiner Ansicht nach würde sich die ganze Naturgesetzlichkeit aufheben, wenn das Minderwertige des Stärkeren Herr werden würde. Schramm zitiert in SCH, S. 176, einen am 18. April 1945 von General Carl Hilpert in sein Kriegstagebuch diktierten Bericht: Hitler habe sich zurückgelehnt und einen langen Vortrag über den Kampf des deutschen Volkes begonnen. Er gipfelte in den Worten: Wenn das deutsche Volk den Krieg verliert, »ist es meiner nicht würdig«. Doch heißt es auf der gleichen Seite, je mehr die Leute ertragen müßten, desto wunderbarer werde schließlich die Wiedergeburt des ewigen Deutschland sein.

16 Eine interessante Beobachtung findet sich in Klaus-Dietmar Henke, *Die amerikanische Besetzung Deutschlands*, München 1995, S. 308. Die alliierte Propaganda, heißt es dort, sei gegen den Nationalsozialismus und den Militarismus gerichtet gewesen, nicht gegen das deutsche Volk. »Es ist bemerkenswert, wie sogar Hitler persönlich genauestens darauf bedacht war, die erklärten Absichten der Alliierten zu vertuschen. An einem Rede-Entwurf Herman Essers, der ihm Ende Februar 1945 zur Durchsicht übersandt wurde und mit dem er sehr einverstanden war, änderte er nur eine einzige Formulierung. Jedesmal, wenn Esser sagen wollte, in Jalta sei die ›Vernichtung des Nationalsozialismus‹ beschlossen worden, änderte er die Passage in ›Vernichtung des deutschen Volkes‹ ab.«

17 Einige Beispiele: Thomas Childers, *The Nazi Voter*, Chapel Hill, N. C. 1983; Jürgen W. Falter, *Hitlers Wähler*, München 1991; die seriöse und methodisch wertvolle Studie von Ian Kershaw, *The Hitler Myth* (KER/HM); und seine bahnbrechende Untersuchung *Popular Opinion and Political Dissent in the Third Reich, Bavaria 1933–1945*, Oxford 1983 (im folgenden: KER/PO/PD); das besonders aufschlußreiche Werk von J. P. Stern, *Hitler. The Führer and the People;* das wichtige Buch von Marlis Steinert, *Hitlers Krieg und die Deutschen* (ST/HKD) und viele andere.

18 Außer in den zahlreichen hervorragenden, inzwischen zu Standardwerken avancierten Untersuchungen über das Ende der Weimarer Republik (etwa der von Bracher) finden sich Rekonstruktionen von Ansichten und Haltungen der deutschen Bevölkerung in: Brodersen, Humann, v. Paczensky, Hg., *1933: Wie die Deutschen Hitler zur*

*Macht verhalfen,* Hamburg 1983; außerdem in Josef Bekker, Hg., *1933: Fünfzig Jahre danach,* München 1983.

19 Laut Kershaw, PO/PD, S. 9, »eine ausgesprochen nuancierte Beurteilung der Strömungen der öffentlichen Meinung im Dritten Reich«. Bernd Stöver schreibt in seinem Aufsatz »Loyalität statt Widerstand. Die sozialistischen Exilberichte und ihr Bild vom III. Reich«, in: VfZ, Juli 1995, S. 470: Die Berichte seien »weniger eine Quelle zum Widerstand irgendeiner Bevölkerungsgruppe, sondern vielmehr ein Dokument für die Loyalität mit dem Regime«.

20 ST/HKD, S. 23.

21 In HC, S. 69–92.

22 In HC, S. 92 f., zitiere ich einen Aufsatz des hervorragenden niederländischen Historikers Pieter Geyl über den Amerikanischen Bürgerkrieg: »Wollte die Mehrheit der Niederländer den totalen Bruch mit Philip II. und der katholischen Kirche? ... Nein. War die Mehrheit der Engländer für den Sturz der Monarchie und die Hinrichtung Karls I.? ... Nein. Wollten die Franzosen die Republik und die Hinrichtung Ludwigs XVI.? ... Nein. Wollte die Mehrheit der Deutschen 1933 Hitler, wollte sie den Krieg? Nein.« Schon die amerikanischen Wahlen von 1860, in denen Lincoln weniger als 40 Prozent der Stimmen erhielt, beweisen, daß die Mehrheit der Amerikaner sich nicht bewußt für den Bürgerkrieg entschied. Doch fragt Geyl zu Recht: »Beweist dies, daß der Krieg deshalb hätte vermieden werden können? Ist es nicht viel eher ein Beweis für die allgemeine Wahrheit, daß der Lauf der Geschichte nicht vom bewußten Willen der Mehrheit bestimmt wird?«

23 Kershaw bringt dies in PO/PD, S. vii, auf den Punkt: Sein Buch, schreibt er, handle »von der schwer zu definierenden Mehrheit, die weder aus fanatischen Nazis noch aus ausgesprochenen Nazi-Gegnern bestand, einer Mehrheit, deren Einstellungen zugleich Spuren der ideologischen Beeinflussung durch die Nazis verraten und die klaren Grenzen propagandistischer Manipulation aufzeigen. Das gezeichnete Bild ist nicht einfach, unkompliziert und klar umrissen.«

24 Dies geht zum Teil aus den Memoiren deutscher Generäle und hoher Beamter des Dritten Reichs hervor. Eine sorgfältige Untersuchung der schrittweisen, aber raschen Anpassung der deutschen Presse an das Dritte Reich 1933 steht bis jetzt noch aus. Große Schriftsteller wie Tocqueville oder Fontane haben uns, was eine solche »Anpassung« betrifft, unvergleichliche Schilderungen der Pariser bzw. Berliner Ereignisse des Jahres 1848 hinterlassen, aber Vergleichbares über 1933 existiert kaum, teilweise deshalb, weil, wie ich oben zu erklären versucht habe, die »Struktur der Ereignisse« und die Denkgewohnheiten großer Menschenmengen nicht mehr so waren wie im Jahrhundert zuvor.

25 Der hier verwendete Begriff »Mentalität« ist nicht völlig identisch mit der in jüngster Zeit unter Historikern Mode gewordenen Verwendung von *mentalités.* Dies ist eine seit langem überfällige Erkenntnis (besonders französischer Akademiker) der fatalen Mängel einer materialistischen Philosophie und Rekonstruktion der Geschichte. Zugegebenermaßen eine schwierige Aufgabe, die Einfühlsamkeit und fein abgestimmte Perspektiven erfordert, muß eine geschichtliche Studie von »Mentalitäten« mehr be-

deuten als den spezifischen Bezug auf das »mentale Klima« einer bestimmten Zeit und eines bestimmten Ortes.

26 Steinert argumentiert in ST/HKD überzeugend gegen die Behauptung, Hitlers Erfolg habe auf seinen Rundfunkreden beruht und Fernsehauftritte hätten seinem Image geschadet. Wie Goebbels bewies, konnte gedrucktes Fotomaterial leichter manipuliert und gelegentlich auch gefälscht werden als Stimme oder Text.

27 Darauf wies der exilierte deutsche Wirtschaftswissenschaftler Peter Drucker in seinem bemerkenswerten Buch *The End of Economic Man* (London 1939) hin, zu dessen Lesern angeblich auch Churchill gehörte.

28 Eine höchst bezeichnende Episode schildert Heiden in HD, S. 231 f.: Als Stresemann im April 1928 im Münchner Bürgerbräukeller eine packende Wahlrede hielt, stürmte plötzlich eine grölende Horde von Nationalsozialisten in den Saal. Sie begannen das Deutschlandlied zu singen – und der Leiter der Versammlung stand auf und sang mit. Stresemann war weiß vor Wut über die Feigheit des Mannes. In jener Nacht hatte er einen weiteren Anfall seines Nierenleidens; ein Jahr später starb er. »Die Versammlung war gesprengt, dank dem feigen Kuschen der Veranstalter … Als Stresemann sie nachher zur Rede stellte, antwortete einer: ›Herr Minister, man mußte diesen Burschen zeigen, daß wir ebenso gute Deutsche sind wie sie!‹ Statt ihnen zu zeigen, wo die Tür war. Aus Angst, von irgend einem Lümmel als nicht genügend ›national‹ erklärt zu werden, gaben sie sich, ihren Führer, ihre Sache und ihre Würde preis. Bleibt jetzt noch etwas zu erklären? So wird Hitler zur Macht kommen.«

29 HF/BH, S. 218. Noch am 17. Mai 1933 applaudierten einige sozialdemokratische Abgeordnete, die noch im Reichstag saßen, Hitlers außenpolitischer Rede über die bevorstehende Größe Deutschlands – vermutlich aufrichtig und nicht aus bloßem Opportunismus.

Im Gegensatz zu anderen Ländern, schreibt Peter Stadler in einem nachdenklichen Artikel in der HZ, 1988, S. 25, »vollzog sich der Aufstieg der NSDAP zur eindeutig stärksten Partei [in Deutschland] auf demokratische Weise. Wenn die Geschichtsforschung in meisterhaften Analysen – etwa in Brachers Standardwerk – die unmittelbare Vorgeschichte des 30. Januar 1933 herausgearbeitet und die Verantwortlichkeit des Kreises um den Reichpräsidenten ins Licht gerückt hat, so trug sie wohl wesentlich zur Erhellung wichtiger Vorgänge bei, ließ andererseits aber doch auch die leidige Tatsache etwas zurückstehen, daß die Hauptverantwortung letztlich nicht bei den Papen etc., sondern beim deutschen Durchschnittswähler zu suchen ist.«

Dem möchte ich noch folgendes hinzufügen: In welchem Ausmaß sind Menschen verantwortlich für ihre Regime? In den Jahren 1792/93 stellten die Jakobiner in Frankreich nicht die Mehrheit. Auch die Bolschewisten hatten sie 1917 in Rußland nicht, und die Faschisten 1922 nicht in Italien. Hitler dagegen hatte 1933 eine große Masse hinter sich, fast die Mehrheit – schon die Juliwahlen 1932 hätten ihn zum Reichskanzler machen müssen, wenn Hindenburg damals nicht gezögert hätte.

Wiederum Haffner, HF/BH, S. 238 f.: »Trotz all des Unrechts … bildete sich in weiten Kreisen der Bevölkerung [von März bis Juli 1933] eine Überzeugung, dies sei eine große Zeit, eine Zeit, in der die Nation sich wieder einte ... Das ist ein bis heute ungeklärter Vorgang. Wohl deshalb, weil man gar zu gern vergißt, daß im Frühjahr und Frühsommer 1933 tatsächlich so etwas wie eine nationale Sammlung stattfand; nicht unbedingt hinter der nationalsozialistischen Partei, aber hinter Hitler, hinter dem Führer, wie er jetzt schon genannt zu werden pflegte.« Vgl. auch Martin Broszat, *Nach Hitler. Der schwierige Umgang mit unserer Geschichte,* München 1986, S. 164: Die populistische Anziehungskraft des Nationalsozialismus sei wichtiger gewesen als die ideologische Indoktrination der Massen.

30 Interessant ist in diesem Zusammenhang auch, was Ferdinand Lassalle, der Begründer des deutschen Sozialismus, 1863 zu Bismarck sagte: Er verriet Bismarck »das Geheimnis ..., daß sich der Arbeiterstand instinktmäßig zur Diktatur geneigt fühle«. Reinhold Schneider schreibt in *Der Balkon,* Frankfurt 1959, S. 120: »... eine Einsicht von immenser Bedeutung, die von Schuld und Schande der zwölf Jahre keineswegs aus der Welt gespült worden ist.«

31 KER, S. 105. Solche Reaktionen gab es auch schon einige Zeit vor 1936, etwa bei Hitlers Austritt aus dem Völkerbund oder nach der Volksabstimmung im Saargebiet.

32 HF/BH, S. 246 ff.; HF/AN, S. 46; FR, S. 320.

33 Marlis Steinert, ST/HKD, S. 91, stimmt mit Helmut Krausnicks Ansicht überein, daß die Mehrheit Hitler im September 1939 mit »widerwilliger Loyalität« in den Krieg folgte.

34 JH, S. 89 f. »Er brach sofort.« Das ist vielleicht zu einfach.

35 Lothar Kettenacker, »Sozialpsychologische Aspekte der Führerherrschaft«, in: *Der Führerstaat: Mythos und Realität. Studien zur Struktur und Politik des Dritten Reiches,* Stuttgart 1981, S. 107. Henke, S. 806: »Ende November 1944 hatten noch 50 Prozent der befragten Soldaten an einen deutschen Sieg geglaubt, in der ersten Januarhälfte noch immer 44 Prozent; Anfang März 1945 besaßen diesen Glauben nur noch 11 Prozent.« (Der Glaube an einen deutschen Sieg bedeutete jedoch nicht unbedingt Treue zum Nationalsozialismus oder auch zu Hitler.)

36 FR, S. 260 f. Ein anderer hoher Beamter, Hitlers Reichspressechef Otto Dietrich, schrieb in seinem Buch *12 Jahre mit Hitler,* München 1955, S. 13: »Der größte Teil des deutschen Volkes hat einem Manne vertraut, hat ihn wie ein begnadetes Wesen verehrt und wie einen Vater geliebt. Dieser Mann hat es in die größte Katastrophe seiner Geschichte geführt.«

37 In *Der Führerstaat; Mythos und Realität,* Stuttgart 1981, S. 75. (In diesem Buch gebrauchte der englische Historiker Tim Mason erstmals das Adjektiv »funktionalistisch«.)

38 SCHRB, Vorwort zur Ausgabe von 1988.

39 HS, S. 66, 323. Christian Meier zitiert ein führendes Mitglied der CDU mit den Worten, die Deutschen sollten endlich »aus dem Schatten Hitlers heraustreten«.

40 Der entsprechende Abschnitt bei Bullock, BU 254 f., ist eine gerechte und gültige Zusammenfassung: »... die größte Schuld trifft die deutsche Rechte, die nicht allein versagte, als es galt, sich mit den anderen Parteien zur Verteidigung der Republik zusammenzuschließen, sondern Hitler auch noch zum Partner in einer Koalitionsregie-

rung machte. Die alte herrschende Kaste des kaiserlichen Deutschland hatte sich niemals mit dem verlorenen Krieg und dem Sturz der Monarchie abgefunden. Dabei ist sie von dem nachfolgenden republikanischen Regime bemerkenswert gut behandelt worden. Viele ihrer Angehörigen behielten ihre macht- und einflußreichen Stellungen … Dies alles brachte dem republikanischen Regime weder Dankbarkeit noch Anhänglichkeit ein. Was auch immer über den Einzelnen gesagt werden mag, als Klasse war man unversöhnlich; man verachtete und haßte das Regime, scheute sich aber nicht, es fortgesetzt auszubeuten. Das Wort ›national‹, auf das die größte Rechtspartei so stolz war, wurde zum Begriff der Untreue gegen die Republik.« In BU, S. 120, heißt es außerdem zutreffend über die Behandlung, die Hitler in seinem Prozeß 1924 zuteil wurde: »So sah die Bestrafung von Hochverrat in einem Staate aus, in dem Treulosigkeit gegen das Regime die beste Empfehlung für Begnadigung war.«

41 Dem sind allerdings die ab 1930 und sogar schon früher in Goebbels' Tagebüchern auftauchenden verblüffenden Hinweise hinzuzufügen, daß Hitler absolut überzeugt war, er werde früher oder später an die Macht kommen.

42 HS, S. 357. Wie Fest bemerkt, bezweifelten »Konservative« wie Papen und Schwerin von Krosigk im Sommer 1932, daß sich eine Regierung ohne Beteiligung Hitlers lange würde halten können.

43 Ein Beispiel: Der alte Monarchist Generalfeldmarschall Mackensen war von Hitlers Auftritt in Potsdam im März 1933 stark beeindruckt; er übte zwar milde Kritik an Hitlers Schnurrbart und Frisur, meinte aber, Hitler habe als Staatsmann, Soldat und Mann sein Herz gewonnen. Obwohl Männer wie Mackensen keinen politischen Einfluß und keine politische Anhängerschaft besaßen, wurden sie von Hitler hofiert. Er übertrug Mackensen ein großes Gut, und im Dezember 1939 besuchte er den alten Zuchtmeister zu dessen 90. Geburtstag. Im Jahr 1941 erlaubte er ihm, mit einem Sonderzug zur Beisetzung des Kaisers nach Holland zu fahren.

44 HR, S. 471.

45 Hier einige willkürlich herausgegriffene Beispiele. »Was die alten Parlamente und Parteien in 60 Jahren nicht fertigbrachten«, sagte der Münchner Kardinal Faulhaber 1933 bei der Unterzeichnung des Konkordats zu Hitler, »hat Ihr staatsmännischer Weitblick in sechs Monaten weltgeschichtlich verwirklicht … eine Großtat von unermeßlichem Segen.« 1936 besuchte Faulhaber Hitler auf dem Berghof. Er war höchst beeindruckt und stimmte mit Hitler völlig überein, was den notwendigen Kampf gegen den Bolschewismus betraf. »Der Führer beherrscht souverän die diplomatischen und gesellschaftlichen Formen, mehr wie ein geborener Souverän sie beherrscht.« HR, S. 282. Und ebenda, S. 316: »Offensichtlich hat den Kardinal auch der österreichische Charme des Führers beeindruckt.« Faulhabers scharfer Hirtenbrief gegen den Kommunismus vom 27. Dezember 1936 wurde auf Wunsch Hitlers verfaßt. Ebenfalls 1936 verkündete sogar der Berliner Kardinal und prinzipienfeste Nazigegner Preysing, daß »der Nationalsozialismus in Berlin zweifellos die der Religion und Sittlichkeit sehr gefährlichen Agitationsarten des Sozialismus und Kommunismus und viele Erscheinungen des Schmutzes und Schundes beseitigt habe«. In: Joachim Kuropka, Hg., *Clemens*

*August Graf von Galen. Neue Forschungen zum Leben und Wirken des Bischofs von Münster,* Münster 1992, S. 211. Der schwache Breslauer Kardinal Bertram, damals Vorsitzender der katholischen Bischofskonferenz, schickte zu Hitlers Geburtstagen peinliche Glückwunschtelegramme. (Und er äußerte 1939: »Ich habe den Kindern gesagt: ›Heil Hitler‹, das geht auf das irdische Reich; Gelobt sei Jesus Christus – das ist das Band zwischen Erde und Himmel.« Eine geschicktere Formel ist kaum denkbar. LEW, S. 465.)
Öffentliches Ansehen war für viele Kirchenfürsten untrennbar mit nationalistischen Äußerungen verbunden. So schrieb Bischof Berning im März 1942 in einem Brief an Göring: »Ich bitte Sie dringend ... Ihren großen Einfluß dahin geltend zu machen, daß ... das ganze Volk in Einheit zusammensteht, um den endgültigen Sieg über die Feinde davonzutragen.« Kuropka-Galen, S. 357. Wie oben erwähnt, pries der spätere Kardinal Galen den deutschen Einmarsch in Rußland in derselben Predigt, in der er das nationalsozialistische Euthanasieprogramm angriff (Hitler stellte das Programm auf diese Kritik hin weitgehend ein). Und in seiner ersten Predigt im April 1945, nach der Befreiung Münsters durch britische Truppen, bezeichnete er den »Anblick der durchziehenden Truppen unserer Kriegsgegner« als »ein erschütterndes Erlebnis«. Kuropka-Galen, S. 247 f. Ein besonders widerliches, freilich seltenes Beispiel: Auf der jährlichen Bischofskonferenz 1942 kam zur Sprache, daß sich manche Gemeindemitglieder weigerten, zusammen mit jüdischen Katholiken, die den Judenstern trugen, zur Kommunion zu gehen, und daß manche Priester zögerten, mit diesen Katholiken die Eucharistie zu feiern. Es wurde der Vorschlag gemacht, spezielle Gottesdienste für jüdische Katholiken anzubieten. Dazu kam es allerdings nur in Ausnahmefällen – unter anderem auch deshalb, weil 1942 nur noch eine Handvoll Katholiken jüdischer Abstammung übrig waren.

46 Der tapfere Georg Elser dagegen, der Hitler im November 1939 zu töten versuchte, war ein Handwerker.

47 JHH, S. 49 f.

48 Nicht nur in Goebbels' Tagebüchern finden sich wichtige Einträge darüber, wie die Arbeiter bis kurz vor Kriegsende auf Hitler reagierten. Auch in einem von Henke, S. 572, zitierten Bericht des Reichspropagandaministeriums heißt es: »Der Arbeiter sei der zuverlässigste Gefolgsmann des Führers und nehme willig jedes Opfer auf sich.« Marlis Steinert gibt in ST/HKD, S. 526, viele Beispiele für eine »noch radikalere Kriegsentschlossenheit von Rüstungsarbeitern« noch im Frühjahr 1945. Speer war von diesem Phänomen sehr beeindruckt, und es schreckte ihn ab, als er erstmals über die Notwendigkeit nachdachte, Hitler zu beseitigen. Kershaw bemerkt in KER, S. 181, richtig: »Hitlers Popularität bei der deutschen Bevölkerung blieb, obwohl sie nach dem Höhepunkt im Jahr 1940 stark zurückging, angesichts der Umstände auch in den letzten Kriegsjahren bemerkenswert.«

49 Laut Haffner, HF/BH, S. 267 f., blieb »der Antisemitismus ein Hauptmerkmal bei der Scheidung zwischen den loyalen Führergläubigen, zu denen die Mehrheit des deutschen Volkes in den dreißiger Jahren wurde, und der immer noch nicht unbeträchtlichen Minderheit der ›Antis‹, Leuten, die, wenn sie zusammenkamen, auf Hitler und

noch mehr auf seine Partei schimpften, das ganze Dritte Reich zum Teufel wünschten und glaubten, ihren alten Überzeugungen treu zu sein, obwohl sie sie nicht mehr öffentlich zu äußern wagten und natürlich nicht mehr politisch vertreten und durchsetzen konnten. Es gab immer eine ziemlich große Zahl von ›Antis‹, die sich später, nach Hitlers Höllensturz, gern als ›innere Emigration‹ oder sogar als ›Widerstand‹ bezeichneten. Mit diesen Worten muß man, glaube ich, sehr vorsichtig sein.« (Ich würde eher sagen, man sollte sie mit einer Mischung aus Respekt und Vorsicht verwenden.)

50 Außerdem sagte Dönitz im Nürnberger Prozeß, IMT, XIII, S. 334, zitiert von Maser, M/A, S. 194: »Ich habe in Hitler die gewaltige Persönlichkeit gesehen, mit einer außerordentlichen Intelligenz und Tatkraft, mit einer geradezu universalen Bildung und einem kraftausströmenden Wesen und mit einer ungeheuer suggestiven Kraft.«

51 Dies ist vielleicht der einzige Punkt, in dem ich mit dem ansonsten untadeligen Schramm nicht übereinstimme. Sch, S. 180: »Daß Admiral Dönitz, der unerwartet an die Macht gelangt war, sofort die Kapitulation initiierte, bleibt ein Verdienst, für das er nicht weniger Anerkennung verdient als General Weygand in Frankreich fünf Jahre zuvor.« Diese Beurteilung von Weygands Verhalten ist fragwürdig.

52 HS, S. 211.

## VIII Offene und heimliche Bewunderer und Apologeten

1 Auch Religion ist nicht rein, weil sie unweigerlich ein menschliches Element enthält; doch wäre sie nicht eine solche Legierung, wäre der Glaube wie Gold nicht zu gebrauchen.

2 In M/A, S. 283. Ziegler ist mit seinen Büchern *Hitler aus dem Erleben dargestellt*, Göttingen 1964, und *Wer war Hitler?*, Tübingen 1970, ein extremer Apologet und Bewunderer Hitlers.

3 Diese Tendenz ist auch in ernsthaften Werken festzustellen, wie die folgenden zwei Beispiele zeigen. Oswald Hauser, *England und das Dritte Reich. Eine dokumentierte Geschichte der englisch-deutschen Beziehungen von 1933 bis 1939 auf Grund unveröffentlichter Akten aus dem britischen Staatsarchiv*, 2 Bde., Göttingen, Zürich 1982. Ein langer Kommentar dazu findet sich bei Schreiber, SCHRB, S. 56: Hauser neige dazu, »Hitler zu entlasten, teilweise sogar zu verharmlosen, die britische Seite jedoch zu belasten«. In weit geringerem Ausmaß gilt dies für Dietrich Aigner, *Das Ringen um England*, München, Esslingen 1969.

4 Siehe dazu beispielsweise Günter Gillessen in der renommierten FAZ vom 2. August 1995; in anderen Artikeln hat derselbe Autor vor allem die Briten für die Schrecken des Luftkrieges verantwortlich gemacht.

5 Ein Beispiel hierfür liefert der Militärhistoriker Karl Klee in der Einleitung zu seiner Studie über Hitlers Pläne einer Invasion Englands, *Dokumente zum Unternehmen »Seelöwe«*, 2 Bde., Göttingen 1959, Bd. 1, S. 25: »Es ist die Tragik der weiteren Geschehnisse, daß die britische Politik, die nur die Bekämpfung des augenblicklichen

Gegners zum Ziel hatte, bereit war, hierzu jeden Partner – also auch die UdSSR – zu akzeptieren. Sie konnte nicht voraussehen, daß als Ergebnisse dieses Handelns anstelle des starken Deutschlands ein übermächtiges Rußland treten sollte.« Dazu mein Kommentar in DL, S. 214 f.: »Dieses Argument, in dem ein gewisser Vorwurf anklingt, wird auch heute noch von einigen geteilt, und zwar nicht nur in Deutschland. Ich muß ihm daher deutlich widersprechen. Zum einen war klar, daß die Briten ohne diesen ›Partner‹ den Krieg nicht gewinnen konnten. Zum anderen hat Hitler selbst diesen ›Partner‹ in eine Allianz mit Großbritannien hineingedrängt. Auch stand Churchill vor einer ganz eindeutigen Wahl: entweder ganz Europa unter deutscher Herrschaft oder – schlimmstenfalls – Osteuropa unter russischer Herrschaft, und ein halbes Europa war immerhin besser als gar keins.« Bis in die sechziger Jahre hinein schrieben einige spanische Zeitungen an Hitlers Todestag, er sei »an der Spitze seiner Armee im Kampf gegen den Bolschewismus gefallen«.

6 Etwa sein Pilot Hans Baur, sein Chauffeur Erich Kempka und seine Sekretärin Christa Schroeder.

7 So Friedrich Grimm, Lothar Rendulic, Hans Rudel, Anneliese Ribbentrop, Otto Skorzeny, W. von Asenbach oder Erich Kern.
Ich nehme die häufig wertvollen Memoiren und Erinnerungen der Sekretäre und Adjutanten Hitlers aus, die *nicht* – auch nicht implizit – die Absicht verfolgen, das historische Bild zu revidieren, darunter Bücher von Hanfstaengl, Engel, Below, Puttkamer und Wiedemann. Es sei hier noch einmal betont, daß vorliegendes Buch keine Biographie Hitlers ist.

8 Christa Schroeder, *Er war mein Chef,* München 1987.

9 Hierzu zähle ich nicht den bereits erwähnten Hans Frank. Ziel seines vor der Hinrichtung geschriebenen Werkes war weniger, Hitler zu rehabilitieren, als einer damals gängigen Fehlinterpretation Hitlers entgegenzutreten.

10 Hermann Giesler, *Ein anderer Hitler,* Leoni am Starnberger See 1978 (im folgenden: CR). Der Untertitel lautete: *Erlebnisse – Gespräche – Reflexionen.* In diesem Fall gilt nicht, was ich oben über den kleinen Leserkreis solcher Bücher gesagt habe: Gieslers Buch wurde fünf- oder sechsmal neu aufgelegt. Zuvor hatte er vergeblich versucht, das Buch bei einem angeseheneren deutschen Verleger unterzubringen.

11 Hitler in GR, S. 457: »Doch erzählen Sie mir jetzt von Linz.«

12 Doch wird Brekers Bewunderung für Hitler deutlich, zum Beispiel auf S. 180: »Wenn Hitler nicht den Krieg heraufbeschworen hätte, wäre er als einer der größten Baumeister in die Geschichte eingegangen: Das Ausmaß der geplanten Bauten in Berlin, München etc. genügt als Beweis dafür.« Interessant ist auch Brekers nachdrückliche Behauptung (S. 129), Bormann habe mehr über Hitler gewußt als sonst jemand, daher sei bedauerlich, daß Bormanns Unterlagen vernichtet worden seien: »Sie, und nur sie, hätten eine vollständige [?] Dokumentation des Phänomens Adolf Hitler geliefert.«

13 Einige Auszüge aus diesem Brief (GR, S. 523): »Dein Buch hat für mich vieles ans Tageslicht gebracht, was ich gar nicht wußte; vor allen Dingen den Umfang des unfaßbaren Verrats. Daß man bis heute nicht weiß, wer dahintersteht, gibt immer neue

Rätsel auf ... Gerade auf architektonischem Gebiet muß man weit in die Geschichte zurückgehen, um auf ähnliche Situationen zu stoßen. Unsere Epoche beweist aufs neue, daß die gewaltigen Dokumente der Architektur ... von einer einsamen Persönlichkeit abstammten, die das Schicksal für besondere Zeitabschnitte prägte. Ich bin überzeugt, daß die Presse von heute Deinem Phänomen ratlos gegenübersteht. Dank Deiner umfassenden Dokumentation steht die Geschichte nunmehr vor einer neuen Aufgabe ... Hitlers primitive, verblendete Gegner ahnten nicht, daß hier ein Mensch stand, der ein neues – auch architektonisches – Zeitalter gestalten wollte. Wie verblendet die Welt heute noch ist, beweist Dein Mühen um die Veröffentlichung Deines Manuskripts ... Entweder Dein Buch löst eine Lawine von Kommentaren aus, oder es wird totgeschwiegen.«

14 Etwa Nolte, Zitelmann und der Engländer Charmley, dessen wohlwollende Verweise auf Irving sich in einigen seiner dichtgestreuten Fußnoten verbergen; auch John Keegan: »eines der fünfzig wichtigsten Bücher über den Zweiten Weltkrieg«.

15 Einige Kostproben aus I/H, S. 6, zur Invasion in Polen: »Das waren Felder, seit langem getränkt mit deutschem Blut; uraltes deutsches Land, so hieß es, war wieder deutsch geworden ... Polnische Schwadronen und Bataillone griffen die deutschen Panzer an, die Kavallerie mit eingelegter Lanze, die Infanterie mit aufgepflanztem Bajonett. Die deutschen Panzer, nahmen sie an, seien nur Blechattrappen.« Diese Legende ist längst von Militärhistorikern widerlegt worden. Zur Siegesparade in Warschau im Oktober 1939 auf S. 28: »Aber als Hitler das Frühstück sah, das das Heer auf dem Flugplatz angerichtet hatte, lehnte sich entweder sein Magen auf oder sein Instinkt verbot es ihm, sich an die riesige Hufeisentafel mit dem makellos weißen Leinen und den üppigen Speisen zu setzen, während Hunderttausende von Warschauer Bürgern Hunger litten.« Dazu keine Quellenangabe. S. 61: »Es gab eindeutige Hinweise für eine militärische Aufrüstung der Russen, die sich gegen die Deutschen richten konnte.« Und das im Oktober 1939! Dafür findet sich nicht der geringste Hinweis. S. 113: »Noch mitten im Kriege pflegte Hitler Lagebesprechungen mit halb verhungerten Generalen eine halbe Stunde zu unterbrechen, damit wenigstens die Stenografen etwas zu essen bekamen.« S. 156: »Auf dem Berghof, im engsten Freundeskreis, gab Hitler sich [Anfang August 1940] gern Träumereien hin ... Er werde Autobahnen bis weit in den Osten bauen, neue Städte gründen! Bei den Siegesfeiern in Berlin solle das Volk auf dem Wilhelmsplatz tanzen, und dann würde der Wiederaufbau Berlins beginnen. Die besiegten und internierten Staatsoberhäupter würde er gnädig und großzügig behandeln – Churchill sollte die Erlaubnis erhalten, ›zu malen und seine Memoiren zu schreiben‹.« Für diese Äußerung wird keine Quelle genannt. S. 377 heißt es, Hitler habe sich zur Bombardierung Londons erst entschlossen, »als es zu spät war«. Auf S. 348, nach dem Scheitern des Vormarsches auf Moskau: »Wie muß Hitler den Generalstab verflucht haben, weil er ihm diesen Feldzug aufgedrängt hatte.« Zum Feldzug von 1942 auf S. 394: »Wir werden sehen, wie Hitler durch die Halsstarrigkeit der Generale seiner Armee wie Bock und Hoth und durch die ständige Unzulänglichkeit des Nachschubes im Herbst um den entscheidenden Sieg gebracht wurde.« S. 391: »Es scheint kein Zufall, daß die Juden hinter der sich überall ausbreitenden Partisanenbe-

wegung steckten.« S. 400: »Aber auch dieser [Hitlers] kühne Plan scheiterte an der Halsstarrigkeit seiner Generale, obwohl diesmal seine Unfähigkeit, gegenüber seinen Oberbefehlshabern und insbesondere den adligen Offizieren ein Machtwort zu sprechen, daran schuld war.« Auf S. 428 f. heißt es über Hitlers Ansprache vom 30. September 1942: »Er bedauerte, daß er so wenig in der Öffentlichkeit erscheinen konnte; wer wie ein gewisser Premierminister wochenlang in der Welt herumreisen könne, mit weißseidenem Hemd, einem breiten Sombrero auf dem Kopf und anderswo wieder in einer anderen Kluft, der könne sich natürlich auch viel öfter mit Reden befassen.« Hitler hat das nie gesagt. Über die sowjetische Gegenoffensive bei Stalingrad steht auf S. 449: »Es geschah alles genau dort, wo Hitler es vorhergesagt hatte.« Zu Woronesch S. 475: »... genau wie Hitler es auch hier vorhergesagt hatte ... nicht zum erstenmal hatte er als einziger in einer Krise den Kopf behalten.« Und zum Ende in Stalingrad S. 453: »Kein Wunder, daß man die Schuld an der Katastrophe Hitler zuschob ... Nach 1945 schrieben die Feldmarschälle ihre Memoiren, nachträglich zusammengebraute Tagebücher tauchten auf, belastende Sätze wurden aus dem Kriegstagebuch des OKW gelöscht, andere scheinbar zeitgenössische Bewertungen der Führungsqualität Hitlers wurden eingeschoben.« S. 704 f. heißt es über die Verschwörer des 20. Juli: »Ein Besäufnis mit Sekt bis spät in die Nacht war ihre Reaktion auf die Nachricht von Hitlers ›Tod‹.« Und auf S. 747 f. steht, der ungarische Führer der Pfeilkreuzler Szálasi hätte »sich bereit erklärt, gemeinsam mit den Deutschen seine Hauptstadt im ›Kampf Haus um Haus‹ zu verteidigen; Hitler sollte als Gegenleistung garantieren, daß er sich nie mit den Russen auf Kosten Ungarns einigen werde«. Das Gegenteil entspricht der Wahrheit: Szálasi hatte versucht, Hitler einen Handel mit Stalin vorzuschlagen. In I/H finden sich zahlreiche Verweise auf »ungarische Archive in Budapest« ohne Angabe von Datum, Ort oder Seitenzahl. Dies nur einige, willkürlich herausgegriffene Kostproben für Irvings »Methoden«.

16 Selbst Hitlers ehemalige Sekretärin Christa Schroeder, die von Irving häufig zitiert wird und ihm Auskunft erteilt und Unterlagen gegeben hat, schreibt in *Er war mein Chef*, S. 262 ff.: »Selbst der als ›seriös‹ und ›integer‹ annoncierte David Irving ist nicht gefeit gegen ... Ungenauigkeiten ... Also muß ich sagen, auch David Irving hat mich enttäuscht.«

17 Siehe dazu auch Kapitel I. Es folgen Beispiele aus TO, S. 262: Im Jahr 1932 »inmitten der verworrenen Zustände, die die Nation erfaßt hatten, schien er [Hitler] dazustehen wie ein Fels, angetreten nach der ausschließlichen Devise: Was ist das Beste für Deutschland?« Zu den Ereignissen von 1938 zitiert Toland Schwerin von Krosigk, S. 470: »Das bedeutet, daß wir durch Warten nur gewinnen können; und deshalb sind Kommunisten, Juden und Tschechen so verzweifelt darum bemüht, uns jetzt in einen neuen Krieg zu stürzen.« Toland stützt sich hier auf eine mündliche Auskunft Schwerin von Krosigks an ihn. Über das Treffen mit der Wehrmachtsführung am 23. Mai 1939, S. 973: »Das war nun nicht das irrwitzige Gestammel eines vom Eroberungswillen Besessenen, sondern das Eingeständnis, daß Deutschland ohne Krieg zu führen keine Großmacht bleiben konnte.« Zum August 1939 heißt es S. 568: »Die Polen erwogen keine Sekunde lang, auf die deutschen Vorschläge einzugehen.« Ebenso auf

S. 524: »Hitlers Vorwurf, die politischen Möglichkeiten einer friedlichen Einigung mit Polen seien erschöpft gewesen, war nicht ganz unbegründet.« S. 619: Im Sommer 1940 habe sich Hitler Frankreich gegenüber »großmütig« gezeigt. S. 621: Hitler habe seine Rede vom 19. Juli »mit einem höhnischen Angriff auf Churchill« begonnen und dann mit einem Friedensangebot an Großbritannien fortgesetzt. Doch Hitler sagte in dieser Rede genau das Gegenteil. Im ganzen Buch finden sich zahlreiche vergleichbare falsche Zuschreibungen, beispielsweise ein Zitat von Papst Pius XII. auf S. 674 f.: Der Papst habe klargestellt, daß er den Kampf der Nazis gegen den Bolschewismus unterstütze, und ihn eine »vornehme und heldenhafte Verteidigung der Grundlagen der christlichen Kultur« genannt. Das hat der Papst nie gesagt.

18 Richard J. Evans, »The New Nationalism and the Old History Perspective on the West German Historikerstreit«, JMH, Dezember 1987, S. 785.

19 Eine seltsame Anmerkung aus demselben Artikel von Evans vom Dezember 1987: Die deutsche Wiedervereinigung sei »schlichtweg keine realistische Möglichkeit, und wer von ihr spricht oder historische Argumente zu ihren Gunsten vorbringt, gibt sich politischen Phantastereien hin.« Weniger als zwei Jahre später sollte die Wiedervereinigung bereits Realität werden, und erste Anzeichen dafür gab es bereits 1987.

20 Er entwickelte und wiederholte seine These in späteren Büchern: *Der europäische Bürgerkrieg* (1987), *Geschichtsdenken im 20. Jahrhundert* (1991), *Streitpunkte. Heutige und künftige Kontroversen um den Nationalsozialismus* (1993). In letzterem ist die Rede von der »Größe« und »Tragik« des Nationalsozialismus; er sei eine außerordentliche Antwort gewesen, und man müsse seine Größe anerkennen. In früheren Werken hielt Nolte es auch für angebracht, sich wohlwollend über David Hoggan (einen Vorläufer Irvings) und David Irving selbst zu äußern, deren Beiträge er für nützlich hielt (siehe dazu HS, S. 19 und 23 f.). Später sprach er in ähnlicher Weise von Fred Leuchter, der »bewiesen« habe, daß es in Auschwitz keine Vergasungen gegeben haben könne.

21 Vom Königreich Piemont ging die Vereinigung Italiens aus; es spielte damit eine den dreizehn Kolonien in der Geschichte der Vereinigten Staaten vergleichbare Rolle. Oben wurde bereits auf Noltes falsche Datierung und Interpretation eines Briefes von Chaim Weizmann an Neville Chamberlain im Jahr 1939 hingewiesen. Nolte hatte dies von Irving übernommen, der es seinerseits einem Tischgespräch Hitlers entnahm. Ein weiteres Beispiel: Nolte verweist häufig auf den Rattenkäfig, eine Foltermethode der Bolschewiki, bei der der Kopf des Opfers in einen Käfig mit einer hungrigen Ratte gesteckt wird. Hitler hatte angeblich in einem seiner Tischgespräche davon gesprochen. Diese »Rattenfängermethode« war von dem ausgezeichneten, antibolschewistischen Historiker der russischen Revolution Sergej Melgunow schon erwähnt und danach von George Orwell in *1984* beschrieben worden; von diesen Werken scheint Nolte nichts zu wissen. »[Hitlers] Entsetzen vor dem ›Rattenkäfig‹ war also nur eine hervorstechende Ausdrucksform einer allgemeinen und genuinen Erfahrung der ersten Nachkriegszeit. Ich glaube, daß hier die tiefste Wurzel des extremsten von Hitlers Handlungsimpulsen zu suchen ist.« Nolte in HS, S. 226. Die Ratte als Wurzel?

22 HS, S. 292.

23 HS, S. 341; in HS/W, S. 48, zitiert Wehler aus Hillgrubers Vorwort zu *Zweierlei Untergang*, wo letzterer den Feinden Deutschlands nicht nur die deutsche Katastrophe zum Vorwurf macht, sondern »die im Kriege zerbrochene europäische Mitte«.

24 Hillgruber in einem Interview im *Rheinischen Merkur* vom 31. Oktober 1986 (abgedruckt in HS, S. 232–242): Der Massenmord an den Juden sei »qualitativ nicht anders zu bewerten« als Stalins Massendeportationen ukrainischer Bauern und ihre Ermordung. In der FAZ vom 18. Juni 1979 legte Hillgruber eine kritische und ausgewogene Rezension von Irvings Büchern vor; Irvings Quellensammlung dagegen kommt laut Hillgruber einem unzweifelhaften und keinesfalls kleinen Verdienst Irvings gleich. Es ist vielleicht bezeichnend, daß sich in Hillgrubers heftigen Angriffen auf Habermas, Wehler, Jäckel und andere während des »Historikerstreits« keine ähnlichen Bewertungen finden.

25 Zitelmann hatte sein Manuskript Anfang 1985 abgeschlossen. Der »Historikerstreit« fand 1986 statt. Die erste Auflage von ZIT/A erschien im April 1987. Das oben erwähnte Vorwort wurde für die zweite Auflage vom Oktober 1988 geschrieben.

26 Beispiele dafür in ZIT/B, S. 108: Nach dem Einmarsch in Prag im März 1939 wurden »nun in England jene Kräfte gestärkt, die einen harten Kurs gegenüber Deutschland befürworteten«. S. 109: Hitlers Vorschläge an Polen im August 1939 »schienen großzügiger und gemäßigter als die gesamte Polenpolitik der Weimarer Diplomatie«. S. 113: »Den Krieg in dieser Konstellation hatte Hitler nicht gewollt … denn mit der Sowjetunion, die zu erobern sein erklärtes Ziel war, hatte er ein Bündnis abschließen müssen [?] …« Auf S. 144 zur Lage im Sommer 1940: »Angesichts der in Deutschland nun herrschenden Kriegspsychose war es für Hitler gar nicht leicht, dieses Friedensangebot [England] zu unterbreiten.« S. 146: »Nachdem England sich nicht bündniswillig gezeigt hatte …« Und S. 145: »Hitlers These, England betreibe den Ausverkauf des Empires und lasse sich von den USA beerben, traf in konservativen [englischen] Kreisen auf offene Ohren.« Das ist falsch.

27 Sie fand ihren Niederschlag in der Sprache: Hillgruber spricht von »einem einzigartigen wissenschaftlichen Skandal« (HS, S. 233) und von einer »Rufmordkampagne« (HS/W, S. 92), Stürmer von einer »Proskriptionsliste« und einem »Schauprozeß« (HS/W, S. 92). Fest in ähnlicher Weise in HS/W, S. 127: »Diese Rituale werden von einem Konformismus dekretiert, der jede Position, die sich die Freiheit des Fragens bewahrt, unter moralischen Verdacht stellt.« Die Schärfe der Gegenseite stand dem in nichts nach. Ein extremes Beispiel bietet der eifrige Publizist Elie Wiesel, der Nolte, Hillgruber, Hildebrand und Stürmer »die Viererbande« nannte.

28 In Deutschland herrsche ein »Meinungsmonopol« (Zitelmann in der Zeitschrift *Die Woche* vom 15. Juni 1995).

29 Abgedruckt in der FAZ, 7. Oktober 1995. (Siehe dazu auch meine Einleitung.) Von »Tabus« sprach zuerst Zitelmann in der *Welt* vom 18. Dezember 1993.

## IX Das historische Problem

1 Alle folgenden Zitate von Geyl stammen aus dem Vorwort zu *Napoleon: For and Against,* New Haven und London 1949, S. 7–11.

2 Geyls ursprünglicher Aufsatz über Napoleon hätte im Juni 1940 in einer niederländischen Monatszeitschrift abgedruckt werden sollen. »Nach der Kapitulation im Mai erhielt ich das Manuskript kommentarlos zurück, noch immer mit einer Notiz für den Drucker versehen, sich zu beeilen. Ich verstand auch ohne Erklärung, denn obwohl ich kein Wort über Hitler und den Nationalsozialismus geschrieben hatte, waren die Parallelen zu unserer eigenen Zeit dem Herausgeber angesichts der neuen Umstände etwas zu auffällig erschienen.« Während der oben erwähnten Vorlesungen in Rotterdam »zeigte gelegentliches Gelächter, daß die Zuhörer für die Parallelen ebenfalls empfänglich waren«.

3 So sei zum Beispiel daran erinnert, daß Napoleon in Moskau einmarschierte und Hitler nicht und daß Napoleon nur zehn Wochen nach Überschreiten der Grenze dort eintraf, während Hitlers motorisierte Armeen fünf Monate benötigten, um die Außenbezirke Moskaus zu erreichen. Dagegen überstanden Hitlers Armeen den ersten Winter in Rußland und stießen danach weiter in die Tiefe des Landes vor, während Napoleon die Katastrophe ereilte und er sich schon nach knapp drei Monaten zurückziehen mußte.

4 Ein merkwürdiger Zufall, der anderen Historikern nicht aufgefallen ist: Es war in Hitlers Geburtsort Braunau, wo Napoleons neue Braut Erzherzogin Marie Louise 1810 feierlich von der österreichischen Delegation an die französische Delegation übergeben wurde. Auf seinen Feldzügen gegen Österreich in den Jahren 1805 und 1809 verbrachte Napoleon jeweils eine Nacht in dieser Grenzstadt – in demselben Haus Schüdl (einem wohlproportionierten Gebäude auf der Südseite des großen Marktplatzes) und vermutlich denselben Räumen im ersten Stock, in denen siebzig Jahre später Hitlers Vater geboren werden sollte.

5 Ein Buch über die von Hitler über andere Nationen und Nationalitäten geäußerten Ansichten steht noch aus. Diese Ansichten waren nur selten konstant und einheitlich, sondern variabel und veränderlich. Eine seriöse Untersuchung seiner Haltung gegenüber Großbritannien und den Briten wäre interessant, denn diese war komplizierter, als das überstrapazierte Klischee von der »Haßliebe« vermuten läßt. Eindrucksvoll sind allerdings die Beweise für Hitlers Feindschaft gegenüber all denen, die es wagten, ihm Widerstand zu leisten oder ihm zu trotzen. So verschwanden seine bisweilen respektvollen oder gar bewundernden Äußerungen über die Briten, als der Krieg sich hinzog und dem Ende zuging, und machten haßerfüllten, verächtlichen Äußerungen Platz. Nicht unähnlich war sein Verhältnis zu Polen und den Polen, über die er sich vor 1939 kaum negativ äußerte, deren Trotz – der 1939 zum Ausbruch des Krieges führte – er jedoch mit einer Grausamkeit bestrafte, die mit Ausnahme seiner Behandlung der Juden bis dahin noch nicht ihresgleichen gesehen hatte. Ähnliches gilt nicht für Napoleon, ja nicht einmal für Stalin, der gelegentlich einen gewissen Respekt vor der Tapferkeit seiner Gegner bekundete.

6 Fest argumentiert überzeugend, Hitlers gesamtes geistiges und emotionales System sei von einem fundamentalen »Angsterlebnis« beherrscht worden. Dies ist unter anderem einer der Unterschiede zwischen Hitler und dem jungen Mussolini, der eher dem jungen Bonaparte als Hitler glich.

7 1940 soll Hitler einmal gesagt haben, er werde seinen Friedensvertrag nach dem Sieg im westfälischen Münster diktieren, um damit dem 1648 dort errichteten europäischen Staatensystem ein Ende zu setzen.

8 Zitiert von Matthieu Molé im Jahr 1842, als er Tocqueville in die Académie française aufnahm; ebenfalls in: François Furet, *Revolutionary France 1770–1880,* Oxford 1988, S. 260–270.

9 Stendhal, *Vie de Napoléon,* 1837: »Der größte Mann, den die Welt seit Caesar gesehen hat.« »Je mehr von der Wahrheit bekannt wird, desto größer wird Napoleon sein« (eine Ansicht, die von Bewunderern Hitlers oft wiederholt wurde).

10 Diese Historiker haben mit Napoleons bedachtsameren – oder nur teilweisen – Verteidigern gemeinsam, daß sie tendenziell annehmen, Großbritannien habe unnachgiebig Pläne gegen ihr Land geschmiedet. (So unter den Franzosen Jacques Bainville, unter den Deutschen Andreas Hillgruber.)

11 Chateaubriand in *Memoires d'outre-tombe,* zitiert in Geyl: »Denn es läßt sich nicht bestreiten, daß dieser Unterdrücker bei einer Nation populär geblieben ist, die es einst als Ehrensache betrachtete, der Unabhängigkeit und Gleichheit Altäre zu errichten ... Die von seinen Waffen gewirkten Wunder haben unsere Jugend verhext und sie gelehrt, die brutale Gewalt zu verehren ...« Dem ist Alphonse Aulards Erkenntnis hinzuzufügen, daß sich die Pariser Arbeiter loyal zu Napoleon verhielten – ähnlich wie das für die meisten deutschen Industriearbeiter gegenüber Hitler galt.

12 Ein Vergleich zwischen Napoleons und Hitlers Umgang mit dem Papst ergibt, daß letzterer mit größerer Umsicht handelte (was jedoch viel damit zu tun hatte, daß die Päpste Mitte des 20. Jahrhunderts über mehr Ansehen und größeren Einfluß verfügten als zu Beginn des 19. Jahrhunderts). Napoleon lernte zu spät, daß *Qui mange du Pape en meurt;* Hitler wußte das nur zu gut. Ein interessantes Detail: Als Napoleons Gefolge den Kaiser in Rom fragte, wie der Papst zu behandeln sei, sagte Napoleon: »Behandeln Sie ihn, als ob er über 200 000 Mann verfügte« (Albert Vandal, zitiert in Geyl, S. 230). Hier liegt der Ursprung der ironischen Bemerkung: »Wie viele Divisionen hat der Papst?«, die 1935 fälschlich Stalin zugeschrieben wurde.

13 Ebenfalls Lefebvre, zitiert in Geyl, S. 424: Napoleon »hat etwas von einem entwurzelten Menschen, auch von einem Mann, der seiner Klasse entrissen wurde: Er ist kein richtiger Adliger und kein richtiger Mann des Volkes.« Der erste Satz paßt auch auf Hitler – obwohl beide Männer bekanntlich sehr unterschiedliche persönliche Merkmale und Charaktere hatten.

14 Lanfrey, ein Kritiker und kein Bewunderer Napoleons, wird von Geyl der Contra-Fraktion zugerechnet und S. 104 folgendermaßen wiedergegeben: »[Er] stellt fest, daß Napoleons Befehl trotz seiner Härte allgemein gehalten war und der Initiative seiner Untergebenen einen gewissen Spielraum ließ. Er zweifelt nicht daran, daß dies absichtlich geschah, und tatsächlich hat doch der Kaiser hinterher seine Hände in Un-

schuld gewaschen.« Dies tat Hitler nicht. Napoleon versuchte zumindest in seinen schriftlichen Dokumenten, Spuren zu verwischen; in einem von Lanfrey zitierten Brief an Cambacères ging er sogar noch weiter: »›Der Papst wurde ohne meinen Befehl und gegen meinen Willen aus Rom entfernt.‹ Wenn dies der Fall war, wäre es verwunderlich gewesen, daß Napoleon sich mit der vollendeten Tatsache abfand. Doch handelt es sich um eine offenkundige Unwahrheit. Es war alles Teil des Systems. In der Enghien-Affäre versteckte er sich hinter der angeblich überstürzten Tat Savarys, im Falle Spaniens hinter Murat. Und nun war es Miollis, der Gouverneur von Rom, der durch eine Tat in Mißkredit geriet, die Napoleon zweifellos gewollt hatte.« Dem fügt Geyl eine aufschlußreiche Fußnote hinzu: »Man könnte hier einen Vergleich mit Königin Elizabeth anstellen, die in schwierigen Situationen ebenfalls nur allzugern ihren Untergebenen die Schuld gab. Das am besten bekannte, aber sicher nicht einzige Beispiel ist ihr Zorn auf Davison, weil er die Hinrichtung Maria Stuarts angeblich ohne ihre Erlaubnis befohlen hatte.«

15 Siehe auch die Reflexionen, die Napoleon auf St. Helena niederschrieb, seine *pièces justificatives*, in denen er unter anderem den Aufstieg der Vereinigten Staaten und Rußlands sowie die Notwendigkeit freundschaftlicher Beziehungen zwischen Frankreich und England voraussagte. Nichts dergleichen bei Hitler. *Avec et après moi le déluge* wird fälschlicherweise einem französischen Monarchen zugeschrieben, paßt jedoch dem Geist nach viel besser auf Hitler.

16 Vgl. Veronica Wedgewoods Bonmot: »Geschichte ist eine Kunst – wie alle anderen Wissenschaften auch.«

17 War Napoleon die alles überragende Figur des 19. Jahrhunderts? Nein, er war der unerwartete Höhepunkt des 18. Jahrhunderts.

18 Ein Beispiel ist Speers monumentales Modell eines künftigen Berlin (1940), das auch einen von Hitler 1925 entworfenen Triumphbogen enthielt. Dieser war zwar den Proportionen des monumentalen Entwurfs angepaßt, fiel aber ansonsten völlig heraus. Er unterschied sich stilistisch radikal vom Neoklassizismus Speers und war dem Arc de Triomphe und dem Arc du Caroussel in jeder Beziehung unterlegen.
Dazu Haffner, HF/AN, S. 61: »[Im Gegensatz zu Napoleon hat Hitler keinen Staatsbau hingestellt und seine Leistungen, die zehn Jahre lang die Deutschen überwältigten und die Welt in Atem hielten, sind ephemer und spurlos geblieben – nicht nur, weil sie in einer Katastrophe endeten, sondern weil sie nie auf Endgültigkeit angelegt waren. [Nicht ganz: Hitler betonte Speer und anderen gegenüber häufig, daß seine Gebäude aus Granit gebaut werden müßten, der vierhundert Jahre lang halte.] Hitler war als purer Leistungsathlet vielleicht sogar noch stärker als Napoleon. Aber eines war er nie: ein Staatsmann.« (Fraglich.)

19 Vappu Tallgren, *Hitler und die Helden, Heroismus und Weltanschauung*, Helsinki 1981, S. 258 (hoch gelobt von Zitelmann). Tallgren vertritt S. 88 – meines Erachtens überzeugend – die Ansicht, Hitler sei stark von den Indianerbüchern Karl Mays beeinflußt gewesen (dazu siehe oben, S. 127).

20 Schramm, SCH, S. 183: »Die Schwierigkeit besteht darin, daß die Sprache keine negativen Entsprechungen zu ›Held‹ und ›Genie‹ bietet. Wer immer besorgt ist, daß wir

Hitler mehr geben könnten, als ihm zusteht, indem wir nach angemessenen Begriffen für ihn suchen, trifft nicht den Punkt.«

21 Nicht nur, daß *Der Große Diktator* einer von Chaplins schlechtesten Filmen ist (dagegen spricht Bullock in BU, S. 805, von Chaplins brillanter [?] Karikatur des Diktators), dieselbe Fehleinschätzung zeigt sich auch deutlich in Charles Chaplins *Geschichte meines Lebens,* S. 297: »[Hitlers] Gesicht war in obszöner Weise komisch – eine schlechte Imitation von mir [?], mit dem absurden Schnurrbart ... und dem widerwärtigen, dünnen, kleinen Mund. Ich konnte Hitler nicht ernst nehmen ... Einmal griff er mit klauenartigen Händen in die Menschenmasse, dann wieder hatte er wie ein Kricketspieler beim Schlag den einen Arm steil emporgereckt, während der andere schlaff herabhing ... [oder man sah ihn] mit ausgestreckten Händen, die Fäuste geballt, als hebe er eine Hantel. Die Gebärde des Grußes, bei der er die Hand über die Schulter zurückwarf, wobei die Handfläche nach oben gerichtet war, erweckte in mir den Wunsch, ein Tablett mit schmutzigen Tellern draufzustellen. ›Das ist ein Verrückter!‹ dachte ich.« (Ein anderer berühmter Mann, der Hitler nicht ernst nahm und unterschätzte, war Albert Einstein.)

22 Beispiele aus Lewis' Buch von 1931 (nachgedruckt in New York 1972, aber nur in wenigen Bibliotheken zugänglich): »Die Kommunisten helfen der Polizei, die Nazis zu schlagen und zu erschießen« (S. 16). Die Nazis sind »sauber und gesetzestreu« (S. 19). »Während der Kommunist immer bewaffnet ist, hat der Nazi wegen der Diskriminierung durch die Polizei der Republik nur seine Fäuste oder einen Stock, um sich zu verteidigen« (S. 28). Über Hitler: »Ein Asketentum nicht ohne Adel« (S. 31). »Wenn man sich darum bemüht, die Lehre des Hitlerismus zu erklären, wird schnell offensichtlich, daß man es mehr mit einer *Person* als mit einer *Doktrin* zu tun hat.« England sei »mit den Juden verheiratet«, doch (S. 42) »erlaube man trotzdem ein wenig Blutgefühl (ein Gefühl der Verwandtschaft für den anderen, der einem selbst an Geist und Körper gleicht) für diesen tapferen und unglücklichen verarmten Verwandten«. »Ich glaube nicht, daß Hitler, wenn er seinen Willen bekäme, ansonsten friedliche Grenzen mit Feuer und Schwert überschreiten würde« (S. 49). »Hitler ist eine ganz andere Persönlichkeit als Mussolini, Piłsudski oder Primo da Rivera« (S. 51). 1939 schrieb Lewis mit *The Hitler Cult* ein kritisches Buch über Hitler, das einige Einsichten enthält. Etwa: »Er verachtet die Demokratie und all ihre Leistungen. Und doch ist er selbst als Demagoge von der emotionalen Unterstützung der Massen abhängig, also ein typischer demokratischer Staatsmann – und dies trotz der Tatsache, daß das angenehme Laissez-faire der westlichen Demokratie mit ihm in einen demagogischen Despotismus abgeglitten ist.«

23 Ein Buch von Lothar Burchardt trägt den vielversprechenden Titel *Hitler und die historische Größe* (Konstanz 1979), setzt sich jedoch nicht wirklich mit der Idee der »Größe« oder den für sie geltenden Kriterien auseinander.

24 Irving hat natürlich keine derartigen Hemmungen. Im Vorwort zu I/H, S. xxiii, schlägt er den Beinamen »der Große« für Hitler vor und zitiert dazu eine Aussage Jodls in Nürnberg: »Ich begehe immer denselben Fehler: Ich schreibe alles seiner schlichten Herkunft zu. Aber dann fällt mir ein, wie viele Bauernsöhne von der Geschichte mit

dem Beinamen ›der Große‹ bedacht worden sind.« Jodl sagte außerdem: »[Hitler war] kein Scharlatan, sondern eine gigantische Persönlichkeit, die letzten Endes allerdings zu einer infernalischen Größe geworden ist, aber eine Größe war er damals unbedingt ...« (IMT, Bd. 15, zitiert in: Maser, M/A, S. 602.) Dönitz sagte ebenfalls in Nürnberg, Hitler sei ein großer Feldherr gewesen; Hannibal sei trotz seiner Niederlage vom Volk bewundert worden und dasselbe gelte für Hitler.

25 HF/AN, S. 54. Vgl. auch einen anderen entschiedenen Hitlergegner, nämlich Golo Mann, zitiert in: Scholdt, SCHO, S. 18: Wenn Hitler 1923 erschossen worden wäre, hätte dies »alles geändert ... Hitler allein konnte ausführen, was er sich vorgenommen hatte, eine ›Volksbewegung‹ aufzubauen und, einmal bestehend, unter seiner eigensten, striktesten Kontrolle zu halten. Allen seinen Rivalen, zeitweise Gegenspielern in der Partei, zeigte er sich turmhoch überlegen, so wie seinen konservativen Steigbügelhaltern. Der Judenhaß war *seine* Leidenschaft; der Krieg war *sein* Unternehmen von Anfang an, 1933 bis 1945. Der Wille, zu beweisen, daß Deutschland den Krieg von 1914 hätte gewinnen können, wenn er damals schon kommandiert, wenn er den Krieg mit den rechten Mitteln zu den rechten Zwecken geführt hätte, bleibt die Quelle seines ganzen unglaublichen, folgenschweren Abenteuers. ›Damals war es der Kaiser, jetzt bin ich es.‹ In der modernen Geschichte Europas finde ich keinen anderen, der so entscheidend, so verderblich in die Ereignisse eingegriffen hätte wie dieser, stärker noch als Napoleon.«

26 F, S. 17, 19. Karl-Dietrich Erdmann »löst« das Problem (oder besser gesagt, löst es nicht), indem er schreibt: »Es bleibt hier ein im letzten nicht zu durchdringendes Dunkel seiner Person.« Und: »Die welthistorische Größe Hitlers ... ist diabolisch.« In: Gebhardt, Hg., *Handbuch der Geschichte.* Bd. 4, *Die Zeit der Weltkriege,* 2. Teilband, S. 341, Stuttgart 1976. Bullocks zusammenfassender Schluß in BU, S. 806, ist besser: »Die Tatsache, daß seine Laufbahn mit dem Zusammenbruch endete und daß seine Niederlage vorwiegend seinen eigenen Fehlern zu verdanken war, steht Hitlers Anspruch auf Größe nicht entgegen. Der Riß liegt tiefer. Denn diese bemerkenswerten Fähigkeiten waren verbunden mit einem häßlichen, krassen Egoismus, einem moralischen und geistigen Kretinismus. [Falsches Wort.] Die Leidenschaften, die Hitler beherrschten, waren niedrig: Haß, Rachsucht, Herrschsucht, und, wo er nicht herrschen konnte, Zerstörungslust.«

27 SCH, S. 12. »Im Vergleich dazu wirkt die Autokratie früherer Despoten fast ängstlich und zögerlich.« Görlitz-Quint in GQ, S. 234: »Es gibt jedenfalls keine führende Gestalt in der deutschen Geschichte, die ihm darin [an suggestiver Kraft] gleicht.« Und S. 628: »Wir vermeiden absichtlich das Wort: Hitler sei ... ein großer Mann gewesen, weil groß die Verbindung zu ethischen Werten andeutet.«

28 SCH, S. 123. In dieser Beziehung stimmt Schramm mit dem ansonsten abweichenden Heer überein. SCH, 182 f.: »Wer immer ihn als satanisch oder infernalisch bezeichnet, macht in Wirklichkeit eine theologische Aussage. Wer immer ihn einen ›Dämon‹ nennt, drückt sich letztlich vor einem Urteil über seine Taten.«

29 SP, S. 115. Und am 6. April 1938 in Salzburg sagte er: »Ich glaube, daß die Zeit, in der ich Deutschland führte, eine geschichtliche Zeit deutscher Größe ist. Ich glaube, daß

die Nachwelt und die deutsche Geschichte mir einmal bestätigen werden, daß ich in der Zeit meiner Staatsführung dem deutschen Volk den höchsten Nutzen geleistet habe.« Deuerlein, D, S. 133.

30 Für Churchill war damit ein schwieriges und vielleicht peinliches Problem gelöst. »Er [Hitler] hätte in den letzten paar Monaten des Krieges jederzeit nach England fliegen und sich mit den Worten ergeben können: »Machen Sie mit mir, was Sie wollen, aber verschonen Sie mein irregeleitetes Volk.« (Churchill, *The Second World War*, Bd. VI, *Triumph and Tragedy*, S. 673). Hätte die Peinlichkeit auf Hitlers »Größe« beruht? Nein, sie wäre politisch motiviert gewesen (Churchill bewunderte Napoleon, aber nicht Hitler). Ein ähnliches Gefühl der Peinlichkeit auf seiten der Alliierten – in Kombination mit Gedankenlosigkeit – bestimmte auch das Schicksal Mussolinis 1943. Die Alliierten machten keinen Versuch, seiner habhaft zu werden, und die vom König ernannte Regierung lieferte ihn nicht aus und nahm ihn nicht mit nach Süden. So blieb er noch neun Tage nach Unterzeichnung des Waffenstillstands zwischen Italien und den Alliierten und vier Tage nach dessen offizieller Verkündigung und der Flucht des Königs und der Regierung aus Rom in den Süden auf dem Gran Sasso.

31 Samuel Johnson über Karl XII. von Schweden in *The Vanity of Human Wishes* (dt.: *Die Eitelkeit der menschlichen Wünsche*). Fest schreibt in seiner »Schlußbetrachtung«, F, S. 1029: »In Abwandlung eines Wortes von Schopenhauer, den er [Hitler] auf seine Weise verehrte, ließe sich sagen, er habe die Welt einiges gelehrt, was sie nie wieder vergessen werde.«

32 HC, S. 93: »Sein Überleben hängt von einem sich bildenden Konsens der kulturellen Tradition und einer authentischen Reaktion auf Qualität ab; doch dies ist ein langfristiger, vom historischen Denken von Generationen geformter und durch existentielle Erfahrung bestätigter Konsens. Denn es ist auf lange Sicht, daß die Wahrheit irgendwie überleben kann – durch den Verfall der Unwahrheit.«

33 Haffner faßt dies in HF/AN, S. 124 f., wie folgt zusammen: »Die Welt von heute, ob es uns gefällt oder nicht, ist das Werk Hitlers. Ohne Hitler keine Teilung Deutschlands und Europas; ohne Hitler keine Amerikaner und Russen in Berlin; ohne Hitler kein Israel; ohne Hitler keine Entkolonisierung, mindestens keine so rasche, keine asiatische, arabische und schwarzafrikanische Emanzipation und keine Deklassierung Europas. Und zwar, genauer gesagt: nichts von alledem ohne die Fehler Hitlers. Denn gewollt hat er das alles ja keineswegs.

Man muß sehr weit in der Geschichte zurückgehen – vielleicht bis zu Alexander dem Großen –, um einen Mann zu finden, der in einer unterdurchschnittlich kurzen Lebenszeit die Welt so grundstürzend und nachhaltig verändert hat wie Hitler. Aber was man in der ganzen Weltgeschichte sonst nicht finden wird, das ist ein Mann, der so wie Hitler mit einer Gewaltleistung ohnegleichen das genaue Gegenteil von dem bewirkt hat, was er bewirken wollte.«

34 Dies ist nur eine kurze Darstellung der etwas ausführlicheren Zusammenfassung in LEW, insbesondere S. 6 f. und S. 519–527.

35 Zwei willkürlich herausgegriffene Beispiele eines leider aufrichtigen Glaubens an diesen deterministischen Idealismus bei Hitlers Generälen: Jodl am 7. November 1943:

»... wir siegen, weil wir siegen müssen, denn sonst hätte die Weltgeschichte ihren Sinn verloren«. Und Model am 29. März 1945: »In unserem Kampf für die Ideenwelt des nationalen Sozialismus ... müssen wir mit mathematischer Sicherheit [?] siegen, wenn wir im Willen und Glauben unerschüttert bleiben.« Zitiert in: Manfred Messerschmidt, »Die Wehrmacht in der Endphase. Realität und Perzeption«, *Aus Politik und Zeitgeschichte*, 4. August 1989, S. 37 f.

36 Owen Chadwick, *The Secularization of the European Mind in the Nineteenth Century*, Cambridge 1991, S. 73.

37 Zum letzten Mal (siehe auch oben, Kapitel III): Hitler war ein populistischer Nationalist, kein traditioneller Patriot. Er wußte besser als die meisten, daß das eigentliche Gegenteil des Nationalismus mit seinem Kult des Volkes nicht so sehr der moderne Internationalismus ist, sondern der traditionelle Patriotismus mit seiner Liebe zum Land und dessen Geschichte.

38 SCH, S. 107. Beachtenswert ist auch die erfolgreiche Machtergreifung Peróns (eines prototypischen nationalen Sozialisten) in Argentinien 1945, einige Monate nach Hitlers Tod. Das Phänomen ist zwar bedeutsam, sollte jedoch angesichts der lateinamerikanischen Tendenz, mit mehrjähriger Verzögerung andere Revolutionen nachzuvollziehen, nicht überschätzt werden. So Bolívar und San Martin zwanzig oder dreißig Jahre nach Washington, Castro fünfzehn Jahre nach 1945, usw.

39 HS, S. 149. Nicht zu vergessen auch die Tendenz der Presse und der politischen Kommentatoren der ganzen westlichen Welt, auf jedes Ereignis, das ein Wiederauftauchen sogenannter rechtsgerichteter politischer Phänomene vermuten läßt, höchst sensibel zu reagieren. Diese Empfindlichkeit ist nicht mit der Angst vor einem Wiedererstarken der extremen Linken zu vergleichen. Sie beruht nicht einfach auf *political correctness* (einem dummen Begriff), sondern spiegelt die Angst vor der Anziehungskraft, die der extreme Nationalismus im Zeitalter der Massendemokratie auf die Massen hat. Hier mag ein historischer oder besser politischer Vergleich angebracht sein. Es ist allgemein anerkannt, daß Hitlers Durchbruch im September 1930 stattfand, als der nationalsozialistische Stimmenanteil bei den Reichstagswahlen plötzlich auf 18 Prozent anstieg. Heute kann man feststellen, daß in vielen Ländern des Westens sogenannte rechtsgerichtete Bewegungen (Le Pen in Frankreich, die Neofaschisten in Italien, Haider in Österreich und vielleicht auch Buchanan in den USA) mit 12 bis 20 Prozent der Wählerstimmen rechnen können – nicht jedoch in Deutschland. Dort waren die Nationalsozialisten 1930 durch ihren Nationalismus, das entscheidende Element bei Hitlers Aufstieg zur Macht, salonfähig geworden, und eine breit organisierte Opposition gegen diesen Aufstieg gab es nicht. Doch das ist heute anders. Die Geschichte wiederholt sich nicht. Dennoch darf man die Möglichkeit nicht ausschließen, daß auch in Zukunft wie in der Vergangenheit »starke Minderheiten« wichtige Einbrüche bei »passiven Mehrheiten« erzielen werden.

40 Symbole spielen eine Rolle, oder zumindest teilen sie uns etwas mit. Die Fahne der Partei und dann des Dritten Reiches, das Hakenkreuz auf rotem Grund, war Hitlers eigener, brillanter Entwurf. Dennoch wäre er – wahrscheinlich kurz- und langfristig – vielleicht besser gefahren, wenn er die schwarzweißrote Fahne des Kaiserreichs be-

halten hätte. (Sie war in Deutschland bis etwa 1935 neben der Hakenkreuzfahne zu sehen; ebenso blieb der 18. Januar als Gründungstag des Zweiten Reichs auch im Dritten Reich ein Feiertag.) Inzwischen gehören jedoch Hakenkreuzfahne wie Drittes Reich der Vergangenheit an, und die schwarzrotgoldene deutsche Fahne gibt es schon länger als die schwarzweißrote Fahne, die 47 Jahre lang gültig war.

41 Im 19. Jahrhundert (1815–1914) war die entscheidende Phase umgekehrt nicht das erste Drittel, in dem (wie Napoleon vorausgesehen hatte) die Anziehungskraft der Französischen und anderer europäischer Revolutionen fortbestand. Die Periode wiederholter Revolutionen wurde nach 1849 (wie Bismarck vorausgesehen hatte) durch eine sehr viel entscheidendere Periode der Kriege abgelöst; trotz der Anerkennung, die Marx und andere erfuhren, wurde der Klassenkampf durch den Kampf der Nationalstaaten abgelöst. *Diese* Periode endete 1945.

42 Deuerlein bringt die Sache in D, S. 143, auf den Punkt: Hitler »war inzwischen zu einer weltpolitischen Erscheinung geworden, nicht nur des Hasses, sondern auch der Hoffnung«. Dazu Fest, F, S. 148: Hitlers Überlegenheit, »gegenüber vielen Konkurrenten hat daher nicht zuletzt damit zu tun, daß er das Wesen der Zeitkrise schärfer erfaßte, deren Symptom er selber war«. In F, S. 569, zitiert Fest den österreichischen Schriftsteller Robert Musil, der 1933 »bekannte, ihm fehle zum Widerstand die Alternative, er sei außerstande, sich die revolutionär entstehende Ordnung durch die Wiederkehr des alten oder eines noch älteren Zustandes ersetzt zu denken: ›Dieses Gefühl ist wohl nicht anders auszulegen, als daß der Nationalsozialismus seine Sendung und Stunde hat, daß er kein Wirbel, sondern eine Stufe der Geschichte ist.‹« Jäckel stellt in JH, S. 43, allgemein fest: Hitler »entwickelte zweifellos, für sich und als Einzelperson, ein eigenes Programm, doch dieses Programm muß mit den tieferen Tendenzen und Wünschen seines Landes und seiner Zeit übereingestimmt haben. Man kann dies vielleicht nicht erklären, aber man muß es einsehen. War er ein Autor oder ein Exekutor, ein Produzent oder ein Produkt? War er deshalb als Autor so lange erfolgreich, weil er tieferliegende Tendenzen umsetzte? Oder hatte er schlicht ein besseres Verständnis als die meisten seiner Zeitgenossen für die Erfordernisse und Möglichkeiten seiner Zeit? Dies sind grundlegende Fragen nicht nur zur Rolle des einzelnen in der Geschichte, sondern auch zum Verständnis der Geschichte im allgemeinen.« (Diese Verallgemeinerungen Jäckels sind zu kategorisch und etwas trocken in der Formulierung; außerdem gelten sie nicht nur für Hitler.)

43 Wiederum Deuerlein kommt am Ende seines kleinen Buches, D, S. 170, zu einem scharfsinnigen Schluß: Er sieht zahlreiche Beweise dafür, »daß die geschichtliche Erscheinung Hitlers ein Problem nicht nur seiner Person, sondern in weit höherem Maße seiner Umwelt, der deutschen und auch der außerdeutschen, war – eine Tatsache, die erklärt, warum die Beschäftigung mit Hitler nach seinem Tode nicht beendet ist, und gleichzeitig auf die ihr im Wege stehenden Schwierigkeiten aufmerksam macht«. Ähnlich Bullock, BU, S. 808: In der Tat, Hitler war nicht weniger ein europäisches als ein deutsches Phänomen. Die Umstände und die Mentalität, die er ausbeutete ... beschränkten sich nicht auf ein einziges Land, obwohl sie in Deutschland stärker in Erscheinung traten als anderswo. Hitlers Sprache war die deutsche, aber die

Gedanken und Empfindungen, denen er Ausdruck gab, waren universeller verbreitet.«

44 SCHRB, S. 332. Ein ausführlicher, aber letztlich wenig anregender Versuch in dieser Richtung (eigentlich nur eine ausführliche bibliographische Abhandlung) wurde von Klaus Hildebrand gemacht in: »Hitlers Ort in der Geschichte des preußisch-deutschen Nationalstaats«, HZ 1973, S. 583–632. Im Jahr 1988 schrieb der neokonservative Michael Stürmer, Deutschland sei heute ein geschichtsloses Land. In mancher Hinsicht ist das Gegenteil richtig. Masers abschließendes Urteil in M/A, S. 540, erst nach der Vereinigung Ost- und Westdeutschlands werde »Adolf Hitler, das gesamtdeutsche Trauma, endgültig überwunden sein«, hat sich als falsch erwiesen. Es kam anders.

45 HR, S. 535 f.

46 Dies ist sehr viel profunder als Graham Greene: »Die größten Heiligen waren Männer mit einem überdurchschnittlichen Vermögen, Böses zu tun, und die bösartigsten Männer sind der Heiligkeit manchmal nur knapp entronnen.« Zitiert in Tolands Vorwort, TO, S. xiii, wo Toland sich um die Frage von Hitlers »Größe« herumwindet.

47 Auch in dieser Beziehung ist abzulehnen, wenn man Hitler »dämonisiert« oder ihm »dämonische« oder »satanische« Eigenschaften zuschreibt. Im Gegenteil: Sein Werdegang enthält Elemente, die in unheimlicher Weise an die Prophezeiungen über den Antichrist in der Offenbarung des Johannes erinnern. Der Antichrist wird dort nicht etwa als grauenerregend oder teuflisch beschrieben, als schreckliches Ungeheuer, das man sofort als Antichrist erkennt. Vielmehr wird er freundlich, großzügig und beliebt sein, ein Idol, das von Massen von Menschen aufgrund des glänzenden Wohlstandes bewundert wird, den er gebracht zu haben scheint, ein falscher Vater (oder Ehemann) seines Volkes. Mit Ausnahme einer kleinen Minderheit werden die Christen an ihn glauben und ihm folgen. Wie sich die Juden zu Lebzeiten Christi spalteten, so werden sich die Christen bei der Ankunft des Antichrist, also vor der Wiederkunft Christi, spalten. Vor dem Weltende werden die oberflächlichen Christen dem Antichrist folgen, und nur eine kleine Minderheit wird seine unheilvolle Bedeutung erkennen. Hitler brachte zwar nicht das Weltende, aber es gab eine Zeit – das Dritte Reich in den dreißiger Jahren vor Beginn der Massenmorde –, in der einige der Prophezeiungen des Johannes über den Antichrist mit Hitlers Erscheinung und Anziehungskraft vielleicht übereinstimmten. Und es ist denkbar, daß Hitler in dem angebrochenen Zeitalter der Massen nur die erste einer ganzen Reihe populärer Gestalten von der Art des Antichrist ist. Joseph Roth nannte 1933 das Dritte Reich ein Reich der Hölle. Nein, aber es glich in mancher Beziehung einem von einem Antichrist geführten Land. (Schon 1923 hatten einige Anhänger Hitlers dessen Leben mit dem Leben Christi verglichen: dreißig Jahre unerkannt, und dann plötzlich drei Jahre der strahlenden Offenbarung.) Laut Carl Jung war Hitlers Macht nicht politisch, sondern magisch. Siehe auch (LEW, S. 524, Anm. 194, und HC, S. 298) Klaus Mehnerts Urteil von 1951: »Der Weg des deutschen Volkes von Liebknecht zu Hitler und der des russischen Volkes von Lenin zu Stalin waren parallele Entwicklungen des gleichen Prozesses. In beiden Fällen … führte dieser Weg vom Dialektischen zum Magischen.« Eine Übertreibung einer Verallgemeinerung, jedoch nicht ohne eine gewisse Substanz.

48 Zitiert in: Peter Adam, *The Art of the Third Reich*, New York 1992, S. 129.

41 Speer schrieb schon 1947 im Gefängnis: »Durch diese Kriegskatastrophe ist die Empfindlichkeit des in Jahrhunderten aufgebauten Systems der modernen Zivilisation erwiesen worden. Wir wissen jetzt: Wir leben in keinem erdbebensicheren Bau. Die komplizierte Apparatur der modernen Welt kann sich durch negative Impulse, die sich gegenseitig steigern, unaufhaltsam zersetzen. Kein Wille könnte diesen Prozeß aufhalten, wenn der Automatismus des Fortschritts zu einer weiteren Stufe in der Entpersönlichung des Menschen führte, ihm immer mehr die Selbstverantwortung entzöge.« »Entscheidende Jahre meines Lebens habe ich der Technik gedient, geblendet von ihren Möglichkeiten. Am Ende, ihr gegenüber, steht die Skepsis.« Sp. S. 525. Das ist das Gegenteil eines Spenglerianismus.

50 Auch »Mittelalter« ist keine passende Bezeichnung, da der Begriff eine Epoche lediglich als in der Mitte zwischen alt und neu definiert. Doch gibt es aufgrund unseres historischen Bewußtseins einen Unterschied: Die Menschen während und am Ende des Mittelalters wußten *nicht*, daß sie im Mittelalter lebten, während wir wissen, daß wir in der Neuzeit leben und uns ihrem Ende nähern.

51 Man muß auch erkennen, daß Hitler auf eine ganz wesentliche Weise ein Kind seiner Zeit war. Er glaubte auf seine Art an den Fortschritt, und er war weder willens noch in der Lage, zu erkennen, daß die Zivilisation heute vor der schweren Aufgabe steht, den Begriff »Fortschritt« (den Tocqueville im Gegensatz zu Hitler verabscheute) in seiner ganzen Bedeutung neu zu überdenken.

# BIBLIOGRAPHISCHER HINWEIS

Eine vollständige Bibliographie über Hitler ist unmöglich. Die besten Einführungen in die Literatur geben Gerhard Schreiber (siehe unten SCHRB) und die regelmäßig erscheinenden Bibliographien der *Vierteljahreshefte für Zeitgeschichte.* Die folgende Liste enthält die im Text verwendeten Abkürzungen für Bücher und Quellenverweise. (Anmerkung der Übersetzer: Die in den Anmerkungen angegebenen Seitenzahlen fremdsprachiger Werke beziehen sich auf die Originalausgaben, da die deutschen Übersetzungen oft bearbeitet bzw. gekürzt sind.)

## Abkürzungen


ADAP — Akten zur deutschen Auswärtigen Politik.

AH/B — *Hitlers politisches Testament. Die Bormann Diktate vom Februar und April 1945,* Hamburg 1981.

BU — Bullock, Alan, *Hitler. A Study in Tyranny,* London 1952, überarb. Auflage 1962; dt.: *Hitler. Eine Studie über Tyrannei,* Düsseldorf 1953, überarb. Auflage 1967.

C — Carr, William, *Hitler. A Study of Personality and Politics,* London 1978; dt.: *Adolf Hitler. Persönlichkeit und politisches Handeln,* Stuttgart 1980.

D — Deuerlein, Ernst, *Hitler. Eine politische Biographie,* München 1969.

DL — Lukacs, John, *The Duel, 10 May–31 July 1940: The Eighty-Day Struggle between Churchill and Hitler,* New York 1991; dt.: *Churchill und Hitler, Der Zweikampf,* Stuttgart 1992.

| | |
|---|---|
| F | Fest, Joachim, *Adolf Hitler. Eine Biographie,* Frankfurt/M., Berlin, Wien 1973 (Neuauflage mit neuer Einführung 1995). |
| FAZ | *Frankfurter Allgemeine Zeitung.* |
| FL | Fleming, Gerald, *Hitler and the Final Solution,* Berkeley, Cal. 1982; dt.: *Hitler und die Endlösung. »Es ist des Führers Wunsch ...«,* München 1982. |
| FR | Frank, Hans, *Im Angesicht des Galgens,* München 1953. |
| GD | German Documents on Foreign Policy. |
| GI | Gisevius, Hans Bernd, *Adolf Hitler. Versuch einer Deutung,* München 1963. |
| GQ | Görlitz, Walter und Herbert A. Quint (Pseud.), *Adolf Hitler. Eine Biographie,* Stuttgart 1952. |
| GR | Giesler, Hermann, *Ein anderer Hitler,* Leoni am Starnberger See 1977. |
| GWU | *Geschichte in Wissenschaft und Unterricht.* |
| HB | Heiber, Helmut, *Adolf Hitler. Eine Biographie,* Berlin 1960. |
| HZB | *Hitlers Zweites Buch. Ein Dokument aus dem Jahre 1928,* Stuttgart 1961. |
| HC | Lukacs, John, *Historical Consciousness,* New York 1968; 1994. |
| HD | Heiden, Konrad, *Adolf Hitler.* Bd. 1: *Das Zeitalter der Verantwortungslosigkeit,* Zürich 1936. |
| HF/AN | Haffner, Sebastian, *Anmerkungen zu Hitler,* München 1978. |
| HF/BH | ders., *Von Bismarck zu Hitler,* Berlin 1987. |
| HM | Heim, Heinrich, *Hitler. Monologe im Führerhauptquartier,* Hrsg. von Werner Jochmann, Hamburg 1980. |
| HR | Heer, Friedrich, *Der Glaube des Adolf Hitler. Anatomie einer politischen Religiosität,* München 1968. |
| HS | *»Historikerstreit«. Die Dokumentation der Kontroverse um die Einzigartigkeit der nationalsozialistischen Judenvernichtung,* München 1987. |
| HST | Hillgruber, Andreas, *Hitlers Strategie, Politik und Kriegführung 1940–1941,* Frankfurt/M. 1965. |
| HS/W | Wehler, Hans-Ulrich, *Entsorgung der deutschen Vergangenheit? Ein polemischer Essay zum »Historikerstreit«,* München 1988. |
| HZ | *Historische Zeitschrift.* |
| IfZ | Institut für Zeitgeschichte. |

| | |
|---|---|
| I/H | Irving, David, *Hitler's War,* New York 1977; dt.: *Hitlers Krieg,* 2 Bde., München, Berlin 1983/86. (Die Übersetzung *Hitler und seine Feldherren* von 1975 wurde vom Autor nicht gebilligt.) |
| IMT | Prozeß gegen die Hauptkriegsverbrecher vor dem Internationalen Militärgerichtshof (Dokumente). |
| I/W | Irving, David, *The War Path. Hitler's Germany 1933–1939,* London 1978; dt.: *Hitlers Weg zum Krieg,* München, Berlin 1979. |
| JH | Jäckel, Eberhard, *Hitler in History,* Hanover, N. H. 1984. |
| JHH | ders., *Hitlers Herrschaft. Vollzug einer Weltanschauung,* Stuttgart 1986. |
| JHW | ders., *Hitlers Weltanschauung. Entwurf einer Herrschaft,* Tübingen 1969, erweiterte Auflage Stuttgart 1981. |
| JMH | *Journal of Modern History.* |
| JO | Joachimsthaler, Anton, *Adolf Hitler 1908–1920. Korrektur einer Biographie,* München 1989. |
| K | Krier, Leon, *Albert Speer, Architecture 1933–1942,* Brüssel 1985. |
| KER | Kershaw, Ian, *Hitler. Profile in Power,* New York 1991; dt.: *Hitlers Macht. Profil der NS-Herrschaft,* München 1992. |
| KER/HM | ders., *The Hitler Myth. Image and Reality in the Third Reich,* Oxford 1987; dt.: *Der Hitler-Mythos. Volksmeinung und Propaganda im Dritten Reich,* Stuttgart 1980. |
| KER/PO/PD | ders., *Popular Opinion and Political Dissent in the Third Reich. Bavaria 1933–1945,* Oxford 1983. |
| KTB/OKW | Kriegstagebuch des Oberkommandos der Wehrmacht. |
| KTB/SKL | Kriegstagebuch der Seekriegsleitung. |
| LEW | Lukacs, John, *The Last European War, September 1939–December 1941,* New York 1976; dt.: *Die Entmachtung Europas. Der letzte europäische Krieg 1939–1941,* Stuttgart 1978. |
| M/A | Maser, Werner, *Adolf Hitler. Legende, Mythos, Wirklichkeit,* München 1971. |
| M/F | ders., *Die Frühgeschichte der NSDAP. Hitlers Weg bis 1924,* Frankfurt/M. 1965. |
| M/HB | ders., Hg., *Hitler. Briefe und Notizen,* Düsseldorf 1973. |
| MK | Hitler, Adolf, *Mein Kampf.* |
| NPL | *Neue Politische Literatur.* |
| OED | *Oxford English Dictionary.* |

PH Schenck, Ernst Günter, *Patient Hitler. Eine medizinische Biographie,* Düsseldorf 1989.

SCH Schramm, Percy Ernst, *Hitler. The Man and Military Leader.* Hrsg. von Donald Detwiler, Chicago 1971.
(Eine Zusammenstellung zweier Essays von Percy Ernst Schramm: Picker, Henry, *Hitlers Tischgespräche im Führerhauptquartier 1941–1942,* Hrsg. von Percy Ernst Schramm, Stuttgart 1963; und Schramm, Percy Ernst, *Hitler als militärischer Führer,* Frankfurt/M., Bonn 1962.)

SCHO Scholdt, Günther, *Autoren über Hitler,* Bonn 1993.

SCHRB Schreiber, Gerhard, *Hitler. Interpretationen 1923–1983,* Darmstadt, erw. Auflage 1988.

SP Speer, Albert, *Erinnerungen,* Frankfurt/M., Berlin 1969.

ST Steinert, Marlis, *Hitler,* Paris 1991; dt.: *Hitler,* München 1994.

ST/HKD dies., *Hitlers Krieg und die Deutschen. Stimmung und Haltung der deutschen Bevölkerung im II. Weltkrieg,* Düsseldorf 1970.

TO Toland, John, *Adolf Hitler,* New York 1977; dt.: *Adolf Hitler,* Bergisch Gladbach 1977.

VfZ *Vierteljahreshefte für Zeitgeschichte.*

ZIT/A Zitelmann, Rainer, *Adolf Hitler. Selbstverständnis eines Revolutionärs,* Stuttgart 1987, 2. überarb. Auflage 1991.

ZIT/B ders., *Adolf Hitler. Eine politische Biographie,* Göttingen 1989.

ZIT/PR ders. und Michael Prinz, Hg., *Nationalsozialismus und Modernisierung,* Darmstadt, erweiterte Auflage 1994.

# PERSONENREGISTER

Bitte beachten Sie
die folgenden Seiten